成为更好的人

他缔造了哈佛

查尔斯·W. 艾略特传

Charles W. Eliot

President of Harvard University, 1869-1909

[美] 亨利·詹姆斯 Henry James
著

朱建迅 赵倩
任晓伟 秦楠
译

GUANGXI NORMAL UNIVERSITY PRESS
广西师范大学出版社
·桂林·

TA DIZAO LE HAFO
他缔造了哈佛

图书在版编目（CIP）数据

他缔造了哈佛：查尔斯·W. 艾略特传 / （美）亨利·詹姆斯著；朱建迅等译. —桂林：广西师范大学出版社，2017.10（2020.3 重印）
ISBN 978-7-5598-0142-5

Ⅰ. ①他… Ⅱ. ①亨…②朱… Ⅲ. ①查尔斯·W. 艾略特(1834 年 3 月 20 日—1926 年 8 月 22 日)－传记
Ⅳ. ①K837.125.46

中国版本图书馆 CIP 数据核字（2017）第 228947 号

广西师范大学出版社出版发行
（广西桂林市五里店路 9 号 邮政编码：541004
网址：http://www.bbtpress.com）
出版人：黄轩庄
全国新华书店经销
长沙鸿发印务实业有限公司印刷
（湖南省长沙县黄花镇黄垅村黄花工业园 3 号 邮政编码：410137）
开本：889 mm × 1 240 mm 1/32
印张：20.125 字数：480 千字
2017 年 10 月第 1 版 2020 年 3 月第 2 次印刷
印数：8 001~10 000 册 定价：88.00 元

如发现印装质量问题，影响阅读，请与出版社发行部门联系调换。

人生来就是公民，亚里士多德如是说。

我认为，我在任何社会都看到一个高贵的人既有地位又有职责；但这不意味着他们应畅饮美酒，乘坐舒适的马车，而应引导和充实芸芸大众的生活，通过自己的实际行动：富有远见，潜心治学，锲而不舍，甘于奉献，怀念地位卑微的老友——默默地活出人生的精彩。

——爱默生

他们各人帮助邻舍，各人对弟兄说："壮胆吧！"

——《以赛亚书》

富有教养和活力的智者是大众教育最得力的助手。一群精英思想家是民主精神的守护神。他们是虚荣和贪欲的天敌。大量才智平庸的人聚集在一起，也无法替代他们的位置。

——弗朗西斯·帕克曼

目录

代　序

至千里的“跬步”

国际权威排名机构 Quacquarelli Symonds（简称 QS）和泰晤士报高等教育排名（Times Higher Education, 简称 THE）的历年世界大学排名均显示，哈佛大学无可置疑地享有世界一流大学的国际霸主地位。2005—2009 年 QS 和 THE 共同发布的排名结果显示，哈佛大学居世界大学首位；接下来两年 QS 发布的结果，哈佛大学的世界排名均为第 2；THE 发布的 2010—2011 年排名中，哈佛大学仍然傲居首位，2012 年 THE 大学声望评比，哈佛居首位。哈佛大学今天的辉煌源于历史，几位睿智校长如艾略特（Charles W.Eliot）、洛威尔（Abbott Lawrence Lowell）、柯南特（James Bryant Conant）、博克（Derek Bok）的教育思想和实践逐步造就了它首屈一指的地位，其中又以查尔斯·威廉·艾略特的功绩居首位。正是他的思想和实践扭转了哈佛大学的困境，使其成功地从一所地区性院校成长为一所国家性大学，为哈佛大学今后的国际教育界霸主地位奠定了基础。我国十二五教育规划纲要提出要提升本科教育质量，建设若干所世界一流大学，此时追溯世界一流大学哈佛大学的成长轨迹，研究其校长的本科教育思想和实践具有重要的现实意义。

一

查尔斯·威廉·艾略特（1834—1926）是哈佛大学历史上任期时间最长的校长（1869—1909）。他虽然称不上是哈佛最伟大的毕业生，却是哈佛历史上最伟大的校长。他的本科教育思想和实践集中体现在自由选修制上，具体包括赋权学生以养责任感；专业化教学以增学术；实用科目以应社会。赋权学生是自由选修制理念的起点，专业化教学是自由选修制实施的保证，而实用科目是自由选修制实施的必然结果。艾略特本科教育思想的形成与他的家世、教育背景和欧洲游历经历密不可分。首先，出生于哈佛世家的事实使他与哈佛有了"同命运、共呼吸"的"不解之缘"。他本人是哈佛大学 1853 届毕业生。祖父（Samuel Eliot）曾出资在哈佛大学设立了希腊文的教授席位，父亲（Samuel Atkins Eliot）是哈佛大学前任财务长，堂兄（Samuel Eliot，1821—1898）是哈佛学监之一，哈佛大学诺顿教授（Andrews Norton）及蒂克纳教授（George Ticknor，其人 1825 年在哈佛大学尝试选修课程改革）是他的姻亲，哈佛大学艺术史教授（Charles Eliot Norton，1827—1908）是他的表哥。他的第一次婚姻虽因妻子病逝而短暂结束，却使他成为哈佛大学基督道德（Christian ethics）教授皮博迪（Francis Greenwood Peabody，1847—1936）的姻亲，获得了诺贝尔文学奖的堂弟艾略特（Thomas Stearns Eliot，1888—1965）也曾在哈佛求学。这些与哈佛和哈佛教授的渊源毋庸置疑影响了他对哈佛各方面的理解。

其次，艾略特早年受教于波士顿拉丁语学校（Boston Latin School）和求学于哈佛的教育背景使他对于旧式的教育有了切身的体验和感悟。波士顿拉丁语学校留给他的是学校的体罚和与爱尔兰男孩打架的记忆。15岁时（1849年）他进入哈佛大学学习，艾略特和同学普遍憎恨当时的课程。1853届哈佛本科生课程有拉丁语、希腊语、数学、修辞（作文、讲演、逻辑）、历史、化学、法语、自然历史（Natural History）、理性和道德哲学（Intellectual and moral philosophy）、物理、政治经济学、宪法、自然及显性宗教（Natural and revealed religion）。虽然19世纪50年代的哈佛大学课程中三、四年级的学生可以有一门选修课，但若多选一门，这第二门则被认为是“额外（Extra）”课并不计入学分。艾略特不喜欢当时所受的本科教育，但个性和家庭环境极大地促使他鞭策自己（Self-instruction），同时受当时广为尊崇的按成绩优劣排序决定毕业典礼上发言先后的做法激励，他仍然认真预备那些“乏味”和“无用”的课程。当时的成绩评定原则不仅包括所有科目的每日背诵情况，甚至包括个人举止表现。他毕业后进入了化学教授库克（Josiah Parsons Cooke）的个人实验室，观察实验过程并探索知识，对他的本科阶段的学习影响深远。库克教授是哈佛1848届毕业生，有一年欧洲经历，基本上靠自学成才。他充满热情和奉献精神，热心于推进知识和学院的发展。他在背诵要求之外，增加了在全班面前进行试验并讲授，还带领学生参观附近工厂所应用的化学原则。艾略特大一的时候，这门课并不是必修课，但整个年级都来上课。这种探究式教学方法给他留下了深刻的记忆，在90岁寿辰时他还对此深怀感谢之意，并从他执掌哈佛后实行的本科教学改革可见这种教学方式对他的影响。

最后，游历欧洲高等教育院校和机构的经历，开阔了他对于教学和教师学术的认识。1863 年他首先到达巴黎，他认为法国的化学讲座比较初级，没有哈佛的深度，因而将目光主要投向法国初级到高级的各类科学和教育机构。参加各类公共讲座，阅读这些机构相关内容。善于应用的习惯、具有的精力和超群的记忆力使得他自我设计的调研对后来进行哈佛本科教育改革极具指导意义。法国的经历使得他惊讶于这些高水平学者不仅从事教学，而且进行研究。在德国他慕名选择去马尔堡（Marburg）拜访化学家科尔贝（Hermann Kolbe），听取其讲座，并在化学家的实验室连续工作了 7 星期。他认为，法国大学教学质量高，容量大。巴黎大学的化学学科包括 50 个讲座，其他不同科目也有 45—65 个讲座。在此他见证了选修制的优势，它具有美国大学所不及的丰富、实用的教学内容以及多样的教学方法，这些经历影响了他日后主持的哈佛本科教育改革。

二

赋权学生以培养责任感

正如弗莱克斯纳（Abraham Flexner）所主张的，大学生必须对自己、对所学学科、对自己的学习方式负责。艾略特听过爱默生在哈佛大学的讲座，认为“积极的个人责任意识即是民主社会的正义，又是对民主制度的维护，只有通过个人自由才能产生真正意义上的个人责任感”。艾略特在 1869 年的传统就职仪式上，发表了“不传统”的演讲，“19 或 20 岁的年轻人应该知道他最喜欢什么，什么最适合他”（What he likes best and is most fit for），“校长不能将其意见强加于任何人。大学永远不能有独裁者(Dictator)。学习永远是共和性质的（Republican)”。艾略特决心改变古典必修课程，实行自由选修制，使之成为“由学生自己选择的，经过精心计划过的许多科目的学习，有部分形式上指导，但主要是顺乎本性和兴趣的许多教学课程”。

艾略特认为：“旧式必修课为所有人制定了一样的课程，学生没有选择的自由，也不会经验任何责任感。正如其他事一样，学生只有拥有自由，才能具备自我引导和自我控制自己行为的责任感。对于大学来说，具备好的选修制能够提供多样的教学，为学生进行日常指导，进行严格考试。经验已经证明美国大学入学生具备了智力和品性，足以收获担当责任而得到的智力和道德方面的益处。”

他认为，任何人，无论孩童还是成人，手工或脑力劳动者，总是会对自己感兴趣的工作加倍努力并取得更多成绩。本科教育的自由选修制可以使“各类学生各得其所”。选修制“广泛(Extensive)而复杂（Complex),同时有序（Orderly)、有规划（Well-mapped)、有全面规则制约（Thoroughly regulated)”。不同类型的学生都能从中获益:对于有学业抱负(Intellectual ambition)的学生个体来说，选修制能够使其得到更大的发展，同时能够较快地使其有所创新(Productive)，促进知识领域的发展。对于没有学业抱负的学生来说，他的全部课程会和大部分美国高校的课程相似，还是原来的古典课程，可以继续在中学里学过的课程，或者可能比任何雄心万丈的学生所选的课都要更加多样化。根据个人对学科和教师兴趣度选择的课程，使学生比在旧式课程制下更加用功。对于不认真的学生来说，他会回避高级课程而偏好那些基础性课程。在这些课程中，他无疑会选择那些他最感兴趣的，或选择那些教学经验不丰富、不太严格、心慈手软的教师，认为这样就可使自己免于重责。他也会研究课程表,避免选择那些时间不合适的课程。总之,他会选择在他看来能够确保其顺利毕业的课程，并为此求教于那些高年级学生。对于最后一类智力发展迟缓的学生来说，选修制是他们的福音。旧式必修课程不能为这些迟缓的学生提供发展机会，而范围广泛的选修制则为其提供了成就机会。选修制不等同于让学生具有“无所事事”（Do nothing）的自由。学生自己选课,但课程量是定制的，通过定期测试、论文、实验室工作和师生间经常性会面（Conferences）来考察学习情况。

在艾略特看来，必须给予学生选课的自由，只有具备选择的自由，才能培养他们的责任感。不同类型的学生都需要自由选课,他们也已经具备了选课的能力，而自由选修制正是赋权给学生，能够培养他们责任感的本科课程制度。

专业化教学以增强学术修养

美国高校早期的课程科目承袭了欧洲古典“七艺”，通常是由一位教师承担一个年级的多门课。正如纽曼在《大学的理想》中所论述的，教学工作是此时的大学唯一的职能。这种由一位老师承担多门课程，他的工作只是要求学生背诵课本内容的教学，无专业化可言。这种教学局面从哈佛建校之初一直盛行，至 1828 年达至全盛。当时大学的职能就是要“训练心智”和“装备心灵”，是传播知识而不是发展知识的场所。

19 世纪 60 年代之前也就是艾略特在哈佛实行自由选修制前,相当多高校的教师因循守旧，教学活动按部就班和循规蹈矩,“有教师在校外做讲座，或者编写大学和中学教材，还有的兼做牧师从事讲道”。其时的高校缺乏可以鼓励教师发展“高深学问”的环境,“偶尔出现个别教师深度探寻真理，也只是完全出于个人天分和爱好”。

1869年艾略特执掌哈佛，实行的自由选修制使得教师进行专业化教学。“教师致力改进教学方法，为学生提供更好的教学，否则，自由选修制下的学生可能不会去选择这门课。”教学方式“开始改变以往的简单背诵和讲授做外国教育法”。背诵只是“检查”学生，而不是“教”学生；而简单的讲授则过于“消极被动”。取而代之的是进行对话式教学（Conversational instruction），提问学生并做解释说明，并发展其在特定领域的学术。因为见证了法国大学教师进行科研的实例，实地经历了德国大学教授的实验探究，他对教学有了自己的认识和理解。“教师不再是过去的‘全科教师’，而是受到特定领域的培训，并且按学系或专业重组，其知识由广博转向精深；助理教授和教授的任命是看其进行持续、创造性的学术工作的能力。”对于教师的学术，他认为“大学要推进新知识，而大学里的学识之士，确实应该使自己的名字为人所知，但不是被千万大众，而是几个自己的学生或是所研究的对象”。

专业化的教学改变了，传统的学院里一名教授讲授多门课程，虽有广博的知识但并不精深。随着学科的分化，课程剧增，自由选修制的实施有了充足科目的保证。此外，以学科为基础划分的教学组织得以产生。不同学科教师的专业团体也依领域不同而相应成立。这些学术团体和组织将全校及全美相关研究人员联系起来，进一步促进了研究的发展。

实用科目以适应社会

殖民地时期美国高校科目的设置原本就不是出于实用的目的，也与经济发展无关。设立大学是帮助那些“十四五岁男孩子过渡到成年”。大学教育的主要目的是培养“官员”和“牧师”。但是像美国第一任总统华盛顿（George Washington）以及国务卿马歇尔（John Marshall）都没有学士学位。

大学教育不仅似乎与政治领袖无关，与财富似乎也无必然联系。美国当时的富豪如格雷（William Gray）、达比（Elias H. Derby）、坡肯斯（Thomas H. Perkins）、阿坡乐顿（Nethan & Samuel Appleton）、劳伦斯（Amos & Abbot Lawrence）没有一位是受过大学教育的。石油大王洛克菲勒和钢铁大王卡耐基的成功似乎告诉年轻人致富之路在于投身工作而不是泡图书馆。

大学从"象牙塔"走出来的直接推手是1862年以及1890年颁布的《莫里尔法案》。内战后的美国对于高校提出了新要求。大学需要不同程度地对市场做出反应，否则就可能遭遇"不实用就死亡"（Practical or perish）的下场。这一时期的高等教育不再是人们眼中的"无用之学"，不再是发财或从政之路上可有可无的点缀，而逐渐成为进入特定行业的必要条件。

对于大学课程的设置，艾略特于1869年初发表在《大西洋月刊》上的《新教育：它的组织》（The New Education:Its Organization）[1]一文中，明确对时代要求做出回应，旗帜鲜明地提出了实用的大学课程思想，也正是这篇轰动当时的文章促成了他后来执掌哈佛，并进而实行自由选修课程的大学课程改革，文中指出"美国的物质建设需要工程师、建筑师、化学家和制造者，大学应该培养输送相应的人才"。艾略特实行的自由选修课程为社会发展提供了可供选择的科学课程。他从四年级开始往一年级实行选修制，到了1885年，必修课只有英语作文、法语或德语。对此，他是满意地概述："没有任何一门以往的专有主课（Exclusive

1　此篇文章由两部分组成，分别刊载于《大西洋月刊》1869年2月号和3月号。——编者注

staple），如希腊语、拉丁语、数学、逻辑、形而上学（Metaphysics），还被要求必修；没有特定的课程组合（Combination）或课程选择（Selection）是由教师给出。”1906 年哈佛又开设了新课——社会道德（Social ethics），回应学生对于城市贫困问题的关注。

“社会需要受过实用科目训练的人才。”实用科目的增多可从增加的新的系别看出。1907—1908 年艾略特的校长年度报告显示，1868—1869 年哈佛大学文理学部（Faculty of Arts and Sciences）的教学系别为 16 个，1908—1909 年则为 27 个，增加的新系别有：教育、建筑、林业、矿物学、生理学。同时，一些实用系科从无到有，并增加了师资。以经济和商业系为例，1868 年没有这一系别，1888 年的任课教师为 4 人，其中 1 名为教授，而至 1908 年的授课教师增至 36 人，5 人为教授。

三

艾略特本科教育思想和实践的最大影响莫过于对于高等教育教师主体和学生主体的影响。教师的角色、学术和考核都发生了变化。首先，教师的角色由旧时的纪律维持者、行为规范者和背诵检查者，转为现代意义上学术共同体的共同创建者。教师的学术不再是过去那种毫无挑战的全科知识传授者，而成为专门课程的探究者。背诵式教学方法除了在语言教学上，已经基本绝迹，不断增多的讲授制的已经由量多转为质高，实验室教学法已被引入并占据相当大比例，对于助理教授和教授的任命主要是看是否具备进行持续、创造性学术工作的能力。

对于学生的影响就是真正给予他们学习的自由。当历史专业学生总结人类最大的成就时他会认为是这些选修制解除了恐惧（Terror）和压迫（Oppression），这些成就可能会最恒久永存。1892届的哈佛毕业生勒蒙特（Thomas W. Lamont）1946年回想当时大学带给他的快乐，首先提到的是提供了广博的学习和思想宝库（Vast stores of learning and thought），其次是大学的自由氛围（Sense of freedom）。

艾略特的本科教育思想对哈佛大学的影响和作用是有目共睹的，为哈佛大学成为世界一流大学奠定基础。值得我们思考的是，美国19世纪60年代大学校长的作为可以促成100多年后的辉煌，我国历史上20世纪早期也出现了如蔡元培、梅贻琦等卓越大学校长，但也有100多年建校历史的我们，为何至今还处于建设“世界一流大学”的阶段？我国经济可以飞速发展，成为世界第二大经济体，高校可以扩招，跨越式进入到大众化阶段，那么建设“世界一流大学”是否也可以通过设定时限而实现？哈佛大学成长为世界一流大学很大程度上得益于几位卓越校长的思想和实践，而研究其中最伟大的校长艾略特的本科教育思想或许是那至千里的“跬步”。

高黎　汪霞

（本文原题《查尔斯·威廉·埃利奥特的本科教育思想与实践》，原载于《国家教育行政学院学报》2012年第8期，收入时略有改动。）

前 言

已故的查尔斯·威廉·艾略特于 1869 至 1909 年间担任哈佛校长，从他出生至今已将近一个世纪。艾略特在波士顿度过了自己的童年，倘若乔治·华盛顿、亚当·斯密[1]和曼斯菲尔德伯爵[2]当年置身于此地，大概会比倘若生活在当今任何一座美国城市的马歇尔法官[3]更加感到舒适自如。在过去八十年这段非凡的历史时期，美国的教育体系一直努力跟随不断变化的形势，以适应它的各种需求。教育体系做出的尝试时而仓促，时而迟疑，甚至极端保守，经常陷入困顿。虽然教育改革者不可胜数，然而，至少是在高等教育领域，艾略特领先同时代人达四十年之久。此外，他的功绩带有个人思

---

1 亚当·斯密（Adam Smith，1723—1790），苏格兰哲学家、经济学家，他所著的《国富论》为现代自由贸易和资本主义提供了理论基础。——译注

2 曼斯菲尔德伯爵（William Murray，first Earl of Mansfield，1705—1793），英国法学家，1756 至 1788 年任皇家法院首席法官。他是使英国法适应国家工业化要求、适应发展国际贸易和殖民地关系的第一位法学家。——译注

3 约翰·马歇尔（John Marshall，1755—1835），美国政治家、法学家，1801 至 1835 年担任美国最高法院第四任首席大法官。——译注

想和性格的鲜明印记，使他在众多同行中无人能及。他是美国19世纪历史的研究者们应该认真对待的一个人物。

本书的目的在于刻画他的性格特征，而不是一味歌颂他的生平事迹，或是逐一罗列其各项成就。有人认为传记的第一要义应是人物的性格和品质，对此我亦有同感。艾略特一生的得失足以成就历史，由于几方面的原因，像他这样的人值得我们仔细观察。其中之一，便是他的所有行为都是时代环境以及他本人共同作用的结果。只有了解他独特的禀赋、性情和缺陷，我们才能真正理解他的行为。唯其如此，历史学家才能有理由将其视为一个象征，用以检验和衡量一个时代。同时，斯特雷奇[1]先生也曾说过，“人类有一种独立于现世进程之外的价值——它永恒不变，我们必须因为它自身的缘故感到它的存在”。因此本书在致力描绘查尔斯·艾略特个人形象的同时，最低限度地穿插了一些不可或缺的背景介绍，以使这种形象更加丰满而富有意义。我对相关背景下的具体事件和环境一般不予以详述，除非它们准确再现了艾略特的原貌。希望那些主要研究院校史和教育思想史的读者，一旦发现了艾略特难以磨灭的行动轨迹并急于知道他究竟是什么样的人，能够从书中找到一些有助于他们了解艾略特其人的资料。

如果有些读者想知晓更多艾略特在各类场合的言论和演说——我也衷心希望有人怀此意愿——本书附录部分的参考文献将为他们提供查找的线索。承蒙尼尔森教授的同意和帮助，本书遴选并摘录了由他主编的两册艾略特文集和演说集的部分内容，以便读者参考，其中不包括写于1915年之后的资料。自1915到1924

1　李顿·斯特雷奇（Lytton Strachey，1880—1932），英国著名传记作家、文学评论家，英国现代传记的先驱，著有多部传记，代表作有《维多利亚名人传》和《维多利亚女王传》。——译注年的内容则由 M.A.deW. 贺维[1]先生一部名为《晚年的收获》（*A Later Harvest*）的类似文集作为补充。在我的这部传记中，尼尔森的《查尔斯·W. 艾略特，生平及其思想》（*Charles W. Eliot, the Man and His Beliefs*）通常标作“尼尔森著”（“Neilson”）。艾略特本人公开发表的作品通常只列出其标题。他任职校长期间的年度工作报告被简称为“年报”（“*Ann. Rep.*,”），随后列出具体年份。本书中凡是援引公开出版物有关内容的地方，通过脚注表明其出处，而所引用的手稿内容则没有注明出处。考虑到大部分有关艾略特的手写资料现存于哈佛大学图书馆，我建议该馆将此书专门存放一部，并附有专门的注释，以供读者随时核实引文的出处。读者只有前去哈佛图书馆才能查阅未出版的有关参考资料。

鉴于出钱购买传记作品的，大多是对传主怀有感情和兴趣的无名读者，因此我只能通过出版商从公众那里得到唯一的报酬。我认为这样说很有道理，无论是对于本书及其读者，或是对于艾略特家族和我个人而言。塞缪尔·A. 艾略特博士[2]一开始便同意将所有的文字资料归我处理，并且允许我酌情引用和评论。他和艾略特家族的其他成员全都尽其所能给予我许多帮助，但从未试图影响我的判断。如果我在此项研究中对传主的功绩有所夸大，或者在任何其他方面对他有所曲解，全应归咎于我本人。

我衷心感谢那些为我审读本书手稿，以及提供有益评论和建议的人。其中有些人的帮助尤其令我感动，C. H. 哈斯金斯教授、

1　M.A.deW. 贺维（M. A. De Wolfe Howe，1906—1967），哈佛大学法律系教授，传记作家，美国民权领袖。——译注

2　塞缪尔·A. 艾略特（Samuel A. Eliot，1893—1984），美国作家，毕业于哈佛大学，即查尔斯·W. 艾略特的孙子。——译注

J. D. 格林先生、H. P. 沃尔科特博士、F. G. 皮博迪教授、伊弗雷姆·埃莫顿、R. B. 佩里教授、A. O. 诺顿教授、M. A. deW. 贺维先生、W. A. 尼尔森校长、威廉·詹姆斯[1]先生，最后但同样重要的是，塞缪尔·A. 艾略特博士，查尔斯·艾略特夫人，格蕾丝·艾略特·达德利夫人和露丝·艾略特·皮尔斯夫人。

许多人都曾为我慷慨地提供资料和信息，由于人数太多不便一一具名道谢。书中正文部分将显示他们当中一些人的名字，但是对于那些曾寄来信件却未被我引用，以及那些曾向我介绍有关事件却未被写入此书的人，我也同样表示感谢。他们出示的有关资料和叙述的一些情况具有启发意义，从而使我避免了若干错误。

哈佛大学仁慈地允许我自由查阅其档案，大学图书馆也慷慨地借给我一间自习室，同时提供了其他一些设施，否则我无法完成所有必要的工作。格蕾丝·艾略特·达德利夫人从一开始就收集到许多古老的家族文件，形成第一章主要依据的基础，之后她又在R. J. 博思维科小姐的帮助下对大量信件和文档进行筛选和分类。她特别娴熟地从事这些工作，对我多有帮助，我愿意专门向她表示诚挚的谢意。我也很高兴借此机会向秘书C. A. 兰多夫人致谢，感谢她耐心、谨慎地尽到了自己的职责。

关于参考文献部分，即附录I，我很感激B. J. 怀廷夫人和W. F. 沃尔布里奇先生。主题索引部分则由约翰·H. 沃尔登先生起草。

亨利·詹姆斯

1930年7月31日

1　威廉·詹姆斯 (William James，1842—1910)，美国本土第一位哲学家和心理学家，也是教育学家，实用主义的倡导者，美国最早的实验心理学家之一。——译注

年表和家族成员

1834 3月20日查尔斯·W.艾略特出生于波士顿。

1849 从波士顿拉丁学校毕业转入哈佛学院。

1853 以班级第三的成绩毕业于哈佛学院。

1854 受聘担任哈佛学院数学助教。

1857 家庭财产遭受巨大损失。

1858 10月27日，与艾伦·德比·皮博迪结婚。

1858 担任数学和化学助理教授。

1861 受任负责劳伦斯理学院的化学实验室。

1863 离开哈佛大学。

1863—1865 在欧洲度过两年。

1865 9月，返回波士顿担任麻省理工学院的化学教授。

1867—1868 在欧洲度过又一个冬天。

1869 3月12日，被校董事会推选为哈佛大学校长。

3月13日，艾伦·皮博迪去世。

10月19日，正式就任哈佛校长。

1871 买下一艘游艇，开始在缅因海岸度夏。

1877 10月30日，与格蕾丝·梅伦·霍普金森结婚。

1881 在东北港修建一座夏季别墅。

1908 10月26日，提交辞任哈佛校长的申请。

1909 5月19日，辞职生效。

1911—1912 作为卡内基国际和平基金会使者周游世界。

1924 8月16日，格蕾丝·霍普金森·艾略特去世。

1926 8月22日，查尔斯·W.艾略特在东北港去世。

（参阅附录I艾略特更重要的演讲和出版作品列表，其后附有日期；附录G载明艾略特被授予各项荣誉的日期。）

查尔斯·威廉·艾略特的父亲是塞缪尔·阿特金斯·艾略特（1798—1862），母亲是玛丽·莱曼（1802—1975）。两人于 1826 年 6 月 13 日结婚。

本书提到了艾略特父母的一些兄弟姐妹，他们当中在他年轻时依然健在的有：

玛丽·哈里森·艾略特（1788—1846），嫁给埃德蒙·德怀特；
伊丽莎白·艾略特（1790—1874），嫁给本杰明·盖尔德；
凯瑟琳·艾略特（1793—1879），嫁给安德鲁斯·诺顿；
安娜·艾略特（1800—1885），与乔治·蒂克纳结婚；
乔治·W. 莱曼（1880 年去世）；
查尔斯·莱曼（1881 年去世）；
西奥多·莱曼（1792—1849）。

最后一位是书中和艾略特信件来往频繁的西奥多·莱曼的父亲。

威廉·哈佛·艾略特，查尔斯·W. 艾略特出生之前去世的伯父，是曾在书中 192 页出现的塞缪尔·艾略特的父亲。

查尔斯·W. 艾略特在家中五个存活下来的孩子中排行第三，并且是唯一的男孩。他的姐妹是：

玛丽·莱曼·艾略特（1827—1924），与查尔斯·艾略特·盖尔德在 1854 年结婚；

伊丽莎白·莱曼·艾略特（1831—1895），与斯蒂芬·H. 布拉德在 1859 年结婚；

凯瑟琳·阿特金斯·艾略特（1836—1882），与弗朗西斯·H. 斯托勒在 1871 年结婚；

弗朗西丝·安妮·艾略特（1838—1897），与亨利·怀尔德·富特在 1863 年结婚。

查尔斯·艾略特的四个子女系由他的第一任夫人所生：

查尔斯（1859 年 11 月 1 日—1897 年 3 月 25 日）；
弗朗西斯（1861 年 5 月 18 日—1861 年 10 月 9 日）；
塞缪尔·阿特金斯（1862 年 8 月 24 日）；
罗伯特（1866 年 7 月 8 日—1867 年 12 月 14 日）。

01

家庭背景

新英格兰祖辈——塞缪尔·艾略特和西奥多·莱曼——出生、童年和查尔斯·艾略特的早期教育——他的父母——纳罕和波士顿查尔斯·威廉·艾略特非常看重“血统”，通过对两大家族中四代男女成员的了解和观察，他加深了自己在这方面的认识。他将自己的祖辈描述成“波士顿的艾略特家族，连续几代都是颇有影响力的重要人物，而名为莱曼的母系家族延续三代……度过了有益且成功的一生”。艾略特将他们作为艾略特家族和莱曼家族整体看待，而不是具体说出谁的名字，这种做法令他颇为自得。他本可爽快地承认他身体健康系几方面受惠于祖辈的缘故，或许可能引用他在评论詹姆斯·沃克[1]时说的话："和多数名人一样，他拥有令人钦羡的体魄，硬朗、健硕，堪称有用之才。”至于他的文化禀赋——不同于他得自遗传的健康体魄——他大概会说自己的父母都“受过很好的教育，并且父母的祖辈中亦有几位有钱人，他们经营着规模庞大的产业，能够为子女们尽量提供各种有利条件”。他在介绍儿子查尔斯的生平时曾经这样简略提及自己的身世。

艾略特在回顾祖辈们时有理由感到满足，他也的确感到满足，只是他完全可以提供更加详细的情况。

艾略特家族中有一个名叫安德鲁的人，约于1669年从英国萨默塞特郡的东科克迁居至北美大陆，并于1670年加入马萨诸塞州贝弗利的第一教区。他在遗嘱中自称鞋匠——一名制鞋工和皮革工。他曾在地方议会任本镇居民代表达五年之久。1690年，他当选为贝弗利镇第一任文书，此后数年一直负责保管该镇的档案。他

1　詹姆斯·沃克（James Walker），于1853—1860年担任哈佛大学校长。——译注

还是 1692 年女巫审判案[1]陪审团的一名成员，后来与其余陪审员一同在承认自己犯有主观臆断错误的公开忏悔书上签字。但在确定他是将家族姓氏带到马萨诸塞并首次赢得当地民众敬重的那个人后，再把他当作一位祖先考虑便没有多少意义，因为在查尔斯·W.艾略特的那一辈祖先中，他只是 64 名可能的祖先里的一个。一直没有发现此人与著名的印第安传教士约翰·艾略特有何关联。

从安德鲁那一代之后历经四代，众多的家族世系朝查尔斯·艾略特的四位祖父母汇聚。在早先的祖辈中，对于这些作为早先重要家族支系的男人和女人，若要逐个探究一番，现在恐怕很难有把握说出一点具体的内容。表面上看，他们和他们的兄弟姐妹，跟当时其他的新英格兰人一样，尽管身处不同的环境，鲜有发展机会，但全都勤奋地工作，体面地生活。男人大多是手艺人、小商贩、农民、水手，有些则是教区公务员，很少一部分担任牧师。还有些人是当地军事公司招募的志愿兵或者是城镇办事处的公职人员，极少数人身居要职。女人们生养了许多孩子，亲手埋葬的也不在少数。怀着对上帝的敬畏，遵照清教教义，她们将侥幸不死的孩子抚养成人。他们的家族姓氏很多，夏洛克、马歇尔、安德鲁斯、西蒙兹、阿特金斯、达德利、肯特、皮克林、威廉姆斯、普拉姆、谢尔登、普卢默，还有艾略特和莱曼，此外尚有少数姓氏未能确认。他们的姓名起源于 17 世纪英国的一些小乡绅、工匠和自耕农。他们大多生活在塞勒姆、贝弗利、纽伯立波特、格罗斯特、博克斯福德、

1　1692 年，美国马萨诸塞州勒姆镇一个牧师的女儿突然得了一种怪病，随后 7 个女孩相继出现了同样的症状。村里人普遍认为，这些孩子的病是由三个女人造成的，遂对她们严刑逼供，致使女巫的数量日益增加，先后有 20 多人死于这起冤案中。——译注

北安普顿、约克、肯尼邦克、哈特福特、康涅狄格和波士顿。[1]这些祖先中似乎没有无所事事之辈。其中只有极少数人是构成殖民地上流阶层的公职人员和公理会牧师。但是他们无论地位如何卑微，似乎全都自豪地高昂着头，并赢得友邻的“尊重”。总之，这是一脉相承的优良“血统”，除艾略特和莱曼外，尚有20多个姓氏，都在各地以不同的方式证明了这一点，此处不便赘述。

殖民地时期这个血统在社会上的崭露头角，归功于艾略特的两位祖父——塞缪尔·艾略特和西奥多·莱曼。他们两人深深影响了小艾略特的成长环境，十分值得关注。

塞缪尔·艾略特生于1739年，与身为波士顿书商的父亲同名，他后来奠定了家族经济的基础。他的伯父安德鲁·艾略特是一名教士，曾于1765年至1778年担任哈佛学院董事，1774年当选为哈佛学院院长，但他拒绝离开本教区前往剑桥市任职。塞缪尔6岁时，父亲便离开了人世，年仅32岁，撇下他和年轻的母亲以及三个姐妹，家中几乎一无所有。这个小家庭连续数年处于贫困潦倒的境地，幸好他的母亲是一位坚毅非凡、智慧超群的女性，勉力将几个子女培育成人（关于她的身世，除了其婚前姓名是伊丽莎白·马歇尔、来自西印度群岛，其余一概不为人知）。她的一个女儿嫁给了一位名叫杰勒米·贝克纳普的历史学者兼联邦街教堂牧师。塞缪尔从小便进入波士顿拉丁学校学习，之后又在乔纳森 & 约翰·艾默里大型商号当了一段时间的学徒。不到30岁，塞缪尔已经凭借自身实力接管了该商号的零售业务。

1 这些氏族谱系可参见 Walter Graeme Eliot，*The Eliot Family*（New York，1887）和 *New England Historical and Genealogical Register* Vol.81.1、Vol.82，p.354。

北美殖民地的一些人终于等到了通过贸易聚敛财富的有利时机，其中塞缪尔·艾略特的财富和影响力与日俱增。他在独立战争前后曾数次远赴英格兰处理相关商务。从他留下的若干书信中不难看出，他是一个颇有魅力的人，善于社交，言辞坦诚，情绪乐观，遇事反应敏捷，尤其喜爱结交有趣的朋友。他有过两次婚姻，第二任妻子是马萨诸塞总督约瑟夫·达德利的曾孙女凯瑟琳·阿特金斯小姐，他们于 1786 年结婚。大约与此同时，塞缪尔买下并搬入艾默利先生的宽敞住宅，它位于灯塔街和特莱蒙街相交的拐角处，面朝国王教堂。当时艾默利的房子后面已有一个栽种了桃树的花园，但艾略特依然买下如今特莱蒙大厦所在的那片土地——从他的“宅邸”到灯塔街之间——他与妻子尽力将其改造成一座美丽的花园。

塞缪尔·艾略特一生多行善事，他的善行有时系心血来潮所致——他曾经为一所债务监狱的所有被拘押人偿清债务，有时却缘于自己的远见卓识——他曾经为哈佛学院捐献两万美元，设立一个希腊语教授职位。无论是为债务人偿付债务还是捐赠哈佛学院教授职位，塞缪尔·艾略特全都隐匿了自己的姓名。由于他在施惠于人时喜欢低调行事，因此我们不妨认定，他一生做了大量善事，其中只有一小部分为人所知。

塞缪尔每年都会照例以奢华至极的排场举办两场宴会，首先宴请的是当年在任的总督和副总督，随后是最高法院的全体法官及法庭的主要成员。[1] 他委托斯图亚特为他本人和妻子各画了一幅肖像，此举于他甚是相宜。无论从哪方面来看，他的生活大概都算

1 Anna Ticknor, *Samuel Eliot* (Boston,1869), p.124.

塞缪尔·艾略特

凯瑟琳·阿特金斯·艾略特

得上阔绰体面。即便他一生中真的别无建树，单凭斯图亚特绘制的这两幅肖像，也足以确保夫妻俩出众的容貌不被世人遗忘。

他们将八个子女抚养成人——一个女儿是他和第一任夫人所生，其他四个女儿和三个儿子则由他们所生。其中那个前程远大、性格讨人喜欢的儿子查尔斯，却在毕业于神学院后不久便离开了人世。夫妻俩婚后生育的其他子女在父亲1820年去世之后全都健在。塞缪尔的遗嘱公开之时，人们发现这是一份篇幅很长、内容丰富的文件，有些部分显然不是出自他的律师之手。其中一篇是对约翰·洛威尔的赞誉，此人是塞缪尔的好友，并被他指定为遗产执行人。他的财产估价近120万美元，很可能是当时波士顿数额最大的一笔私人财富。因此他去世后，他的遗孀和所有子女都能过着按照当时标准堪称富裕的生活。“一代过后，又是一代。嗅着芬芳的帕尔马紫罗兰，瞧见一只古色古香的摩洛哥针线盒，都令我想起一位慈祥的老妇人。她一身黑衣，头戴孝帽，坐在洒满阳光的客厅里的一张扶手椅上做着针线活儿……她叫凯瑟琳·阿特金斯，是塞缪尔·艾略特的遗孀……我熟悉这座住宅里的所有子女，我也熟悉这里其他所有的成年男女，他们更加勤劳尽责，待人友善、真诚，渴望履行对上帝和友邻应尽的义务，在同辈人中出类拔萃。”[1]在一次纪念活动中，已故的亨利·李曾经这样说起查尔斯·艾略特之前的整个艾略特家族。

西奥多·莱曼——现在将话题转向这位外祖父——与塞缪尔一样善于把握时机，却又有自己的特点。他的父亲萨克·莱曼在缅因

1 “Mrs. George Ticknor”(Anna Eliot), reprinted in John T. Morse,Jr.’s, *Memoir of Henry Lee* (Boston,1905).

州的约克县当了60年牧师。他生于1755年，从童年时代直到去世前夕，他都因相貌英俊而惹人注目。1786年，他与第二任妻子莉蒂亚完婚，她是塞勒姆的乔治·威廉姆斯的女儿，也是曾先后任职于华盛顿和亚当斯总统内阁的陆军上校蒂莫西·皮克林的外甥女。他们的女儿玛丽·莱曼，便是查尔斯·艾略特的母亲。婚后不久，西奥多·莱曼迁居波士顿，经营西北公司的皮货和东印度公司的一些商品，赚了不少钱。之后，他冒险投资数家新开张的纺织公司，这些公司正在新英格兰地区的几条河边兴建纺织厂，他担任其中几家公司的财务主管。西奥多因品行端正和才智过人而备受尊敬。他立志成为真正的绅士，养成慷慨豪爽的气度。至少妻子在世时，他一贯热衷于宴请社会名流。冬天他住在城里一座宽敞的宅邸里，夏天则住在沃尔瑟姆。

他在沃尔瑟姆的住宅，被公认处于当时波士顿近郊的最佳地段。历经一个多世纪的洗礼，它依然美丽，大自然经过人的巧妙利用，“将会为我们不断创造宜人的景色，随年月推移而更具风韵”，他对此一直记忆犹新。西奥多修建宅邸，建造了几条路，铺设了一条长长的林荫大道，布置箱型树篱，筑坝蓄水，使水面倒映出广阔的天空，同时搭建了若干个暖房。西奥多精心设计的沃尔瑟姆住所，表明他品味非凡，眼光独到，能将自己从雷普顿和惠特利书中学到的园林建筑知识付诸实践。他在暖房里栽种了许多凤梨之类的外国植物，还从英格兰引进了家畜和树木。“他为妻子备了一辆马车，这在当时并不多见。”S. P. 希尔斯夫人写道，“他的女儿玛丽经常骑马外出，我曾听威廉·艾默利先生说起剑桥市的人们如何驻足欣赏这位年轻漂亮的小姐纵马骑行的优雅身姿。”

就这样，早在传主出生之前的三十多年间，他父亲和母亲的双方家族，都在波士顿和沃尔瑟姆逐渐奠定了那种令其备享尊荣和奢华的优越社会地位。

塞缪尔·阿特金斯·艾略特，塞缪尔的儿子，查尔斯·威廉·艾略特的父亲，生于1789年，在国王教堂对面的豪宅里长大成人，1817年进入哈佛学院学习。父亲希望他成为一名牧师，他当时年轻，一向谨遵父命，于是进入哈佛神学院修习有关课程。但父亲在他毕业当年不幸离世，塞缪尔·阿特金斯猝然放弃了牧师职业，远赴欧洲游学两年，其间“他掌握了大量音乐知识，学会了许多演唱技巧，并对花园、公园和游乐园产生了浓厚的兴趣”[1]。他在寄回家的一封封信中倾诉了一个聪颖而认真的年轻人的心声：他虽然渴望上进，却又好像在异国他乡无法找到激情、乐趣和意气相投的伙伴。阿特金斯回到波士顿时一定感到轻松和宽慰，此后他再也没有出过国。回国不久他便与玛丽·莱曼结婚（1826），婚后（1829—1830）他在灯塔街街首建造新居并迁居于此。这所31号住宅坐落于如今州议会大厦草坪的西侧，毗邻现在的唯一神教联盟大楼。房子南面正对波士顿公园，从东面窗户可以俯瞰约翰·汉考克[2]故居的花园。从建房到家装布置的账目清单至今尚存，其中绝大部分家具、帘幔、瓷器和银器购自英格兰。这些记录既可以复原一百年前一个公认的波士顿富裕之家的实际生活情景，还能证明与他同期、同阶层的其他英格兰人如何谨遵前辈教诲养成记账的习惯。

1　查尔斯·艾略特致P. L. 阿瑟顿，1925年4月16日。

2　约翰·汉考克（John Hancock，1737—1793），美国革命家、政治家，富商出身，《美国独立宣言》的第一个签署人。——译注想必是老西奥多·莱曼批准了这些预算，因为他支付了所有的费用，作为馈赠这对年轻夫妇的一份厚礼。在那座可以眺望波士顿公园美景的房子里，夫妻俩生活了许多年，他们的子女也渐渐长大成人。附近还住了不少与他们关系密切的亲属，主要有住在靠近佛农山街首的三家莱曼家族的人，以及艾略特三姐妹各自的家庭：灯塔街上朝东与艾略特家相隔几户的本杰明·吉尔德夫人，住在公园街上的乔治·蒂克纳夫人和埃德蒙·德怀特夫人。

查尔斯·威廉·艾略特，在得以幸存的五个子女中排行第三，是唯一的男孩。[1]他于1834年3月20日出生在灯塔街的家中。他的名字分别随艾略特家族的两位叔叔——查尔斯和威廉。此前我们已经提到查尔斯的英年早逝，而威廉·哈弗德是在1831年去世，不过这个男孩的父亲当时正努力从不同的方面着手继续他的善行。

一直盼望有个男孩的艾略特夫妇，终于迎来了这个结实的小家伙。但是他的出现委实令全家人感到震惊，因为他们全都认为，凡是生长在这个家庭的男孩女孩成年后理应漂亮。这个刚刚出生的男孩身上带有一块丑陋而显眼的胎记，这片肿胀的猪肝色疤痕几乎布满了整个右半边脸颊，一直延伸到嘴边，无论是谁都不可能对这块疤痕视而不见，或是过目即忘。在他的传记中对它刻意回避也同样很不现实，就像在描述尤利乌斯·恺撒的容貌时不提他的秃顶，或是在为腓特烈大帝立传时忽略他的驼背一样荒诞不经。男孩脸上的这一严重缺陷，使他自己觉得特别怪异，也将对他的

1　一个女儿在查尔斯出生前过世。

查尔斯·艾略特的出生地——灯塔街

童年生活造成极大的影响。[1]

他的母亲从一开始便明白这块胎记意味着什么。每当她俯身朝向这个无助的孩子，猜想他未来的命运将会怎样时，目光总忍不住落在这道疤痕上，同时意识到她必须学会对它视而不见。这块胎记可能会使艾略特成为其他孩子嘲弄挖苦的对象；可能会使他性格越发孤僻，动辄将思路转移到自己身上。他将几乎不可避免地变得拘谨寡言，因而有可能在与同龄伙伴相处时显得心虚胆怯。总之，这块疤痕将令他的心灵终生蒙受磨难，而她身为母亲也得尽早培养儿子勇于面对挫折的男子汉气概。值得庆幸的是，她本来就是一个遇事能够泰然处之的女人。

不久，男孩根据别人的表现渐渐觉察出自己的不幸。他一定意识到别人总会忍不住多看他一眼，自己总是引起其他孩子久久的注视。波士顿公园与艾略特的家隔街相望，是当时城中所有儿童的游乐场。男孩们在这个喧闹的露天学校有了很多体验，他们由着自己的性子结成一个个小团队。灯塔山的富家子弟跟北端的贫民区子弟们常常打架，对此小艾略特并不反感，只是人身侮辱对他的伤害更甚于落在他身上的拳头。H. P. 沃尔考特博士引述艾略特的堂姐查尔斯·米尔斯亲口对他说的话，为艾略特的冷漠离群辩解："你准知道，他小时候被其他小孩撵出波士顿公园，就是因为

1　艾略特的内弟，弗朗西斯·G. 皮博迪博士，曾向我透露，艾略特仅向他提到过一次脸上的胎记，当时艾略特解释说，他曾几次动用过外祖父莱曼的一份特殊遗产，从而满足了自己个人的资金需求。"他为什么会留给你一份'特殊遗产'呢？"皮博迪博士问。"因为它。"艾略特指着右脸颊答道。皮博迪博士感到惊讶，一时颇为动容。——此说有些令人疑惑，外祖父西奥多·莱曼去世时，艾略特年仅五岁，他为自己的三个孙子和外孙各留了一份两万美元的遗产。他给查尔斯的额外馈赠可能没有写进遗嘱。然而值得我们重视的是，艾略特认为自己在外人眼里是个有着严重生理缺陷的孩子，他相信倘若不是外祖父怜其不幸，就不会额外施惠于他。且不论这份特殊遗产是以什么形式体现的，我有把握根据这个故事推断出这一点。

他那张脸。”他不能忘记这些经历。哪个孩子能够忘记呢？艾略特天生敏感多疑，无法借助情绪的宣泄消除内心的苦闷。所以他必须对他人的目光视若无睹，对别人的议论听而不闻，他在小小年纪就懂得这样一个道理，把自己严严实实地封闭起来，过早地习惯于那种不与他人亲近的生活。父母教导他学会思考自己所做的有意义的事情，并且从自己勇敢和正确的行为中寻求慰藉和满足，“向外而不是向内看；向前而不是向后看”，早在爱德华·埃弗雷特·黑尔[1]的系列格言广泛流传之前，艾略特就不知不觉地开始奉行其中的这两句劝诫之语，多年后，这两句话经常挂在他嘴边。[2]这些警句都是确保生活幸福的古老而又珍贵的秘诀。但是有一段时间，艾略特似乎比其他大多数孩子更加无奈，只能在家人中选择朋友，当时他主要的玩伴是家中的四个姐妹和莱曼家的几个表兄妹。的确，他六七岁便开始上学读书，不过没有迹象表明，当时他除家人陪伴外还有别的朋友。时隔30多年，艾略特在回顾自己的童年时代时说道：

> 对我而言，童年时光不如后来的岁月那样充实美好。有人说，童年柔软而温暖的小径尽头，是两扇金色的大门，门外便是成年崎岖而又寒冷的道路；还有人煞有介事地说，一旦走过这两扇金光闪耀的大门，人生的光辉便会日趋暗淡。我不明白这是什么意思。我们是不是太容易忘记童年时代的那些痛苦、

1　爱德华·埃弗雷特·黑尔（Edward Everett Hale，1822—1909），美国唯一神教牧师和作家，是曾任马萨诸塞州州长、哈佛大学校长和美国国务卿的爱德华·埃弗雷特的侄子。——译注

2　“向上而不是向下看；向前而不是向后看；向外而不是向内看；主动施以援手。”这是黑尔的格言。目前这个国家依然有许多“伸出援手”社团。

悲伤和恐惧是多么鲜明，多么真实？太容易忘记那些不易为我们察觉的许多欢乐？长大成熟后，不再畏惧那些大孩子，特别是家住梅森街和北端区的大孩子，也不再害怕那些想象中的鬼怪和盗贼，担心它们出没于一间间漆黑的屋子，藏在床底和壁橱中，躲在幽暗的小树林里，隐匿于偏僻海岸上的岩石间，每念及此，我感到无比宽慰。年幼时心里浓厚的痛苦情绪其实被我们淡化了。成年之后，我曾目睹一个杀人犯被一把双柄利剑砍下脑袋，当时心里比较平静，不像当初在拉丁学校几次瞧见同学当众受罚那样满心恐惧，战栗不安。[1]

艾略特最早是在自己家中上课，由萨姆纳小姐为年幼的他、亚瑟·莱曼和萨拉·莱曼教小班课。这两个男孩常常躲在后门口台阶下的一只木箱后面，用玩具气枪对着萨姆纳老师瞄准发射，用这种方法吓唬她。后来艾略特被送到一所专收男女幼童的家庭小学，“位于鲍登街上的一所私人住宅，由库欣姐妹俩开办”。七岁时，艾略特又被转到一所私立男校，该校由托马斯·罗素·沙利文牧师开设在公园街教堂的地下室里。三年后，他进入波士顿拉丁学校学习，时任校长是伊普斯·萨金特·狄斯威。该校的学生几乎全部出生于19世纪40年代的美国，其中有相当一部分毕业后就读于哈佛学院。它在新英格兰地区的同类学校中享有很高的声誉，只是它“在办学上因循守旧”——主要课程是拉丁语、希腊语和数学，外加一点

1 Dinner of Latin School Association; Nov.13,1878.

历史、写作和朗诵课。查尔斯·弗朗西斯·亚当斯[1]曾在该校待了三年，比艾略特低两三级，他讨厌这个地方，说它“是个枯燥、守旧、死气沉沉的教学机构，光线昏暗到极点的一间间教室里，每天都在进行一种犹如军事操练般刻板而乏味的常规训练”[2]。这样的评价似乎有些尖刻，艾略特本人后来倒是乐于回想拉丁学校的课程是多么单调，范围过于狭窄，与他后来倡导的开放而有趣的课程形成鲜明对比。在他先后就读的三所学校中，他没有从哪门课程的学习中找到乐趣，或许只有“朗诵课”除外，直到在拉丁学校的最后两年接触了希腊语和拉丁语诗歌后，情况才发生了变化。一次次轻松出色地做着练习，他承认通过这些练习，自己的记忆力得到了训练，并且学会了专注于某项指定的任务。他毕业时在毕业典礼上用拉丁语致辞，并至少四次被指定在“学业展示日”上当众朗诵。

“我无意阿谀奉承议会”，其中一次以此开场；40年之后，他仍然能够背诵一大半丹尼尔·奥康奈尔[3]的演讲《论爱尔兰侵犯法案》。有趣的是，他每一次获奖居然全是因为上场朗诵。演讲术在1840年代风靡一时，所有的大人物全都登台演说或布道。显然，公开演讲对这个孩子产生了很大的吸引力。正是一次次的“朗诵”证明了他是怎样毅然克服自己的缺陷。他早在15岁之前似乎就已经告诫自己，绝不要因为脸上的疤痕而羞于面对听众。

多年以后，他在波士顿拉丁学校协会的一次会议上发表演说，

1　查尔斯·弗朗西斯·亚当斯（Charles Francis Adams，1807—1886），美国国会议员、外交家和作家，他的祖父约翰·亚当斯是继华盛顿之后的美国第二任总统，父亲约翰·昆西·亚当斯曾任美国第六届总统。——译注

2　*Autobiography*，pp.22-23.

3　丹尼尔·奥康奈尔（Daniel O'connell，1775—1847），爱尔兰人，19世纪前期爱尔兰民族主义运动的主要代表，英国下院天主教解放运动的领袖。——译注

用十分简洁的语言描绘自己当年天真稚嫩的形象：

> 我坚信，如果我们经常温柔而欢快地回忆自己儿时的模样，定能从中获益。我承认，对于那个在1849年从拉丁学校毕业后穿着胀鼓鼓的夹克衫前往大学的少年，我始终怀着深深的怜悯和敬意。他那时候矜持、勤奋、自有主见，并且志向远大。他在令人眩晕的悬崖边缘踽踽独行，却浑然不知脚下的危险。我经常回想起当时年幼的自己，在我阅尽三十年世事的目光注视下，他显得与现在的自己截然不同，当年的这个孩子理应赢得成年后的自己的尊敬。我从一个如此值得称道的孩子长大成人，我将这视为我今生来世赖以保持希望的最坚实的基础。[1]

一旦查清所有的事实真相，大概不难看出，这孩子受到的名副其实的教育，大多得自课外传授。

艾略特的父母不遗余力地培养这个唯一的儿子。他们让艾略特学习木匠工艺和木制艺术，并为他在灯塔街街首的住宅里安装了工作台和车床。他们还为他装配了手动印刷机，艾略特与拉丁学校的一名同学一起排版、校对，然后印刷出若干份学校周报。不过值得注意的是,艾略特几乎没有向该报投过稿。房子里经常响起音乐，

1　迄今我搜集到的有关艾略特童年的资料，不仅来源于他儿孙晚辈的了解以及几个孙子提供的情况，同时也引用了 S. P.（萨拉·莱曼）希尔斯和玛丽（艾略特）盖尔德的回忆，并且大量参考了他就 *Sixtieth Anniversary Report of the Harvard Class of 1853*（1913）所做的情况说明以及重新刊载于 *A Later Harvest* 的“How I Have Kept My Health and Working Power till Eighty”一文。

在涉及教育问题的演讲和文章中，他多次提到自己受到的教育，哪些知识是老师传授给他的，哪些是他自学的，以及具体的情况。他对自己的教育经历最完整有趣的介绍出自“Contributions to the History of American Teaching”, *Educational Review*, XLII（1911）, p.346。

传出歌声。艾略特天生拥有一副美妙动听的歌喉，喜欢演唱不同的声部。因此，鉴于他从未学会完整地认识一份乐谱，我们可以推测，父亲鼓励他唱歌，是为了让他自娱自乐，并没有要他在音乐上投入很多精力。

他的户外娱乐活动同样值得关注。我们不妨假设，自从艾略特在七岁那年进入公园街上沙利文先生的小学后，他开始摆脱家长的看管，那种自由随性的状态，无异于那些经常在波士顿公园玩耍的男孩。此后，他从家到学校抄近路就得横穿波士顿公园。尽管灯塔街或拉丁学校和北端区的孩子们经常在公园打架，使这个地方有时充满了危险和刺激，尽管小艾略特经常在这里遭人耻笑，他还是管它叫作“一个可爱的儿童游乐园”。在艾略特父母的印象中，这里原先是一座奶牛牧场，一条条蜿蜒的小径，一片片宽阔的绿地，以及位于其间的一个蛙塘，依然透出天然而诱人的气息。牧场西端的下方是新建的波士顿公共花园和巴克湾，那片可供游憩的空地上遍布着一个个水波荡漾的池塘和一栋栋色彩鲜艳的公寓。在波士顿公园的两三个角落，艾略特与其他男孩玩着简单时兴的球类游戏，根据季节分别玩跳房子和弹珠子游戏，冬天则乘雪橇滑行。一年四季他们随时都会沿着公园外围的人行道赛跑。如果能在这些消耗体力并不断重复的赛跑中胜出，可是一件很有面子的事情；因为它全程超过一英里[1]，对男孩们的腿部力量、呼吸能力和勇气都是一种考验。夜里躺在床上，艾略特依然能够分明感受到街对面的波士顿公园的存在。春天，风儿携着阵阵泥土和绿草的清香从他房间那扇敞开的窗户飘进来，连路面散发的柏油味儿也无法将其

1　英制长度计量单位，1 英里约合 1.609 千米。——编者注

掩盖。冬天，他可以倾听榆树和椴树冰封的枝丫在寒风中嘎吱作响。一个夏天的傍晚，他听见“几百个男女在习习凉风中一起行走，脚踩沙砾小路发出沙沙的声响”。轻柔悦耳的各种声音时时在他的屋里响起。他乐于谛听这些声音，只要他活着，他就巴不得这些声响一直欢快地回荡在自己的记忆深处。

艾略特很小的时候，父亲便选择纳罕作为家人炎夏避暑的住地。纳罕是一道长长的海岬，几乎就是一座小岛屿，从林恩附近一直朝南延伸，距波士顿仅十二英里。浩瀚的大西洋上涌起的波浪冲刷着怪石嶙峋的海岸，阵阵海风吹过几个牧场和冰蚀山崖，其间有几道小小阻隔的一片盐沼地——它已经成形——或者说，经过一点旨在“改进”的人工干扰，在1850年代基本成形。其中尚未成形的就有参议员洛奇[1]的父亲J. E. 洛奇买下的一块地，他还把这块地四周隔断，以防外人“擅自进入”，因而伤了邻居间的和气，惹出不少麻烦，为此艾略特不喜欢洛奇一家人。自从少数波士顿人开始将纳罕作为家人盛夏的休憩地以来，它一直是美国著名的避暑胜地。作为早期开发者中的一员，塞缪尔·A. 艾略特买下了一块地。19世纪中叶美国建筑师设计开发的美式乡村住宅造型古怪，了无生趣，令他反感——多亏他察觉到这一点。于是，他仿照“希腊神殿”造了一座住宅。房屋与周围极目可见的岩石、牧场和大海的自然景色颇为协调，显现出特有的魅力。[2]

艾略特从小到大，每逢夏季总是在纳罕度过七八月份。一次，

---

1 亨利·卡伯特·洛奇（Henry Cabot Lodge，1850—1924），美国政治领袖，马萨诸塞州议员，在美西战争以后的30年里对美国外交有深刻影响力。在这段时间里，很少有他不支持的条约能在参议院通过，伍德罗·威尔逊总统加入国际联盟的倡议就是被他否决的。——译注

2 这幢房子现属于米弗林家族。显然房屋上部有所改建，但整体变动较小。

艾略特在纳罕的房子

他已经到了能够随大人外出的年纪，于是他们便带他参加了一次例行野餐。当时他要么嘴馋，要么就是特别淘气，全家人只顾围着篝火准备晚餐，把饿着肚子的他撇在一旁。小家伙回不了家，只好在不远处独自不停地转悠，心头怨恨难平，急剧膨胀，眼看就要发作。好像没有谁注意到他。人们开始用餐，燃烧的篝火噼啪作响，火苗欢快地舔着装满海鲜杂烩的铁锅底部。他实在无法忍受，必须采取报复行动。他突然大发雷霆，抓起几块石头，朝野餐者和海鲜锅猛掷过去。当时的情形实在可怕，令人终生难忘。

每次在纳罕度夏，艾略特成天待在户外，游泳，划船，学习掌舵，岩边垂钓，牧场上采蘑菇，驱车骑马。他虽然参与这些休闲娱乐活动，但并没有达到娴熟掌握其要领的高水平，跟人们现在对游艇比赛和越野骑马的热衷，甚至跟当今的男孩对现代体育运动的痴迷，都不可同日而语。当时陪伴他成长的人中，没有谁特别喜欢那些活动。不过他当时所处的环境，倒是更加有利于他熟悉农场和海边生活中的各种活动。父母允许艾略特拥有一匹“温顺而活泼、名叫布瑞连特的”马，条件是布瑞连特的一切都得由他自己照看。于是他最大的乐趣便是骑着布瑞连特到处兜风。他“驭马有术”，从儿时起就是一个勇敢无畏的骑士和马夫。

这些“休闲娱乐”在长辈眼里可都是正经事。尽管小艾略特参与这些活动只是出于幼稚的动机，但它们的确有助于他逐渐成熟。亨利·亚当斯[1]说过，当时的大多数新英格兰男孩论智力早已不是一般的男孩：“本来他们从10岁开始就完全可以接受成人教育，

1 亨利·亚当斯（Henry Adams，1838—1918），美国历史学家和小说家。1858年毕业于哈佛大学，曾任美国历史学会主席。他是亚当斯家族的成员，约翰·昆西·亚当斯的孙子。——译注

与那些适合入学读书的英国和欧洲男孩相比，他们至少成熟了五岁。”冬天学校放长假时，艾略特最喜爱的消遣（从 12 岁到 15 岁）就是外出游览，有时和父亲一起，有时和其他孩子一起，实地察看弗罗辛厄姆[1]在《波士顿之围》中提到的一个个革命营地的旧址和战场。他也数次探访母亲度过童年时光的沃尔瑟姆，和几个表兄弟或是在小溪边树荫下嬉戏，或是走老远的路去农场和乡间探险。

每逢星期天，他们得参加国王教堂举行的两次礼拜。当天早晨，一家人两两并排列队沿着灯塔街走向教堂，进门之后，艾略特夫人和孩子们坐进从后倒数第三排紧挨中间过道的厢座，艾略特先生则跟他们上方楼厅里的唱诗班坐在一起。下午这一行人不像早晨那样步履轻松，艾略特夫人落后先生一两步，小艾略特和姐妹们也总是掉队，他们好歹总算走进教堂。入座以后，又可能表现出腹饥难耐的样子。他们的父亲这时正坐在楼厅上，距离天堂毕竟比他们近几英尺[2]，正向唱诗班成员分发一些薄荷糖，好让他们在唱诗时头脑保持清醒。每个星期天傍晚，艾略特全家会一起唱圣诗和颂歌，艾略特喜欢这样的时刻。在做礼拜和唱诗之间的一段空闲时间里，孩子们不得做游戏，只能阅读“好书”。但是艾略特常常躲在图书馆的一个角落里，在那儿翻看了书架上所有狄更斯的作品。有一次，他的母亲低头发现了他读的书，但没吭声，“只是俯身吻了吻他”。虽有规矩限制，书却照读不误。当时威佛利小说依然对读者有很大的吸引力，而艾略特也始终相信它们是最精彩的传奇故事。没有人为他朗读——他的母亲书读得很少，但艾略特在房子最边上自己的卧室里大量阅读。常常是熄灯就寝时间一到，他就偷偷地开始读书，

1 理查德·弗罗辛厄姆（Richard Frothingham，1812—1880），美国历史学家。——译注

2 英制长度计量单位，1 英尺约合 0.305 米。——编者注

借助小心置放于两张椅子并拢的椅背上的一根蜡烛所发出的光亮。这种做法虽然巧妙，但一定会损害他的视力，不过父母和他本人都未意识到他需要戴眼镜。其实，他的父母似乎还不清楚他的近视程度已经很深。餐厅的两扇窗户之间立着一座黄铜水晶大钟，艾略特常常得从餐桌边站起身朝它走去才能看清时间。午餐时候随时看钟，对他而言是一件很重要的事，因为下午去拉丁学校上课，他想按时跟几个朋友会合，结伴通过容易发生摩擦的波士顿公园。但是父亲并不理会，反而训斥艾略特不该从餐桌旁一跃而起。在家长迫使孩子们遵守的饮食起居制度中，有不少斯巴达式教育的苛刻成分。每天晚上，一只锡制浴盆都会装满冷水，放在艾略特的卧室里，好让他第二天早晨跳下床后直接坐进浴盆里。夜里水温越来越低，有时甚至还会结冰。这孩子却经常将盆里的水泼洒一些在地上，把浴巾弄湿后搓揉几下，没有洗澡便去用早餐。多年以后，他很喜欢向子女和孙辈讲述自己当年玩弄的这套伎俩。

显然，这个拘谨缄默的年轻人大量时间都在与他的长辈相处。他的母亲本性纯朴，举手投足却又不落俗套，表现出良好的教养。她始终从容镇定，从不怀疑她本人奉行的准则及自己所处的位置有什么问题。作为回报，波士顿令她终生备受别人的钦羡和喜爱。她因不事张扬的风格而成为一个大人物。有人能感受到她坚强的内心世界，有人能看出她的美丽和善良。她端坐在茶几后面的那副姿态不会令人反感，甚至也不会吓到哪个孩子。其实，每个初次与她相见的孩子都会被她深深吸引。不过，无论谁走进她的房间，真正感到为难的是如何努力振作精神，表现出优雅的风度举止。她依据一套简明易懂的行为准则遵守礼节，她的家是子女学习传统礼仪的课堂。这些礼仪包括遵守与人相处时的若干行为规则，诸如不要将手放在脸上或头上，不要坐立不安和随意走动，避免各种粗俗的姿态，不要随意做毫无意义的手势，坐姿要端正，别跷二郎腿。“我发现，”艾略特在 70 岁那年说，“年轻人一般都是这样坐 [身子朝后仰，并且在椅面上渐渐往前滑动]，还要两腿交叉，致使 [一条腿的膝盖搭在另一只上]。”他从未有过如此表现。

如果有谁愿意敞开心扉和那些聪明人一起喝喝茶或是马德拉酒，聊聊白天发生的事情，那么灯塔街 31 号便是绝佳的去处。当时有许多人频繁造访此处。在一叠未发表的回忆文集里，长女玛丽（后来成为 C. E. 盖尔德夫人）这样写道：

> 父亲和母亲都很热情好客。他们喜欢准备丰盛的晚宴，一般邀请 14 位常客，有时是另外几对夫妇，更多时候桌上的客人清一色全是男士，但母亲总坐在餐桌的主位上。冬季如果天气允许，这样的宴会大概会有三至四次，但是殷勤招待朋友和年龄稍长的侄儿侄女，已然成为父母亲的习惯。父亲在剑桥的两个朋友，杰瑞德·斯帕克斯先生和 J. G. 帕尔弗里博士，随时都可以与我们一起共进晚餐。西奥多舅舅和查尔斯舅舅是出入最频繁的常客，一般是在傍晚时分顺路拐进我家，与母亲交谈一阵。他们聊着家里的事情，查尔斯舅舅有时会讲一些趣闻逸事……兄弟姐妹们经常议论时政，因为他们，包括母亲，全都由衷地关心公共事务。波士顿港及其防御工事的建设，为我们的社交生活平添了一抹令人愉悦的亮色，因为它为这座城市和居民送来了一些木工程部的优秀军职人员。他们的总部一般都设在垂蒙特大厦。记忆中第一个是博伊斯上尉……然后是弗吉尼亚的汤姆·卡特先生，前来看望我们。他弟弟查尔斯·雪利·卡特，是查尔斯舅舅的同学，他跟母亲早在沃尔瑟姆时便已相识。

墨西哥战争之后，他的表兄罗伯特·E.李[1]，时任陆军上校，曾率军驻扎在沃伦堡一段时间。他曾在斯科特将军手下任职，提起自己在军中的种种冒险经历，如何一次次侥幸逃生，屡建奇勋，他总有说不完的故事。我们兴奋地听他讲着，那些表兄弟有时也会围拢过来。被一群小家伙簇拥着，他心里非常得意。他的脸很滑稽，刚刚还是一副严肃的表情，霎时间就变得笑容可掬，两眼炯炯有神。

西奥多·莱曼舅舅于1834至1835年任波士顿市长，其间一帮反天主教的暴民纵火焚烧了乌尔苏拉修道院。一次，他冒着生命危险从歹徒手中救下了加里森[2]。塞缪尔·A.艾略特也曾任波士顿市长——从1837至1839历时三年——他出动枪骑兵镇压了臭名昭著的宽街暴动[3]。小艾略特最初几次的不幸遭遇，只是在波士顿公园与北端区的孩子发生冲突，还有探寻革命战场遗址时在废弃的空地上与几个爱尔兰男孩狭路相逢，因此在他看来，家里的男人能够直面那些暴徒，实在是幸事一桩。

艾略特的父亲既有才干，外表也很耐看。他相貌英俊，仪态不凡，从早到晚始终穿着燕尾服和深灰色裤子，一直是这身当时高贵绅士的标准装束，直至去世当天。无论说话还是出行，他都有些过分拘泥于礼节。不过人们愿意见到他身居高位，得到民众拥

---

1 罗伯特·E.李（Robert Edward Lee，1807—1870），美国内战时期南军统帅。——译注

2 威廉·劳埃德·加里森（William Lloyd Garrison，1805—1879），美国废奴主义者，创办《解放者》，参与创建美国反奴隶制协会。——译注

3 波士顿是大型海港城市，抵达美国的移民必经场所之一。当时爱尔兰裔美国人和英格兰裔美国人的关系非常紧张，暴动在宽街上一触即发，导致1000多人陷入混战，几栋房屋遭到破坏，最终市长塞缪尔·A.艾略特指挥十支军队保卫附近居民，平息暴动。——译注

戴，而且他用非凡的才能激发了大家的信心。除了前面已经提到的市长一职，他还被派到州议会工作了几年，之后又在国会任职。1850年他在国会接手先行离职的某个人的工作，直至此人任期结束。还是在国会，他追随韦伯斯特先生[1]，并投票赞成《逃亡奴隶法案》[2]，从而结束了自己的政治生涯。在奴隶制这样的问题上，他与当时的保守人士和北方的富裕阶层人士一样持中间立场。他谴责某些黑人支持对其有帮助的“机构”，不与废奴主义者来往，为此遭到《解放者》专栏文章的痛斥。他虽然投身政界，但并未将其视为职业，因此后来自动离职时，大概也没有感到后悔。而且形势也发生了变化，当时的一些选举机构，正逐渐放松对候选人在财富继承和社会地位方面的要求。经历相似的一些人士，正转向各种慈善事业和带有民众福利性质的慈善机构，释放自己对于公益事业的热情。塞缪尔·A. 艾略特也是其中一员。

他热衷于经典音乐的普及，1834至1847年间任波士顿音乐学院院长，并且成功地将音乐引入波士顿各公立学校的课堂——波士顿可能是美国最早在公立学校开设音乐课的城市。他曾任国王教堂的执事和教堂业余唱诗班的领唱。他和他兄弟威廉在纳罕共同创立了联合教会，以便让不同教派的牧师能在一座教堂里主持宗教仪式，此举当属早期为数极少的尝试之一。在一个名为“狱中监管会”的机构里，从主管到主席的每一个职务，全都不可思议地显示了当事人自愿参与监狱改革的工作性质，而这些职位似

1　丹尼尔·韦伯斯特（Daniel Webster，1782—1852），美国政治家、法学家和律师，曾担任美国国务卿。——译注

2　《逃亡奴隶法案》（*Fugitive Slave Law*），美国国会为缓和蓄奴制在南方引起的地区性矛盾，于1850年通过的法案，允许南方奴隶主到北方自由州追捕逃亡的奴隶。——译注

玛丽·莱曼·艾略特

塞缪尔·阿特金斯·艾略特

乎全由塞缪尔 · A. 艾略特本人在不同时期亲自出任过。他是波士顿福利协会的首任会长，该协会属于最早一批探望和赈济穷人的世俗组织。倘若塞缪尔没有将精力用于如此繁杂的事务之中，他可能会为自己赢得更多的名望。他付出的种种努力全都值得称许，涉及领域之多实难胜数。

这些一定是小艾略特在家里听到的部分日常谈话内容。大人们当然也谈到了哈佛学院。

波士顿所有的体面人家都会送自己的儿子去哈佛读书，所有从拉丁学校毕业的男生都预备或希望进入哈佛深造。塞缪尔 · A. 艾略特从 1842 至 1853 年任哈佛的财务总监，并且是七人小型董事会的成员之一。其间，约西亚 · 昆西、艾德沃德 · 艾维利特和贾瑞德 · 斯帕克斯曾相继担任哈佛学院院长，塞缪尔 · A. 艾略特先后与他们共同合作，商讨有关事宜。尽管三位院长都是新英格兰地区的社会名流，但由于种种原因，后两位院长在任期间的表现却差强人意。当时哈佛学院似乎迫切需要建立一座天文台，塞缪尔 · A. 艾略特身为财务总监为此筹集资金，并为监督天文台的建设忙得不亦乐乎。他还帮助斯帕克斯为《华盛顿传》(*Life of Washington*) 收集资料。他的妹夫乔治 · 蒂克纳，当时就在位于波士顿公园对面公园街上的家中撰写那部西班牙文学史。蒂克纳当了十五年文学教授，在时机尚未成熟的情况下尝试引入选课制，仿照德国大学的做法在学院实行改革。在坎布里奇，他的姐夫安德鲁斯 · 诺顿是神圣文学教授——该学科当时处在发展早期饱受争议的阶段，同时也是哈佛学院唯一神教研究领域的一位中坚人物。哈佛学院及其各项政策与事务，似乎理当受到艾略特家族的特别关注。

通过塞缪尔 · A. 艾略特为几个子女写的一本小书，我们不难窥见他主要的神学观点，后来他将该书题为《圣经之我见》

(*Observations on the Bible*) 出版。作者采用马赛克式的拼接手法，探讨了《圣经》的创作，没有追求那种死抠字眼式的精确，却恰到好处地传达了本质内容。他认为《圣经》并非按照一种字面意义所理解的“上帝的语言”，还谈到《圣经》的创作仿照了东方文学特有的夸张手法。有鉴于此，任何人阐释这部作品，都需要具备理性与良知。但他同时认为，上帝已经选择希伯来人作为启迪人类的工具,《圣经》的作者们因此虽非完全但基本上得到了启发——所谓“上帝已经向他们发话”，意思是说，上帝已经将他的意旨灌输到希伯来人的心灵与头脑中。塞缪尔·A. 艾略特逐一论述了赎罪论、人心堕落说、因信称义和“加尔文教派的其他教义”，字里行间透露出怀疑甚或愤慨的意味。他还将三位一体（圣父、圣子、圣灵合成一神）论斥为“荒谬”。但是他相信耶稣复活和奇迹降临。他说道：“兴奋与激动，是不为基督教义所容的两种情绪。真正意义上的宗教之所以创立，是为了对人类的心灵和品格造成永恒不变的影响，而不是产生转瞬即逝的情绪……”

当年的波士顿已经逐渐淡出人们的记忆——一个遍布砖瓦房和宜人花园的小城，没有哪个居民区清一色只住着富人，不过在灯塔山上布尔芬奇[1]设计的州议会大厦周围，簇拥着一幢幢造型美观的建筑，由此可以俯瞰山下，从低矮的屋顶直到港湾里船舶上的旗杆和桅帆，全都尽收眼底；或是在傍晚时分远眺波士顿公园，观赏大海退潮后无边的落日余晖。这些往昔的景象只有通过传闻、史籍和回忆录才能复原。随着物质财富的大量增加，当年许多家道殷实的人开始追求世界一流的享受，诸如高档的红酒、奢华的晚宴、

1　查尔斯·布尔芬奇（Charles Bulfinch，1763—1844），美国建筑师，以设计政府机关建筑而闻名。——译注

精巧的瓷器、避暑胜地和乡村农场，还有一些室内卫生设施。[1]可以看出他们仍然保持了18世纪清教徒一样严肃古板的传统生活方式，因为他们当时刚刚摆脱加尔文教派清规戒律的束缚，不能追求享乐、放纵自己。即便是查尔斯·艾略特的姑父蒂克纳，虽然热心倡导波士顿市民学习外来文化，却也随声附和别人的看法，说塞缪尔·A. 艾略特不但在国王教堂唱诗班担任领唱，而且还邀请唱诗班家境较差的其他成员到家中练唱，实在是有失身份。当时的体育和娱乐活动极少，然而冒险精神却在一派富足的环境下悄然萌生——无论在海上还是陆地，商业还是金融领域，发明创造的初始阶段还是新思想的萌芽时期，种种机遇与风险同时并存。

我们已经用不少篇幅着意刻画清教徒及其后裔冷峻阴暗的形象，因而容易忽略他们生活中光明的一面。艾略特成长于斯的这座城市，快乐地感受到推动它前进的一股新生活的浪潮。生活在其中的每一个人，哪怕是一个孩子，都不会对它散发出来的活力无动于衷。

已经被人称为“新英格兰文艺复兴”的这场运动（名称虽然有些古怪倒也名副其实），当时正在蓬勃发展。波士顿人相信自己的国家，相信自己的城市，相信自己的时代——对于任何一个地区的民众而言，这通常都是绝无仅有的。他们既不留恋某个早已辉煌不再的黄金时代，也不愿翘首等待现世痛苦势将终结的天堂。解放的时刻已经来临，令人充满希望。波士顿已经看见了这一天黎明的曙光。这是属于他们的时代。他们愿意承认世界上的许多事情都

1　这或许根本就不值得一提，查尔斯·艾略特的父亲是那类热衷于尝试改善生活的人。他是灯塔街，也是波士顿，第一个在家里安上浴缸的人——这个第一的说法值得商榷；同时他还在机械师设计的基础上改进了一台电冰箱装置，这为他带来了长久的利益。

是错的，却为此感到高兴；因为许多纠正错误的举措正在开始实施，忙于纠错本身似乎是一项幸福的事业。一条发展之路正在他们眼前伸展，吸引他们本着务实与仁慈的精神一次次踏上冒险的旅程。他们已经赢得了政治独立，建立了共和制度。他们绝对相信这一制度。清教徒历来相信——如同他们信奉某个基本信条一样——按照上帝的旨意，他们应该追求自己的个人价值，“做事时勤而勿惰”。尽管清教徒的主要教义依然受到尊崇，但唯一神论的突然出现使人们对自身内在价值的信念逐渐复苏。因此，成功的商人既赚到了金钱，也赢得了名声。这个社会正在恢复活力，如同一株青翠的月桂树一样茁壮生长。文学和艺术正前所未有地在这个大陆得到发展，紧接着，突然出现了一种神学，一个热衷于演讲术的学派，一群历史学家，一派文学繁荣，等等，很少有什么能像它们的应运而生一样如此令人喜悦。唯一神教派[1]在呼吁摆脱阴郁的加尔文主义传统的同时，已经开展了几次颇有争议的抗击，并且在马萨诸塞州整个东部地区的大多数教堂以及哈佛学院和上流社会中占有一席之地。自从唯一神教派通过斗争取得胜利并进而有所成就以来，人们可以礼貌地声称唯一神论派并不怎么计较涉及教义的问题。这一教派的牧师仍然保持了基本等同于他们清教徒前辈特有的尊严和地位，其中不乏优秀人才，无论教养、口才，抑或身上体现出的基督精神均属一流。在他们的引导下，人们终于摆脱了人性本恶论这一笼罩在心头的噩梦，不再担心上帝会报复自己。人们也无须等候救赎的奇迹最终灵验。每个人都可以发掘自己内心深处的美，并遵从符合自己道德良知的那个上帝。人类生来就

1　该教派认为上帝只有一位并否认基督神性。——译注

被赋予使自己的心灵趋于完美的各种潜能，这一本性需要后天的信任和帮助，并逐步进化为“充满善意的、完美的手足之情”。“伊丽莎，你是否会在教堂下跪，称自己是个可怜的罪人？”艾略特夫人向一个加入美国新教圣公会的朋友问道——“无论是我还是我的家人都绝不会那样做！”道德高尚的生活和乐善好施的行为，正在取代其他时代和不同社会中以宗教狂热为其本质特征的自我反省与精神折磨。F. L. 奥姆斯特德[1]1846年在给一位大学朋友的信中写道：“我想让自己成为世上有用的人，想给别人带来快乐，让自己有助于改善社会状况，加快迎接美好时代到来的准备工作进程，同时还有其他许多数不胜数的愿望。”[2]他不仅道出了青年人的慷慨豪情，还表明这个时代道德水平普遍上升的趋势。利他主义的事迹不胜枚举。黄金时代已初露曙光。

与州议会大厦比邻而居的艾略特家人，出入家中都会经过头顶上方斯图尔特为其祖辈绘制的一幅幅精美肖像，他们整天忙碌于国王教堂和哈佛学院的各项事务，仿佛是在自家忙碌一般。他们是同时代人中的典型。他们与这个庞大家族中令人钦佩的同辈，以及更多值得尊敬的朋友一样，在同一股浪潮的裹挟下奋力向前。几乎所有被新英格兰作家和牧师称颂的思想，都来源于同阶层像他们这般优秀的人；几乎所有集中体现新思想的有益的制度，都正在由他们和亲友以及与他们类似的人建立，加以巩固。他们的地位观念和公共义务意识从本质上体现出一种贵族的身份。他们无法不对自己和未来充满绝对的信任。乐观主义的情绪，一种开

1 弗雷德里克·劳·奥姆斯特德（F. L. Olmsted，1822—1903），美国19世纪下半叶最著名的规划师和风景园林师，对美国的城市规划和风景园林具有不可磨灭的影响。——译注

2 F. L. Olmsted,SR., *Forty Years of Landscape Architecture*, p.77.(New York,1928)

朗豁达的精神，一种面对世界时出于健康心理的朝外和朝前的观察方式，都越发在他们中间蔓延并得以强化。

“我不是从唯一神论信仰中找到灵感与力量，”晚年的艾略特这样说道，“而是从一出生就开始接触唯一神论，从小受到它的熏陶；……我天生就是一个唯一神论者。”他应该可以补充一句毫不掺假的实话，说他天生的性情和后天的教养预先确立了他对民主、利他主义和科学方法的信仰。哈纳克说，一个人“能够思考、说话，却绝对不能做出与他特有的个性和年龄不相称的事情”。查尔斯·W. 艾略特特有的个性与年龄完全相称，在这方面没有人能跟他媲美。他从刚刚孕育于母腹开始，便适合在波士顿逐渐成长，并度过青春岁月，正如桦树种子适合播撒在山坡上，或是柳树适合生长于溪流旁。一种罕见的多方面自相协调的个性形成了。时间还将证明，这种个性在历经许多重大变化后仍然丝毫不受影响，并且将它奇特的完整性一直保持到最终。

02
求学择业

哈佛学院——一些早期的信件——与库克和斯托勒共同探索、搜集资料——什么工作？——*20* 岁生日写的信，以及职业的选择

1849 年 9 月，15 岁半的查尔斯·W. 艾略特进入哈佛学院学习。哈佛 1853 届起初共有 87 名学生，其中 72 人来自马萨诸塞州，6 人来自新英格兰的其他地区。30 个学生住进四栋学生宿舍里的一栋，其他学生则在校园附近的私人住宅里搭伙寄宿。在校头两年，艾略特也住在校外的私宅里，他的同学中大概只有表兄 E. C. 盖尔德跟他住在一起。[1] 艾略特的同班同学，除了表兄盖尔德和亚瑟·T. 莱曼，还有另外四位同学多年后与其在大学共事——J. Q. 亚当斯、詹姆斯·米尔斯·皮尔斯、A. S. 希尔和贾斯汀·温泽[2]。

1849 年哈佛对学生的课程学习已有明确要求，专业范围也很狭窄。为数十三人的教师队伍——包括院长斯巴克斯，四位导师，一位“讲师”——为学生开设拉丁语、希腊语和数学的基础课，以及学时有限的历史课，引导他们对伦理学和自然科学进行一些只能说是粗浅的了解。学生们升到四年级后，还有机会参加朗费罗教授每周一次的讲座，以轻松愉快的方式领略欧洲文学概况。除了五六门这类为三四年级学生开设的课程比较有趣，其余几乎所有课程都采用了中小学的教学方式，学生要向教师背诵课本上的内容。学生要做相当多的朗诵和修辞练习。“朗诵”就是当众背诵那些熟记于心的文章。“我们当中的一位，”1853 届的 J. C. 怀特在日记中写道，“嗓音洪亮悦耳，响彻整个走廊。”[3] 此人正是艾略特。

1　大学一年级与法维尔同住，二年级与格斯里同住。

2　贾斯汀·温泽（Justin Winsor，1831—1897），美国作者、历史学家，美国图书馆协会首任会长。

3　*Harv,Grad.Mag.*, XXI, p.637.

书面练习则是命题作文，诸如“恶人和善人为达到各自目的都同样充满热情，锲而不舍，你对此做何感想？”“《笨拙周报》[1](*The London Punch*)——其对慈善和自由事业的贡献”“老生常谈的话题和价值”“伊芙琴尼亚在陶里斯抱怨女人的处境悲惨。她的处境在2000年里有了多大程度的改善？还有多少地方需要改进？伊芙琴尼亚的抱怨将在多大程度上永远符合实情？”（这四个题目取自艾略特现存练习册中一长列类似的题目，从中可以看出，这些练习水平之高，超出了当年它们实际得到的评价。）哈佛在校生的日常行为，受到一套复杂详尽的规章条例的约束，其中甚至含有严禁躺卧校园草坪之类的细小规定；学生任意违规的事当然时有发生。教师在评定某个学生学业成绩的名次时所依据的一套评分体系，总是将该生课堂上的实际表现与其日常行为混淆在一起，致使一个温顺而平庸的学生的成绩排名，有可能超出多次胡闹都被现场逮住的才智出众的学生。

在大学一年级，艾略特学习了拉丁语、希腊语、数学和一点古代史。他也从一本教材中获得了一些化学基础知识。所有课程他都取得了好成绩，化学更是立刻引起了他的浓厚兴趣。

下面是艾略特留存至今的最早的一封信，它说明写信人在第一学年结束时虽已有几分男子气概，但依然稚气未脱。鉴于学院该学期结束于7月17日，可以推测他写此信时正在纳罕度大约两周的假期。塞缪尔·A. 艾略特先生当时一定在华盛顿出席议会。

1　伦敦一种适合中产阶级趣味的幽默刊物，于2002年停刊。——译注

致父亲

1850 年 7 月 31 日

亲爱的父亲，星期六收到您的来信，若不是因为我经历了一阵收到远方来信的喜悦，大概也不会动笔给您回信，因为我在这里得了一种日益严重的懒病，为此伤透了脑筋。要说此前做了点跟文学和学业沾边的事，也就是读了两部二卷本的传记，学了两三课法语语法，读了一部迄今为止我读过的最糟糕的小说，并且大致浏览了几部司各特的小说。大部分时间我都待在户外，劈柴、抽水，花费大量精力照顾这些马匹，有时还会进行特别护理，比如喂它们谷子和水之类。我已经钓过两三次鱼，常常下水，还总是独自驾车出外，剩下的时间则与西奥多［莱曼］一起虚度光阴。自您走后，我已经去过两次波士顿……（我在波士顿具体做了些什么，不在此处叙述。）我试骑了一匹马，结果不太喜欢，还没有决定应该把哪匹马带到纳罕去；考虑到我能拥有马的时间仅有两周，那我宁愿是最后的两周，因为如果马先离开，那我肯定会感到寂寞和无所事事。

下面我跟您详细说一说驾车的两匹马。就在我们送母亲去车站的那天夜里，两匹长尾的枣红马失控了。车右侧的那匹马听到机器声吓得直往后退，当时我们后面还有一位女士驾着马车，我只得拼命阻止它继续后退。我朝它大声吆喝，手中的鞭子终于落到它身上。那匹马猛地一蹦，我使劲勒住两匹马的缰绳，逼迫它俩顺着马路朝前走，可又发现几辆马车竖着挡在前面，把路堵死了。两匹马开始狂奔起来。我左边的一个马场是距离最近的空地，但是我当即看出不该进去，因为它们正径直朝院子角落里的一根柱子冲过去。时间紧迫，我只能勒紧缰绳，逼着两匹马避开柱子，可是马车已经撞了上去；砸裂了车辕，接着又滚了半圈，撞坏了车身下的主轴，柱身被撞歪；马儿挣脱了车子之后冲进院子——左边的马跃过两道围栏停住，右边的马连续跃过三道围栏后落进了一个猪圈。这时姑娘们早已离开。我将马牵过来，驾着马场里的一辆四轮单马车驱赶着它们回家。马儿挣脱车身时，我被留在撞在支柱上的车厢内，双手紧紧攥住刹把。我无法想象出这样的情形是怎样造成的，因为搭扣都已弯曲，皮带也不知去向。缰绳一定是卡住了什么地方。从马一跃而起到我跳出支柱上的车厢，前后相隔不过五秒，此时母亲和丽兹正在走进火车车厢。幸好姑娘们都不在场，没有见到当时的情景，直到后来听到我的讲述，才得知这一切。两匹马都没有受伤，只是马车稍有破损，好在两天就全给修好了。之后我又两次驱驾这两匹枣红马，可是它们的表现更加坚定了我要换马的念头。现在我们又有了两匹灰马，驱赶起来既耐劳又稳重，只不过体形偏瘦，样貌不佳。约翰刚开始见到它们长相如此丑陋，不禁十分恼怒，后来它们的形象稍有改观，他的态度才缓和了几分。

我花费了老大力气才将护栏清理干净。跟我们一路同行的人真不算少，因此我切肉的任务很是繁重。昨天我不得不为 9 个人切分了一只小羊腿。我时刻都在盼望着来信。书不尽言，容待后叙。我们一切安好，诸事顺遂。我希望您能够读到这封信，只是我不怎么确定，您大概会专拣温柔体贴的话说给妈妈和丽兹听，而且是假借您挚爱的儿子之名。

查 · W. 艾略特

大学第三年，艾略特搬进了一幢学生宿舍——确切地说是斯托顿馆 8 号房间。此时他的一些个性也开始逐渐显现出来。他意识到自己身上缺少那些能够吸引并值得别人与其友好相处的品质。他很在意脸上的胎记，平时很害羞。这还成为他的社交障碍，使他无法认出 10 到 15 英尺以外的熟人。有时候他肯定表现出一副一本正经的样子，因为他早在少年时就开始觉得，在个人生活中遵从自己理性的意志，而不是追随儿童的天性，这本来是很自然的事。他好像能够经得住诱惑，无论是酗酒、恶作剧还是其他什么越轨行为，他都不屑为之，尽管喝酒和胡闹的风气在本科生中极为盛行。艾略特喜欢用功学习，而且已经知道如何又快又好地完成作业。因此，尽管他的双眼在第三学年连续数月完全失明，需要请人将所有课本读给他听，他的成绩依然能够排在全班前四名之列。"从第一学年开始，" A. S. 希尔说，"每天到了班上分组学习的时候，我都有一两个小时挨近他坐在同一个小组里，但是过了几个月，我才算和他相识；在整个大学期间我都对他不太熟悉。其他同学也很少有人比较了解他。"[1] 艾略特适时被 1770 学社接纳，这个规模很大的二年级社团由每个班选出的近一半学生组成。他拒绝了坡斯廉这个纯属社交性质的小型俱乐部的主动邀请，因为他认为其成员过于放纵行乐。后来他接受选举参加了 A. Δ. Φ.，这是当时的一个小型文学联谊会。该会有不少后来名声显赫的成员，包括 1851 届的查尔斯 · F. 邓巴，克里斯多夫 · C. 兰德尔[2]；1852 届的约瑟夫、W. G. 乔特和詹姆斯 · B. 赛耶；与艾略特同级的亚瑟 · T. 莱曼、A. S. 希尔和怀尔德 · 德怀特；还有低一年级的 H. H. 弗内斯和查尔斯 · 拉塞尔 · 洛威尔；之后，1855 届非常年轻的菲利普斯 · 布

1 *Harvard Crimson*, March 23, 1994; E. H. Cotton, *Eliot*（p.53）中亦有援引。

2 克里斯多夫 · C. 兰德尔（Christopher C. Langdell，1826—1906），美国法学家，1870—1895 年期间任哈佛法学院院长。——译注

鲁克斯[1]、弗朗西斯·C. 巴洛和亨利·L. 希金森——当时都很年轻，他们的大好时光都很充实。艾略特结交了一些优秀的朋友[2]，尽管大多属于毕业后跟他各奔东西的那种朋友。其中一位名叫西奥多·特贝茨，比艾略特高两届，立志当一名唯一神教牧师。正是在特贝茨朗读课文的日子里，他们两人之间迅速建立了一种亲密的关系。艾略特有时去神学院特贝茨的宿舍，请他为自己朗读。正是在那里，艾略特常常遇见一位名叫兰德尔的法学院学生，他站在炉火前"津津有味"地喝着牛奶，啃着一只黑面包。兰德尔当时正在准备为塞弗勒斯·帕森斯[3]的《合同论》做注释。他一边吃着简单的晚餐，一边跟特贝茨和艾略特大谈法律。"我只是个单纯的孩子，却已完全明白我在聆听一位天才的教诲。"[4]

特贝茨的事业随着他在 1863 年的逝世而中断，但有若干封艾略特写给他的信保留至今，此处摘录其中三封。

第一封信中提到，他听着卡莱尔的荒谬言论不禁昏昏欲睡（可能特贝茨当时在为他朗读），接着他表达了自己对爱默生的看法，由此可以证明，艾略特的家族属于唯一神论的一个教派，其时尚未受到爱默生超验主义的蛊惑。信的结尾（此信无须全文照录）是一句解释："蒙你慨然允准，我借机写了一封愚蠢的信——不妨说

1 菲利普斯·布鲁克斯（Philips Brooks，1835—1893），美国基督教圣公会主教，笃信自由神学和美国文明。——译注

2 他当时的朋友大概不外乎是：怀尔德·德怀特（1862 年逝世），E. C. 盖尔德（表兄），亚瑟·T. 莱曼（表兄），爱德华·皮尔斯，西奥多·莱曼（另一位表兄，但并非与亚瑟同母），西奥多·特贝茨，约西亚·P. 库克。

3 塞弗勒斯·帕森斯（Theophilus Parsans，1797—1882），1848 至 1870 年间任哈佛法学院的戴恩教席，一生著有多部法学专著。——译注

4 参见 *Harv. Law Sch. Ass'n.*, November 5,1886(Boston,1887) 会议记录，亦可参见 *Mass, Soc*. Proc.(October,1923), pp.10-11。

是滑稽，至于幽默的气质，你天生胜人一筹。”

致西奥多·特贝茨

1852年2月11日

……我年轻的超验主义者，若是我第一次听了爱默生先生的演讲对他崇敬有加，那么第二次则令我厌恶至极。我还是第一次领教这番如此语无伦次、不着边际的言论。他的演讲题目美其名曰“崇拜”，我没听出他讲的东西跟这个严肃的题目有什么关系。而他此次演讲主要是为了取笑逗乐，恰恰成为毫无风趣、品味极低的典范，其中引用的一些古典英国作家语录显得离奇古怪，近乎粗鄙。他说“真理是存在的”。也许他应该在“真理”前加上“普遍的”一词才合适。他还故作深沉地说什么整个宇宙和太阳系是安全的。我衷心希望事实如此，但西奥多，太阳系的安全不应归功于他、他的教友或是他的拥护者。总之，即使整个教室坐满了人愉快地倾听他的每一句话，我也早已拿定主意，如果能竖起一扇门，把我和那个令我愤慨的人隔开，我大概不会有片刻犹豫。在连续观察了三刻钟从他口中吐出的废气后，我都快要蒸发了。也许你通过上个句子不难推断，我目前的主要兴趣是化学。我有机会使用一只很好的铁炉，每天我都会连续四五个小时拉动风箱，设法保持铁炉的高温，但家里有些人对此很反感，因为他们担心我灼伤手指。我自然因此与教授和他的助教取得很多联系。尽管几乎所有人都对库克抱有偏见，我倒是挺喜欢他。那些真正了解他的人，特别是那些跟汉密尔顿一样相信手与头脑、心脏一样都是灵魂之所在的人，都会说他是一个过于敏感和保守的年轻人，前程远大，为人无比慷慨和善良。我知道你瞧不起他，但针对你列举的种种理由，我得说“眼见才能欣赏”。斯托勒年长我两岁，但他平时的言谈举止，全都焕发出青春活力，让我觉得他与库克是同一类人。看见我同时提到他们两人，你大概会认为我交友广泛。人们总是问我：“你为什么学习化学？难道你想当一名教授？！！！”我简单地说，我也不知道我将来会做些什么（谁知道哩），我认为约翰逊博士[1]说得很对，小事和大事一样，都能培养一个人谨慎、有序的行为习惯。因此我把“为了什么？”留给傻瓜回答，并且发现——

辛劳和进步

是途径、奖赏和目标

眼下我对音乐非常痴迷。我经常去听音乐会和清唱剧，也常去教堂做礼拜，在那些地方，我有幸可以聆听许多外行人难以欣赏的东西……四周的假期结束了，我既没有写作文，也没有为下学期写好辩论词，我至少应当在本周完成我的作文。你身边大概有不少年轻女士吧，希望你帮我问一下，她们是否和伊芙琴尼亚一样认为女人的境遇特别悲惨，请你务必问问她们，伊芙琴尼亚的抱怨在多大程度上符合实情。我恳请你这位导师告诉我，有待改善的地方还有多少……

信中提到的库克自然就是约西亚·P. 库克，当时是一位年轻的化学教授，一只手总是颤抖不止，给他造成很大的麻烦。弗朗西斯·H. 斯托勒是库克的助教。读者不难看出，和两位化学家在一起，艾略特自然得做很多工作。灯塔街家里顶楼上的锻铁炉正是

1　塞缪尔·约翰逊（Samuel Johnson，1709—1784），英国作家、评论家和辞书编纂者。——译注

艾略特动手安装的，学校没有向学生提供实验设备。库克在大学楼的地下室里自费配置了一个实验室，并且出于个人好感，破例允许艾略特自由出入其间。在1852年6月写给特贝茨的另一封信中，艾略特叙述了他第一次与库克和斯托勒假期外出考察的经历，这样的考察持续进行了几次：

> 库克，一位乐观而又善良的好人；斯托勒，另一位乐观而又善良的好人；加上艾略特，三人即将进行一次地质学、矿物学和生理学的综合考察，该考查计划名为图特[1]。"图特"这个词，那些不了解库克的学生读起来特别古怪刺耳，不了解斯托勒的我的一家人读起来也显得十分怪异拗口，可我们一无所知的年轻女士读起来，却格外悦耳动听。年轻女士通常能够把握分寸。我们将于毕业典礼日后的周五启程，从佛蒙特南部的格林山脉出发，经过伯克希尔进入康涅狄格，然后抵达卡茨基尔镇，接着再到新泽西，从那里前往宾夕法尼亚的产煤区，最后穿过纽约州的西部地区到家。全程我们或步行，或骑马，或乘坐蒸汽轮船，视自己的意愿和具体条件而定。但愿我通过这次活动能收获一些知识，体质也得到很大的锻炼。

下面这封信中省略的部分是特贝茨在即将完成牧师职业的准备工作之际，艾略特就他应该如何努力维持生计提出的有益建议。它说明艾略特很早便提出这类忠告，只是内容过多不便照录于此。大学四年级这段时间，他独自住在霍利斯馆的15号房间。

1　图特，英文toot，意为作乐、放纵、痛饮。——译注

1853年3月3日

亲爱的西奥多，本学期的第一天似乎很有趣，我得闲写信给你。可实际上经历了几年的大学生活，我早已不再是新生，于是我迅速准备就绪，感到舒适自在，坐下来开始怀着内疚反思自己的种种缺点，直到我突然觉得悔恨并无多大益处，因为它不能促使我积极行动。终于我发现，眼下最适合做的一件事，莫过于动笔给你写信，而写下这封信的是一个意志消沉、内心沮丧、倍感无聊的大学四年级普通学生，他刚刚晚餐吃得过饱，还指望着明天可以去看一场非公开演出。

几天前我得出一个结论：智力的这种终身培养并不是世间所有欢乐的唯一源泉，甚至不是主要的源泉，像这样不断致力提高自己的智力水平，则显得过于自私和无益，难以尽如人意。这种无休止的刻苦钻研充其量只能产出一枚中心带核的果实。

我忽然意识到，有些人亲手葬送了自己的才华，准是因为这样钻研得过了头。我内心感受到一种无限的渴望，要做一些既于自己有益（如果确实能说我正在做于己有益的事）又有益于别人的事，要成为积极有用的人，而不是生拼硬凑出一篇篇文章，或是仔细研读塔西佗[1]的史书。其次我觉得自己应该比现在更加善于跟人交往和联系。那你打算怎么做呢？——我常常这样扪心自问。嗯，我在城里时往往壮着胆子匆忙行事，寻找各种借口连续登门拜访好几位亲戚。的确，考虑到自己不像一般受过教养的人那样善于交际，这段日子对我而言并非原先想

1 塔西佗（Tacitus，56—120），古罗马元老院议员、历史学家，著有《历史》《编年史》等，现仅存残篇。——译注

象的那么糟糕。鉴于我已养成乐善好施的习性（为此我在假期以简单记账的做法防止施舍失控），虽然这学期会因为考试成绩展览和毕业典礼平添活跃的气氛，但一想到整整一学期艰难、沉闷和令人焦虑的苦读时光，我就提不起多少兴致。但我还是要履行自己的社会职责，比以往多几分忠实，少几分懈怠。可我仍旧难以对我的邻桌卡罗尔产生温暖的友情，看到威尔逊心里只有厌倦，碰见H时只有反感。尽管这种本性的自然流露造成了种种困难，但我仍能对他人抱有更加广泛的同情，并试着摈弃我惯常严肃的做派，表现出稍多一些豁达稍少一些拘谨的举止；但愿我新任A.Δ.Φ.社团主席一职有助于自己的改变。你在这方面与我迥然不同，因此你理解不了一个拘谨、怪异、沉郁、毫无魅力的年轻人迟疑不决地迈出的第一步，他刚刚领悟到这个伟大的真理：人类需要学会在与男人的交往中发现真正的幸福——我觉得可以加上，与女人的交往。

本学期（最后一学期，可我并不遗憾）的学校工作有可能令人感到满意，因为有我渴望学习的课程，而且教师都非常称职；教自然宗教和启示宗教的沃克博士，教政治经济学的F.鲍温教士，教时政评论的肯特，教机械学的皮斯教授，开讲座的怀[曼？]博士，教电学的洛夫林教授，教胚胎学的阿加西教授，还有教某门课的库克。我们用拉丁语阅读塔西佗的《编年史》，我认为该书第二卷的前两页有几处令人费解的地方。总之，考虑到这是最后一学期，而且是夏季学期，我认为我应该耐着性子坚持下去，直到最后的解脱，除学业成绩名列全班第四，而且两门重点课程获得还算不低的成绩外，不敢再有别的奢望。如果你对这两门课比较了解，烦请告知……

你的好友

查尔斯·W. E.

7月份艾略特大学毕业。表哥西奥多·莱曼送给他一份小礼物作为纪念，艾略特写信致谢：

……如果我和你在许多方面都不一样，至少还有一个相似之处：我们彼此深受对方吸引。

你是酸性物质，因为每当你接触到如大理石般冰冷僵硬的金属材质时，便会欢乐地发生泡腾反应；而我则是碱性物质，表现出的特征是常常带给许多人蓝色的忧郁。

愿我们酸碱中和后生成的盐，永不失去它的滋味！我满怀感激！

你真诚的朋友
查尔斯·W. 艾略特

毕业时艾略特的名次依在校四年的总均分而定，其中包括他双目失明的阶段，结果他在班级排名第二。[1] 他在第四学年的成绩名列全班第一，最终在毕业典礼日，他面对全体观众发表了《哥白尼的最后几小时》的英语演说。在1853年7月20号这个特殊的日子，参加毕业典礼的全体观众耐心看完多达44个节目，包括致辞、诗歌朗诵、散文朗诵和学术演讲，整个典礼还因穿插其中

1　艾略特的一份剪贴簿（剪贴簿II，126项）上记录了以下内容：

本班级在学校的实际分值			E. 皮尔斯根据不同选修课更改后的分值		
1	卡罗尔	26269	1	卡罗尔	27128
2	艾略特	26142	2	艾略特	26478
3	欧文	25659	3	欧文	26041
4	皮尔斯	25467	4	皮尔斯	25838

查尔斯·*W.* 艾略特，*1853* 年哈佛班级相册

的“音乐间奏”延长了时间。艾略特的演说排在第 43 个。人们一定很佩服艾略特坚定的意志力，为了完成任务能够等待那么长时间，我们也会感到惊讶，在他登台演说时，当时在场的每一位观众仍然能够仔细聆听。但是托马斯 · 拉塞尔 · 沙利文先生，“公园街教堂地下室里”的小学校的校长，致信塞缪尔 · A. 艾略特，为他儿子取得优异成绩表示祝贺，同时也措辞谨慎地稍稍夸了夸自己，因为艾略特正是 10 岁那年离开这所学校的学生。他汇报说，牧师惠特尼先生“注意到查尔斯当时在处境不利的情况下付出了极大努力，因为先于他登台的爱德华 · 埃弗雷特演讲的跟他是同一个题目”，但是惠特尼先生认为艾略特的表现更加令听众感动。善良的惠特尼先生，深情的沙利文校长！这次演说实际上是一次模拟试验，没有包含值得当下谈论的实质内容，除了一句“人类早已生活在哥白尼之前五千年的苍穹下”。唯一神教派借助理性诠释《圣经》，艾略特也已学习了两年的矿物学；但是他呼吸的仍然是前达尔文时期的学术空气。

艾略特的另一册练习中出现了一些更加有趣的内容，是他有感而发的一番议论，针对如下命题 :“普通的学者最容易沾沾自喜；然而那些执着于研究一门学科的学者对世界的贡献最大”。换句话说，艾略特议论的实质，是他将反复强调的一个反对“专业学科研究”的论点 :“当普通学者致力熟悉各学科的知识时，他必然会在某些学科的钻研上处于劣势。在这些他不喜爱的学科上消耗的时间，大半将被浪费，并不是因为这些时间全都白白糟蹋了，而是它们原本可以得到更好的利用。学生们付出艰辛的努力，也只能在某一学科上取得微乎其微的进步，而少费很多力气，他就能够在自己喜爱的专业的研究上取得长足而深入的进展。”根据他在 20 岁时的经历不难推断，他几乎不可能得出其他结论。因为他刻苦勤奋，性格坚毅，抱负不凡，这样的人能按照兴趣的引导和个人的感觉开展研究，并且在这样做的同时培养自己的能力，对自己加以约束。

如果想要找到其他一些迹象，表明艾略特20岁时从老师身上和书本里学到了什么，我们很快就会被迫采用推测的方法。艾略特显然很喜欢古典文学，因此他这门课与其他课一样在班上得到很高的排名，但没有证据表明他在大学毕业后翻开过一本希腊语或拉丁语的文学作品。了解他阅读哪些英语书籍将会是一件有趣的事，因为19世纪50年代初期入校的哈佛学子拥有充裕的闲暇时光，可以尽情培养个人的兴趣爱好。只是我们掌握的材料极少，而且这点材料依据的是他晚年无意中透露的线索。显而易见的是，艾略特多少读过一些小说，这些小说的作者很有名气，当时所有的青年人都在读他们的作品——司各特、狄更斯、萨克雷、库伯、布尔沃·利顿[1]，似乎还有曼佐尼[2]。刚刚问世的乔治·艾略特的小说，对注重伦理观念的他产生了更强的吸引力。没有迹象表明查尔斯从某位诗人的作品中汲取了养分。他不可能忽略莎士比亚的剧作和散文，正如他不可能忽略《圣经》一样。但他没有煞费苦心地琢磨宇宙如何形成的问题，对哲学也没有什么研究。卡莱尔和爱默生标志着他学习哲学的最佳捷径，而他初次接触两位作者的作品，似乎也没有留下多少印象。达纳[3]的《两年水手生涯》确实打动了他。奥姆斯特德的《沿海奴隶制各州之旅》于1856年问世，不久之后他的《德州之旅》和《偏远地区之旅》也相继出版。这些

1　布尔沃·利顿（Bulwer Lytton，1803—1873），英国下院议员，殖民大臣，小说家和剧作家，作品有《庞贝末日》等。——译注

2　曼佐尼（Manzoni，1785—1873），意大利诗人，小说家，著有历史小说《约婚夫妇》、抒情诗《五月五日》等。——译注

3　理查德·亨利·达纳(Richard Henry Dana，1815—1882)，美国作家、律师，1840年发表《两年水手生涯》，讲述自己的航海经历，生动地描述了水手们遭受的不公待遇。——译注

作品对当时的激烈争论颇具启迪意义，艾略特因而对他敬佩有加。很难说他浏览这些书籍是纯粹出于对文学的热爱，还是为了满足内心强烈的求知欲。艾略特渴望获得实用知识，他在读书时抱着务实的态度搜寻各种有用的知识。总之，他不是爱书，而是善于用书，一味寻觅和汲取自己需要的知识，其余则有意忽略。

数学、化学和矿物学是最能激发艾略特兴趣的三门课程。学院当时开设的化学和矿物学课程，在学校课程里并没有多少权重。于是，为了继续学习这两门课程，他自愿在库克的小实验室里做助手，经常在灯塔街 31 号住宅的阁楼里独自使用锻铁炉，假期也会随库克和斯托勒远足去野外勘察。

他们从 1852 至 1857 年进行的若干次暑期考察，值得我们简单了解一下。有时只有库克和艾略特两人，有时斯托勒和他们同行。如果条件允许，他们会选择“骑马或乘坐汽轮”，但大多是身背行囊徒步行进。他们的目标是：结合书本并通过实地勘察学习地质学；为库克已经着手在哈佛建立的标本库寻找新的矿石；实地查看矿山、熔炉、冶炼厂和加工厂，进而熟悉其工艺流程。手执地质锤，脑瓜里装满需要向任何一个地方企业请教的问题，他们不可能一路上漫步闲逛，途中有时驻足查勘，采集标本，一天大概前进 15 到 25 英里。他们一路走过了新斯科舍省（加拿大）、新不伦瑞克省（加拿大）、魁北克的部分地区、纽约州、新泽西州、宾夕法尼亚州的部分矿区，至于缅因州的部分地区、新罕布什尔州、佛蒙特州和马萨诸塞州的伯克希尔，则更是必到之地。在一艘风浪中颠簸着驶往迪格比（加拿大新斯科舍省）的船上，“这两位‘来自美国的老兄’肩背行囊，手执特制的锤子，一副安宁沉稳的姿态，那些纯朴的当地居民见了，心里惊诧之余不禁油然而生些许敬意”。艾略特当时戴了副眼镜，视力尚可，不妨碍欣赏沿途风景。他深深地陶醉其中，像每个身历其境的年轻人一样，心里涌起一阵浪漫的激情。“有些自然景物，”他在勘察过沙格奈河（魁北克省南部的一条河流）之后写道，“像是一部完整严谨的历史，似乎很了不起，值得每个人认真研读和品味；但还有另一种风景，恰如一封挚友的来信，细细读来，越发觉得饶有兴味，因为你能感到此信只为你一人而写，知道没有其他哪个人读过。”他常常趁长途跋涉之后偶得闲暇消除疲劳之际，给家里写一封封长信，信中提到的尽是些他们到过的地方、矿山、工厂，在农舍和旅馆遇见的各种人物，以及这些人的风俗习惯和见解。信中所述足以证明艾略特身体耐力较强，也显示出他具有一种禀性，能够在叙述所有事物时，逐一列举各种细节，并储存在记忆中，仿佛他的脑海天生就是一个易于保留各种细节的储藏柜。即使他偶尔试着在信中增添一点诙谐色彩，逐一举例的习惯还是会不期然地流露出来。他在纽约州的沙伦斯普林写道：“我发现经过三四杯量杯的实验可知，这儿的水很棒，味道宜人，喝进肚里，一股暖意透过贴身的背心，它清爽的气味唤起了我对实验室和码头的种种回忆，后湾区的情景，更是历历如在眼前。”关于新不伦瑞克省北部的法裔加拿大居民——他最早接触的一批法裔加拿大人，他写道：“他们的语言显示出他们最明显的独特性……他们用里格而不是英里，用棍棒捶打衣服而不是洗衣服，住的房子是圆弧顶而不是平顶，他们愚昧且信奉天主教。另外，他们非常讲究住房的整洁，这是他们诸多古怪习惯中最好的一个。”

库克和艾略特用 10 天时间完成了横贯新不伦瑞克省之旅，全程计 250 英里，主要是背着背包步行，另外还驾着独木舟顶风逆流行驶了 40 英里。

大学刚刚毕业，迫在眉睫的问题便是今后该从事什么工作。可是艾略特迟迟拿不定主意。他的父亲虽然没有把自己的决定强加于他，却也并不隐瞒自己希望儿子经商的意愿。在父亲看来，一位企业家比一位教师更有望获得广泛的影响力，因而更有可能发挥较大的作用。他无疑看出自己的儿子具备驰骋商界的能力，当然也明白家庭的财富和地位能够让儿子有一个良好的开端。查尔斯爱好科学，可是如果按照这一方向走下去，前途将十分渺茫。

艾略特不喜欢医学，可如果从事医学以外的其他学科的研究，又不能确保良好的职业前景。[1] 于是他利用 1853 至 1854 年的整个冬季，在波士顿的家中反复考虑这些事情。他同时学习德语、法语和会计学，又去听了一些讲座——波士顿人因热衷于此而闻名，还在皮茨街学校教一个夜班课，辅导工人和一些男孩。[2] 艾略特与西奥多·特贝茨通信的部分摘要，有助于我们理解他当时的心境。

致西奥多·特贝茨

1854 年 1 月 19 日

……这是一个多么重大的问题啊——我该成为怎样的人？一个人在回答这个问题时，不仅是在确定他将在什么领域发挥自己的作用，同时也在决定自己的心智将朝什么方向发展。不同的职业，并不是那些终将会合的道路。它们是不同的道路，始于相同的起点，然而正如我们所知，却永远不会相交。设想

1 D. C. 吉尔曼在谢菲尔德理学院 1879 年院庆纪念日上致辞时，引用了劳恩斯伯里的话："当时的人们，无论抱有怎样的热情，谁都未曾料想自然科学将很快在每一个精心规划的教育体制里表现出它的极端重要性。人们当时的普遍看法是：化学，有如美德，本身不图回报。"

2 可能正是在此期间，或是在哈佛学院期间，他有过另一段沮丧的教学经历。"我记得自己曾是国王教堂周日学校的学生，我还记得我也曾在那教过课。但是我在那里接受的《圣经》教育很快就遗忘了；同时我也发现，轮到我在国王教堂为另一班活泼好动的男孩上课，向他们讲授《圣经》的片段时，他们归还的速度超出了我给予他们的速度。我只好求助于一则关于唯一神论起源的精彩故事，'芝诺比亚'，并且向孩子们讲述罗马基督教时代有趣的传说。"（引自作为二号公告出版的一篇演讲；社会公益事业丛书；美国唯一神论协会。）

一下，当初走进库克的实验室而非会计室的我，和当初走进牛奶街39号那家公司的我，50年之后将是截然不同的两个人。在我看来，眼下只有极少数年轻人已有足够把握，能对以上问题做出明智的决定。但是我相信，任何人只要在探询这个关乎自身永久利益的问题时抱有足够的热忱，就不可能最终对它完全茫然无知。因此职业的选择是这个世界上一个关系到我们大家的问题，而不是下一个世界；而且以下两个说法必有一个为真——要么是，在这“必朽坏的总要变成不朽坏的”[1]时候，人类知识都将被证明是同样毫无价值；要么是，当凡人得以永生时，人类一切知识是每个人都与生俱来的权利。这句注释曾是德语和法语之间一段提神的插曲——绝妙的德语课，注释，法语，直到就寝时间，即两点差一刻。再见。

查尔斯·W. E.

致西奥多·特贝茨

1854年1月25日

……对于任何一个愿意“勇敢敦促我科学利用时间”的人，我都感激不尽；可是生生不息的人类竟然对接连逝去的一个个瞬间如此在意，这从一开始就有些令人费解。既然永恒属于我们，又为何吝啬于分秒？因为有耕种才有收获；因为时针指向“负有责任的”一词；因为永久的痛苦和永恒的幸福同样都有存在的可能。但愿我更能感到时间的神圣；活着是一件习以为常的事情，以至于我们从来意识不到生命的庄严；我们见惯了懒散和冒失的人，因此会为自己比较严谨和勤奋而庆幸……

1　出自《哥林多前书》15：53。——译注

1854年1月29日

……昨天我收到通知，我已经入选[波士顿市的]小学委员会，他们希望我下周二参加他们的会议。委员会的每位成员需要照管一所小学——需要我照管的那所学校位于Southac[原文如此]街，在波士顿名列前茅，由一位杰出的教师管理，所以我想这所小学不会因为我的经验欠缺而蒙受损失。

因此又多出了一件需要我付出时间与精力的事。我并不是说，目前所有这些事情的进展差强人意——我觉得这些是好事，只是与学习无关。有一点我很清楚，我的确喜欢教书——对我而言，最愉快的夜晚是在皮茨街度过的。我开始讨厌这种优柔寡断的心态，这种在通晓商业和通晓化学两者之间的犹豫不决。我知道一名真正的商人的实际作用，也承认这份职业本身的尊严；但不知何故，科学工作本身总是在最令人愉悦的光辉照耀下，工作中的许多辛苦似乎并没有多苦，工作中的种种乐趣则令人愈觉其乐。祝贺自己吧，西奥多，为了你这么早就找到值得自己做的“一件事”。

最近两三天这里天气奇寒——开始写信时，笔握在手里却浑然不觉，因为我刚刚从外面步行回来，手已经冻麻木了。此时的感觉与皮茨街的许多男孩相似，笔到了他们手里，就跟织补针到了我们手上一样不听使唤。我今晚还打算尝试一次很不寻常的实验，也就是，拜访一位女性，在这之前我会将这封信带到邮局寄出。我写的收信人是内德[盖尔德]，这也符合你的意愿。

你诚挚的

查尔斯·W. E.

“我的确喜欢教书”和“科学工作本身总是在最令人愉悦的光辉照耀下”，这两句话将越来越不容置疑。

他在20岁生日临近之际写信给母亲，表明自己的理由和结论。在信中向母亲如此详尽地阐述自己的想法，也许稍显做作，但类似的事情在艾略特家族中早有先例。查尔斯的父亲大学毕业时也曾书面陈述他志愿当牧师的理由，同样是写在一封信中并留存至今，将它与他儿子的这封信进行对比，从中可以得到某些启发。其实两封信在本质上并无多少相似之处。父亲当年写的信仿佛出自一个乖巧听话的男孩之手，就好像他是在完成一次课后作业，按照惯常的套路重复着在我们看来是别人的话，而不是自己内心深藏的想法。查尔斯·艾略特的信最引人注目之处——使其意义不凡的优点，尽管信中的结论早在预料之中；虽然该信篇幅很长，还是有使其值得公布的优点——是它准确无误地表露出写信人的思维方式和个人风格，这些在今后将变得日益显著。这封他在年近二十之际写的信，带有真实而典型的个人印记。

信封上的日期为3月20日。

致母亲

1854年3月16日

亲爱的母亲，我已经决定做一名研究科学的学者，同时做一名传授科学的教师，您应该第一个知道我的选择，并且了解我做出这一决定的理由。我将争取在此写明过去一年内我思考这一问题时产生的所有主要想法，进而向您显示我得出这一结论的具体步骤。

“一切都要为荣耀上帝而行”应是一名基督徒生活的主要

目的。

人尊崇上帝，一是因为上帝有益于人类，二是在选择自然科学学者这一职业之前，我提出并回答了两个问题：第一，这份职业有用吗？第二，我能乐在其中吗？

我将分三点回答第一个问题。

1. 科学家与教师一样有益。我无须详细说明一位教师的影响力，也不必分析他通过哪些途径发挥自己的作用。这一职业在当今社会尤受尊崇，特别必要，确切地说，在这个民主共和制国家更是不可或缺。这个国家的物质资源已经以惊人的速度得到开发，数百万人耕种田地，数百万人忙于经商，数百万人在车间劳作，却只有几千人任教于中小学，只有几百人任教于大学。我们自由体制的维系和发展有赖于人民的教育。那些辛勤致力教育事业的人，无疑占据着光荣而责任重大的岗位，他们要传播知识，促进人们的智识进步，单凭这点，便可以为国家拥有的权利和财富提供可靠保障；单凭这点，也能够成功抵制紧随自由与奢华而来的种种荒谬恶劣的风气。一位杰出的教师，依靠平时的谆谆教诲向学生传授真理，又通过自己的言传身教使真理本身更加感人；他能控制社会的教育标准，并进而凭借其学术成就树立崇高榜样，是一个集影响力、声誉和实用价值于一身的人。一位成功的教师，同时也是一位优秀的、有益于他人的公民。

2. 学者编写的各种科学读本、教材、指南、纲要、科普文章等实用性材料，这个世界少不了它们；一个人能把这些事做得很好，本身就值得称道。某位学者能编写出一本优秀教材，却并非才智卓绝，甚至并没有大量掌握该教材涉及的专业知识，因为此类教材一般谈不到什么原创性或新意；它们仅仅是向许多智力平庸之辈提供了一些被极少数天才人物发现的知识。天资出众的艺术家构思设计出一尊塑像，由手工艺人将其铸成青铜像，再将其安放在基座上，然后供络绎不绝的人们前往瞻仰。因此，天才人物发现真理，而天资稍显一般的人物赋予真理具体可观的形式，并对它宣传普及，再供世上所有人学习研究。同样，要找到许多科学难题的答案，需要的是细致的观察和不懈的努力。才智一般者足以解决这些难题，而且解决这些难题的一般才智，得到了极为有效的利用。

3. 科学家发现新的真理。一个人只要教会人们前所未知的真相或原理，只要或多或少补充了人类现有的知识，这就是做好事。天下没有无用的真理。然而这些科学真理也许大多没有实际价值。那该怎么办？因为这个缘故就没有用处了吗？它显然不是人体所需的食粮，难道还不是他们头脑可以吸收的食粮？知识为人的灵魂提供食粮和衣装，没有知识，他的灵魂将空无一物，犹如伊甸园里那个赤条条的亚当；知识赋予人驾驭自然的本领。我们可以不了解那种世上本来不存在的事物，世上也不存在那种不值得我们了解的知识。

“蒙昧是上帝的降祸，

常识乃是我们借以飞向天堂的翅膀。”[1]

不过，发现真理，是专为天才人物所独享，而智力平庸者未被赋予的一种特权。事实也许如此，可我仍然相信，有许多科学成果，人们通常将它们归功于天才，其实真正起作用的，却是准确的判断、坚韧和勤勉。面对一位勤奋的学者创造出的伟大成果，懒惰的人惊奇地举起双手，大声呼喊：多么了不起

1 莎士比亚经典语句。——译注

的天才！他们将此成果完全归功于个人灵感，从而为自己，缺乏创见的凡人，无法达到此类成就而开脱。

教师兼学者的一生对我而言会是幸福的吗？我认为是的，因为：

1. 我热爱教学，我喜欢本着严谨和细致的精神，认真钻研某一门学科，而这种严谨和细致，正是一名教师不可缺少的素质。我喜欢清晰明确地表达自己的观点，以便他人理解。我很乐意把各种思想传达给别人；发现对方头脑中灵光骤现，这本身便是一种快乐。我认为我应该会享受讲课的乐趣；一个人总是喜欢做他认为自己能够做好的事情；此时我觉得有理由相信自己能够逐渐胜任课堂教学，我确信自己能够当众发言。其实我最大的爱好就是教学。

2. 自然研究，也就是科学研究，始终对我有一种特殊的吸引力。它令我兴奋、受到激励，每次听到别人谈论他们的计划、研究和成果，我总是感到一种强烈的愿望，“想去学他们的样”。大学毕业时，想到今后大概再也不能像当时一样掌握如此丰富的科学知识，大概将从此永远放弃这样的研究，我心里十分苦恼。我赞同培根关于追求真理自有其乐趣的看法——“只受自身评判的真理，依然教导吾辈探究真理，认识真理并相信真理。探究真理即要对其求爱求婚，认识真理即要与之相依相随，而相信真理则要享受真理的乐趣，此乃人类天性之至善。”[1]

3. 恰当地从事科学研究，能使人的心灵变得崇高和纯净。从事自然科学研究的人，其实也是在研究上帝的思想和杰作。上帝对人类的启迪不仅体现在他的话语里，也体现在他的作品

1 出自培根《论真理》。——译注

中。虔诚注目上帝之作和聆听上帝之语的人，对上帝的崇敬之情一样真切。整个宇宙是上帝建造的庙宇，整日在这座庙宇劳作的人，有时必须将自己的思想提升到跟住在其中的上帝同样的高度。学者处在一个很高的知识层次；追求自我完善以便更好地教导他人，即是他的职责所在。这一点对我非常重要，因为我认为，"始终恪守那些能使我们个人幸福和自身品质臻于完美的生活准则，并且潜心研究能够达到这些目标的途径"，是我们自己应当履行的一项最重要、最广泛的职责。

4. 科学事业为其成功的献身者们带来一份影响广泛的殊荣，作为对他们忠实履职的奖赏。如今名誉已不再是维持人的生命的主餐，而是盛宴收场前一道宜人的甜点。贺拉斯说，有些教师为学生提供甜美的蛋糕，以此诱导他们学习单词。并非找不出更好的奖励方式以促使学生刻苦学习单词，而是说不妨让他们额外尝点甜头。现在我可以坦率地承认，假如我还是一个好孩子，我一定会爱吃这些蛋糕。年轻的美国科学界，面临着一个多么辉煌的开端，一片多么广阔的领域！新建的学院在各地纷纷涌现，政府在水上与陆地、矿山与工厂开展的所有考察工作，都离不开科学技术的援助，为数极少的科技工作者根本不能满足所有这些需求。美国的科学家将在未来五十年的史书上留下浓墨重彩的一笔，有些年轻人当下已经立志成为优秀的教师和纯粹的学者，他们极有可能在科学领域出类拔萃。

我在这里并没有将学者的职业与其他职业进行攀比；鉴于这些原因，我相信所有职业都是既实用又体面，所以一个年轻人无论从事何种工作，都能充分施展自己的才干和体力，只要他真心热爱自己的职业。此外，我觉得完全不可能预言什么样的职业能使一个人的才干发挥到极致。因此我只需要探讨的两个问题是：科学家这一职业有用吗？这份职业是否对我最有吸引力？对于这两个问题我做出肯定的回答。我的职业选择已经确定。

一个人在现实生活中还有另外一些他牵挂的事情，主要与人生幸福而不是他从事的职业有关。温馨的家庭，几位知己，慰藉，亲情，宗教信仰，一个人有了这些，即使从事最糟糕的职业也能感到快乐，如果没有这些，即使职业再好，照样会觉得苦闷。但愿我永远不会有排外心理，也不会心胸狭隘。但愿我今后永远对有益于他人的事感兴趣，但愿我永远不会觉得自己的职业天下第一，但愿我的视线不会局限于一隅，看不到外面的世界。而且，在尊重其他职业的同时，我必须专心致力自己的职业；工作中不能懈怠懒散，而要勤勉主动。一个人只能热爱一份职业，就像他只能钟情于一位妻子。特拉德尔[1]当然可以为他觉得苏菲是“世上最可爱的姑娘”而受到原谅，尽管可能没人这么想。

也许我这辈子总会有钱足够自己用，此外还能留一些给其他人。我在任何情势下都能自立自主，亲爱的妈妈，我将永远是

您挚爱的儿子，

查尔斯·W. 艾略特

1　特拉德尔和苏菲是查尔斯·狄更斯的小说《大卫·科波菲尔》中的人物。——译注

03
初任教职

任教于哈佛学院——行政工作——化学——塞缪尔·艾略特破产——婚姻——*1858* 年的划船比赛——与库克的关系——调至劳伦斯理学院——美国南北战争——理学院的改革计划——罗姆福特教授席位——吉布斯受聘，艾略特离职

1854年秋，艾略特被任命为哈佛学院的“数学助教”，同时成为哈佛教授会的一员，于是他在未达到法定年龄之前便开始参与学校事务和政策的讨论。教授会当时包括十三名成员:除艾略特以外，还有三位导师、八位教授，以及新当选的校长詹姆斯·沃克。作为一名未婚的导师，艾略特应校方要求住进一栋学生宿舍楼，并且在所谓“住宿委员会”中任职，这意味着他得承担维持学生宿舍和校园秩序的责任。

艾略特的数学助教任职一直持续到1858年春季。

在校生认为他过于呆板和严厉，有时还爱管闲事。当时哈佛依旧保留着一套包含种种烦琐规则条例的过时制度，一位认真尽责的住宿管理员自然很难指望受到学生们的欢迎。艾略特经验不足，据说常常过于较真。此话或许可以理解为，在履行监督职责时，他比大多数同事更加认真谨慎。他的任务是要让那些跟自己年龄相差无几的学生遵守秩序，这使他本已显得严肃的行为举止，肯定又多了几分冷峻。

他在讲台上可就比较幸运了。“查尔斯·艾略特是我们的数学助教，他十分公正，举止文雅。”一位二年级学生于1860年写道，“同时，尽管他冷静得出奇，还是比其他任何人更受欢迎。”当然身为教师，艾略特既能胜任教职，又受到学生尊敬，而且，鉴于他很年轻，人们对他不能再有更高的要求。迄今尚无证据表明，会有哪些学生走出他的课堂后，还能怀着热情和特别的感激回忆他上课的情景。但他显然迅速开始改进传统的教学方法。例如，在登上讲台的第二年，他和自己的助理助教詹姆斯·米尔斯·皮尔斯一起站出来，批评那种通过提问考察学生的惯例。提问者是来自监事会的若干名“视察”委员会成员，人们本能地以为，学生们面对的这些委员，对学科知识一定有所了解，却不料他们显然对课堂教学一概不知。艾略特和皮尔斯说服了起初不太情愿的教授会，同意他俩依据笔试的结果为学生评分。于是他们倡导的考试改革扩展到全院。为了增加三角学这门课程的趣味性，艾略特动员了12到15名志愿者组成一支测量队，该队勘测了整个校园的地面，在图上标注每幢建筑和每棵树木，接着又将自己的测量工作延伸到邻近学校的一些区域。他们绘制的地图成为哈佛首张精确的校园平面图，现存于学院图书馆。

教学任务和管理工作以外，艾略特还能抽出时间在库克的化学实验室做点研究。由于学院当时还没有针对优等生注册的正式规定，他对于库克和斯托勒来说，就是一名自愿师从他俩的学生，时间长了，又成为志愿助教。1856年，艾略特第一次有机会独立开设化学课，因为那年秋季，此前一直在医学院和哈佛学院授课的库克和医学院的几位教授发生争吵，学校决定由他接替库克教完医学院该班本学年的剩余课程。这是一段有益的经历，但他随后得出的结论是，当时的医学院基础相当薄弱，院方一再容忍低到可悲程度的整体学业水平。

1858年春，哈佛学院聘任艾略特为“数学和化学”助理教授。随后三年他同时在数学系和化学系任教。

考虑到后来情况的发展变化，我们在涉及艾略特任教于哈佛数年的少量记录里，居然发现了足以显示他行政能力的证据，这本身很有意思。前面已经提到，他与皮尔斯一道开创了书面考试的制度，之后，他将注意力转移到实验设备、考试、地图编制等事项上。他主动提出，如果学院允许他与剑桥煤气公司签订合同，为他住在其中的学生宿舍供应煤气并装配煤气灯，他愿意负责所有必要的谈判及准备工作。虽然在沃克校长看来，使用煤气灯可能远比蜡烛和鲸油灯危险，艾略特终于还是征得他的同意，而且时隔不久，经过最后的操作示范，所有学生宿舍全都用上了煤气灯。艾略特的信函档案显示，由于这样那样的原因——考虑到他的专业是数学和化学，这个原因似乎很关键——当初学校没有通过图书馆工作人员，而是由他经手从德国订购文理科各系的书籍和期刊。19 世纪 60 年代初，艾略特开始记录书刊的价格，负责包装、付款和航运等事宜，同时还要办理海关的通关证。而在 19 世纪 50 年代，学院和现在一样常常委任教授会的若干特别委员会，以便考虑这件事、汇报那件事，或者处理另一件事。艾略特经提名加入的几个委员会提交的若干份报告系由他本人执笔，或是带有他条理清晰和严谨务实的个人风格，好像他这个委员通常包揽了委员会的所有事务。后来沃克校长着手将原有的班级拆分成人数较少的一个个小组，他要求艾略特为所有班级及小组设计一份会议日程表或示意图——这项任务好比还原一幅错综复杂的拼图。学校正在建造的阿普尔顿教堂眼看竣工无望，艾略特又受命接管此事。他在整项工程的最后几个阶段实际扮演了监工的角色。艾略特十分喜爱并敬重沃克校长。站在布道坛上，校长会表现出一种特殊的感染力，而且他平时一贯具备难能可贵的道德品质。可惜他并不擅长处理行政事务。在沃克临近退休的 1860 年，艾略特通常在召集董事例会的前一天晚上去他家里，帮他拟出一份翌日的议事日程。艾略特后来表示，听到沃克校长在会上说，“我看诸位不妨休息片刻，以便艾略特先生起草一份决议”，董事们的讨论旋即中断时，他突然第一次意识到自己拥有某种特长，能够言简意赅地起草书面报告。

我们不妨从艾略特写给特贝茨的一封信中摘录一个片段，以此结束对艾略特最初几年教学经历的简要回顾。他在信中就哈佛教授会议事过程表达的见解，但凡曾是这个一贯公正的机构成员的人，都会予以认同。

致西奥多·特贝茨

1856 年 3 月 13 日

……在最近几次的教授会会议上，我不时听到“修改”“变更”“改善”等词语，甚至还有屡屡遭到滥用的“改革”一词。现如今，“改革家”一词早已成为一个轻蔑的绰号，一个颇具讽刺意味的头衔；还有一个更糟的名称，有时送给某个格外狭隘、自私、虚伪而又刻薄的人——跟他作对的人称其为“伪装的慈善家”。教授会就像一只反刍动物，长时间地反复咀嚼一团反刍的食物，慢慢地使之易于消化；接着是渐进而无形的吸收过程，因此旁观者察觉不出这一动物的成长和壮大。

保守主义的总部就设在学院和其他教育机构中。政治领域的保守精神远不像学术领域的保守主义那样僵硬和顽固。我越来越瞧不起教育、政治和科学领域的种种理论。理论本该用以简化知识，而不是令其更加复杂；本该助长知识而不是阻碍其进步。一个人围绕少许事实建立的理论，犹如一面墙壁，通常会将自己围堵在内。幸好人类不能围堵真理的海洋——如今海滩上早已竖起一道道石墙。对于一个人而言，摒弃某种曾经被他接受的理论，实不亚于一场艰巨的斗争。如果加尔文[1]下了地狱，他在那儿遇到的一个主要麻烦，无疑是他发现地狱并非遍

1　即约翰·加尔文（John Calvin，1509—1564），法国神学家，16 世纪欧洲宗教改革家，基督教新教加尔文宗的创始人。——译注

地都是婴儿的尸骨；如果去了天堂，他也不可能目睹那些被罚入地狱的恶人饱受折磨，原本期待的乐趣将注定落空。三角学不是数学课程中最有意思的一门——练习太多而原理偏少。教对数应用这门课，跟教乘法表非常相似，两门课对于教师几乎同样乏味，对学生来说又都挺难。你离开住宿委员会后，还没有一件宿舍管理工作要我去做——自从七月份你叫醒我的那个夜晚起，我再也没有在两分钟内穿好衣服；提到七月这个词，我觉得有点发冷，因为想起众所周知的冷月原理。天啊，就在此刻，楼上哈罗德（？）的房间响起一阵讨厌的嘈杂。维持宿舍秩序的差事真是讨厌，无论是逃避职责，还是履行职责，都同样令人反感。两害相权后者轻[1]，尽管从事这份工作，会造成某些不良后果，其中之一，便是教师的威信受到一定程度的伤害。楼上吵得越来越厉害了，竟然唱起歌来，可现在已过了夜里11点。我想我最好还是赶紧集中精力去处理一下此事，就此搁笔。但愿能尽早从你那里得到另一份更有利于我们的简报。

你诚挚的，

查尔斯·W. 艾略特

艾略特在二十岁生日时说："也许我这辈子总会有钱足够自己用，此外还能留一些给其他人。我在任何情势下都能自立自主。"但在1857年，这一美好的前景突然破灭。一家有塞缪尔·A. 艾略特为其匿名股东的棉花代理商公司，由于轻率担保陷入困境，加上当年爆发了经济恐慌，紧随而来的信贷紧缩迫使公司因资不抵

1 英谚有两害相权取其轻。——译注

债而破产倒闭。显然塞缪尔·A. 艾略特与公司的业务经营没有紧密的联系，所以他的过失充其量只是轻信合伙人。他是否应当对公司债务承担法律责任，并不取决于法院的裁定，因为，正如安德鲁·P. 皮博迪博士所说："他拒绝接受别人提出的任何解决方案，只同意交出自己的所有财产，从以往能体面地拥有并使用充足财富的高贵地位，骤然沉沦，或者确切地说，是继续升华，直到进入一种贫穷却愈显其高贵的境界。"依照当时的法律，他妻子的资产也应用以清偿他的合法债务，于是艾略特夫人将继承自她父亲遗产的资产，包括灯塔街的住宅，全都与丈夫的财产一道变卖抵债。艾略特夫妇赢得了朋友们的敬佩与同情，但在塞缪尔·A. 艾略特当时的年纪，这次破产自然使他的商业生涯归于终结。[1]

查尔斯发现自己面临的现实是，除了身为教师的一份薪水和外祖父莱曼留给自己的遗产，他在经济上不可能再有别的指望。此外，他的父母亲突然断了生计，家中还有三个尚未出嫁的妹妹。遭遇这样的变故，弃教从商对于他倒也完全合乎情理，但他从未真正考虑过放弃自己选择的事业。的确，他和他的父亲都令人钦佩地表现出一种安之若素的态度。老先生在家财尽失的当晚照样酣然入睡，查尔斯依旧继续从事自己在哈佛学院的工作，同时挺直了腰杆，迎接肩头骤增的负担。法国人说："金钱上的损失总归能够得到补偿。"然而一个人在全部财富化为乌有之际能够毫不慌张，这足以证明，他已经懂得今后他要达到的各种人生目标，而金钱不会对此产生多少作用。

查尔斯 1857 至 1858 年的个人档案显示，他当时已经开始当家。

1　参见 Anderw P. Peabody, "Samuel Atkins Eliot," in *Harvard Graduates Whom I Have known*, p.165。

他能做出明智的判断，并且深受他人信赖。每当有相关事宜需要处理时，出于这样那样的原因，人们往往胆怯地避开他父亲，而来找他提问题，出主意。查尔斯可以凭借一己之力为家庭增添一大笔财富，因为外祖父留给他的遗产已经增值到四万美元。他将其中的一万两千美元转到母亲名下，另外拿出一万八千美元，在剑桥市柯克兰街上利用诺顿家的一块地皮建造一幢并联式别墅。（值得一提的是，安德鲁斯·诺顿的夫人正是塞缪尔·A. 艾略特的妹妹。）爱德华·卡伯特先生的建筑公司把本公司的办公设施借给查尔斯使用，他在办公室里绘出新房子的平面图。他监督了整个施工过程，后来又将父母和三个未婚的妹妹安顿在并联式别墅的西半边。当时他被提升为助理教授，随之增加的工资也使他得到一些补贴。[1]

面对这场灾难，一个人虽说不至于仓皇失措，还是多少会有些消沉。许多人遇到挫折，蒙受损失，但并不是所有人都能以优雅的姿态坦然面对现实。灾祸的重创犹如迎面袭来的一股疾风，令人魂飞魄失，过后只剩下理想的幻灭和心绪的纷乱。艾略特夫人饱受重创，因为此前她从未经历过任何微小的变故，从出生、成长，结婚、养育子女，再到渐渐步入晚年，她都一直生活在同一片小天地里；而现在，顷刻间，她的整个生活方式发生了转变，原先所有的日常消遣也随之消失。全家搬到剑桥后，塞缪尔·A. 艾略特怀着由衷的喜悦开始适应新的环境，甚至驾着马车兜风也能让他舒心惬意。至于他们的儿子，这场严酷考验对他自然造成的影响之一是，他的自主意识因此得到了强化，也因而更加寡言。此外，他还尝到了时事艰难、老友变脸的苦涩滋味。不过另一方面，他发现那

1　这是哈佛首次任命助理教授。

些经受住磨难考验的朋友越发显得可爱。帮助过他的朋友当中有西奥多·莱曼和他的妹妹加德纳·霍兰德·肖，他们对人既慷慨又体贴；另外莱曼与艾略特之间的亲密程度，可能超出以往任何时候。

柯克兰街上那幢并联式别墅的东半边，将成为艾略特自己的家。1857 到 1858 年一直沉溺于苦恼情绪之中的他，终于从恋爱中找到慰藉。艾伦·德比·皮博迪小姐是伊弗雷姆·皮博迪牧师的女儿，他从 1845 年起担任国王教堂的牧师直至 1856 年去世。艾伦是艾略特三个妹妹儿时的玩伴，艾略特 11 岁时就认识了她，他一直觉得她聪明漂亮；不过现在见她又是“另一番模样”。她比艾略特小两岁又三个月，身姿轻盈，个头中等，有一头浅棕色卷发和一双顾盼有神的蓝色眼眸。她那快乐而善良的气质，按照某人的说法，能够异乎寻常地给人带来幸福。她富于想象，风趣，开朗，惹人喜爱，常常觉得像自己这样一个人，理应关心发生在别人身上的事情。她喜欢风景画，对写生素描也有一定造诣。在她周围通常洋溢着的热烈友好的气氛中，已经有一些年轻男士开始或多或少地向她表达爱慕之情。在舞会和其他聚会上，相较于艾略特，他们当中的任何一位本来都肯定更容易向艾伦献殷勤。艾略特身材偏高，面有疤痕，拘谨含蓄，谈吐生硬，更加可悲的是，丝毫没有年轻人本该轻易流溢焕发出来的青春气息，因而像是一个拘谨严肃、毫无魅力的追求者。可是他目标明确，另外，皮博迪夫人是富家女，后来嫁给收入菲薄的牧师为妻，历经世事的她懂得人品和才能比财富重要，因而尽力成全艾略特。艾略特后来说：“皮博迪夫人的尽力成全非常有效。”至于艾伦·皮博迪，她和艾略特的恋爱起初本来很难有什么浪漫可言，但她凭直觉看出这位木讷的追求者生性善良，只是不善表达而已。

艾伦·皮博迪·艾略特

在一沓旧信中夹着这样一张字条，寥寥数语却意味深长。

致艾伦·皮博迪

1858年3月30日，星期四

亲爱的艾伦小姐，恳请你让我在今晚8点左右与你单独相处片刻。

查尔斯·W.艾略特

那是一个春色宜人的夜晚，皮博迪夫人建议这一对年轻情侣出门走走。当晚艾略特向艾伦求婚；不出一个月，艾略特就宣布了他们的好消息。

致西奥多·莱曼

1858年4月25日

亲爱的老兄，我订婚了！和艾伦·皮博迪！！真是不可思议，是吗？我自己觉得不可思议——也感到兴奋——之极。我将很快见到你，详情容待面告。

诚挚的

查尔斯·W.艾略特

皮博迪夫妻俩收到的一封祝贺信中写道：“他有如一根挺拔的雪松木柱，坚定，稳固，永远屹立在原地。”雪松木柱未加修饰，不屈不挠，能够抵挡日晒雨淋——但凡知道他这些品质的人，谁会否认信中的比喻形容贴切呢？艾略特本人也一定对这个比喻感到满意。

婚礼前八天，艾略特写信给亚瑟·T. 莱曼，内容如下：

我原先对订婚和婚姻幸福的憧憬一定不会落空，可是无法确信订婚和婚姻就是生命中最快乐的事情，因为迄今为止我发现，每到新的一年，我们都会肩负更加重大的责任，或许还要面临一些严峻考验，但同时也越发深切地感到满足与幸福。有人说童年是一生中最美好的时光——我知道你和我都觉得事实正好相反。我们从未习惯于枕着玫瑰入睡，也从未急于追求所谓生活的享乐，但愿我们都能通过长期的阅历，在人生价值、友谊和爱情中领悟幸福的真谛。

你至诚和至亲的朋友

查尔斯·W. 艾略特

1858 年 10 月 27 日，国王教堂，乔治·帕特南牧师在五十位亲友的见证下主持了他们的婚礼。在搬进剑桥的新家之前，艾略特夫妇在位于森林山的盖尔德夫人家中住了四天。艾伦在那里写信给母亲，声称她不知该拿查尔斯怎么办好。“他不停地咧着嘴笑，我真担心他的嘴以后永远合不拢。”

订婚期间发生的一段小插曲和随之出现的一封信不可不提，事关查尔斯河流域一次著名的划船比赛。这次比赛曾屡经报道，因此对哈佛人无须任何解释。对于其他读者而言，只需指出这次比赛之所以令人难忘，除了艾略特当时是哈佛划船队的一员，还有其他一些原因。其中之一是，他和另一名队员将红丝巾带到队里，让每个队员缠在头上，以此作为识别标记——采用深红作为哈佛标志色的做法即源于那些头巾。此外，他们这一队划的是一种特别赛艇，在哈佛历史上属首次使用，并以学院的名字命名。这种六人赛艇代表着查尔斯河划船史的一个时代。它装有舷外桨架但没有滑座，由一名头桨手脚踩滑轮杠杆操纵船舵。赛艇来回划行一英里半的赛程，因此划到中途需要调头。艾略特身高 6 英尺，体重 138 磅，[1] 亚历山大·阿加西划头桨。其余四名队友是当时的在校生。[2]

信封上注明，此信是在霍尔沃斯二号馆中写好寄出，星期六中午十二点半开始动笔。

致艾伦·皮博迪

1858 年 6 月 19 日

亲爱的艾伦，……多么适合比赛的一天啊！堪称完美——天气晴朗，阳光明媚，不热，无风。如果今晚六点的天气还是如此，那么这帮爱尔兰人一定会为击败哈佛拼尽全部力气。克劳宁希尔德准备划尾桨，所以我还是老位置——第三桨——也是我最喜欢的。所有人，就我听到的消息，都认为哈佛队必输，当然也很有可能是这个结果，但是除非碰上意外，否则我们这次比赛时的划行速度，准会超过以往任何一支美国队或爱尔兰队，就算我们输了，也不至于给自己丢脸。我的确想赢而不是输，不过输赢其实根本无所谓——划船毕竟不是我的职业，也不是我的爱好，它只是一项娱乐、消遣，一项健身活动。我一定记住你的嘱咐，尽一切可能照顾好自己，在体力充沛的状态

1 1 磅约合 0.45 公斤。艾略特的身高约合 182 厘米，体重约合 62 公斤。——译注

2 在《哈佛大学运动员名册》（*The H Book of Harvard Athletes*）第 20 页的背面，有一张这支船队在赛艇上的合影。（哈佛大学出版社，1923 年）

下使劲划桨，不带一点儿勉强。这三天我一直在进行划桨练习，弄得手指僵硬，跟一个搬瓦工人差不多，致使我信里的有些字看起来歪歪扭扭，严重变形。今天下午我将十分想念你，如果我们赢了的话，我情愿只见到你一个人站在哪一扇窗口，也不想瞧见几千人同时站在许多窗口，虽然我估计到时候会有那么多人。他们与我有何相干，我怎么可能不牵挂你！我明天也会很想念你，没你相伴的星期天不能算真正的星期天。站在那些车前和你挥手道别，瞧着你独自离开，这真是一场煎熬。但愿我今后不需要在我们的生活中多次面对类似情景，因为我一点儿都不喜欢。现在我得就此搁笔，再写下去，这场比赛大概就将提前定下输赢。

星期天早晨 8 点半

好！真好！！太棒了！！！我们出色地击败了所有对手，并且创造了划完全程的最快纪录，用时 19 分 22 秒；第二名用时 21 分 20 秒，我们领先 1 分 58 秒赢了他们，比分差距拉得很大。艾伦，这里场面绝对壮观——所有观众都在为我们助威，而且观众真的很多！我们刚一出现，人们就开始鼓掌呐喊。我敢说，我们看上去很“抢眼”——潇洒地沿着河边的一栋栋建筑划过去，然后回到起点我们的位置上，紧紧挨着裁判船。接着我们看到那些对手——魁梧的爱尔兰大汉，身上全是饱鼓鼓的肌肉。克劳宁希尔德说，他的心提到了嗓子眼儿。很快史姆因喊了声“预备”，随后打响了信号枪。桨刚开始划动，克劳宁希尔德就弄弯了自己的桨架，我们慌了手脚，船身随即摇晃起来，一开始我们没能如愿领先其他船队。看见两艘绿色的赛船飞快地驶到我们前面，我心里顿时感到莫大的恐惧。姑娘们

[他的几个妹妹]站在胡珀博士家楼上的窗口，看到我们没有领先，心想我们肯定彻底无望了。你如果当时在场，也准会吓得不轻。好在我们立即恢复了平衡，开始奋力划行，我们的船飞速向前，仿佛出现了奇迹——我们开始赶超其他对手。我的感觉棒极了！刚刚划完前半英里，我们几乎已经将所有爱尔兰赛船撇在身后，只有两艘算得上我们的劲敌，其中一艘基本与我们并排，另一艘稍稍落后一点。一英里赛程结束时，我们划着船行驶在最前面，同时看出自己极有可能夺冠。我们船左舷一侧的力量比右舷一侧强一些，（此时库克前来祝贺我，我只得暂时搁笔，我还得进城，去国王教堂聆听亨廷顿先生的布道，最后一次和家人在我们的专用包厢里做礼拜。）因此我根本没必要费那么大力气，同时还能定下神来发现我们的船行驶在最前面，而且很有可能第一个到达转角桩。就在我们将船完全转过身开始往回划之际，距离我们最近的那艘船加速冲过来，船首差点撞上我们的船尾。不过那船刚刚转过一半身，我们的船已经完全转过身，不等他们的船完全转过身就已经划出去老远，拉大了两船之间的距离。最后半英里赛程，紧随我们之后的爱尔兰船队开始奋力赶超。克劳宁希尔德发现后喊道："加油，伙计们，他们追上来了！用力划啊！"我们鼓足了劲奋臂一划，将那艘绿色的船甩在身后，按照阿加西的说法，如同走过一根柱子般轻松。啊，这难道还不过瘾吗！男生们说艾略特很激动，我记得自己当时觉得特别愉快，一点儿都不累。古德温亲耳听到一名二年级学生站在霍利斯馆的台阶上叙述这一赛事，他向我们转述了这名学生的原话——"艾略特热血沸腾，对卡斯喊道'加把劲儿，伙计！'（他管卡斯帕·克劳宁希尔德叫"卡斯"）所言大抵不差，我相信。到最后半英里时，人们使劲呐喊，拍手，

高声喝彩，他们的助威让我们士气大振，划得更加卖力，更加出色——我们赢得特别漂亮，把第二名远远甩开一大截。我们还赢得了多么热烈的欢呼声啊！这些爱尔兰队员表现得很有风度——和我们握手，爽快地认输——每个人似乎都沉浸于狂喜之中。剑桥的小伙子们都没想到我们会赢，于是越发乐不可支，先是在波士顿街头大声喧闹了一阵，接着又把这股狂欢的情绪带到了剑桥。

皮尔斯教授、阿加西和亨廷顿都赶来波士顿观看比赛，然后又乐滋滋地回到了剑桥。亨廷顿昨天只顾扯着喉咙使劲狂呼，今天嗓音都已经嘶哑了。

还有其他许多趣事想必你也乐意知道，只是我得在五分钟内将此信送到邮局去，否则就不可能如我所愿，让你星期一收到它。如果我顺着比赛的话题再多说一句，就来不及说我对你的爱有多真诚，来不及说如果昨天你也在比赛现场，我会为我们的胜利乐成什么样子，也来不及说我是多么渴望听到你的消息。告诉我近来可好，有没有什么开心事，另外，你什么时候回家。

你亲爱的
查尔斯·W. E.

书不尽言，容当稍后再叙。

致艾伦·皮博迪

1858 年 6 月 22 日

……当我从邮局收取你的几封信时，感觉就跟比赛即将开始前完全一样，些许忐忑、愉快、激动，还有一点敏感，一种特别的心理变化。我迫不及待地开始读这些信，因为我今天休息——其他的事情都得先放一边……

输了比赛的几支船队提议为纪念 7 月 4 日独立日再举行一次比赛，赛程为六英里——顺着那段流域两个来回——哈佛队也再次参赛。比赛之前，对方的一支船队把船划到哈佛队旁边，然后说："你们这些伙计又要赢了；你们那条船，我们可是划不过。我们缺钱，而你们并不等这笔奖金花。如果我们拿到第二名，希望能跟你们平分一等奖奖金。"第一名的奖金是 100 美元，第二名是 50 美元。尽管哈佛队不是为了奖金而来，还是理智地认为，如果让第二名和第一名的奖金一样多，比赛就会失去意义。于是哈佛队声称他们愿意将一等奖中的 40 美元让给福特山队，而不是 50 美元。哈佛队即便在显示自己的慷慨气度时也照样恪守原则，通过这一巧妙的改动，既能为福特山队提高奖金额度，又确保两队都同样在 10 美元的激励之下比赛，争夺第一而不是第二。想出这一解决方案的人是数学系的助理教授吗？不妨验算一下；针对原先那道难题，解决者提供了唯一正确且无比正确的答案。想出这个答案，靠的是瞬间闪现的灵感，还是代数的帮助？哈佛队最终成为这场六英里划船赛的赢家，他们越过终点线时，紧随其后的是那些一直牵挂着 10 美元的竞争者。然后，某人把福特山队的一名桨手叫到一旁，交给他 40 美元——人们都觉得不妨假设此人正是艾略特。艾伦·皮博迪后来自然听说了这个故事，而且当时在场的人们大概听到了她银铃般的笑声。之后几个学校之间又围绕有些参赛者的赛手资格问题展开激烈的争论，而艾略特总喜欢解释说，他不能以一名业余桨手的身份发言，因为他似乎早已是一名职业队员。

到了 1859 年，库克的实验室开始狭小到两人在一起彼此多有不便的程度，虽说博雅斯通馆建成之后它已经宽敞了不少。实验室由库克做主倒也在情理之中，不巧他生性敏感多疑，一旦觉得自己的权力受到侵犯，就会心生戒意，偏袒谁时也是毫无顾忌。艾略特申请并获准在大学馆的地下室里自费配备了一个小房间，以便能够“不受打扰地独立工作”。库克也时常陷入一些人际纠葛。时任基督教伦理教授兼哈佛学院传教士的 F. D. 亨廷顿博士，由唯一神论转而信奉新教圣公会教义，整个剑桥对此议论纷纷，库克的实验室里也发生了一场关于神学的不愉快的争论。

艾略特在圣诞节期间给库克写了一封和解信，很快收到他的复信：“……你希望我向你指出一条摆脱目前困境的途径。我想到了两条途径，两条相当体面、同样公平的途径。第一条，我们应该形成一种共识，要心怀以前的志向，为了达到同一个目标而合作共事。第二条，你应该放弃化学，将精力转到某一门应用学科上。我本人倾向于第一条；第二条途径，按照我的看法，并且考虑到学院的现状，将更有利于你的进步。既然你和我的学科没有任何关系，你从学院毕业之后，又没有对它投入多少时间，因此你若是改变目前的计划，将不会遭受任何损失。当然，如果将来的情况能够确定，眼下的问题也容易解决……”

艾略特在一封写给诺顿的信中流露出内心的不满，尽管他按照自己特有的习惯在信的结尾坚称，衡量情绪的天平已偏向“高兴”这一端。

致查尔斯·艾略特·诺顿

1860 年 9 月 18 日

……我一般都会对一学期初开设的背诵课稍感厌倦，尤其是对数学背诵课。我希望能教自己最感兴趣的学科课程，我用业余时间开展该学科的研究，可是我现在每教一节化学背诵课就得教四节数学背诵课，而且看不到改变这一现状的任何希望。有时候，我也为学院发给我的薪水过于微薄而苦恼，特别是在跟其他年轻人相比之后，因为我发现他们的工作没我多没我好，领的工资却是我的双倍。不但如此，学院的工作挤占了我大量时间，为了继续进行原有的科学研究工作，我只能拼命工作，将体力消耗到极限，甚至超过了极限。你对那份研究报告多有好评，令我深感欣慰，因为我从头至尾都热衷于整个研究，知道这是一项不带任何功利目的的，严谨缜密、符合需要的研究。它已经得到一些人士的称赞，我也非常重视他们的评价。唯一让我感到伤脑筋的，就是我只有很少的时间能用于更多类似的研究。为了不让你见到这番议论后心生误解，以为我总能找到埋怨自己命运不济的理由，我还是把话挑明了为好——其实我认为在这个世界上，没有谁比我更幸福，或者说，谁有更充分的理由比我……

几个月之后，劳伦斯理学院的一项安排，使艾略特终于摆脱了博雅斯通馆的不愉快的工作环境。埃本·霍斯福德，理学院的化学教授，主动辞去了他在实验室的职务，1861 年 7 月起由艾略特接替他主持该实验室的工作。劳伦斯理学院化学系当时的财务状况并不理想，但它在其他方面相对独立，并不隶属于学院[1]（此处区别于大学），而且该系拥有的资金和资源其他系也不能使用。艾略特

1　1638 年，英国清教牧师约翰·哈佛去世时将遗产的一半（约 780 英镑）与所收藏的神学和古典文献捐赠给剑桥市一所新成立的学校，后该校命名为哈佛学院，被哈佛人简称为学院，属哈佛大学。——译注

从此不用再教数学，并且拥有了自己的实验室和学生。

将来哪天谁能出任哈佛的校长，这一问题始终受到高校圈内人士的持续关注，就好像谁有朝一日能成为英国首相或下一任美国总统候选人这个问题，想必永远将会吸引英国众议院和美国参议院议员的兴趣。有时候在剑桥，似乎不会有人因为过于年老或年轻或其他原因而不被某人推荐，当然这位推荐者将没有最终决定权。这一引起普遍猜测的特殊做法在 19 世纪五六十年代无疑很受欢迎，同时也不会有任何实效。尽管如此，有意思的是，我们注意到艾略特年仅 25 岁时就开始成为大家预测的对象，因为 A.S. 希尔在 1860 年 6 月 12 日写信给他说 :“听说你即将成为哈佛大学校长，再见……”

随着南卡罗来纳的萨姆特堡要塞打响第一枪，美国南北战争就此爆发，之后艾略特主动投身于任何一项能够在剑桥市开展的战时工作，诸如志愿警卫军械厂，马萨诸塞州开始实施征兵制后帮助计算剑桥市的兵员配额，指导学生的基础军事训练。艾略特似乎已经拟定了旨在利用劳伦斯理学院对军官进行专项技术培训的计划，可具体是些什么计划现在没法搞清楚，反正最后全都不了了之。与此同时，学院的日常工作仍需照常进行，所以当时战争对人们日常习惯的影响，并没有我们现在想象的那样严重。此处不便详述此事，但有一个重要的细节值得一提。直到 1864 年秋季，新生注册人数才下降到和 1857 年经济危机爆发后同样低的水平。按照最近的一种说法，北方慢慢地“进入战争状态”。

1861 年至 1862 年的寒冬，由于艾略特父母全都身患重病而显得异常难熬。当时没有职业护理，他夜里经常需要长时间守护在父亲或母亲的病榻边。1 月 29 日，他的父亲去世了。

战争进行到第三个年头，艾略特被任命为骑兵团陆军中校。当时他助理教授的任职刚刚到期，而且他知道，或者料到自己不会晋升为教授。艾略特生前曾叙述过这段人生插曲，并经人整理成一篇简明生动的报道发表。鉴于该报道刊登在一份编排质量上乘的杂志上，因此艾略特有可能在它出版前收到过校样。“1863 年 6 月，我收到詹姆斯·拉塞尔·洛威尔[1]教授转来的一封信函，发出此函的是安德鲁州长，当时兼任内战时期马萨诸塞州所有军官的统帅，他聘请我担任正在马萨诸塞组建的一个骑兵团的陆军上校。从战争爆发至今，我一直是哈佛学院军事演习部的一名指挥官，况且，我又十分喜爱马和骑术。这是一项对我最具吸引力的提议，我很想当即接受。不料洛威尔教授却嘱咐我最好仔细考虑一下，他说这一决定关系重大，另外他对我是否有权接受此项任命表示怀疑。于是我将此事认真思索了一番，并且再次开始用心寻找一副有助于我达到正常视力的眼镜。我的视力很弱，时至今日，我始终未能找到一副接近正常视力的眼镜。由于这一生理缺陷，我与许多健身运动和体力劳动无缘，多少次与人接触时，也不能迅速认出对方，及时做出反应。经过反复权衡掂量，我开始担心自己当不了骑兵团的指挥官。由于视力不佳，我无法率领该团开展骑兵部队理该常有的快速军事行动。我肯定没法看清前方的地形。其次，我自己家里的实际状况也得考虑。当时妻子有两个幼子要抚养，母子三人的生计全靠我一人维持。我的母亲不久之前失去了丈夫，而且在 1857 年的经济恐慌中与父亲一道失去了所有财产。我是她唯

1　詹姆斯·拉塞尔·洛威尔（James Russell Lowell，1819—1891），美国作家、评论家、编辑及外交官。1854 年担任哈佛大学现代语言学史密斯教授（Smith Professor）。——译注

一的儿子。我的岳母也是一位遗孀，而且跟我提过多次，希望我能够帮助她把自己的两个儿子培养成人。[其中一个即将升入大学，另一个年满15。]军方没有征召我入伍，只是聘请我出任军职。出于这些考虑，最终我还是通过洛威尔先生，谢绝了安德鲁州长的聘请。”[1]除了视力不好，艾略特具备了成为一名优秀军官的大多数品质，他也一定知道这一点，所以他做出这样的决定时，内心一定经历了艰难和痛苦。

早在战争爆发之前，西奥多·莱曼已经携妻一同远赴欧洲。以下这封艾略特写给莱曼的信，清楚地表达了他当时的所思所感。

致西奥多·莱曼

1861年8月5日

亲爱的西奥多，几个月来一直打算给你写信，挨到暑假才真正有时间动笔。战争占据了我们一半的时间和思想——自从萨姆特堡沦陷以来，我完成的工作还不到平时工作量的一半。迄今为止，我觉得我们更多感到的是满足与骄傲，而不是厌恶，但我有过三四次令我厌恶透顶的体验——第一次就发生在战争爆发的那一周，第一周的星期五，我当时在城里，大约一点半的时候，忽然间，我看到街上所有人看起来都异常激动，充满敌意，很快我听一些沿街奔跑的陌生人说，第六团此刻正在巴

---

1 Reminiscences before the Faculty Club of the M.I.T. *Technology Review* (July,1920), p.431. 可能是洛威尔提议安德鲁州长委以艾略特军职。参阅洛威尔于1857年毕业晚宴上的讲话，引自 E. E. Hale，*James Russell Lowell and His Friends*，p.119。另见："作出这一决定，我心里十分苦恼；因为我深切地感受到国家的召唤，我的许多朋友都已积极响应她的号召。洛威尔先生能够理解这一选择，我深感宽慰。"（Class Life，1913.）

尔的摩的街头作战。我两天前见到那些军人列队开赴前线，对他们有一种早已相识的感觉，同时我们陷入极度恐惧，担心华盛顿在我们的军队到达之前，就被早有准备的敌军占领（当然是马萨诸塞军抢占了先机——为马萨诸塞三呼万岁），而且你根本无法想象，当我们看到“号外”登出的那封电报时，全都恶心到什么程度。我立即产生了强烈反应，晚餐一口也咽不下去。我们当时全然不知，由那些“主张废奴的可恶的北佬”和一支波士顿轻型炮兵部队组成的两个团，竟能将巴尔的摩把守得严严实实。你必须为一生中的某一行为感到后悔——如果你曾经取笑过国民军，请道歉，忏悔，改过。这些人在接到命令后几个小时便放下一切，身上依然穿着显得特别滑稽的燕尾服，冒着生命危险赶赴前方，估计等着他们的将是一场恶战。不瞒你说，你瞧见这些人脸上带着北佬庄重的神情，列队经过自己身边走向火车，这时真不知应该欢呼还是流泪。喉头好像堵了一大块异物，只觉得浑身热辣辣的，一时间很不习惯。

两二天前我看见这支国民军从战场归来，他们全都显得朴实、勇敢，训练有素，一点没有我们以往想象中的那种拘谨。他们当中四分之三的士兵和军官将要重返战场，连续服役三年。即便是那些沾染了浮华习气的城市兵，如二营、四营和士官生教导队，也都发挥了作用。没有他们向其他连队的一些普通士兵悉心传授训练和作战技术，这些士兵训练结束时不可能升任军官。话虽如此，上述城市兵在国民军中最不值得称道。我再次心生不悦，是由于贝塞尔市的失守——事情虽然不大，却反映出我方军纪不严，准将及其以下的各级军官普遍缺乏经验。最后更糟糕的是，我军在卡纳萨斯附近遭到重创，消息传来，这里每个人都感到特别沮丧和悲痛。事实令人震惊，战局明显对北军有利，而且后无追兵，官兵却夺路溃逃。与这可耻的恐惧相比，部队中阵亡和负伤造成的实际损失反倒微不足道。我们马萨诸塞 [人] 的表现不比其他人好多少……人们太没有耐心了——人人都在谈论速战，一年，至多两年。我说如有必要就打十年——战斗到底，永保安宁，挖出罪恶的根子，让我们见证一个伟大的共和国能否打赢这场为了保卫其生命和荣誉的战争。我相信她能够而且终将打赢这场战争。

家中近况，此处不便赘述……

战争有如一团浓重的阴影，不免使他心神涣散，然而理学院的日常工作，加上思考问题，又让他殚精竭虑。他当时集中考虑的，是如何使理学院满足那些有志于投身工程制造和应用的年轻学子的需要。艾略特从教数学课开始就清楚地认识到，许多学生在大学四年学习的课程,无助于激发并培养他们的潜力和才能。在他看来，哈佛学院在一定程度上浪费了这些学生四年的宝贵时光。于是他发动班上的学生志愿组成一支勘测队，尝试用这样的方法提高学生学习三角学的效率。同样，1858 年，他在为教授会起草的一份记录中记下自己的观点，他认为结晶学与数学应当结合起来学习，部分原因在于“经验已经表明，虽然部分学生在受到逼迫的情况下学不进任何东西，但他们将认真学习这门实践应用型学科 [结晶学]，出于自愿，以及对此类学科的一种自然爱好。似乎有必要给这些学生一个机会，至少能让他们合理利用时间，而不是虚度光阴”。理学院招收的学生，不外乎重实践和重科学的两类。艾略特现在比当初在哈佛学院更有条件为理学院的学生多做些事情。不仅理学院的化学实验室由他全权负责，而且毕业于西点军校的尤斯提斯教授 1862 年离校参军后，他还受院方委托负责全面管理工程系的日常事务。1862—1863 整整一学年，他担任理学院的“代理院长”一职。

遗憾的是，能够反映艾略特那段时期理科教育理念的资料，大多已不复存在。幸好有一份他在 1861 到 1862 年冬天为教授会拟定的《劳伦斯理学院工作计划》，他在该计划一开始便建议，理学院今后应当“为学生提供长达两学年的基础课程，包括一系列按常规必修的背诵课，以及数学、化学、物理学、生理学、植物学、动物学、自然地理学、修辞学、法语、德语和绘图的练习课，从而为理学院各系的专业学习和研究打下基础”。该计划继而逐一列出实施细节，最后是一份所有背诵课的课时安排表。这是一项大胆突破常规的建议。首先，它提议理学院应该先对学生进行宽口径的基础训练，然后再让他们接受专业教育。在当时，几乎任何人都能获准注册学习理学院课程，但如果理学院录取了一位报名学习化学的学生，该生就成为——实际上——化学教授的私人弟子。其次，这份计划明确规定了基础学科和基本入学要求，并建议以考试的方法强制实施。第三，它建议理学院应在学生结束四年学习，或证明自己完成相应的学习后向其授予学位，换言之，经过两年宽口径的预科训练和另外两年化学之类的专业课程学习之后，学生才能得到学位。这些建议本身的意义并没有因计划中的若干专门条款而减弱，根据这些条款，院方可以按照教师提出的几乎任何条件破格录取确有专长的学生。该计划是对现有体制的一次公开挑战，[1] 但它无果而终。这份计划拿到会上讨论时，起初还受到与会者的好评，后来便遭到一些人的质疑。人们或许能够想象出当时双方赞成和反对的各种理由，只是并不见载于教授会的会议记录。幸好还有一封艾略特保存在剪贴簿里的信，从中不难窥见他当时的观点。以下是此信的部分摘录。写信人 1838 年毕业于哈佛大学，1865 至 1889 年担任麻省理工学院英国文学和历史教授。

W. P. 阿特金森致 C. W. 艾略特

1862 年 3 月 20 日

感谢你费心为我解释你制定的几份计划。我对它们很感兴趣，因为多年之前担任中学校长的经历使我深信，你已经设计出一套完整的课程体系，广大年轻学子迫切需要的，正是学习这些课程的机会。在他们当中，有些人现在没有得到良好的教育，有些人则因别无选择而被送进哈佛学院，却发现自己根本不能适应学校的环境。我无法怀疑，本科生中表现出的懒惰和散漫，已经大大超出了在大多数年轻人中理应允许存在的限度。其原因在于，一部分学生本应来到你所在的学院，结果却去错了地方。我曾经遇到很多这样的例子……非常奇怪的是，极端

1 艾略特草拟的这份计划附有以下说明："这份计划系我于 1861—1862 学年负责劳伦斯理学院实验室期间拟定。1864—1865 年，理工学院开始大力实施这一计划。1871 年，劳伦斯理学院对工程学四年课程教育进行调整。我在 1869 年 7 月回校担任校长，发现这份文件存放在办公室的抽屉里。"关于理学院现状的说明，涉及学院组织松散，要求不严，参见 Eliot, "The New Education," *Atlantic Monthly*, Feb., 1869。后任麻省理工学院院长的罗杰斯曾受哈佛监事会的委任，以委员会成员身份视察艾略特任教的理学院。罗杰斯当时的理科教育观念已趋于成熟，想必有助于艾略特教育观念的形成。

务实的新英格兰人，在准备从事科学研究和面对实际生活的阶段，能够接受的基础训练竟是如此薄弱。有人认为单一的教育方式对每个人都同样有益，都能为所有的职业生涯打下基础，我有理由相信这一点已经普遍受到驳斥——然而，实际上，拉丁语和希腊语的训练，不论优劣与否，统统都被纳入高等教育的范畴……

这个国家急需一批主要接受过科学教育而非文学教育的年轻人，这一点我深信不疑。成千上万个岗位都需要这样的学生，如此之多的岗位是那些具有文科思维习惯的学生断难胜任的……

……目前的情形已经表明，单纯的理科教育容易沦为单向片面和比例失调的教育——因此我估计已经出现了一些 [针对它的] 偏见。我当然希望学校能够采用一套全面均衡的课程体系，并用适当的内容替代古典课程中纯粹的文学教育……

瞧我洋洋洒洒地写了这么多，现在让我回答你的问题，这一问题与公众交流的最佳途径有关。我担心在一般情况下，你可能无法从中学校长那里找到多少帮助。中学工作那样辛苦，为的就是将学生送入大学。中学教师都上过大学，他们擅长教古典文学课程，而不是自然科学。古典课程教材可谓质量上乘，理科教材则糟糕到令人绝望的地步。除了古典文学造诣，公众对一名教师再无其他多高要求，而这往往成为衡量教师综合能力的唯一标准。教师迫于压力，自然将主要精力投入这门公众期许甚高的课程。结果，只有极少数学生为进入大学深造做好充分准备，而绝大多数学生都因学识贫乏而被拒之门外。我们的公立学校按照英国的教育方法能够达到哪些目标，对此公众尚未开始形成自己的见解，你无法获得应有的成功，除非情势迫使他们为你做大量工作……

1863 年来临时，艾略特已经进一步加强了对理学院日常事务的管理，并且觉得自己在辅导学生做实验方面开始出现起色。“很好——继续努力！”艾略特在开学之初写于实验室的一张便条中发出这样的感叹，还通过这张便条告诉妻子，实验室比之前又多了三位学生。“什么都比不上诚实、勤勉和条理。”

他助理教授的五年任期即将届满。霍斯福德，继此前辞去化学实验室主任一职之后，现在又辞去应用科学和实用技术罗姆福特教授席位。自理学院创办以来，这一教席归其所有，并一直授予该院的化学家。艾略特自然希望能被授予罗姆福特教授席位。但是到了一月份，新上任的哈佛校长托马斯·希尔却对艾略特提出了一个令他不安的建议，艾略特通过以下这封信，表达了自己对校长建议的看法。

致希尔校长

1863 年 1 月 31 日

尊敬的先生，对于昨日上午您私下对我提出的建议，我已进行了慎重考虑。我把您的问题理解为——“鉴于罗姆福特教席目前暂时不可能有人接任，你是否愿意屈就理学院化学终身教授，固定年薪为每年 1500 美元，另外还有权从实验室扣除所有开支之后的学费收入中得到 900 美元补贴——1500 美元的薪金将被视为其中的一项开支？”您当时表达了自己的意愿，希望我及早答复以便在今天的董事会会议上讨论。因此尽管略显仓促，我还是争取清楚地表明我为什么认为该方案不利于学校和我本人。

第一，它不利于学院，因为它使教授的薪金完全依靠学生缴纳的学费。全部薪金均来源于学费，学院承担其中的部分风险，其余的风险则由教授承担。理学院已经吃够了这种职务终身制的苦头——凡是与学院有关系的教师，无不表示该制度不仅理论上欠慎重，实施之后也是弊端重重。况且董事会已经投票通过了学费补偿制度应尽早取消的决议，并明确记录在案。投票日期为 1861 年 10 月，不过我想，也可能是十月前后。终身任职制的危害之多，再怎么说都绝无夸张之嫌。化学系以前的情况充分说明这种 [人事] 管理体制存在诸多弊病，如今工程系也是处在这种管理体制下。

第二，上述提议不利于学院，还因为它将无限期延长理学院入不敷出的状况。工程系的年收入目前和将来都会被教授的薪金和几笔完全不可避免的费用抵消。上述计划一旦被采纳，同样的情况也将发生在化学系，而且理学院的总务费用将没有任何着落，拿不出一点儿钱来维修和改善这两个系极其简陋的设备。理学院既然处在财务状况极不稳定的时期，这一提议会使它承受前所未有的沉重负担——由一个系负担一位终身教授的薪金，而这个系在过去十八个月间日常资金尚且一直周转不灵。

另外，这一计划对我个人而言也极为不利。首先，它牵涉到我的薪金。该计划要求我接受数额与目前相同的工资收入，虽然可能有额外补贴，但完全视情况而定，至于得到补贴的机会有多大，如果仅凭各项公共事务的现状，但凡谨慎小心之人都不会冒昧预测。这一提议本身也表明，董事会将不愿为确保任何此类额外补贴落实到位而承担风险。

其次，您建议我接受终身教授职位，让我这样一个兼有理学院教师和学生双重身份的人感情上难以接受。师生之间言必提及金钱关系，会使双方全都道德沉沦。世上最令我反感的，就是像这样受到利益的驱使的事。

如果我就此止笔，那一定是隐瞒了自己的一些真实想法，因此还得补充几句。鉴于我过去和学院的关系，我认为按照本人的是非观，断难接受您在终身教授职位出现空缺之际提出的这一建议。另外我发现，前任教授过去 13 年所做的工作，仅仅相当于我最近三学期完成的工作，我相信本人的工作量已经完全达到令董事会满意的程度。罗姆福特教授席位的基金可能不再需要积累，因为其收入已经超出全职教授的薪资。教授在化学系每年开设的大部分课程，都与化学工艺有关，除了管理实验室的工作，他很可能还要开设化学工艺的系列讲座。您昨天对我解释了您为何提议暂缓填补罗姆福特教席一职的空缺，同时提出建议，由州长提议州政府采取行动，从而使理学院有可能增加教授职数。如果任何类似的期望能够成为现实，那么在理学院进行新一轮的工作分配，也就是顺理成章的事，同样，填补罗姆福特教席一职的空缺，也并不妨碍院方做出这些新的调整。坦率地说，我不能理解我们在有望获得新资源的同时，为何还要急于隐藏现有的资源。

尊敬的先生，我已经对您的提议做出了答复，虽说直言不讳，但带着十足的敬意。讨论这一问题时，我恳请您当众宣读此信。

非常尊敬您的，

查尔斯·W. 艾略特

希尔校长的言外之意是：罗姆福特教席的空缺也许不会被及时填补。我们不清楚艾略特当时是否领会了希尔校长的这一暗示。显然，路易斯·阿加西和本杰明·皮尔斯当时想将沃尔科特·吉布斯从纽约召回，校长也坚信吉布斯能够为学校带来一些新的气象，艾略特却无法做到这一点。吉布斯与艾略特无论从哪个方面相比，都似乎是截然不同的两种类型。艾略特是教育界公认的一流行政管理者。他一向恪尽职守，并且十分熟悉哈佛大学的传统与行事方式。他也是一位优秀的教师。他从哈佛毕业这一事实也会对他极为有利。另一方面，吉布斯当时年仅40，却已经取得了化学研究的一项重大成就。他的学业基础也远比艾略特厚实，因为他在修完医学院所有课程之后，又相继在德国与巴黎深造三年，潜心研习化学。他喜欢以实验进行专业探索。一方面，他的心智已经日臻成熟，表现出一些优秀的素质，证明自己日后将跻身美国当代最杰出的化学家行列。另一方面，他年富力强，即将迎来人生中最美好的时光。

艾略特曾经进行过若干项可以称为独立研究工作的研究，但其中只有一项值得一提，因为它“不那么急功近利，而是纯粹且又急需的研究”，他在写给诺顿的信中称该研究对他而言是“一种莫大的乐趣”。C. L. 杰克逊教授说：“多年来，人们一直对它赞赏有加，称它是艾略特和斯托勒的一项关于工业提纯技术一流水准的研究。”[1] 他后来补充道：“如今，如果我们对化学研究的实质持更加公正的态度，会认为此项研究虽然没有对化学界做出什么重要贡献，但它毕竟是两人在缺乏正规训练与必需设备的情况下做出的一种研究的尝试，因而值得肯定和称赞。”当然，他们付出的努力恰逢其时，因为当时的化学研究主要集中于无机化学问题，矿石与合金的分析方式和矿物成分的测定方法都还有待设计开发，因而自然会吸引库克及其学生等化学研究者的目光。但在艾略特所有的调查研究中，没有任何迹象表明他对重要和关键的科学问题具有天生的洞察力。如果我们对他经受化学专业训练的过程稍加回顾——此时我们理应如此——其中的不足之处显而易见。他此生只有库克这一位老师和楷模，斯托勒一直被他视为同学与合作者，而不是教师。只比艾略特年长 6 岁的库克，曾经在极其不利的条件下自学化学。库克当年读本科时，西利曼在波士顿主讲的一门洛威尔课程[2] 激发了他对化学的兴趣。随后他将波士顿温斯洛普街父亲家中的一间小屋，改造成自己的初级“实验室”，开始潜心钻研化学，那股认真的劲头就像如今的许多男孩整日捣鼓一台收音机，以此钻研电

---

1 *Memoirs of Am.Acad.of Arts and Sci*.,N.S., Ⅷ, pp.57-96(May, 1860). L. C. 纽厄尔教授毫不迟疑地盛赞这项研究，称它是［研究］“过程与方式的典范”。他提及了另外 3 篇研究论文，但它们似乎不具备那么明显的特性：“The Amounts of Lead in Sliver Coins ” (*Proc. Am.Acad.Arts Sci*,v,52［1860—62］); “Difficulty of Removing the Last Traces of Carbon Dioxide from Large Quantities of Air” (ibid., p.62); “On the Chromate of Chromium and Analogous Chromates ” (ibid., p.192). Vide L.C.Newell, “C.W. Eliot, Chemist,” *Industrial and Engineering Chemistry*, xvi, p.636(1924).

2 1863 年，依据约翰·洛威尔的遗嘱在波士顿成立了洛威尔学院（Lowell Institute），该学院向波士顿地区的大众提供免费的讲座和课程。——译注

学一样。库克在他毕业一年之后的1894年，被任命为哈佛学院的数学讲师，1850年又应校方要求开始对一年级新生讲授化学课程。当时他唯一的实验工作地点就是上文提及的小屋，他唯一可以使用的仪器全都摆放在这间初级工作坊内。[1] 学院未曾向库克提供仪器设备和化学制剂，但允许他于紧邻学院面包房的大学馆地下室一角，在自己经济条件允许的范围内添置一些实验工作设备。地下室内没有通煤气，烘焙师傅和库克都没有自来水可用。（他们全都从全校师生公厕旁的水井中用泵抽水。）库克让当时正在读大学一年级的艾略特，作为第一个自愿投到门下的学生，使用这间设施极其简陋的实验室，并且指导他完成一些简易的工作。第二年，库克被聘为欧文化学教授。从此，他除了在巴黎跟随法国化学家雷诺工作6个月，一直在哈佛履行教职，大部分时间都待在自己的实验室内，平时与其他实验室鲜有接触（有一点不得不提，1857年博雅斯通馆建成之时，他的实验室已达到相当高的水准）。他的课程与论文都深受欢迎，然而他最大的成就，大概莫过于在哈佛学院及早建立了一间教学实验室，同时创建了化学系，并且他亲自设置的化学专业，在一所美国大学里取得了与其他文科专业同等重要的地位。库克坚信理科应当在大学里占据更加重要的地位，他能够用自己的一腔热情感染他人。考虑库克与艾略特的关系时，这两点应给予足够的关注。尽管艾略特仍然享有使用库克实验室的特权，但从1854年至1861年间，他大部分时间都忙于其他工作。1860年，他曾数次抱怨，说自己教的数学课是化学课的四倍；这年年底，库克对艾略特说，既然他在化学上花的时间如此之少，

1　参见 Harriette K. Smith，*History of the Lowell Institute* (1898) 中库克的引证。

那么及早放弃这门学科，对他也不会有任何损失。

20岁那年，艾略特宣称自己决心成为一名理科专业的学生和教师。既然如此，他怎会满足于自己这种前期准备严重不足的状况呢？如果他对理科确实发自内心爱到痴迷的程度，他又为何要留在剑桥继续教三角，而不是出国去那些更有机会研习化学的地方深造呢？直到1857年，他既没有缺钱的烦恼，又没有家事的拖累。不能说整个情况的发生，是由于美国当时学术界与科学界普遍存在无知和思想幼稚的现象，与他个人并无多少关系，从而回避这一问题，因为他从小生长在格外进步开明的环境，目睹了一些成功的范例。他的父亲从神学院毕业之后出国留学两年。他的姑父乔治·蒂克纳，是波士顿最早一批前往欧洲大学访学的一位学者。他不仅本人对欧洲大学教育的巨大优越性深信不疑，此后也一直致力向人们灌输欧洲大学无比优越的理念。在当时与蒂克纳年纪相仿的人中，越来越多的人前往德国留学，他们有望成为物理学家、外科医生和科学家的人起初数量有限，后来却在陆续增加。斯托勒于1855年出国留学。艾略特以后的职业生涯与当时的主流思想相契合，即应当相信青年人能够做出正确的选择。难道他自己从未设想过什么才是优秀的理科教育吗？难道他甚至不曾意识到自己接受的教育是多么有限因而亟待提高吗？——抑或化学对他而言，仅仅是他在所有可选的科目中一门自己愿意教的课程吗？难道他对科学不是倾心迷恋吗？另外，他是否执意认为，如果他此生致力完成若干项有意义的任务——不必预先规定具体是什么任务——就是对他的最大慰藉？这也许就是他在父亲的住宅里长大成人之后自然发展的结果。或者，归根结底，他是否坚信，从事教学和行政管理，才是真正符合自己心愿的职业？……

但是现在我们必须重新考虑艾略特与希尔校长之间存在的实质问题。

似乎没有人存心将艾略特排挤出哈佛大学，希尔校长更是无意于此。可是两人当中只有一人能领取这份薪金，而阿加西和资历更老的皮尔斯一致坚称吉布斯比艾略特更能胜任此职。[1] 如果校长本人行政经验丰富,应当能够解决经费不足的难题。然而不幸的是，托马斯·希尔牧师与其他曾主持哈佛事务的任何一位前任一样，只是一名权力有限影响甚微的行政领导。在一般人心目中，牧师只是一种没有任何实际作用的职业，数学家也是如此。希尔是一位唯一神派的牧师，拥有些许数学天赋。

希尔校长向一个不该就任罗姆福特教席的人提供了化学教授的职位，这一做法给他惹来了麻烦，因为他一开始就犯了错——他竟然请求几位富有的艾略特家族成员提供赞助，以确保艾略特能够持续数年足额领取薪酬。此举显然挫伤了艾略特的自尊心，令他愤懑不已，于是他即刻致函几位亲戚，称他绝对不会接受这样的安排。

致亚瑟·T. 莱曼

1863年2月17日

……我坚决拒收任何靠捐赠而筹得的薪金，不论直接或是间接。对于这样的提议我将一律谢绝。我只想接受一个教授职位，定期接受按照通常方式支付的一份薪水。我只是反对任何

1 艾略特的不足之处甚至遭到了学生们的怀疑，他的学生威廉·詹姆斯在1861年进入艾略特的实验室学习后不久便在信中写道：“我并不认为他是一名非常成熟的化学家，但我不能妄加评论。”（*Letters of william James*，I，p.35.）毫无疑问，艾略特是一位杰出的教师，而且受到学生们的尊敬。

临时做出而又违反常规的决定，我并不反对募集一笔永久性基金，为哈佛大学的发展注入源源不断的资源……希望校长和董事会能够放弃这一令人难堪之极的捐赠提议，在两个人选之间做出取舍。唯其如此，我才能同意不对他们的任何一项决定提出异议……

1863年，校方很难为教授席位募集资金，何况希尔校长平时根本不能激发自己对一项艰难事业的热情。可他并不愿意只面临一种选择。他要求艾略特同意完成本学年的工作，虽然他的任职早在3月便已到期。然后希尔试图逐渐挽回局面，然而他用以替代罗姆福特教席而实施的几套方案不仅根本行不通，甚至还惹怒了有关当事人。一天艾略特收到霍尔法官的一张便条，请他去学院办公室一趟。霍尔当时是校董事会的成员，在董事会议事时说话很有分量。艾略特发现校长也在场。霍尔法官显然扮演了劝解人的角色，他心平气和地说了一番，大意是他不理解艾略特为何很不情愿接受这一看起来挺不错的提议。艾略特详述了自己的几点理由，无意中还提到早在这项建议最初提出时，他就向希尔校长表明了自己的立场。霍尔顿时向希尔大发雷霆，就像是在法庭上面对一个不守规矩的证人猝然爆发心头怒火。“你是不是想告诉我，先生，你三个月前就知道了艾略特先生明确的看法？——那你认为董事在这里是干什么的？——这件事跟我没关系，今后别再用这种方法来打搅我！”校长无言以对。随后，霍尔法官大步走出办公室，任面露窘态的两人愣了好一阵。[1]

与此同时，希尔校长开始放风说，他认为校方根本不可能向劳伦斯理学院正式划拨罗姆福特教席的专项资金。5 月他写给艾略特的一张便笺，似乎为他的话提供了一份纸质凭据，同时也预示着他将做出一项不利于艾略特的决定。艾略特致信董事会作为回应，他在信中声称如果董事会做出取消理学院罗姆福特教席的决定，就目前情况而言，将对理学院造成灾难性的后果。艾略特这封用心斟酌过的信被他留存至今，从中可以看出，他似乎认为希尔，也许还有董事会的其他成员，都能正确理解与理学院现状有关的若干重要事实。总之，董事会随后的投票表决结果也证明了艾略特的批评不无道理。希尔校长在他的年度工作报告中说道："……董事会，因迫于 [理学院] 化学系经费短缺，不得不重新为该系分派罗姆福特教授席位。"但董事会在 6 月 12 日经投票表决任命吉布斯为罗姆福特教授。希尔补充道："因此，哈佛大学只能对艾略特助理教授忍痛割爱，尽管他在几个部门表现出杰出的管理才能，对学校的发展弥足珍贵。"这项决议打破了顺位晋升的惯例，不过若是纯粹以有利于哈佛理解的发展为出发点，它倒不失为一项明智的决议。

由此我们发现，艾略特在出任校长之前，曾遭遇令人失望的学术瓶颈时期，也曾失意于某项决策，为此牺牲日常的校务工作，也失去了追求杰出学术贡献的机会，但他蕴含着比普通人更加出色的潜质。我们也不难看出，艾略特的离职及与之相关的一些事

1　此事发生不久，霍尔法官便从董事会辞职了，尽管他的离开与这件事也许并无关联。毫无疑问，霍尔对待大学校长如此傲慢无礼，给艾略特留下了痛苦且难以抹去的印记。

件也引发了一番议论。艾略特如果不是因为此事受到大家的质疑，他的优秀品质和他所取得的成就也难以引起众人的注意。[1] 艾略特虽然落选，却开始获得一定的声誉。这一点可在耶鲁大学谢菲尔德理学院的乔治·J. 布拉什教授写给 J. D. 惠特尼的一封信中得到印证：

> 乔·J. 布拉什致 J. D. 惠特尼
>
> 纽黑文，1863 年 6 月 30 日
>
> ……我们在剑桥的几位好友近来一直莫名其妙地争论不休，而且如阿什伯纳所说，已经把事情搞得相当“复杂”。在阿加西－皮尔斯－古尔德一派的大力促成下，沃尔科特·吉布斯终于被任命为罗姆福特教授职位。霍斯福德此前已经辞职，想必你也有所耳闻。这一任命固然十分恰当，但整个过程却存在重大缺陷：为防止意外他们竟然逼迫艾略特辞职。近两年，劳伦斯理学院实验室在艾略特的主持下，扭转了长期不受重视的局面，成为全国首屈一指的实验室。艾略特才华出众，管理能力超群，哈佛董事会却对他很不公平，让他很没面子。当时推荐他为罗姆福特教授候选人的，有沃克校长，以及阿加西、皮

1　这些事件引发的质疑与议论可能在日后艾略特被提名继希尔之后任哈佛校长时，形成了一种在某些方面有助于他的印象。但有传言称当时董事会的领导成员约翰·A. 洛威尔对艾略特说：“不用担心，你终有一日会成为哈佛校长。”这一说法令人难以置信，因为它由别人转述而来，难免有虚构成分。当然说这话的也许另有其人，但不大可能是一位将要参与推选下一任校长的董事，更何况是约翰·A. 洛威尔这样言行谨慎、恪守承诺的人。既然我们在叙述这件事的时候提到洛威尔，而且毋庸置疑，他与前后三次艾略特的任职提名确实有很大关系——最后一次是校长一职的提名。有趣的是，所有讨论罗姆福特教席和艾略特任职的董事会会议，他全都缺席。他当时人在欧洲。

尔斯、希尔校长除外的所有教授会成员。吉布斯竟然在这样一种对他不利的形势下继任罗姆福特教席，我为此感到遗憾。但是我毫不怀疑，上任后只要他处事公正，别人一定愿意跟他坦诚合作。吉布斯当然可能不知道这一职位对艾略特意义非凡，否则他断然不会接受任命。几乎所有人都认为艾略特理应当选。我很担心自此以后，艾略特将被迫弃教从商，以维持家庭生计。

在上述情形之下被迫离开哈佛大学，着实令艾略特感到痛苦和沮丧——肯定也是一生中最令他沮丧的事情。五年前他曾经对西奥多·莱曼说："虽然我们全都接近那个目标，我个人还想要抢在别人前面。"这次他亲身经历的离职事件挫伤了他的自尊心，也中断了他的事业。他该何去何从？除了他刚刚失去的职位，眼下别无更好的选择。他也许会凭借自己微薄的积蓄或者向别人借钱，来度过这两三年的艰难时期，但是他不能遥遥无期地等待。他用了几周时间考虑是否要就此经商。另一方面，战争使得一切都充满变数，也许等到战争结束之时，才能获得从事教学和科研的最佳机遇。一个毅力坚强秉性达观的人，不会在这个时候背弃自己的职业。恰巧此时，艾略特以前用外祖父遗产的剩余资金参股的那家银行宣布持股人能获得百分百的利息。他觉得只要有了这笔意外之财，再加上能够借到的一小笔资金，便可以举家迁居国外，用一两年时间参观考察欧洲的一些大、中学校，学习它们的办学体制和管理方法。他还有望在德国和法国某大学的实验室继续进修化学。所有同事都不希望艾略特放弃自己的专业。从欧洲游学归来准备参军的西奥多·莱曼，也用所有艾略特愿意接受的方式，竭力支持和鼓励他出国。西奥多·莱曼在信中写道："这是最慎重、最理智的选择。你在那儿取得的进展之大，将远远超出你的想象，而且将来回国时你只有 30 岁，年富力强，能够以认真的态度开始新的人生。”A.S. 希尔说，艾略特“有一位活泼快乐的女主人为他持家”，他的妻子已经为全家做好了远赴异国他乡的准备。于是艾略特终于做出了决定。“我即将动身，”他在写给亚瑟·T. 莱曼的信里写道，“我以这样的方式离开剑桥，心里感到十分遗憾，可我觉得，只要安然度过眼前的困境，我定能成为一个远比从前健全的男子汉。”

艾略特夫妇在柯克兰街的家中生养了三个儿子，其中第二个于 1861 年去世，如今只有 5 岁的查理和 2 岁的山姆。因此，艾略特一家四口，连同一位保姆，于 9 月底启程前往英国。

04
旅欧两年

在巴黎度过的一个冬天——家信——学习法国高等院校的组织管理——夏日出游——在德国度过的一个冬天——意大利之旅——罗马之旅和林肯遇刺——收到担任梅里马克公司主管的聘书——接受麻省理工学院化学教授职位——最后一批寄自英国的信件

如果允许我预先对艾略特的一生做出思考，那么大致可以认为，艾略特在欧洲游学两年的经历，将会为他日后近半个世纪的教育和改革事业埋下令人赞叹的伏笔。艾略特在欧洲的两年，法国仍处于法兰西第二帝国统治时期。当时的德国还是普鲁士王国，俾斯麦和他的同僚们还没有将它改造成一个社会和政治制度截然不同的国家。英国凭借其煤、铁和蒸汽的使用量均远远超出其他国家的事实，充分表明了机械时代的到来正在彻底打乱旧秩序，而且它正开始积极消除一些社会弊端。艾略特有幸亲眼见证了巨大变革之前的社会现状。

离船登岸之后，他与家人在伦敦住了几日，随后穿越英吉利海峡，于10月20日抵达巴黎，在那儿一直住到翌年（1864）的5月31日。说得更具体些，他们一直在巴桑4街区的公寓里住到3月，之后搬到维尔瑞斯检察院21街区的另一栋公寓。

艾略特将家人安顿打点好后，随即开始访问一些大中学校，并且探究它们的办学机制和管理方法。他在法国国立工艺学院待了一周，旁听专业课程，“了解听众的情况”，查看课程设置，及时做好课堂教学笔记。[1]他还利用不少时间相继考察了研究院、巴黎中央理工大学和索邦大学图书馆，向有关人士咨询信息，详细了解“有关公立教育的规章制度”。他在信中写道：“接下来，我将参观巴黎植物园，看看这个地方是什么样子，有什么用途。”他在寄给母亲的信中写道，他采取这些做法，是为了全面了解“上自

1 查尔斯·艾略特致塞缪尔·阿特金斯·艾略特夫人，1863年11月13日，12月3日。

部长下至小学教师”的整个公立教育体系，并且真正理解“法国怎样供养覆盖所有学科数量如此之多的学者，他们不仅担任教学工作，还能抽出时间与精力，积极从事各知识领域最新的科学调查与研究”。不久，在了解了较多公众教育的现状之后，他向教育部长和几位官员提出申请，并获准访问若干所公立中学，搜集教师薪水、学校经费开支、学校日常管理等方面的数据和资料。这期间的所见所闻令他感慨颇深。“……朋友当中，没有谁跟我认真谈过，”他在 11 月 20 日的信中写道，“出国对我而言是多么必要，甚至连安娜・米尔斯都没有，只有玛丽・帕克曼比较赞成。现在我体会到，只要一个人立志在教学事业上做出一番成就并且能够凑齐一笔旅资，如果没有将大量时间用于探访这些历史悠久的国度，那真是不可思议，因为这些国家无论在高等教育，还是在美术、建筑，或是需要复杂技术的机械制造等领域，都远比我们先进……”[1]

同年 12 月，由于儿子查理感染伤寒，艾略特的考察工作只得暂时中止。新年到来之时，查理的病情变得更加严重，艾略特在当周寄给母亲的家信中流露出内心的痛苦。他认为儿子康复的希望极为渺茫。他在信的结尾写道：“我也很不情愿写这样的信，向您倾诉我们一周以来内心郁积的痛苦。请为我们大家祈祷，亲爱的母亲，但愿我们振作精神，谨遵上帝的意志。我们在这里虽然多蒙别人关照，却依然思乡心切。我的心里充满痛苦、友爱和祈望，我永远是您的儿子。”随后的一个月，他们更是饱受煎熬，心力交瘁。因为孩子连续数日一直徘徊在生死关头，跟他们同行的美国保姆也感染了伤寒。艾略特和妻子日夜轮班看护着病人。好在两个病

1　见上一条脚注。

人总算逐渐康复，艾略特终于松了口气，心怀感激地说："我比从前更加了解自己，了解人性。"

这段经历有助于拓宽艾略特的视野。他一直在跟法国的医生、房东太太、仆人和商人打交道，其中牵涉到的各种事务似乎与他的教育考察没有多少关联，却依然激起了他浓厚的兴趣。他经常向自己接触的一些医生打听有关情况，包括他们的教育程度、医疗工作、收费标准和年龄等。他同样对药剂师感兴趣，并且注意观察法国这类小店店主的经营方式。"……在我买药去过的第三家药店，"他在 1864 年 1 月 28 日给母亲的信里写道，"店主是一位 45 岁的男子，店里还有他的妻子，两名学徒，一个孩子经常在店里，另一个难得露面。夫人主要负责收钱、记账和照应店面。当地人通常差遣一个仆人手持药方去药店购药，但我一般都是亲自去药店买药，除了查理病情特别严重的时候。我走进一家药店，脱下帽子，道声'早安'或者'晚安'，店主或店主夫人也会招呼我，'您好，先生。您有什么需要，先生？'我便取出药方或是说出要买的药。接着店主请我坐一会，可我一般都会继续站在原地，以便仔细打量周围的环境。装药的瓶子或者包裹总是封得严严实实，得撕开封口才能打开。我将钱付给店主夫人，再次向她脱帽致意，替我配药的伙计鞠躬送我出门。他道声再见，关上店门。药店的价格一般低于药剂师的要价。每次我来到这家药店，不论白天还是夜晚，总是看见那个年纪最大的伙计，便忍不住问他一天工作多长时间。他说每天从早晨 7 点一直到晚上 11 点都在店里上班，而且每隔一天还得值夜班，夜里听到有人进店买药就得起床接待。上班期间有一个半小时的吃饭时间……"

类似的记载不胜枚举，不过仅凭这些，已足以全面再现当年的情形。但愿读过之后，读者的脑海里能够浮现出一位身材高大的年轻男子的形象，整整一个冬天，他在第二帝国的巴黎四处奔波，不停地向各种人提问。人们见到他那副模样，也许很容易把他当成一个典型的英国人。然而他双颊两侧细密的髭须，脸上佩戴的眼镜，一身冷色调的美式装束，以及他矜持的神态中透露出的一种特殊气质，都很难说是英国人的典型特征。他神情严肃，略显拘谨，虽彬彬有礼，却不善辞令，但是随便哪个法国人都能看出，他温文尔雅的举止纯粹出自他的内心，而且他一开口讲话，声音就好似大提琴奏出的曲调那样深沉。他为克服语言障碍吃了不少苦头，即便是情急之下，他也绝不会用手比画。艾略特身高六尺，相貌堂堂，脸颊上有疤痕，举手投足带有几分高深莫测的外国派头，无论谁最初见到他，大概都不免心生敬畏。也许一般人看不出、猜不透他到底是什么人，但是谁也不会怀疑，此人肯定有些来历。单凭这点，他就能赢得人们的尊敬，所以他的工作进展也十分顺利。他的确问过一些幼稚的问题，令人诧异不已，但是他后来出于好奇而向一些公务人员提出的问题让他们感到欣慰——他想知道他们为什么愿意年复一年地忙于办理各种琐屑杂务，此前从来没有哪个局外人要求他们解释其中的原因。不论是在索邦大学的教室、男子学校的厨房、某位官员的办公室、公共汽车，还是在一家商店，艾略特对于所有的真相和详情，总是表现出一种永不满足的求知欲。（他想了解）各种各样的详情。“我现在让你知道我在公共汽车上听到了什么，和工人们聊了些什么，我不会放过任何一个倾听别人谈话和跟人聊天的机会。”艾略特对时任《北美评论》编辑的 C. E. 诺顿这样写道。诺顿曾经给艾略特写信了解当地穷人的生活状况，艾略特答应替他深入调查，但拒绝为此写一篇专稿，因为这会消耗他不少本来能够“用于更有成效的观察”的时间。艾略特近几年来全身心地投入学校工作和其他事务，只能“忙里偷闲”，因此学习和阅读的时间非常少，现在他重又过上了学生生活，心里十分高兴。“获取知识的过程令人愉快。”他感叹道。显然，无论他置身何处，这一过程都不断持续，尤其是在可以提问的地方。有一天，艾略特碰巧走过一条街，街上正在建造一座住房。他沿着楼梯走到楼上，看见工人们正在铺地板，于是他开始向他们提问。在场的所有工人可能都觉得此人“与众不同”，但还是详细地回答了他的问题。当晚艾略特给母亲写信，用整整一页的篇幅介绍法国人怎样在住房里铺地板。明眼人不难看出，他这样写并非因为S.A.艾略特夫人很想知道人们在巴黎或是波士顿怎样铺设地板，而是因为观察整个铺地板的过程是他当天的一段重要经历，而且他认为一封信应该如实记录写信人点点滴滴的各种见闻。艾略特希望母亲在动笔给自己写信时能够遵守这一准则，并且还对她说明了这一点。

与此同时，他每周给母亲寄一封信，汇报自己的工作进展，有时通过举例说明，更多则是借助笼统的叙述，使他的母亲和我们了解他的兴趣所在，了解他印象中最深刻的国外社会生活的各种情形，了解他周围的所有事情。

致母亲

巴黎，1864年3月11日

……但愿我能向您讲清楚我目前在这里学到了什么。最好的办法莫过于举例说明。昨天我走进拿破仑公立中学的值班室，该校位于巴黎万神庙后门的对面，我把证件递给门卫——一个身着制服的老头，他嘴里念叨着却没有看懂。站在值班室里的另一个人听到我的名字，赶紧接过证件，说道：“啊！艾略特（没有发出‘特’这个音）先生！这边请，先生。”他领着我径直朝校长办公室走去。校长正在办公室里等我——法国教育部长此前已致函巴黎科学院的副学区长（他主管巴黎的所有院校），证明我有权参观巴黎所有的中学和大学。随后我拜访了这位副学区长，具体说明我想参观哪些学校。他当即分别致信这些学校的校长，嘱其亲自出面接待。眼前的这位校长满头白发，德高望重，为人特别谦和。他问我有什么重点考察的。"全部情况。"我答道——从学校的概况，再加上所有具体的情况。校长先生跟我大概谈了谈这所中学和美国的有关情况，便派专人陪我在校内参观。此人是学校财务科科长，在本校已工作了 15 年，熟悉学校各方面的情况。他陪了我将近三小时，领着我参观校园各处的建筑——宿舍、餐厅、阅览室、教室、操场、厨房、洗衣房、储藏室和办公室，给了我几份关于加强学校校务管理的文件，具体介绍了学校食堂的伙食，洗衣房的工作，学生的床单被褥，学生学习和用餐的时间，让我查看餐厅的菜单和供应的酒，陪同我参观医务室、实验室、图书馆和各类藏书。他还详细介绍了许多规章制度，给了我几张统一印制的校内通行证，并将校长、医生、教师和导师保存的工作记录拿给我看。管理这样一所规模庞大的公立中学，是一件很麻烦的事，它总共有 700 名年龄从 8 岁到 18 岁不等的学生，其中 500 名寄宿生，他们在校内用餐、就寝、锻炼、学习。现在我对该校各方面的情况均有所了解，亲眼见识了校工怎样修补长袜，怎样配备学生实验用的化学制剂。如果你已看出这所公办学校的日常管理井井有条，极有成效（在目前的体制下理应如此），你就会认为我的确长了不少见识。昨天那位陪同人员想把学校的财务账目本拿给我过目，可惜我时间有限，只得作罢。不过我总归要研究一番学校的财务收支状况，不是在这所学校，就是在我即将参观的哪所学校。他们的习惯断然不能效仿，比如按照规定为学生一周换两次衬衣，可是白天穿的衬衣睡觉时也得穿在身上，而且学生的床单每个月只换一次！另外，今天我将前往一所与法国国立工艺学院联合办学的私立工艺美术学校。我星期二已经去过一次，饰品的绘图、着色和设计的现场教学，涉及青铜像、石膏像、塑像、壁纸和煤气等配件。今天我将旁听机械制图和建筑制图两门课。不管去哪所学校，我都会了解有关情况，诸如学生和教师的数量、学校的实际支出、教材和仪器的采购渠道、如何安排学生的食宿（也就是具体需要哪些设施）、每门课程的学时等等……

他后来再次前往拿破仑公立中学听课。

致母亲

巴黎，1864 年 4 月 10 日

……不用说，天主教会并没有支持基础教育，然而它在法国支持这些教会学校与非教会学校之间的竞争，这在客观上对教育事业十分有利。今天我参观了一所规模较大的男子学校，由基督教的神父经办，共有 450 名学生。这是一个教会组织，尽管它的成员不是牧师。这所学校在管理体制和教学设施方面比任何一所我见过的非教会学校都先进，师生比也高于其他同类型学校。另外，那些教师也远比多数非教会学校的教师衣着整洁，仪表端庄。之后我又参观了由天主教修女主办的一所规模很大的女子学校，那是我迄今见过的最美观的女子学校。修女们看上去都很整洁、和蔼和善良，但年幼的女学生无时无刻不在接受天主教教义的熏陶，除了冗长枯燥的祷告文和由神父主编、被奉为经典的历史书，她们能够阅读的书籍极其有限。每间屋里都有一座嵌着几尊石膏像和几束瓷花的圣坛。学生在校学习的主要目的，是为第一次圣礼做好准备——陪同我参观的那位善良的修女，不厌其烦地向我显示学生们的一份份书面练习，她们这是为自己一生中的第二项宗教礼仪做准备。法国人一生之中应遵循四项礼仪：洗礼，第一次圣礼，婚姻，临终涂油礼。第一项礼仪由父母履行，第二项由教师履行，最后一项由身边的亲人履行。婚礼由个人自愿履行。一个人只要经历过这些礼仪就能成为天主教徒，尽管他除了履行礼仪从不进入教堂。正如带领我参观学校的那位男教师所说，爱尔兰人才是真正的天主教徒，法国人不是，尤其是法国男人。很难在法国男人当中找到一个虔诚的信徒。今天（星期二）早上那位被我引为知己的教务主任说，绝大多数人浑浑噩噩地活在世上，也就是说他们根本没有信仰。于是我问他，既然他们本人对宗教没有任何信仰可言，为什么硬要自己的孩子从小接受宗教教义呢。他反问道："你愿意见到哪个男人，仅仅因为他本人不幸沦为一名无神论者，就让自己的孩子成长在没有信仰的环境里吗？"他还说："我会按照祖辈培养父辈、父辈培养我的方式养育我的孩子，接受天主教教义。如果他们始终笃信天主教，那当然很好；如果他们像我一样，认为宗教信仰虚无缥缈，不能从这种与我们的生活紧密相连的信仰中获得慰藉，那就不妙了。如果我有任何一种发自内心的信仰可以取代天主教义，应该让孩子们知道，但是我的内心世界只有一片空虚——没有道德观念。因此男学生成了无神论者，女学生成了天主教徒。"然而这位主任说（星期四），法国女人没有道德观念，绝对没有。这让我想起莫莉·布拉德复活节当天从餐桌上拿起一束花的情景。

自从我来到这个天主教国家以后，我就充分注意到一个显而易见、尽人皆知的事实：这里的人们同样能够爱一个地方、一种形式、一尊塑像、一处圣坛、圣坛上的花朵、家具、装饰品、工具，但他们无论如何都不会把这种爱与道德生活或者名副其实的宗教信仰联系起来。一座座教堂里聚集着许多女人，她们望弥撒，亲吻着圣坛的台阶，跪在告解室里，用圣水为自己画十字，然后她们出门走上大街，能感到心情好些吗？正如我的朋友所说，她们没有道德意识。她们的生活不一定富足，但是她们一直与自己的教堂保持最亲密的联系，她们爱圣坛上的花，也爱她们走出这座光线暗淡、古老壮观的教堂之时俯身亲吻的小小的雕像。或许她们在那里能够感受上帝的存在，一旦置身于其他任何一个地方，这种感受便不复存在。如果哪个女人或孩子将宗教理想和某栋建筑或者某位神父的衣服、面容和举止联系在一起，那么宗教就会变成狭隘的地域概念。上帝在他的圣殿里，他不在街道上和商店里，不在我们的家庭和世俗生活中。依我看，与其竭力使用最美丽的鲜花、音乐、建筑、艺术或者典礼，不如使用简约质朴的崇拜形式，以激发和培养对上帝的信仰与爱。天主教会将这些事情做到完美——难道我们没瞧见耶稣受难日当晚玛德莲教堂[1]里的圣坛吗？它被价格昂贵的鲜花蜡烛、金银器皿和绚丽的帷幕装饰得美轮美奂。但人们在圣坛底座顶礼膜拜的姿势不比斐济岛的居民好到哪里。我认为应当让孩子们学会看到实际存在的上帝、无处不在的上帝，而不是仅仅或主要存在于一座教堂或一场礼仪中的上帝。话虽如

1　La Madeleine，位于巴黎 8 条主要大道交会处的玛德莲广场，外观巨大庄严，是巴黎最知名的建筑代表之一。——译注

此，人类本性的完善有赖于时代的更替、季节的变换，有赖于教规的遵守——这是一个度的问题……

学会洞察鉴别标志着进步。鉴于这一真理和前文引用的内容，不妨对他以往的一段经历稍加回顾。刚刚到达巴黎之后不久，艾略特就信笔写道："法兰西是一个十分有趣也令人钦佩的民族，不过有两个可怕的毛病——他们没有宗教信仰，也没有家庭生活。"后来他再也没有用如此简单武断的措辞评论自己见到的事物。但是，由于他虔诚地信奉清教主义，面对着如此盛大的教会仪式，心里本能地感到厌恶。贫苦的女人在圣坛前屈膝下跪，可能是对她的一种慰藉，艾略特却对此疑惑不解，无法感同身受。相反，理性地接触上帝的思想，并且意识到个人的自由，这些实难为那位信女所领悟，却使艾略特心里生出一种精神升华的感觉。生平第一次在一个天主教国家生活，艾略特始终乞灵于内心根深蒂固的唯一神论。他的宗教姿态——唯一神论和其他许多事物同样证明了一种方式与态度——对他而言至关重要。他在许多信中或是通过反面批评，或是通过正面说理，一次次反复重申自己坚定的宗教姿态。例如，他在 1864 年 4 月 1 日写给母亲的信中结尾处的附言如下：

在这些基督教国家，大多数人会将唯一神论和无神论相提并论。唯一神论无论在多大程度上都不为他们所容，都被认为是毫无价值。唯一神论的所有派别全都可恶至极，一名虔诚的的信徒甚至无法察觉它们之间任何细微的差别。不过在我看来，唯一神论的首要原则是追求思想的自由。因此，当新英格兰的唯一神论教徒公然抨击勒南[1]或者帕克时（正如巴黎大主教或者坎特伯雷大主教可能谴责他们一样），我觉得到这一自由派基督教是在遭受友教的重创。捍卫自由——还有你自己的思想。

这些不断为艾略特带来全新感受的日子也充满了喜悦。他在冬去春来的时候写道："有时候，我会因为自己喜欢在这里生活而几乎感到羞愧，但我的确非常喜欢住在这里，一想到自己终将离开，心里便会闷闷不乐。"他的母亲，或许还有家里其他人，回信时问艾略特为什么不把更多的时间用于学习化学，他还为此回了一封信，其中一半的篇幅应该照录于此。他还在信中解释说，世上有不少比巴黎更适合他学习化学的地方，他想通过自己的叙述使母亲觉得，他本人感兴趣的这些事情，对于她也很有意义。

致母亲

1864 年 4 月 20 日

……那么在这里应该学习什么呢？近 80 年以来，法国对自然科学的迅速发展做出了卓越的贡献，这个国家造就了几位杰出的伟人和大量的优秀人才。法国的化学家、物理学家、博物学家、各科医生和外科医生全都成就不凡。法国已经将学者们的科学发现应用于国家的工业建设。为什么会形成这样的局面呢？这个国家究竟凭借什么特征和组织形式才能达到如此令人钦佩的成绩？法国科学院这样的研究机构又是如何应运而生的

1　勒南（Ernest Renan，1823—1892），法国史学家、哲学家、作家。主要著作《耶稣传》（1863）是他的巨著《基督教起源史》（1863—1883）的第一卷。——译注

呢？一般说来，土壤、天空及周围的物质环境，在很大程度上决定了一个民族的性格，如果谁试图过于武断地分析一个民族性格形成的若干原因，无论法兰西、英格兰，还是美利坚，他的确是不自量力。一个人只要自己情愿，可以随意地思索推测背后的各种原因，但他能够清楚地看到它们造成的影响。一个国家的教育机构跟其他任何机构一样，甚至比它们更能够体现一个民族的性格。只要充分了解这些教育机构，你就能通过它们知道，该民族是由贵族统治还是共和政体，受到束缚还是享有自由，守旧还是求新，生机勃勃还是死气沉沉，各行各业的发展是顺畅还是受到阻碍，人民的宗教信仰是什么，他们有什么样的社会习俗。我相信我已经了解法国的体力劳动者、店主、商人、律师、医生、教授、工程师、接生员、中学校长、女教师和药剂师分别需要接受什么样的教育……

很有必要了解教授们的生活状况、他们的薪资水平、平时有多少业余时间，以及学校采取了哪些物质刺激手段鼓励他们从事科学研究。（法国教授的生活条件与我们不同。据我所知，阿加西拒绝去植物园，是因为他当时考虑的是自己的个人利益。这些教授的住宅和寓所狭小破旧，光线昏暗，相形之下，阿加西现在的居所不啻一座王宫。）其次，科研活动分别归各有关协会组织实施——化学家、工程师、经济学家、地理学家和博物学家都有自己的协会，而且一般都有定期出版的刊物。我已经探询了这些协会的组织形式和运行计划。比如，上个礼拜天我参加了社会经济协会的例会，聆听柯尚（此人曾经撰文讨论美国的奴隶制）介绍一位普通的法国农民的生活状况，随后他们讨论了在乡村和小镇建设公共图书馆的最佳途径。听着这些理智而又仁慈的人们热烈地讨论在我们国家其实早已解决的若干问题，例如义务教育，我觉得特别不可思议，而且他们完全无视美国人对这些问题的解决方法……但是这些方法在国内实行的效果究竟如何呢？……[随后是一页概述，此处省略。以下恢复第一人称。]我已经专门考察了这里的若干所专科院校，它们为青年人提供各类以一定的科学原理和运用能力为基础的技艺与职业教育。这些学校为许多法国企业对口培养技术工匠、主管和设计师，满足它们对审美能力、专业技能及特殊技术指导的需求。我们国家也需要这一类学校。我不禁想道，只要充分了解法国到底发现了哪些有效途径，用以开发它的各种资源，将来哪天或许能对自己的国家有所裨益。此时，看到那些表明美国工业产品进口量普遍增加的数据，真是令人颜面尽失。尤其是马萨诸塞，为了她的自身利益起见，难道不应该利用各种潜能大力发展制造业这一主要优势产业吗？

此外同样值得考虑的，是那个我生活了 29 年的美国社会与法国社会奇特而鲜明的对比。法国过去经历了许多苦难，如今专制政府与渴望自由的民众仍在发生各种冲突，不过民众尚未真正理解自由的真实含义。还有天主教教义与思想自由的冲突，理论上的民主与现实存在的世袭等级制度的冲突。我以前对天主教教义一无所知——在这里我无法不对它进行思考。在我成长的环境里，民众享有行使自由的权利已长达两个世纪，因此我对这些欧洲政府所处的困境和惊人的进步无法不产生强烈的兴趣，它们对于人民自由权利做出的最大让步体现于拿破仑在帝国法令中的一句序言——“承蒙上帝的庇佑和法国人民的意志”。天主教徒与新教徒之间的论战也很有意思，同样有趣的还有发生在新教徒之间的争辩，而且这些话题全都直接或间接地与所有公共和社会问题相关。简而言之，一个略经世事的青年突然脱离了一个平静和非常独特的环境，被卷入一个充斥着各种新奇事物和思想的漩涡……

3月，艾略特的妹妹凯瑟琳和他妻子的妹妹安娜也来到此地，从而使他的随行者又增加了三位女士、一个女仆和两个孩子。6月初，他们一同离开巴黎，艾略特满意地发现，他们装上车的行李重达160公斤，而他们可以免费托运165公斤行李。在接下来的四个月里，他带领他们沿着那条多人走过的迂回曲折的路线，从瑞士出发，途径德国的莱茵兰、比利时、荷兰，最后到达伦敦。他的信也变成了旅行日志。

“告诉斯托勒，”他在吉斯巴赫[1]写道，“我正在利用一个暂时摆脱了学校和那帮学者的假期，认真观察这里的游客、青山和冰川，还有被视为储蓄罐一般的一堆堆粪肥，以及国内的同伴。”

不幸的是，这位观察家虽然捕捉到如此之多的细节，写出的报道却常常显得枯燥乏味。在他的内心里，所有的事实全都相互独立，同样重要。在他的记忆中，每个事实都保留了它经常看似浅薄的完整性。至于为何用心留意某一细节，他并不经常说明。或许他本来就说不出，或许可以简单敷衍一句“留待后用”。他非常善于利用自己所观察到的各种事物，凡是熟知他的人都能证明这一点。然而，到了凭经验即兴发挥的时候，他懒得区分哪些内容值得一提，哪些收信人会觉得寻常无奇。于是他从巴黎写一封信告诉母亲，他于两点一刻在布鲁斯广场乘坐一辆帕西公交车，然后下车，穿过布瓦，到达四点钟将举行阅兵式的一片开阔场地，接着“见到当时正由

1　瑞士著名的度假胜地，有吉斯巴赫瀑布。——译注

三位老元帅陪同的法国皇帝（在距我约20英尺的地方），观看了阅兵式，瞧着皇后与皇帝一同骑马离开。步行3英里返回住处——其间四分之三英里的一段路程，皇帝一直骑行在街道的中央，我走在人行道上。我还和骑在马上离我很近的皇后并排走了几十米。七点钟回到住处用晚餐”。就这些！可是隔着20英尺，借助一副眼镜，艾略特的双眼能够看见的情景，足以使他把信写得更好一些。如若有人问他拿破仑三世长什么样，他也很有可能逐一描述皇帝、法军三元帅和年轻的欧仁妮皇后的相貌特征，全都极致详尽。此外，他也许会在时隔15年之后重新回忆当时见过的这些人，但只是简单回顾一下，并不是经过精心构思之后，绘声绘色地详细叙述一番。那些视觉画面存留在他那惊人的记忆中，如同他记住所有见过的事物一样。但他只是将最初的这些印象依照原样保留在记忆中，并没有掺杂任何自己的思考和见解作为掩饰。他当然也认为自己的信应该给人以乐趣，也奉行细节增添情趣的准则——这确实体现了他的思维习惯——但他对于如何选择那些确能博人一乐的细节全然无知。因此，信中一些真性情的偶然不经意的流露反倒成为最耐读的部分。他可以将一座哥特式教堂看作“宽敞、昏暗、古老而美丽的礼拜堂”，也可以承认中世纪的建筑是如此美轮美奂，但是刚刚说了一句，他的目光中便立刻透出怀疑，带着一个爱讲功利的美国人特有的腔调开始对它评头论足。

“……我现在开始认为，我们仅仅用于当代的建筑方式是最好的方式。”7月份他在因特拉肯写道，“一栋房屋不适宜存在一个世纪之久，它已不符合未来几代人与时俱进的习惯。公共建筑也同样如此。”他还认为：“大教堂可谓糟糕透顶——它们的造价昂贵到极点，它们向那些无知的头脑灌输出于敬畏的迷信思想，它们是富丽堂皇的场所，适合举行天主教的各种仪式，一旦某个民族摈弃了盲目崇拜，这些巨大的神殿对于人们开始进行的理性崇拜将变得毫无用处，因为它们只适合那些诉诸视觉而非听觉的表演。在洛桑、日内瓦和巴塞尔，我们见到原先的一些天主教堂已经被改造成新教教堂，它们都是华丽壮观的教堂，但完全不适宜举行任何一场需要礼拜者用心聆听和领悟布道词的宗教仪式……”

9月7日，他从杜塞尔多夫[1]给母亲写信，对这次历时14周的观光旅行加以总结：“我当时在莱茵河流域高兴之余又感到失望——遍地都是教堂，但我现在依然渴望见到荷兰和比利时的绘画和古迹。那些倾圮的城堡依旧值得一看——别有风姿，一种专制统治的形式已经死亡。然而，埃伦布赖特施泰因要塞[2]却富有现代气息——我们在星期一早晨冒雨参观了此地。凯特写信说我已经变成了一个激进分子。其实我只是不忍心看到那些女人铲一天的粪，就为了挣20分的工钱——我也不相信巴顿公爵曾经和现在正以怎样的方式抨击人性。晚安，深夜11点了。”

艾略特一行人在低地国家[3]游览了一星期，接着又在伦敦住了三个星期，随后凯特·艾略特和安娜·皮博迪启程回国。

普通英国民众并没有在公开场合通过自己的行为举止表现出对外国人的体贴，艾略特以前从未感到自己脸上的疤痕会像在伦敦这样被人盯着看。在19世纪60年代的英国，这种随处可见的粗鲁、贫困、堕落和野蛮着实令他吃惊。他提醒自己说，英国“极其尊重每个男人、女人和儿童的自由与权利”，而且它崇尚正义，这些都是“令人欣慰的特征”。但他认为英国人是他见到过的最无知、最

1　德国城市，位于莱茵河畔。——译注

2　又称为誉石要塞，高达118米，耸立在莱茵河之上，正好面向德国之角。——译注

3　指西欧的荷兰、比利时、卢森堡三国。——译注

野蛮的人，“如果你把美国南方穷苦的白人和黑奴排除在外的话”。这里到处都是南方邦联的支持者。他得比在欧洲大陆时更直截了当地表现出唯一神论的倾向。每当他公开表明自己的这一倾向时，原本热烈的社交气氛就会骤然降温。他在英国期间时时感到别扭。

再次穿过英吉利海峡之后，他携妻子和孩子直接前往德国黑森州的马尔堡大学，在那里安顿下来准备过冬。他打算学习德语，在著名化学家赫尔曼·科尔贝的实验室工作，尽量多了解一些德国大学的情况。他没有遇到什么麻烦就获准利用科尔贝实验室，但他更看重的，似乎并不是参与化学实验的机会，而是能够近距离观察一所德国大学或者科尔贝之类化学家的实验室具体如何运作，对学生又如何进行管理。他把大量时间都用于必不可少的德语学习上。冬天即将结束时，他已经能够用德语表达自己的要求，和别人简单对话，随后便开始外出旅行，相继考察了卡尔斯鲁厄、海德堡、斯图加特、图宾根等地的大学。他延续了去年冬天在巴黎考察当地大学时的步骤。考察期间，他还拜访了数位化学家，此前他只是久闻其名或是拜读过他们的论著，而今夙愿得偿，终于能够亲眼见到他们本人。

有些人，尤其是那些反对艾略特改革政策的人说，艾略特理想中的哈佛，几乎完全照搬了一所德国高校的模式。他们由此推断，他在德国的所见所闻构成了他这种理想的基础。但从现存他寄自马尔堡的几封信中，找不到能够支持上述说法的任何证据，只能说他理想的高校体制，应该更接近于欧洲大陆而不是牛津和剑桥的体制。不妨摘录一段 1864 年 10 月 30 日他写给母亲的信：

> ……这所学校规模较小，我得再看几所规模较大和类似这种规模的学校，才能对德国大学如何适应德国人的需求形成清

楚的认识。不过有一点很明确——一所德国大学要容纳 150 名学生，相当于哈佛每年一年级新生的数量，这等于要在一座谷仓中塞入一头巨鲸……这一体制完全不适用于我们，因为我们只能借鉴其中一些宽松的政策，却无法模仿那些严格的做法。比如，在德国，学生如果没有那些只有高校才能颁发的特定证书，就不能从事一些需要专业技能的职业。因此，或迟或早，学生必须通过几门考试，方可获得谋生途径。一所美国高校不必握着这样的鞭子在学生头顶挥舞——学生可以自由进入所有职业的大门；至少哈佛学院对此没有任何控制权。但从另一方面而论，一个成年男人（不是少年）可以在德国学到我们这里根本不教，或者说教的很有限的许多东西。

在德国，所谓“哲学系”是一所大学的核心。早在出国之前，艾略特就已非常了解这一十分明显的事实，因为美国人常常用它引出话题，就像他的姑父蒂克纳，以往经常谈论美国高校的哲学系应该以什么形式和途径而存在。没有任何迹象可以表明艾略特特别看重欧洲大学的建构形式，或者曾带回欧洲大学的任何做法并用于本国的大学。此行令他印象最深的，便是他在以上信中最后一句提到的一点:年轻人能够选择的学习课程范围之广、门类之多，以及所有课程的教学质量都很高。此前他在法国逗留期间就对这一点有切身感受。几次参观巴黎大学，他都注意到，虽然该校同类型课程的教学质量似乎并不优于哈佛，但其开设的课程数量却远远多于哈佛。哈佛只开设了一门总计 50 课时的化学课，巴黎大学则开设了六门化学课，每门课的课时从 45 到 65 课时不等，全都与化学、化工技术及其他类似的科目有关。作为一个目光敏锐的考察者，艾略特不会看不出这么多课程与受他推崇的德法文明中文化繁荣和技术进步之间的联系，他还能够将其视为欧洲的社会秩序已经达到较高水平的一种显著特征。他希望美国借鉴欧洲大陆高校致力提高课程教学质量和开设较多课程的做法，而不是照搬他们的体制和各项规章。

春天临近时，艾略特一行踏上南行观赏春色的旅程。在慕尼黑度过一周以后，他们翻过阿尔卑斯山，来到热那亚，并由此乘船前往那不勒斯。随后他们又掉头北行，在 1865 年 4 月 14 日这个不幸的日子抵达罗马，这座见证了多次政治谋杀的血腥暴行的城市。但是林肯遇刺身亡的消息并未立即传到罗马，而是隔了 12 天时间——今天的人们会为消息传播得如此之慢感到不可思议。本章篇幅所限，无法摘录艾略特信件中涉及美国内战的内容，包括对内战的评论、欧洲新闻界对 1864 年美国总统选举进展的报道、那些在他面前议论这场战争的人们的心态、这场战争对于他们的意义，以及这场在他看来旨在检验共和制度能否维持其重大原则的斗争所具有的通常更广泛的意义。他处于极度的焦虑与不安之中，曾写信询问如果他回到国内，能为联邦事业做哪些工作——得到的答复令他失望至极。他曾在巴黎门罗银行门口徘徊数小时，焦急地等待战报；也曾写信告诉母亲，一旦他被征招入伍，将立即回国，而不是动用特权，花钱雇人替他服役。眼下，南方和北方饱罹战祸的消息纷纷传来，令他震惊不已，也给他在罗马度过的整个假期蒙上了一层阴影。

致母亲

亲爱的母亲，4 月 27 日，星期四早晨，我们惊悉林肯在华盛顿遇刺身亡，但只是略知大概而并不了解详情，据说西华德[1]也康复无望。你在家听到这一消息时肯定感到吃惊。这事多么骇人听闻，几场大战连遭败绩也不至于此——战事失利尚可设法补救，而这桩政治谋杀的可怕罪行已经在共和国的史册上留下了难以洗刷的污迹。正因如此，我才感到特别恐怖——领导人员可以调整，政府的政策大概也将保持不变，战争仍将继续下去，不会出现任何停顿或迟疑，但是一位美国总统被一个美国人刺杀身亡，这一严酷的事实不会改变。在我们看来，这是奴隶制的一个重大成果，但对世界和历史而言，它是共和国成立以来就一直存在的美国制度的一个合法成果。一开始，内战；现在，政治谋杀。唉，我们是在重蹈罗马的覆辙吗？我们曾骄傲地认为，我们无须保镖，无须采取任何防范他人的措施，也能确保我们的公仆的人身安全——我们也曾说过，刺杀这种行径，可能会发生在法国、意大利或者墨西哥的共和主义者身上，但绝不会发生在美国。……我们在赞颂李[2]和他的军队表现出的军人风范的同时，感到像是在拥抱我们的敌人，欢迎他们重新回归这片安宁的国土。但正是在人们致力和解之际，突然发生了这桩最卑劣的行径。它有力地证明，我们的斗争是一场人性和野蛮的较量，但我们又将如何拯救或者摆脱那些野蛮人呢？我对大人物并不崇拜——就是现在，我也不愿听到人们把林肯的名字与华盛顿相提并论，但他的性格似乎象征着共和制艰难而稚拙却无比光荣的成长。他也随着自己的事业而成长，这项

1　威廉·亨利·西华德（William Henry Seward，1861—1869），时任美国国务卿。——译注

2　罗伯特·爱德华·李（Robert Edward Lee，1807—1870），美国内战时期南军统帅。——译注

事业不仅神圣且为他赢得了世人的崇敬。历史上能与他媲美的人物真是屈指可数。我们不必依赖一个人或者某些人，以保障政权稳固。政府的日常工作充满活力，这正是我们的体制优势之所在，也是它值得我们自豪的原因。如果刺客们认为这一举动会使政府陷入混乱，他们只会感到失望——林肯的去世将使人民更加珍视他的政策，很快我们就能找到一批能够继续执行其政策的人。他并没有率领民众，他只是追随智者的步伐，集中代表了人民的意志，他的接班人也将依然这样……

此时此地我们格外思念家乡——首先是辉煌的胜利，之后是查理·米尔斯[1]的阵亡，而今又是这场前所未有的全国性灾难。罗马至多只是一个令人倍加惆怅的地方，这里到处弥漫着尘土和死亡的气息，充满了往昔的辉煌，在罪恶中消失殆尽的许多回忆，贫穷、迷信和小人物的暴虐等可悲的情景也是无处不在。星期四下午，我们参观了凯撒宫倾圮的废墟——有多少统治者在那里遭到谋杀；昨天下午，我们驱车前往圣卡里斯托的地下墓穴，之后又经过亚壁古道上的几座古墓。卡里斯托墓穴遍布殉难者的遗迹，亚壁古道上的断壁残垣也透出凄凉的意味，尽管此处空气清新，风景如画。我憎恶天主教教义，有如憎恶毒药一般，那些教堂的种种浮华和权力令我蒙受耻辱，倍感压抑。我不忍心看到那些贫苦而卑贱的农民屈膝跪行，慢慢挪进圣阶教堂，亲吻朱庇特的脚趾（或圣彼得的脚趾）。那些污浊肮脏的托钵修士令我厌恶透顶，就连人们在大量愚昧和堕落的现象中见到的善行，也同样令我沮丧，因为它会使人们极其讨厌的现

1　即查尔斯·詹姆士·米尔斯（Charles James Mills），于1865年3月31号在弗吉尼亚州的“策划者的逃亡”之役中阵亡。

象长期存在，它的影响经久不衰。各种难闻的气味让人情绪低落，令人不快，罗马到处都臭不可闻——房间里和街道上的一切全都蒙上厚厚的灰尘，散发出刺鼻的恶臭，仿佛是所有污物混杂一处发出的气味。就连待在城市郊区时，人们也会觉得这里的卫生条件极差，一年当中有几个月不能住人。成群的乞丐随处可见，谁都不会忘记这个没落国家的各种制度造成的这一自然产物。我不喜欢这种破败没落的景况，尤其是在此时……应当让孩子们学习现代语言，这是此行的一个重要心得，回国后……

挚爱您的

查尔斯·W. 艾略特

谁都不能怀疑，此信是一个很好的例子，说明在战时或者甚至战后，那些无法发泄，只能隐藏于某人较为平静而理智的外表下的种种情绪，会带着恶意陡然从心底里喷涌而出。但是这个例子还有另一层个人意义，表明了一种通常可能发生的情况。它以一种也许有些极端，却令人难忘的方式表明，一个人会对自己的某些理想执着到何等程度，看似冷静而理智的内心世界里，又会郁积着何等强烈的不满。这种情绪没有很快消失。过了两周他又写道："……人们好像正在讨论战后的刑罚——我希望戴维斯[1]和凡是被抓到的他的智囊团成员在接受审判之后全都处以绞刑，但所有只是在军中服役的人（无论将军还是士兵）均可免于刑罚。如果反叛者勇于为自己的非正义事业献身，他就还有希望，应该得到宽恕，只要他没有受到其他指控。说到 1860 至 1861 年间那帮在国会中

1　杰斐逊·戴维斯（Jefferson Davis，1808—1889），美国内战时期南方联盟政府总统。——译注

支持南方脱离联邦的叛徒，绞刑对他们实在太便宜了，应该处以更残酷的刑罚——终身监禁，让他们吃那些他们给以前自己的奴隶吃的食物，让他们从事那种我也说不出名目的苦役——任何劳动对他们来说实在过于体面。至于那些南方各州的州长、各大报社的编辑，还有那帮小喽啰，就饶了他们吧。我认为整个南方都得重新开拓殖民，从前的整个富有的奴隶主阶级都得像印第安人一样被统统消灭干净。”一年前，艾略特在写给西奥多·莱曼的信中说道："在我看来，这场战争的目的就是有效证明合众国本身的权利，如果它不能同时证明一个合众国政府是最温和、公正、诚实而又坚强的政府，我们会为此感到失望。”

正当艾略特在罗马严词谴责杰斐逊·戴维斯，并且对当地的风气疾首蹙额之际，他收到美国寄来的第一封任职邀请函，邀请他担任洛厄尔市梅里马克纺织厂的主管。接收这一邀请，意味着就此放弃他的教学和科研生涯。

所有关于经济前景的看法全是一边倒。1865年，一个人的学术事业前景十分黯淡，充满各种风险，因而不容乐观，正如我们所知的世界大战之后的情形。通货膨胀和经济普遍低迷，又使它越发不景气。爱德华·皮尔斯，受艾略特委托在国内负责理学院工程专业的一个朋友，在给艾略特写信时，似乎料到对方不会拒绝梅里马克公司的邀请。皮尔斯本人在那年夏天弃教从商。詹姆斯·米尔斯·皮尔斯觉得自己在哈佛大学的终身教职并不牢靠，而终生经商自有其无可比拟的优势。[1] 梅里马克纺织厂承诺向艾略特提供五千

---

1 艾略特在收到皮尔斯的信之前已经做出了自己的决定。皮尔斯的信仅仅表达了被他本人觉察到而艾略特当然早已感到的疑惑和不满。

美元的年薪，外加一套舒适的住宅，并且免收房租。这不仅足足是他身为教师指望得到的薪金和补贴的双倍，而且就算他即将初涉商界，也不敢奢望如此丰厚的待遇。相较于现在，新英格兰地区的纺织行业在当时新兴产业的发展中占据更为明显的领先地位，而梅里马克公司也跻身纺织业最佳和最强企业。如果担任该公司的主管，必将有机会树立威信，施展才能。艾略特回到美国后必须从头学起：哈佛大学的校门已经对他关闭，至少是现阶段，而其他行业的就业前景也甚为渺茫。

此时他一定意识到自己对行政组织和管理有一种特别的爱好，而这一职务有助于满足他的这种爱好。他也肯定觉得，即便是隐约觉得，如果说他爱好科学，倒并不是因为他酷爱科学的许多法则和普遍原理，也不仅仅因为科学本身明晰和精确的特征符合他的气质个性，而是因为科学回答了那些注重实效的人的问题，同时赋予当代各行业领军人物知识和力量。在将近两年的旅欧期间，艾略特发觉他不仅深深爱上了所有学到手的应用科学技术，而且对自己了解的高校管理体制产生了浓厚的兴趣。他一直在反复思考自己年轻的祖国到底需要什么，他希望美国重视工商业和教育事业的发展。他的主要愿望，大概就是能在世上有所作为；他也完全知道，一个人能否有所作为，最终取决于他的人生观和个人能力，而非他的具体“工作”。现在谁能说，如果当初艾略特出任这一职务，新英格兰地区的工业史不会就此改写，掀开崭新的一页呢？他没有明显的理由断然拒绝。

以下这封 4 月 18 日寄自罗马的信，证实这些推测不无合理之处。[1]

1　上面这段写完之后又经过重新修改，因为我已经发现，艾略特还曾致信斯托尔、亚瑟 · T. 莱曼等人，介绍他在欧洲亲眼所见的科学应用于工业生产的情况，但仅有此信被公开披露。

致亚瑟·T. 莱曼

1865 年 4 月 18 日

……在近期从国内收到的一封信中，你父亲向我询问苯胺染料的提炼技术。这里我不妨以苯胺染料为例，解释人们在欧洲了解询问技术秘密的一般过程。首先需要了解的是已经取得专利因而在专利说明书中有详细记载的工序流程，之后了解的工序则属于商业秘密——研发人员的私有财产——没有取得专利以免在非必要时公开。人们可以出资购买专利生产技术的有关权利，但无法获取非专利生产技术的任何秘密，至少无法从正规渠道获取。这样的一个秘密是一笔相当可观的财富，因而受到严格保护。去年冬天我在科尔贝实验室工作期间，一个学生研制出一种新的苯胺染料——一种橘色的染料。实验室里除了科尔贝和这个学生，其他任何人都不知道染料的研制过程。美国染料制造商面临的第二大难题，是苯胺染料的许多生产配方含有美国国内无法提炼的原料，只能从欧洲进口。例如，由化学家霍夫曼及其几名助手取得专利并深受厂家青睐的若干种蓝色和紫色染料，是由碘乙烷合成的（加上其他化学物质）。碘乙烷由碘和乙醇反应而成。我当年离开美国时，国内尚未生产出一盎司的碘。自从内战爆发以来，我们开始对乙醇征税，致使美国的碘乙烷生产商无法与德国生产商竞争。实际上，美国工艺技术的落后并非偶然或个别现象，而是我们国家现阶段体制的必然结果。科学，无论是理论科学还是应用科学，在美国都还没有适合生存的土壤。欧洲的君主和专制政府对本国的工艺技术领域实施优惠政策已达几百年之久，故而形成了有利于其发展的机制，而我们却没有这样的机制。欧洲的每一所著名高校都是由君主或者特权阶级创办而成——我在法国和德国参

> 观的每一所工艺专科学校，基本上都是由政府资助。现在我们没有采用这样的方式来处理教育领域的这些问题，除了共和政体，我们至今也没有找到能够催生类似成果的其他政体。我在有生之年恐怕很难见到哪些高等学校创建之后，能够产生像在欧洲这样的成果，并且它们在创办一二十年之后，也不会开始对国家工业的发展有任何作用。清教徒们认为他们必须为教会培养牧师，因而资助哈佛学院——只有当美国人开始意识到他们需要培养更多称职的化学家、工程师、艺术家和建筑家时，他们才会创建培训这些专业人才的大学。与此同时，自由意识和美国人的创业精神将使我们获益匪浅，如同过去一样……

艾略特对梅里马克公司的邀请认真考虑了几天。之后，在他那位即使满腹忧虑仍能痛快做出决定的妻子的支持下，他向对方表示了拒绝。他在信中列举了一条符合常情的理由，说按照他的想法，他现在并不相信在美国无法找到能够发挥自己专业特长的工作，如果就此放弃自己为教学做出的十一年准备，那将无疑是愚蠢和怯懦之举。他确实喜欢教学，眼下他的脑袋里装满了如何着手改进美国教育事业的各种设想。

5 月中旬，他们踏上朝北缓速行进的归途。一路上还得考察托斯卡冈山的采矿业，并且参观维也纳和德累斯顿的若干所中小学和大学，不过前面已经有不少关于此类活动的记载。他们还将游览意大利北部的几个城市。在 19 世纪 60 年代的美国游客眼里，这几个城市的景色远比如今美丽。一个人面对诸般美景做何感想，在一定程度上能够体现出他独特的禀赋。艾略特的这些信就全都有一种值得称赞的特点：它们表达了写信人当时的感受，却全然不顾他的想法是否前后一致。“我敢说，我在几封信里说过不少自相矛盾的话，相同的习俗、相同的风貌却在我的笔下表现出截然相反的特征，以及前后几次对它们大相径庭的看法。我只能说，”他继续巧妙地写道，“无论谁描写一个民族和他们的行为方式、民族习惯、当地气候和外在环境，如果全都用始终如一的风格和笔调，没有相互矛盾之处，他就不是一个值得信赖的观察家。他所持的某种理论和某种先入为主的看法有待验证，他戴的那副眼镜几乎遮蔽了所有光线，看什么都只是一个模糊的轮廓。”由于艾略特并不在乎自己的话是否站得住脚，因此不管他说什么，总能反映自己内心真实的想法。这里不妨再从他的几封信中摘录若干片段：

致安娜·皮博迪小姐

1865 年 5 月 29 日

……我暂时摆脱了流亡生活，置身于一片何等美丽的国土。我觉得我在这里见到的那些最浑浑噩噩、最可怜而又最无用的人，全都是长年旅居海外的美国人，他们没有任何职业或工作，只能虚度光阴……人们在佛罗伦萨仅凭一份菲薄的收入，便可过上一直悠闲到死的生活，因此我很喜爱这个地方。此地整洁而迷人，人们并无多少烦扰，在这里学习绘画和雕塑，自有得天独厚的优势。雇用一个身穿燕尾服、脖系白领的男仆每月仅需 8 美元，雇用一个女仆仅需 4 美元，不少英国人定居于此，以经商为业。还有一个收藏了各种期刊文献的大型阅览室，新教徒公墓也显得格外整洁而幽静。这里怡人的气候，有益于健康。那种最肮脏的宽敞公寓，年租仅收 100 美元，坐一程马车只需付费 80 分，无论置身于附近什么地方，都能看到一个城市在林木茂盛、座座别墅点缀其间的山峦的环绕下呈现一派旖旎多姿的风光。如果你再加上这几点，那就已经为一个不太讲究吃喝，同时还有几分艺术品位的人罗列出一长串有利条件。如果有些波士顿人或因身体欠佳，或因缺少亲情慰藉，或因艺术抱负无法施展，被迫浪迹天涯，不妨来佛罗伦萨休憩一段时间。

离开巴黎后，这里是我们见到的最具美国风情的地方。贝洛斯瓜尔多山俯瞰着佛罗伦萨，山上居住着亚历山大、斯蒂芬·珀金斯和布兹家人。“别墅”一词于此名不副实——听起来带有几分豪华和雅致，但佛罗伦萨的这类建筑全都外观丑陋、造价低廉，没有雅致可言。它是一座用砖块和石子砌成再涂以灰浆的房子，多年之前外墙就在雨水的冲刷下开始泛黄。它大概不算小，约有 120 英尺长，60—80 英尺高，两层楼，再加上一个塔状阁楼，房内可能还有一个无顶、敞开的庭院。地上铺着地砖，楼梯上方拴了一截有了年岁的脏绳子用作扶手。还有那门锁，让人想起我们临时用以加固谷仓和地窖的搭钩和插销；所有公共走廊（一般是几户人家共住一座别墅楼）的脏乱状况几乎无异于西雪松大街上的排水沟。这座别墅自二三百年前建成至今一直没有得到修葺，因此它现在的主人收到的每笔租金全是纯收入。住在这样的地方，人们往往顾不上体面——几只苍蝇叮着搁在餐具柜上的一碟白糖；刚刚洗过的内衣裤平摊在台球桌上；某年轻女士的房间简陋之极，似乎连换洗衣物袋、抽屉、壁橱和衣柜都没有。能够想象住在波凯市 21 号街上的母亲，应该比住在佛罗伦萨的任何一栋别墅里舒适得多。

……[米兰]大教堂富丽堂皇的程度难以用言语形容——这是迄今我们见过的最令人叹为观止的人工杰作。它气势恢宏，内部装饰繁复至极，就连每处细节也都精美绝伦。这里有数千尊雕像，巧夺天工的雕花玻璃，教堂内外无数做工一流的浅浮雕。[1]

……我无法用语言形容意大利，得一直等到我离开这里，才能动笔将它描述一番——眼下我实在太懒了。这里的气候让人打不起精神，生活在行尸走肉一般的民族当中，只能令人懒散和消沉。新生的意大利充满活力；罗马和奥匈帝国时期的意大利死气沉沉……

……我们已经幸运地欣赏了几个夜晚的美丽月色——那不勒斯湾上空的一轮新月，古罗马竞技场上空的一轮圆月，威尼斯上空的又一轮圆月。昨晚的月色最美。我们躺在圣马可广场附近旅馆的床上，连续几小时瞅着这个威尼斯共和国著名的中心渐渐笼罩在一片皎洁的月光之中。

从博尔扎诺进入意大利至今已有两个半月，我们在这里度过了一段最充实、最愉快的时光……我已经学到了不少绘画、雕塑和建筑的艺术原理，如若时间允许我耽于这些业余爱好，我真想读几部专著……

……《德累斯顿圣母像》(即拉斐尔的《西斯廷圣母》) 在我眼里是最美丽的画像，是与其他所有艺术作品都截然不同的一件精品，胜过登山宝训除外的任何布道……

在此期间，国内刚刚听说艾略特拒绝担任洛厄尔市纺织厂主管的消息，新创建的麻省理工学院院长威廉·巴顿·罗杰斯就立即

1　以下信件摘自1865年3月29日、6月11日、7月4日查尔斯·艾略特写给塞缪尔·阿特金斯·艾略特夫人的信，此处未按先后顺序排列。

发来一封邀请信，诚邀他担任该院的化学教授。艾略特有意接受，但想多了解一些情况。在他离开波士顿之时，这所学院尚未成立。

“……贵院新成立不久，前景如何尚不得而知，”他在给罗杰斯的第一封复信的最后部分这样写道，“但它对我的吸引力并没有因此而有任何减少。我在此次旅欧期间，感受最深的，莫过于所有这些理工专科学校迅速取得的巨大成功——巴黎、卡尔斯鲁厄、斯图加特、苏黎世、维也纳，全都表明此类学校发展迅速，作用广泛，着实令人惊叹。看到这些学校，我常常觉得你在波士顿辛辛苦苦地干了好几年，本来可以大有一番作为，只要得到社会各界的鼎力相助。欧洲各国政府那些行得通的做法，我们应该效仿，我们的途径也终将成为最有效的途径……”[1]

艾略特这时收到的信件表明，他在两年前离开理学院时听到的许多好评并不仅仅是安慰和客套。杰弗里斯·怀曼、阿萨·格雷[2]、伊弗雷姆·格尼、约翰·A. 洛威尔等人，都希望他能出任这一新的职务，在所有了解他原来工作情况的人中，这四位最有见识。洛威尔是哈佛大学董事会的资深董事，麻省理工学院副院长。怀曼确信该学院“只要有人牵头——非你莫属，便能够成为一所实力强大的教育机构，以满足某种切实的需求”。格尼从剑桥给他写信称，他不理解即使罗杰斯下台之后，院长一职为什么不可能像其他任何一个教职一样确有必要。“除非我坚持活到亲眼看见你在这儿履职。”艾略特原先拟定的理学院改革计划已被其他人接受。“劳伦斯理学院已经提出了一份改革方案，”怀曼在信中写道，“你一

1　查尔斯·艾略特 致威廉·B. 罗杰斯，1865 年 6 月 20 日。参见 *Life and Letters of W. B. Rogers*, Ⅱ, p.243。

2　阿萨·格雷（Asa Gray，1810—1888），被誉为美国 19 世纪最重要的植物学家。——译注

定感到好笑……该方案中相应的课程设置，在数量和门类上居然与你当初提出的方案几乎完全一致，只是你的方案当时立刻遭到了否决。让你更加感到好笑的是，提出这一改革主张的竟然是阿加西教授本人，他似乎完全忘记了先前对你不屑一顾的态度。”

斯托勒，艾略特以前在哈佛学院的助手，将成为他在理工学院化学系的同事，此时已经开始工作。艾略特此时也收到了他的几封洋洋洒洒、字迹难辨的信，信中透露了他似乎认为应该引起艾略特警觉的一则传言。格尼和怀曼形成的看法——艾略特可能成为麻省理工学院院长——已经四处扩散，让斯托勒感到惊讶。“（某人曾说，）此人执掌你们学院的大权，如同鸭子凫水一样自然。”斯托勒写道“人们正在提到野心勃勃、权欲熏心、不知收敛、跃跃欲试这些说法。”还有传言称，艾略特一直觊觎哈佛大学校长一职。“我告诉他们，”他继续写道，“据我所知，这件事情的起因，是一个叫作埃德温·艾伯特的人，利用沃克辞职和费尔顿去世之机，大肆散布流言，说艾略特想当哈佛校长。我还说，如果艾略特本人听到这种说法，一定会觉得腻烦。（说实话，现在我想到这些，还感到恶心，那桩卑劣的行径完全与我无关。）”从这段话中不难推测，哈佛校长一职的更换刚刚经历了一段令人尴尬的时期，结果大概弄得无人问津，或者按照跟他私交甚好的斯托勒的估计，稳定牢靠的理工教授一职，远比悬而未决的哈佛校长一职合算。

但是，我们也不能说，这些离奇的叙述本身没有多少意义。它们至少可以证明，艾略特这个人平时无论干什么都是自有主见，并且尽量引起一点反响。在剑桥的九年里，他从未与谁发生过争吵。在一个与库克共事的难熬的冬天，库克在实验室里为神学和他争辩，还觉得哈佛容不得两位化学家，而当时他一直处于防御姿态。斯托勒对他们之间发生的争论当然完全知情，但他还是衷心希望艾略特能够来理工学院工作。学院的教师也大多认为这两个人应该共同承担化学系的工作。从未有哪个同事指责艾略特专横霸道或是暗藏心机，虽然有些人可能很担心艾略特会积极实施一些他们并不赞同的政策。罗杰斯显然并不介意斯托勒信中提到的话，他完全知道艾略特对理学院改革的尝试未能奏效。不过，他觉得那份改革方案确实很好，因而对该方案的制定者刮目相看。罗杰斯近几年来一直敦促波士顿方面注意自己的一些看法，艾略特本人的观点不仅与罗杰斯的这些看法不谋而合，而且也符合他在理工学院推行的政策。罗杰斯和朗克尔教授，他最亲近的顾问，深知艾略特其人，也知道他们需要他。

就在双方书信往返讨论理工学院教授一职之时，艾略特一行继续他们在欧洲的旅程。他连续经过德国的几个城市，一路西行直到巴黎（“现在我们再度置身于这个世界上最迷人，能令人增长见识的城市”），之后渡过英吉利海峡抵达伦敦，度过了此行在英国的最后三周，并且做出了最终的决定。

致母亲

伦敦，1865 年 8 月 2 日

眼看归期将至，有些事情也已成为定局。我已经接受了罗杰斯的邀请，给他的回信和这封信同时寄出。J. 怀曼、格雷、洛夫林、格尼、斯托勒、J. A. 洛威尔、亚瑟·西奥多·莱曼，全都竭力劝我接受这一职位，罗杰斯的第二封信也是言辞恳切。我为能有这样的机会感到满意——说老实话，我很高兴得到这个机会。我应该喜欢这种工作，且非常乐于远离是非，那样的话，朋友们不必有意恭维我，那些对手也不必贬损我的名声。我特别讨厌成为众矢之的——如果争端再起，我情愿加入其中一方，而不是他们集中攻击的目标……

在离开英国前的最后这些天里，他内心的反感情绪似乎正在缓解。那些大教堂里的光线在他看来仿佛柔和了几分，英国好像也变得更可爱了。但他依旧坚持自己的观点。

致母亲

约克，1865 年 8 月 18 日

……正如艾伦给您的信中所言，我们眼下正在用心察看英国的教堂，它们的确蔚为壮观。我也很能理解这些建筑和其中举行的宗教仪式，在凡是受过教育的英国人心中有怎样的分量。我是一个共和主义者，同时也是唯一神论者和功利主义者，但我很乐意在这些能将天主教传之久远的富丽堂皇的建筑里聆听唱诗礼拜——我对下个礼拜天的达勒姆之行充满期待，那天我们能去两次当地的大教堂。但从一种实际的眼光来看，教士、教长、唱诗队指挥和教堂司事均需在场，举行这些仪式，耗资自然不菲，按照任何一种新教的观点都很不合算，因为这些教堂所在的城镇大多偏小，参加仪式的人寥寥无几。在索尔兹伯里和伊利，我们一家占了听众中的大多数……

看待事物不再那样偏激和苛刻，这难道还不是他心情畅快的结果吗？这个“不算年轻”的人两年前“远离一个安静而独特的社会”，置身于“一个怪异的事物和更加怪异的思想层出不穷的环境”，他是否果真比自己原先预期的更加充实呢？发现他已经对这个问题做出认真思考并且得出了一个完整的答案，自然令人欣慰，尽管谁也不会怀疑这个答案到底是什么。但是，一个人在这样的两年时间里发生的各种变化，是无法轻易说清楚的，如果硬要试图说清，那么只能通过内心反思这样一种此时显得很不合适的努力。因此，换种方式浏览一下他在旅欧期间的最后几封信，即可发现他内心达到的一种平衡：

致母亲

格拉斯哥，1865 年 8 月 27 日

……在此奉上最后一封信，出国两年来给您写的最后一封信。我们的旅程是如此漫长，而且乘坐了各种交通工具，好在没有遭遇任何不测，乘马车、坐轮船都没有出过事，也没有碰到火灾和水灾，甚至从未碰到任何事故的苗子。我们一路上的所有损失，根据我的记忆，仅仅是一把旧伞和一本德国旅行指南。一般都是艾伦负责照管行李，因此这最后一封信也让她很有面子。我完全没有理由相信，我们把哪几封信给弄丢了，除了来自托里小姐的那封模棱两可的信。我们有充分的理由为我们一路上平安无恙感到庆幸，两年来直系亲属们从来没有传给我们任何不好的或者让人烦恼的消息，我们也同样为此感到欣慰。这段时光对于一个远在欧洲的年轻美国人来说格外特殊——国内环境异乎寻常，我所处的环境同样异乎寻常，充满变数。一切本来有可能变得很糟，结果一切都变得很好。回顾在欧洲度过的两年时光，可以说我真的很高兴，为了自己当初能来，之后又待了这么久，现在眼看就要踏上归途。两年的见闻和经历，加上读书和自己做的事情，我和艾伦都从中获益良多。如果“满意”一词能够用来形容人的生活，可以说，我很满意自己过去两年的生活，当然如果能够从头再来，我肯定会做得更好。

以后我们能够每天见面聊天，就用不着十天半月地通信了，您大概也会为此高兴吧。这样的变化真好。我们与您之间隔着十天的距离。别让任何人为接我们上岸不必要地多操心。或许我本该更多地告诉您我十分爱您，只是纸墨似乎并不适宜表达母子情深，我们期待十五天后利用更好的方式。

挚爱您的儿子

查尔斯·W. 艾略特

05
就职麻省理工

麻省理工学院——《大西洋月刊》的文章——欧洲又一年

内战终于结束了，至少在北方，奴隶制问题掀起的毒雾已被驱散。人们的思想得到解放，美国开始迎接 19 世纪下半叶科学的伟大复兴。每个行业和企业即将引进新的工具及工艺。教育领域正在开始酝酿新的生机。如同在其他领域里一样明显的是，教育界一系列变革的发生，正是人们大胆推进各项新举措的结果。然而，旧的教育体制顽强抵制任何改革。国会在 1863 年通过了《莫里尔法案》，规定在各州创办农科和工科技术学院。这些新的所谓赠地学校正在组建当中，它们反映出社会对于实用教育的广泛要求。

“美国年轻的科学事业面临着一片多么广阔的领域！”20 岁生日当天，艾略特在信中宣布自己选择的职业时发出这样的感慨，“新建的学院到处涌现，政府对土地、水系、矿产的开发和工厂的兴建，都需要科学技术的支持，但为数极少的科学技术人员根本无法满足所有这些需求！”他已经预见到这种局面，如今这种需求之大正在超出他的预期，他准备向年轻人传授如何学习和运用科学的方法。

麻省理工学院是一所应运而生的新学校。它由院长威廉·巴顿·罗杰斯创办，并在其带领下致力运用科学方法，追求科学目标。它为那些有志于成为机械工程师、土木工程师、采矿工程师、化工专家、建造师或建筑设计师的年轻人提供教育。在整个过程中，学校始终遵循这样的原则：如今被称为实验和工艺专业的学生，必须在学习有关化学品、仪器及器械的各个阶段学会实际使用和操作。罗杰斯院长和他的同事还奉行这样的政策：“完善以数学、物理及自然科学、英语和其他现代语言、心理和政治学为基础的普通教育，为适应社会生活的各个方面做好准备。”换言之，这所学院不只是一个职业学校，它立足于培养能够从事科学工作和工程建设的专业人才，通过为学生开设宽口径的基础课程，同时通过训练，让他们熟练掌握一定的专业技术。学制一共四年，学生每升一级，都得经过频繁的考试和测验。

无论是劳伦斯理学院还是谢菲尔德理学院都没有这样明确的目标，因为它们一直深受附近一些学院的影响，古典传统在这些学院至今仍占据主导地位，况且它们还得服从最初专门为那些学院而设的董事会。两所学院都没有开设四年制课程，也没有系统开设实验课。[1]麻省理工学院包括艾略特在内的起初十位教师，组成了一个热情、称职、意气相投的工作群体。其中的两位，罗杰斯和朗克尔——朗克尔在罗杰斯之后继任院长——无论处于哪个学术圈子，都能成为泰斗级人物。他们得到了那些完全理解他们愿望的董事们的支持。不到一年，学院整体搬进新大楼。这座大楼设计合理，设施齐全，能够满足学院教学工作的需要。艾略特喜欢将学院工作想象成一项"开创性"的事业。他曾经用"开创性"一词，形容他当初开设的化学实验课。

理工学院迁至博伊尔斯顿大街的新址之后，院方发现除已招收的学生之外，新校舍还能另外容纳一部分学生。于是，罗杰斯建议艾略特和斯托勒为中学男女化学教师开设一门化学实验课。"我认为，"艾略特后来说道，"我们在头两年从事的最有趣的教学活动是给那些中学教师专门开设的课程，他们都是中年教师，男女都有，总共30或35人，他们接受了由罗杰斯院长签署的邀请，接受这样一种专项培训……这些男女教师，年龄从25岁到55岁不等，当然全部渴望学习新的教学方法，却完全不知道应该如何学习，

1 位于美国纽约州特洛伊的伦斯勒理工学院，教授四年制课程，但其入学条件并不高。

如何用眼观察和动手操作，如何亲自做实验，如何推导自己的结论。我们最后只得给他们发讲义，说明我们要求他们做的实验，并且详细阐述实验步骤。即便如此，这些经验丰富的教师也仍然不能领会应该怎样细心观察，而不是单纯模仿和抄袭；然后，还要准确描述自己看到的现象，进而根据自己的操作和观察得出正确的结论。我们一次次地发现，这些教师在实验的过程中不停地‘察看讲义，以便确定自己应该看什么，可能看什么’。他们一心想要验证纸上的结论，这也是该班我们从头教到尾一直感到棘手的地方。我们教本院的学生如何独立观察，记录，进而得出正确的结论，其间也遇到不少类似的困难，只是我们的学生比这些经验丰富的老师灵活。”[1]

这里提到的“讲义”，应当是指艾略特和斯托勒当时加紧编写的一部教材的校样，以下这封信具体介绍了与此有关的情况：

致乔治·F. 布鲁什

1867 年 3 月 18 日

尊敬的布鲁什，我和斯托勒最近一直在投入时间和精力编撰一本无机化学基础指南。首先，我们可能在这所学院教化学课，因为我们觉得应该开这门课；其次，我们也希望其他学院和大学的理科教学方法得以改进。我给你和约翰逊各寄了一份样书中目前已印好的部分章节，此信你读过以后烦请转给他一阅。我们主要有以下几点考虑——

1. 不涉及物理学知识，用以描述个别物质的物理属性的少

1 *Tech.Rev.*, XXII, pp.430,434.

量物理学基本原理除外；2. 紧密结合具体的例子介绍有关理论和定义，并且做到循序渐进，而不是一次性大量灌输，以利于学生更好地消化吸收，避免产生厌学心理；3. 废止当前盛行的记忆式化学教学，代之以实验法，让学生观摩实验，最好是让他们自己做实验。

在我们学院，每个学习化学的学生，都得手眼并用，同时依靠自己的嗅觉和触觉，完成这本指南上的各种实验。我们认为第二种最佳途径，是教师在每堂课上演示实验，不是通过那种特别正规的课堂讲授的方式，而是以本书所示的简便易行的方法。例如，如果学院的某位导师将学生分成三个小班每周依次讲解，这样的实验演示效果将明显好于一位教授每周一次的大班教学。你可能觉得这些实验的操作说明烦琐到令人痛苦的地步，但是我们通过今冬对本教材的具体使用确信，书上的操作说明，对于那些不擅长实际操作的人而言，并非过于详尽。本书至今尚未完整成形，因为库克已经决定本学期在剑桥使用它，尽管它尚未编讫。我们已将修订完毕的这一部分书稿付印，以供他上课使用，剩余部分约 160 页的编写，将在两三个月之内告竣。

此书这一不完整的版本目前印数较少，因为我们觉得，通过实验课的教学实践，我们一定会发现其中许多有待改进之处。如蒙你或约翰逊提出任何建议，无论是关乎整体构思或是若干细节，我们都将不胜感激。本书编写的目的，并不是为了帮助学生了解某一理论或是符号系统——我们对这些不甚关心，但是我们已经努力将事实与名称或者事实与假设区分开来。你会发现一本教科书无非就是知识的汇集——我们此前所做的，只是挑选和编排而已。这本书谈不到什么新颖，但其基本理念（并非全部）和总体布局有其独到之处……

艾略特已将自己的工作重心从并不能发挥其所长的化学研究，转向化学课教学这一开创性的工作，并且收到了最佳成果。《无机化学》这一由他和斯托勒合作编纂的教材，引发了基础化学教学的一场革命，成为一门实验课程。经过若干次修订，以及几年后 W. R. 尼科尔斯教授的删节，拓宽了它的发行范围，也使它的影响扩展到大西洋彼岸。[1]《无机化学》似乎是两人真诚合作的产物，究竟谁是主要著作人这一问题，一直没有引起两位合著者的关注，直至印刷商提出设计一张书名页的要求。

于是，两人都提议将对方的名字排在首位。通过投硬币这一做法，斯托勒宣布艾略特的名字应该放在前面。艾略特指责斯托勒并没有看硬币的正反面，可是斯托勒“却不愿承认艾略特所见是实”。[2]根据我们对两个人的了解，加上斯托勒当时正在教授无机化学这一事实，我们有理由推测，斯托勒大概更关注各种细节，而艾略特对理念及理念的表现方式特别感兴趣。他在书中首次阐述了如何

1　1874 年我在英国考察教育期间，访问了拉格比公学等学校。我在该校的理科教学主任家里受到了热情款待。他领着我参观了他的几个实验室，我在一个学生正在做实验的操作台上看到一本似曾相见的书，便问这是什么书。

“哦，”他说道，“这是艾略特和斯托勒合著的《化学手册》。”

“你们用这本书吗？”我问他。

“是的，”他答道，“我们必须用它——此类教材中只有它是用英语写的。”

（参见 C.W.E.,*Tech.Rew*.XXII, pp.430,436）

艾略特和斯托勒于 1869 年出版一本名为《定性分析指南》的小册子，最近有人把它说成是一本优秀但并非重要的教材。

C. L. 杰克逊教授阅读了我手稿中关于艾略特所著书籍的部分内容，并提出修改建议，我很荣幸地将其一并写入此书中。

2　L.C.Newell in *Industrial and Engineering Chemistry*, XVI,p.637.

熟练运用实验的方法讲授化学原理，这是他对化学界的主要贡献。

理工学院的第一批教师，全都无法忘记他们曾经做过的一次实验。他们几次开会，气氛都很热烈，与会者纷纷提出各种有关方法和策略的问题。如果可以，艾略特不会回避这些问题。自从他开始任教于哈佛以来，他一直在思考这些问题，它们也是他出国期间考察的重点。他终于在题为《新教育：它的组织》的文章中，系统阐述了自己的观点。文章分为两部分，先后发表在 1869 年 2 月和 3 月号的《大西洋月刊》上。

这是他首次撰文公开探讨教育问题，我们应该认为这篇文章充分显示了他的卓越才能。文章头几句，通过虚构的一位美国父亲，以提问的形式将问题直接摆到读者面前：

> 我能为我的孩子做什么呢？我能够，而且乐于让他们得到的，是最好的教育。如果他能成为一位牧师或者学者，我必定为此感到骄傲。可我认为他并不具备这样的天赋。我想让他接受一种实用性的教育，这种教育能让他做好比我当年还要充分的准备，以便从事我目前的这种职业或者其他任何一种需要他积极投入的职业。古典学院或者大学不能提供我想要的教育。我应该让他在哪里好呢？

接着，他简要回顾了美国最近几次旨在建立一种新的教育体系的尝试，“这种教育体系主要基于理论科学和应用科学、欧洲现代语言和数学，而不是像现有的大学体系那样仅仅以希腊语、拉丁语和数学为基础”。他以事实论证自己的观点，不仅回顾了耶鲁大学哲学系、劳伦斯理学院和其他院系的办学计划，而且历数这些院校的办学成就，统计它们的学生数量，检查学生实际完成的学业，最后得出若干确切的结论。如同耶鲁和哈佛中的某些学院一样，一些学院已经开始转向专业学院，它们的学生能够学习一门专业课程，就像在法学院一样，但这些学院都已证明自己开设的专业课程并没有多少实用性。通过招收适龄男生入学,这些学院达到了大学规模，但由于艾略特前面提到的几个原因，它们没能开出一门名副其实的理科课程，尽管它们以前开设了名副其实的古典课程。达特茅斯学院等院校曾经尝试在同一所学院同时开设古典课程和理科课程，结果却令人更加失望。他得出的最终结论是，麻省理工学院这样的独立教学机构，能够通过最佳途径提供高等技术教育，因为它始终瞄准同一个目标，坚持同样的入学和升级标准，而且它开设的一门专业课程，学时相当于其他院校的古典课程。学院从一开始就应打好数学、化学和物理的基础，同时还要让学生学好自己的语言，掌握一门现代外语，了解政治经济和美国历史的有关知识。在此基础之上，学院可以增加工程学领域不同方向的专业训练。

高等学校必然在很大程度上决定层次低一等的学校的性质。集中探讨了高校的有关问题之后，艾略特的第二篇文章转向预备学校。他在这一问题上的论述，其实代表了他在 10 到 25 年之后经常敦促教育界注意的一些观点。英语学习必须在这类学校中占有重要甚或主要地位。在语言学习排序表上,拉丁语最好紧随英语之后。他就拉丁语学习的作用发表的有关言论肯定受到了必修课程拥护者的欢迎。此外他还主张教授法语,因为这是“但凡有教养的人士”皆需掌握的语言。在 19 世纪 60 年代，一般学校普遍忽视理科的学习。艾略特承认，大多数理科，“如果郑重其事地学习，对于青年学生来说确实过于艰深”，但他认为自然地理学，“通过简单介绍一些地质学的基础知识，利用花卉等植物而非课本教一些植物学”，就能成为完全适合在校学生学习的课程。“应该引导学生注意物体的表象，而不是注意对它们的各种解释，或者假设的最终成因。”“与特定学科有关的一些普遍现象，如果早在一个人的儿时就已深深印入他的脑海，那么他在成年后的理科学习，将会变得更加扎实。”他认为，学校还应教授历史，至少应该教授美国历史。他还主张，且直到临终都一直呼吁：“明智的父母应该确保自己的子女学习绘画和唱歌，无论是在校内还是校外。”简而言之，“即使事关教育管理，也值得付出一些代价，以确保所有的学生共同在校学习，直到临毕业一年或一年半之前”。他声称，一个在校生的“学习课程应该有代表性；应该经过选择，使之能向学生，或者至少向他的父母及教师显示在 17 岁之前他的能力和兴趣……教师、父亲或者母亲能够为孩子做的最好的事情，莫过于发现这种天分”。

艾略特对“选课制”的坚信不疑，乃至他对教育的总体认识，都基于这样一种核心理念：“每个孩子思维的自然倾向与特征，都应该在他接受教育的同时受到特别尊重；脑力劳动的分工在文明社会中必不可少，因为它能促进知识的增加和社会的进步。这种分工需要我们尊重每个人特殊的思维方式，而每个人本身的幸福，也同样需要这种尊重。”

这篇文章发表后不久，艾略特就被推选为哈佛大学校长，致使人们开始从文章中寻找有关段落，试图发现一些线索，能够表明他虽然对一些问题无意展开讨论，但可能已经表达了自己的观点。他在字里行间流露出的那种武断的腔调，让人不费气力就挑出了若干句子，似乎足以显示他是古典传统的劲敌。例如：“不能想当然地认为，由一所合格的理工学院提供的思维训练，肯定在任何方面都不如一所合格的大学，无论是从广度、力度，还是从有益于身心健康的程度来看。”“苏黎世理工学院或者巴黎中央理工大学的一名普通毕业生，确实要比美国大学或者专业院校的多数毕业生更有资格称得上‘有学问’……”他继续说道:“‘知识型职业’一词，正逐渐带有几分讽刺的意味。全国的律师、医生和牧师中，只有很少一部分人是文学学士。而法学学士和医学博士的平均文化水准远低于文学学士。而且我们发现,那些教育程度极低的年轻人，经过一年到一年半的培训之后，完全有可能成为讲坛上一名成功的布道者。真正博学的牧师，几乎如同一篇合乎逻辑的布道词一样实属罕见。”

但这篇刊登于《大西洋月刊》的文章，其在今天一目了然的主要内容，早在 1869 年就得到认同。如果作者以轻蔑的语气谈到传统体制下的某些常规教育成果，也是因为他受到内心一种强烈愿望的驱使，急于看到国家能够提供更好的物质条件，以满足各种不同的个体需求，同时更好地适应时代的要求。倘若年轻人得不到合理的培养，以便从事实用的职业，一个民主国家还有什么希望可言?

通过这篇文章可以看出，艾略特已经深刻认识到大学应该为学生从事高级工作创造必要条件，而不仅仅是向他们颁发一纸文凭。鉴于某些学校创立之初希望能成为研究生院级别的专业学院，后来全都明智地将本校定位在本科水平，他在考虑技能培训的必备条件的同时，并没有排斥高层次的教学工作。确实，通过回顾耶鲁大学哲学系的历史，他专门探讨了哲学系开设研究生课程的意义，不仅有理科，还有古典文学、梵文和其他东方语言课程，以及现代语言、哲学、历史、数学和物理。他明确表示，在他看来，任何旨在开设高级课程的努力，只要不是“故作姿态而是认乎其真”，都应该得到鼓励。自 1861 年以来，耶鲁的博士学位总共仅仅授予了 13 人，尽管如此，“正在耶鲁大学人文哲学系深造的这 8

到 10 名研究生，比起一百个浅薄幼稚、所学仅及普通语法学校毕业水准的大学本科生，更能代表大学精神”。

就在艾略特紧张从事这些有益的工作之时，他隐隐发觉了某种不祥之兆。他的妻子，这个平素活力充沛的女人，近来却变得越发憔悴和虚弱。没有人想到应该就此引起警觉，直到 1866 年某个秋日的下午，她的病情陡然加剧。医生神情严肃，看样子她得了肺结核。

没有什么能够比得上艾略特内心深处对家人出自本能的挚爱。世上没有人，也从来没有任何人的陪伴，像艾伦·艾略特那样，振作他的精神，照亮他的世界。相较于艾伦越发迫切的对他的依赖，他个人事业上的各种机遇和日常职责，全都显得无足轻重。但是他又能够为她做什么呢？ 19 世纪 60 年代，医学界还不知道肺结核的病理，对户外治疗法一无所知，甚至不了解这种疾病很容易传染。医生也没有意识到病人保养体力和避免疲劳的必要性。她的父亲正是死于该病,但她的症状不是很严重。有些被认为得了这种病的人，最后恢复了健康。气候——清新的空气，应该有利于病人的康复。他不妨试一下，而且也应该对此抱有希望。

于是，他们搬离了原先在剑桥的住宅。艾略特携妻子和孩子——此时已有三个,因为他们在 1866 年 7 月又添了一个男孩——来到伍斯特，远离海雾和海岸掠过的阵阵冷风。翌年春天，艾略特带她去特拉华水峡游览。6 月，艾略特全家和皮博迪夫人，加上她那未出嫁的女儿安娜一同乘船远赴欧洲。那一年正值巴黎博览会开幕。罗杰斯作为马萨诸塞州政府的特派员赴会，到时将发回博览会的相关报道。他身体不适，便请求艾略特帮他报道博览会上无机化学和冶金学展区的展品。行程如此漫长，显然艾略特最好能有点事做。另外，随行者还有艾略特夫人的母亲和妹妹，病人既能得到很好的照顾，又不会感到自己成了丈夫心里的负担。于是，艾略特在那个夏天认真观摩博览会，同时记了一些笔记，以便起草报告，这样当全家人在法国南部度过整个冬天时他就有事可做。但是忧愁和悲伤日益剧增。他们年幼的孩子病倒了，并在几周以后不幸夭亡。这是令人心碎的几周——对于母亲和父亲来说都同样如此，母亲原本虚弱的身体受不了这样惨重的打击，父亲只能眼睁睁地瞧着自己的孩子离开人世，自己的妻子病势越发沉重。这些处境他无法改变，各种力量从何而来，他也不能理解；为了保护自己至亲至近的人，他要奋起反抗这些力量，却无能为力，反而受到它们的沉重压迫。如此不利的局面最能考验一个人的意志、耐心和信仰。在前景黯淡的这几个月里，艾略特四处奔波，从巴黎赶到波城，又从波城赶到比亚里茨，到处求医问药，寻找住所，安排家中日常事务，有时还要亲自做饭洗衣，照顾病人。[1] 在他写的一封封家信里，也从来是报喜不报忧。只有在目前仅存的一封信里，他才流露出自己的感情。这年春天，他们全家从伦敦市区乘船前往码头，准备搭乘海轮前往美国，途中他因为病体衰弱，神思恍惚，竟然两次下错车，整整一个小时找不到家人。他不敢相信这种事情居然会发生！无论如何，此事绝不能再发生！家人需要他细心照料，于是他逐渐稳住自己的情绪。但显然这一整天他都是晕晕乎乎，

---

1 “艾略特是体贴入微的保姆。我根本用不着碰那只行李箱，你看到他给我整理衣服，抹平衣领和袖口，给我暖好拖鞋，大概会情不自禁地发出感慨。”（艾伦·皮博迪·艾略特致 M. J. 皮博迪，比亚里茨，1868 年 3 月。）

处在神经崩溃的边缘。

1868 年回到家中后，除了悉心照料艾伦和重新开始自己的工作，艾略特不再过问其他事情，也不再考虑出国或是在国内游览。他们在布鲁克林的一座住宅内度过了夏天，住宅旁是现归奥姆斯台德所有的一个水库。然后艾略特又把全家安顿在波士顿栗树街北侧的一栋小楼里。

以下是艾略特在这两年里写的几封信，作为本章的结尾。第一封是他远赴欧洲前所写，收信人是他五岁和七岁的两个儿子。

致两个儿子

1867 年 5 月 24 日，星期五

两山之间，特拉华河入海时流经的一个谷地

亲爱的查理和萨米，这儿是另一条河，静静地流过山间的另一个谷地，我们此时就在这条河的岸边。查理，你还记得莱茵河畔的宾根市吗？这地方很像那边，但宾根漂亮多了。只可惜特拉华河水量不足，轮船无法通行——你知道，莱茵河是条大河，可以行驶船——所以我们只得乘坐沿着河边行驶的火车来到这里。当地有一家很大的旅馆，里面只住了我们几个人。人们一般来这里度夏，现在天气还有点太凉。好在外面的树林很美，林间盛开着大片大片的野花。昨天，阳光很弱，下午我们驱车行驶了很长时间。几条路全都坑坑洼洼，比伍斯特下大雨时最泥泞的路还要泥泞难行。我们的四轮马车沾满了泥浆，你根本看不出车身是什么颜色，妈妈的裙子和我的裤子也都溅了许多泥点。路面很陡，这儿用来向路边一侧排水的路拱（你知道，查理，路拱的形状）也是做得又高又大，因此只要我们的车子快速驶到山下，路面上这么多的路拱就会让我们颠得够呛。我们翻过狐狸山来到斯特拉斯堡，又经过樱桃谷，最后回到旅馆。我们这一路玩得非常尽兴，白天活动量太大，因此可口的晚餐全都吃得津津有味。但我们也劳顿不堪，晚餐后躺在客厅的椅子上还想读点什么，不知不觉就进入了梦乡。今天早晨差不多一直能见到天上的太阳，只是偶尔会有几朵乌云遮住阳光。身边不时刮起一阵阵刺骨的冷风。呜！呜！呜！窗户下面一列长长的货车满载着煤炭和木材驶往纽约。窗边有一堵峭壁挡住我的视线，直到它们行驶到公路旁的一个弯道，才终于出现在前方。昨天我们在车上跟一个向乘客兜售书刊橘子糖果的小男孩聊天，得知他从 11 岁就开始干这一行，当时他只比查理大三岁。他通常一天挣一元多。昨天，他在我们的列车上挣了 1 美元又 32 分。查理，三年时间你能学到多少东西！这个孩子能够在车上独当一面，拿着他的书刊和橘子，卖出去东西，还能保管好自己的钱；他在车上到处兜售，还能把零钱找给人家，并且将所有物品摆放整齐，保持干净。萨米，这个孩子从不吃自己卖的糖果、橘子和花生。我猜他大概是哪一次吃得太多，再也不想吃了。

深爱你们的爸爸，

查尔斯 · W. 艾略特

致母亲

阿尔卡雄，1867 年 10 月 3 日

……自从离家以后，我们像很多出游欧洲的人一样一路观光旅行——游览了英国的西部和西南部地区，在伦敦待了两周，在巴黎待了一个月，漫游了比利牛斯山区，在阿尔卡雄度过了五周，还有望在波城度过整整一个冬季。沿途大部分时光都有

令人愉悦的旅伴——一家团聚——我从教学中暂时得到解脱，只需写点博人一粲、富有教益的见闻。如果上帝能够将我们的满心渴望赐予我们的家人，那我们该是何等欣慰啊！所有人的生活中，有多少喜悦就必然会伴随着一定的痛苦。我们的确为家人的健康深感忧虑。但是我们又活在当下。昨夜晚餐之后，我望着艾伦坐在火炉前的地板上，舒心惬意，与躺在她怀里的鲍勃逗乐，鲍勃让炉火暖着自己的小脚丫，也同样是那么舒心惬意。美丽年轻的母亲，漂亮迷人的孩子（他近来出落得越发漂亮迷人）——唱歌，亲吻，喧闹，欢笑。瞧我们，五分钟之前，围在早餐桌前，那么开心——艾伦正在吃最后一道菜，一打新鲜的无花果和若干个大栗子；查理正在安静地享用我们准许他吃的所有食物，一边还要人多拿点；鲍勃在桌布上一会儿撕面包，一会儿拍拍去壳的栗子，一会儿摁摁美味的葡萄。一幅无比美妙的情景。我们刚刚收到一份文摘，是给皮博迪夫人的，她这时正在专心阅读这份文摘。跟我详细讲讲你们回到查尔斯街的情况。眼下住在这里，我们更觉得那栋楼房相当舒适。

挚爱您的儿子，

查尔斯·W. 艾略特

致母亲

新门街 6 号，波城，1867 年 11 月 28 日

亲爱的母亲，这几周的时光过得真快。天气一如往常晴朗，大概和我们那里的这个季节一样寒气袭人。幸好绝对平静，从而能使一个人的情绪发生很大的变化。上周，每晚都有一场严重的霜冻，马鞭草、鼠尾草、天芥草、天竺葵纷纷凋零，只有一些蔷薇还活着。树上的叶子大多已经落下，地面上依然是绿

草茵茵。白昼的天空总是万里无云(清晨偶尔会出现几朵白云),我们总是盼望着有一段风雨交加的日子,但没有等到。如果能有持续一个月的阴雨天,就不会觉得气候过于单调了。不用说这里是我们迄今为止到过的最适合艾伦养病的地方。舒适生活是一个原因——这里总是能提供各种便利条件——宁静的氛围也十分怡人。清晨7点钟,我推开百叶窗,艾伦躺在松软的床上眺望远处的山色。起初,连绵的群山呈深黛色,在明亮的天空的映衬下显露出自己的身姿。阳光洒在一座座山上,为它们染上粉红色的霞光。少顷,一层白色雾气就在我们与青山之间升起,一片乳白色的雾气,宛若薄纱披在它们身上,而不是把它们遮得严严实实。7点半,唐尼送来一杯驴奶、一杯牛奶咖啡和一些薄片面包,艾伦卧在床上端起刚刚挤出尚有余温的驴奶,我开始喝桌上的那杯牛奶咖啡,如果查理已经起床穿好了衣服,就会过来同我一起吃面包、喝牛奶。早餐过后我去书房,小鲍勃也跑下来坐在他正在穿衣的母亲身边。查理开始每天的学习,将他刚刚学会的单词拼给艾伦听。大约8点半,查理来到我的房间,我们父子二人一同学习到10点,然后开始吃午餐。午餐这样安排最合艾伦的心意。你该记得在家那会,艾伦从不喜欢吃家中的早饭。但在这里,每天10点刚到她就准备大快朵颐——煎蛋卷、肉、面包、奶酪、水果和红酒。我们全都吃得津津有味,因为我们请了一位一流的厨师。两个女人在早餐前后会做一些针线活。12点钟一到,我们就准备外出活动。我和安妮[皮博迪]平均每周骑三次马。我很喜欢这项运动,唯一的缺点是每次都得支付1.2美元,我有点舍不得。我们已经不再驾车出游了,因为艾伦感到冷得吃不消。她每天外出散会儿步,有时去商店,有时去郊外。我和她经常一起愉快地散步。

不骑马的时候我会陪她一起走走，经常是全家人同行。艾伦得在下午3点之前到家，3点过后气温便会下降好几度。晚餐前她一般在床上休息，我有时会继续工作。孩子们一般都在楼上的儿童室读书，玩耍。5点，全家人准备吃晚餐。鲍勃坐到桌前，享用他的美餐，通常比一天的任何时候都要开心。夜晚很是漫长，两个孩子在桌旁一直坐到7点，之后茶端上桌，我们安静舒适地坐在炉火旁。艾伦特别喜欢卧在沙发上，一阵接一阵地打瞌睡。安妮和皮博迪太太也开始打起了盹，因此通常晚上8点半过后,屋里的谈话声开始渐渐停息。我每晚都会读《费加罗报》(一份巴黎报纸)。这段时期待在法国很有意思，因为上层社会中正酝酿着一场骚动。每晚我都在报纸上读到相关消息，称军方正在针对政治或新闻犯罪开展逮捕、搜查、监禁和处罚。这些报道全都语焉不详，有所保留。皇帝拿破仑三世在讲话中声称要维护自己的绝对统治，坚决遏制一切革命的势头。这是到目前为止他讲话中最主要的内容。我同情那些受过良好教育、拒绝赞同帝制的法国人，他们不敢表达自己的观点，虽然生性冲动、轻率，但一直努力克制自己。他们对任何人都不信任。正如卡泽纳夫[博士]昨日所言:"我不信任自家的仆人。"话语中颇有些排斥别人的意思。我心里有两个似乎左右矛盾的信念。第一,一个受现行政府统治十五年之久的民族不配获得自由;第二,一个上层阶级如此明智开朗、如此信仰自由的民族，决不会长期处于听任别人奴役的状态。

马萨诸塞[反对禁酒令]的斗争获得了胜利，我希望人们在利用酒类特许权时能有所节制。安德鲁州长堪称美国人的典范。他的最后一项政绩，是使马萨诸塞的民众相信，单靠立法机关颁布的法令，无助于培养人们的道德观念。共和党可以从安德鲁州长身上获得有益的启示。国会法案无法确保让人们享有民权。法国人民普遍享有选举权，仍旧摆脱不了受奴役的命运。

我们如今通常在周一收到您的来信。

挚爱您的

查尔斯·W.艾略特

前两封信中被称为“宝贝”或鲍勃的幼子不幸夭亡，莱曼在下列信（1868年1月5日）中提到的“悲伤”，指的就是这件事：

亲爱的查理，我本想向你道一声“新年快乐”，但又觉得不合时宜，因为你沉浸在最近的悲伤之中。上帝已经将许多苦难降临到你身上，仿佛是为了磨砺你坚毅的性格。一开始（大学毕业四年后）是家中财产的损失，之后发生了一连串的不幸事件——你父亲的寿命因此缩短了许多年，你的母亲一病不起，一些家庭矛盾也因此而生。从那时起，你一直同命运抗争！历经了太多的不幸和辛劳，你终于获得了自己的幸福，而给予你幸福的，正是你甜蜜的婚姻生活和你投入大量心血的学术研究。就这样，一个勇敢坚定的人凭借自己的顽强意志，彻底扭转了不利的局面。这样的人可能会被击败，但永远不可能被征服。我时常思索幸福何以对我如此眷顾，至今仍然不知道是否会连遭两三个沉重打击，以使我的生活能够保持似乎存在于物质世界中的那种平衡。我的父亲生性敏感多疑，被太多的愁苦摧毁了意志，可以说，他是一点点地耗尽了自己的生命。我却不同，天性开朗乐观（私底下不妨向你坦言，这一定程度上是由于我缺乏适当的敏感），与其他人相比，我没有任何烦扰。完全可以说，没有得到平衡！……

致西奥多·莱曼

巴黎，1868 年 1 月 23 日

……但重提这些又有何益。正如你所言，剑桥的这段经历已经结束了。堪可自慰的是，那栋“朴实无华”的联排住宅卖了个 31 000 美元的好价钱，足以让我们重新安家——经济上没有任何损失。我与那栋楼房有很多联系，我年少之时将同样处于妙龄的妻子带到那个家中，她在那里生育了四个孩子。一个孩子在那里夭折，当时的那些情景将永远浮现在我的脑海里，远比我今天目睹的一幅幅真实画面清晰。一天夜里，伺候完病榻上的母亲后，我回到家里走向那间育儿室时，发现顷刻间我们的生活已全部改变，像是将要被连根拔起。那些只是浅浅地延伸到地下的根基，犹如房屋的外壁，虽然遭受风雨侵蚀，仍然基本完好。尽管我此刻不愿想起灯塔街 31 号或是剑桥的那栋楼房，可是，心弦一旦断裂，便无法修复，无法重新发挥作用。虽说我们可能照样笑，照样全身心地投入自己热衷的工作中，但我们永远不愿再回顾过去一年的经历，即便我们可以活到 100 岁。如你所说，自 1857 年结婚以来，我的妻子就是我幸福的源泉（我们的幸福时光一直延续到 1866 年 11 月）。她的作用无可替代——从前一直是，现在依然是。不过，美丽的灵魂尤其需要健康的身体相伴。把我们的爱带给米米——我们为她的康复感到高兴；我们也感谢科拉，感谢她在圣诞节为母亲做的一件好事，做得很漂亮的一件事。同时，我们对 X 叔叔深表歉意，如果弗雷德让他不胜其烦的话。S——倘若还穿着那件紧身外套，他可就是个令人尊敬的老古董。如果任由他张扬自己的天性，他大概就不会为这个家庭带来这么多荣耀。Y叔叔对谁都很吝啬，唯独对他的继承人慷慨。我目前正在写一份巴黎博览会采矿和冶金展品的报告，我看着它渐渐变得越发冗长，每天两三页的进度，最后达到的总量将令人吃惊。然而，工作，至少此类工作并不能带来快乐——仅仅是维持生计的方式。

再见了，我的兄弟，愿幸福的天平永远向你倾斜！

你忠实的

查尔斯·W. 艾略特

莱曼的幸福天平向他本人持续倾斜了若干年，但不祥预感终于应验。在他生命的最后阶段，他一直忍受着任何一个意志薄弱的人都难以忍受的病痛的折磨，显示出极大的耐心和毅力。不过这是题外话。

06
提名哈佛校长

哈佛大学校长职位出现空缺——各种相互对立和反对的意见——董事会提名艾略特为候选人——艾伦·皮博迪·艾略特去世——监事会起初反对继而同意职务提名

1868年秋，艾略特刚刚开始自己在麻省理工学院又一年的教学，适逢哈佛大学校长托马斯·希尔辞职（1868年9月30日），造成校长一职空缺。校董事会的其他六名成员负责继任人选的提名，他们不会轻易吐露自己的真实想法。不过他们在提名之前需要监事会投票表决，同意董事会启动选举新校长的程序。校董事会确定人选之后，根据哈佛大学的规章，还需经过监事会审议和投票通过。这一次，校监事会直到次年2月25日才同意董事会启动遴选校长的程序。他们任命了一个专门委员会，与董事会一同就确定校长的相关职责进行了耗时而无果的磋商。很难解释为何此事竟然耽搁了五个月之久，只能凭常识大概估计，监事会对谁能当选毫无头绪，也无权提名，由于感到迫在眉睫的变化和一些不确定因素，他们迟迟拿不定主意。[1]

下一位校长的遴选，与学校的方针政策密切相关，无疑会涉及许多问题。意见的分歧表现出截然相反的对立倾向。

首先是改革者和保守者之间的对立。改革者大谈特谈国外大学和实用教育如何如何，支持大幅度增加选修课，尤其是理科选修课的数量，保守者则希望继续将哈佛学院束缚在人文学科单一课程体系的传统框架里。改革者的动向令保守派人士惶惶不安。同为监事会领导成员的R. H.达纳和F. E.帕克就是保守派的两个代表。"他们都认为，是否接受过古典教育是区别一个人有没有上过大学的重要标志，任何旨在抹杀这一区别的重要性的举动会因本质上

1　其间监事会召集了四次会议，分别是10月7日，翌年1月7日（他们搁置了董事会请求同意启动选举程序的一项提议）、2月11日和2月15日（他们最终表决同意）。

过于激进而流于失控；如果决策者偏好理科而非古典课程，热衷于探究自然史而不是灌输《新约》《旧约》的主要精神，就会通过大学教育，培养出完全不同于以往的一批学生；这种措施将破坏他们无比珍视的所有联想、回忆和情感共鸣，因此，即便我们不能完全遏止这样的举动，至少也要尽力延缓。”[1]

学校的班级制度也同样体现出人们的一种特别的保守意识。哈佛各学院各班级所有学生承担的学习任务，约四分之三是同样的内容，听同样的课和同样的讲座，记诵同样的课文，做同样的练习，参加同样的考试，而且指导他们的也是同样那几位教师。在如此刻板的管理下，各学院所著称，并且是几乎所有美国大学一个明显特征的班级制度，已经成为一个固定的惯例。经过四年几乎完全相同的学习经历，学生们结成了惺惺相惜的伙伴关系，并且在各种各样的交往中，彼此相互依赖。但是倘若全面实施选课制，将所有的本科生分为众多学习小组，在四年中学习不同的课程，结果又将如何呢？显然，学院将“不再是原先的那个学院”。那些思想上凡事依恋传统墨守成规的人士，必然会因此坚决反对实行选课制之类的提议。

路易斯·阿加西和那些跟他持相同见解的人士希望能开设更多的自然科学课程，并且将哈佛大学发展成一所欧洲传统意义上的大学。他们担心自然科学的课程自始至终都过度依赖技术操作。他们不喜欢“实用教育”这一说法，因为他们知道科学的内容十分丰富而不能简单地将其用于发明实用器械。一方面是有人羡慕人文学科的地位，另一方面社会上又存在着对技术人才的普遍需求，

1 C. F. Admas, *Richard Henry Dana*, Ⅱ, pp.152-53(3d ed.,1891)

他们不知道自己惧怕的到底是古典文学的倡导者，还是技术至上论的鼓吹者。如果某人认同阿加西的观点，任何一个与艾略特有类似经历和社会关系的人，在他看来都可能好像已经对技术痴迷到危险的地步。一个持论公允的人，比较容易接受以法莲·格尼教授等人的见解。格尼教授是一位人文学历史教师，此人思想开明，心智活跃。[1]一个真正保守的人士，会衷心拥护罗伯特·温斯罗普这样高贵体面但有名无实的领导，或是深受爱戴的基督徒伦理教授安德鲁·P. 皮博迪。皮博迪这位宅心仁厚的教授既是哈佛大学牧师，同时也是哈佛教授会中的资深成员，事实上当时他正暂时代理校长一职。他象征着所有优秀和温和的传统，虽然那些传统正在迅速失去自身的意义,却依然发挥着一定的作用。在一般人看来，他被推选为校长候选人，不是顺理成章，也是迟早注定的事。

学校里围绕宗教展开的议论，虽然没有公开，却一直在暗中进行。当时美国的各所大学无不具有教派色彩，或者说无不带有某一特定的教派倾向。唯一神论因控制了美国这所最古老的大学而自鸣得意。19 世纪上半叶，唯一神论在整个新英格兰地区挑起的争端仍在激烈进行，一直笃信基督教公理主义的耶鲁，招生人数已经超过了哈佛。最近几年，位于剑桥的哈佛学院正在办学规模上逐渐恢复它的传统领先地位。这是一个好兆头。但只怕宽容会沦为放任。如果希尔的继任者在宗教问题上是个地地道道的外行，而且这个外行竭力提倡所谓实用教育，而非古典人文传统，那结果会是怎样呢？我们很难想象这本身将是多么大的一个变革。在 19 世纪前 50 年，前后共有 7 人任哈佛校长。一位是菲尔顿，拉丁语

1　J. R. 洛威尔和 E. L. 戈德金曾让约翰·菲斯克写了一篇关于格尼的社论，发表于 1868 年 12 月 31 日的《国家民族政坛》(*Nation*)(参见 J.S.Clarke, *John Fiske*, Ⅰ, p.342)。

和希腊语教授，一位是约西亚·昆西，其他五位都是牧师。艾略特曾在《大西洋月刊》撰文称："美国各所大学的校长，无论过去还是现在，几乎都从牧师中产生；越来越明显的是，这种纯粹由神职人员治校的做法正在令它们深受其害。"然而并不是所有人都已看清这种弊端。1862 年董事会选择希尔为校长候选人，起初以 16 票对 9 票被监事会否决，直到第二年 10 月，监事会的立场才有了转变。他们当时提出的反对理由被记录在案。希尔是一位称职的唯一神论牧师，不过他也有一定的数学天赋，同时热衷于科学探索，因此不难理解，他之所以获得提名，正是董事会迁就科学派系的结果。监事会的一个专门委员会提交的一份报告指出："鉴于希尔教授本人偏爱自然科学和精密科学，他会很不恰当地一味拔高这些学科的地位，从而忽视风雅文学和古典文学专业的合理吁求……少数人反对希尔博士出任校长，是由于他们怀疑他的宗教观被一部分人愚蠢地称为'理性'和开明，正是这些人将其视为理性和开明的标志，并进而摒弃所有的信仰。"

此时人们所说的哈佛大学，已经开始陆续包括哈佛学院以外的若干专门机构，即神学院、法学院、医学院、劳伦斯理学院、地矿学院、天文台、植物园、动物博物馆。迄今为止，校长和董事会一直听任各个机构自行发展，按照自己的方式处理内部事务，基本无须考虑学校其他机构目前的情况。历任校长的注意力也仅仅局限于哈佛学院本身，成天忙于授课、布道和各种行政事务，将大量时间用于本科生的道德教育和管理。眼下需要回答的问题是，校长是否应该从这些职责中解脱出来。这似乎是在间接批评时下盛行的关于大学生管教难度和重要性的说法，同时也引发了一个事关大学组织结构的问题。校长对于学校所有部门的事务是否应该同样关注，积极介入？曾任校长、现任校监事的詹姆斯·沃克认为，问题在于哈佛究竟需要一个“务实肯干的校长”，还是一个在其他某些领域出类拔萃，并因此为自己主管的学校增添声望和荣誉的人。沃克承认这样的人肯定不愿成天忙于应付维持校纪之类的烦琐事务。如果我们选择了一位务实肯干的校长，那就无须考虑再找一名助手，替他分担琐事杂务，尤其是在校长准备对本科学院事必躬亲之时。以这种方式说明问题，本身意味着人们并不期望校长过多介入其他学院的事务。[1]

如果哈佛在1869年之前一直处于强有力的引导之下，那么在遴选一位新校长时，大概就不会面临如此多与政策和目的相关的问题。董事会接连选出的四任校长全都乏善可陈，并且听任他们在任期内执行政策时一次次摇摆不定。校长一职的威信其实已经大大降低。无论什么都无法损害爱德华·埃弗雷特的个人威信，早在出任校长之前他就已声誉卓著，但仅仅当了五年哈佛校长他便心生厌倦毅然辞职，坦承不愿再将自己的健康和精力消耗在这些碌碌琐事之上。贾瑞德·斯帕克斯辞职也是出于相似的心理。埃弗雷特偶然看到一封多年前的信，从而得知艾姆斯曾拒任校长，不禁由衷赞叹，“智者之名，非费舍尔·艾姆斯莫属”[2]。布朗大学维兰德校长也曾说，“一位大学校长的时间，完全被旁人一点点地白白糟蹋掉了”。爱德华·皮尔斯曾向沃克博士说起梅里马克纺织厂聘请艾略特担任主管的事，一向出语幽默的沃克知道皮尔斯喜欢引用自己的笑话，便接过他的话说：“这是一个人赖以谋生的一种体

1　《波士顿广告日报》（*Boston Daily Advertiser*）1869年1月8日载文称，沃克博士在校监事会的一次例会上说：“他本人和其他许多校友都认为，学院中的系是我们关注的重点，其他部门都是附属物，可以任其像机器一样自行运转。”

2　1851. See H. B. Adams, *Life of Sparks*, Ⅱ, p. 437 note (quoted in Thwing p.269); also p.472.

面方式，任何职业如果还有什么值得一提之处，那便是体面。哈佛大学有校长，虽说那是一个令人厌恶的地方，可校长一职倒是某人赖以谋生的一种体面方式。”

7 月份被任命为哈佛监事会成员的艾略特，尽管出席了几次专题讨论校长职责的会议，并且至少做了一次简短发言，不过监事会最终经投票（2 月 25 日）决定授权董事会启动推选程序，艾略特在此前的几次非决定性议程中似乎并没有发挥多少作用。接着，董事会通过非正式途径（如果它此前尚未向当事人正式提出）请求查尔斯·弗朗西斯·亚当斯先生担任校长，当时他刚刚结束了在英国的外交使命回国，但遭到他毫不犹豫的拒绝。

两周之后的 3 月 10 日上午，监事会成员在格罗夫北大街的旧医学院举行会议。会上并无要事相商，只是通过了几项例行议案，并且批准授予 70 名医学院学生学位。艾略特出席这次会议，其他与会者大概很难猜出他此时到底在脑中转动什么念头。也许他在琢磨，单凭医学院教师的一纸推荐，很难反映这些即将成为医生的年轻人的真才实学；也许他在思考应该如何着手实施医学院的改革。很可能他的思想早已开了小差，因为他的心情无比沉重。家中妻子正在深受病痛折磨，尽管有他精心照顾，仍不见起色，恐怕将不久于人世。当年父亲经商失败后不久他俩就结了婚，自此两人的命运便紧紧联结在一起，心里一直有着共同的希望、惆怅和忧虑。她率直、乐观、开朗，这些正是他本人缺乏而又暗自渴望拥有的性格。他外表看似冷漠，其实和常人一样，也有丰富的感情和欲望。她不断向他提供精神食粮，让光与热慢慢渗入他隐秘的心灵深处。她一直是他生命中的浪漫和传奇，没有她的未来注定只是一片空虚和茫然。面临死亡和那种空虚，一个人能够真正理解生命和爱情的真谛。

作为记录在案所需的一个程序，各位监事依次轻声正式表明自己的态度，如此走过场般的程序并无引人注目之处。可是会议进行时，会议室的门忽然被推开了，原来是有人要艾略特出去一会。此人正是乔治·帕特南神父，校董事会成员之一。他过来告诉艾略特，董事会有意选举他为校长。不知他是否愿意屈就？

艾略特十分了解校长这一职位，深知他一旦上任，将有多少繁杂的事务等待他处理。他也无须打听董事会请他出任的职务是什么性质。同样，他有自知之明，能够客观衡量自身的资格和条件。不过，此时艾略特尤其觉得他本人需要旁人指点，从而坚定已有的想法。当晚，他征求了沃克的意见，他曾帮助这位前任校长拟定董事会会议的议程，沃克曾经打断会议上发言的董事，然后说，“依我看，我们不妨暂停几分钟，以便让艾略特先生为我们起草一份决议”。沃克在任职期间可谓呕心沥血。他同样见识不凡。他力劝艾略特做出同意的表态。次日上午，艾略特和西奥多·莱曼见了面。莱曼就此记载的一则日记既感人，又带有预言性质：

> 1869年3月11日，星期四。收到查理·艾略特的便条，约我到他那儿见面。他下楼来见我时，显得忧心忡忡。他说艾伦的身体非常虚弱，已是来日无多。我对他说唯有时间和操心忙碌方可缓解这种心灵创伤。我不想在这里引用宗教教义，那是一种神秘无言的安慰。他接着说，已经有人出面请他担任哈佛大学校长，他让我来是向我征求意见！——他吃不准是否该答应，因为：1. 有人反对——路易斯·阿加西等人；2. 他还年轻；3. 他目前任职于另一所大学，来此出任校长一职，未免欠妥；4. 这是一个公众职务，而他脸上的疤痕会有失体面。我逐条反

驳他列举的这些理由，建议他接受这一职位，并承诺和亚历克斯·阿加西一起支持博物馆的建立。他说他已经征询了沃克博士的看法，加上我的鼓励，他准备就任这一职位。看得出，他虽然沉浸在痛苦之中，但还是想着他以往的求学经历、遭遇的种种困难，以及目前自己职务的晋升。因为他最后平静地说："这是一个了不起的成功！"我热情地拥抱他，亲吻他。他一定会成功，凭着坚定的意志、正直的品德、不懈的努力、完善的举措，他一定能极大促进哈佛事业的发展。他的人缘大概不会有多好，因为他性情冷漠，唯独对几个挚友故交才会有热情的表现。有时他待人处事不免显得拘谨，但他的内敛深沉足以弥补这一缺陷。他成年之后的人生早期阶段，连同他的第一段婚姻生活，即将带着许多遗憾结束。不过眼下他大概做好了准备，即将投身于一项崇高的事业。

艾略特立刻将自己的决定告知校董事会。差不多六年前，董事会一半的成员拒不同意向他授予罗姆福特教席。3 月 12 日早晨，董事会召集会议，正式推选他为校长候选人，并提请监事会审议。

他的妻子此时神志尚清，还能与人简单交流，艾略特把情况跟她说了之后，她用微弱的嗓音吐出一句，"这下你可以大展宏图了"。次日，她便离开了人世。

董事会确定人选的消息在 18 日公布于众，后来任教于哈佛并成为著名法学学者的詹姆斯·B. 塞耶当即写下由衷的感慨："董事会的那些老先生们这回干的可是漂亮极了！我们心里重又燃起复兴哈佛的美好愿望。"年长艾略特二十岁的李上校，也是当时监事会的成员，给艾略特写了以下这封信：

亨利·李致艾略特

1869年5月18日

尊敬的查尔斯，我经常在夜里写下心里感到愤懑不平的事情，不过今晚我暂时不写这个，因为我已获悉你被董事会提名为哈佛大学校长，谨向你表达我内心的喜悦。

我曾经两次跟你说过，你对董事会施加的影响之大，非董事会其他任何一名成员可及。你曾详细阐述一校之长的职权，这种职权你也能运用自如；因为你目标专一，善于学习并立志学会原先不懂的东西；因为你一旦出错，便能立即承认，且毫无保留地予以纠正。

我深知你的为人，也了解包括你善良的祖母在内的整个家族。你并非完美，但毕竟以往经历过，而且还将经历各种各样的磨炼，有朝一日终将臻于完美，那是我衷心希望见到的。

你的朋友

亨利·李

前面已经说过，只有在监事会投下赞成票后，董事会的提名才能生效。有如哈佛历史上熟悉一幕的重演一般，监事会一度不同意董事会提出的校长人选。种种迹象已经表明，在当时关于哈佛未来发展问题仍悬而未决的情况下，无论校长候选人是谁，都势必招致某些人的激烈反对。艾略特作为候选人同样备受争议。他年轻，看上去就是个一旦掌权便会及时行令的角色。如果受人尊敬的托马斯·希尔仅因他本人对数学和天文学稍有痴迷，便已经令捍卫哈佛传统的那些人士惶惶不安，那么艾略特又会让他们恐慌到何种地步呢？不妨看看他在《大西洋月刊》发表的文章。他在文中表达了一个“实用教育”的衷心拥护者的观点：“有人认为古典文学课程对于造就一个绅士必不可缺，这种见解真是俗不可耐。”[1] 人们知道这位作者赞成实行选课制度，它正在逐渐为人所知，并迥异于传统制度。不过有人提醒我说，他大概受到了某些外国思想的影响，但恐怕很难说清楚究竟是什么思想。一些保守人士认为如果他是一校之长，就会尽量减少这些思想的影响，他们的这种想法很有道理。反倒是六年前支持吉布斯获得罗姆福特教席的阿加西和皮尔斯等人，从反对艾略特的那一刻起，便已开始误入歧途。经过别人最初的提醒和最后的警告，他们终于看出校长一职无外乎艾略特和安德鲁·P. 皮博迪两个人选。监事会在 3 月 18 号将候选人名单提交给一个专门的委员会，4 月 7 日再度召集会议，会上收到委员会赞同候选人提名的报告；委员会就此项提名报告进行讨论，后以“此事显然尚未成熟”为由休会，于当月 21 日继续讨论。有人（似乎是反对艾略特当选的人士）数次提议将该项提名发回请董事会再议，并重新休会，结果均以 9 ∶ 11 的投票结果遭到否决。接着，反对派阵营中的威廉·格雷，“突然做出”董事会将提名重新发回再议的动议，并且以 11 ∶ 10 的投票结果通过。莱曼在日记中写道，人们全都面面相觑，惊讶之极，“我径直出城——心里愤愤不平——给艾略特写了张便条，说事情如此不顺，不晓得是什么名堂，他在监事会拥有多数人支持……我劝他不妨听任董事会投票表决，

1　文章分两部分刊载于《大西洋月刊》2 月号和 3 月号，据说它们提高了艾略特这位候选人的声誉，不过也有人提醒我说，它们险些让艾略特丧失当选的唯一机会。可以确定的是，艾略特向《大西洋月刊》寄出这篇文章，是在 1868 年 11 月 11 日前不久的某一天，而希尔校长的辞职是在此前六周。根据《大西洋月刊》的有关信函档案，其时文章就算没有完稿，也至少已经写出了一部分。如果这是事实，那就似乎没有多少理由认为，艾略特在写文章时会考虑它们究竟是否有助于自己当选校长。新校长的选举原定于 11 月，那时《新教育》一文尚未发表。这篇文章论述的是一个在技术教育领域受到极大关注的问题。如果艾略特想要通过发表一篇教育专题文章引起哈佛学界的注意，他应该选择另外一个题目。

一切以学校的利益为重”。5 月 19 日，董事会向监事会再度做出同样的提名，监事会随即进行了一轮非正式投票，15 票赞成艾略特当选，仍有 9 票反对。紧随其后的正式投票，16 票同意，8 票反对。

就在监事会讨论期间，一天艾略特在街上偶遇弗朗西斯 · 帕克曼。这位历史学家是艾略特一家的老朋友，也是监事会的一位资深成员。按照艾略特的叙述，沃尔科特博士转录了两人的一段交谈："想必你能理解我支持另一位候选人的校长职务。”帕克曼说出了这位候选人的姓名［以法莲 · 格尼］。艾略特先生立刻说道 ："他也是我提名的候选人，他是我的朋友，我希望他能当上校长。我从未指望被人提名推荐 ；我无意于此。我在詹姆斯 · 沃克校长任职期间与他过从甚密，我也看到希尔博士因为不知道身为校长得承担何等繁重的职责，在校长任上遇到多少麻烦，我可不想担此重任。我很满意我现在的工作，况且家中的事已经让我够伤心的了，哪里还想另谋高位呢。”艾略特对 J. D. 格林先生说，后来帕克曼告诉他，这场谈话促使帕克曼把票投给他，而且艾略特相信，此后帕克曼也施加了一定影响，从而使某些人改投他的赞成票。我们容易理解艾略特何以在那一刻对竞争的结果如此处之淡然，至于他这种态度为什么居然似乎成了别人支持他的理由，那就不容易说得清了。

一种出自监事会中反对艾略特的人士显系夸张的说法，已经在一定程度上流传开来。它或许应该被视为约翰逊博士所说的“人们自然愿意宣扬某种奇迹的一个例证”。艾略特本人后来在 1913 年说，“监事会根据大多数人的意见，将我的提名原封不动地发回董事会，用这种无声但也是决定性的方式对其予以否决”。[1] 一个决定性的否决云云，其实并不准确。“4 月 21 日的投票结果并非大多数人的意见。”——这种错误的说法之所以长期以来没有得到纠正，在一定程度上是由于正式的详细会议记录没有记载投票数。尽管如此，我们似乎没有道理怀疑莱曼日记的准确性。

这位饱受争议的人物，就算肚里没气，也难免不会感到厌恶，然而以他的为人，应该不至于对正直的反对者心怀怨恨。他对于谢菲尔德理学院两位好友的祝贺做出的答复，也同样显示他对整个事情表现出多么理智的态度：

> ……我当选校长的阻力，主要来自这样一些人，在他们看来，与其相信一位科学家能够公平对待文学、哲学和艺术，不如相信一个文人或一位牧师能够公平对待科学。所有的讨论都是客观公允，富有启迪。唯独在主要的讨论中几乎没有涉及应该怎样创建最高水准的美国高校，这是我们都应该认真思考的问题。[2]
>
> 一个人的胜利，意味着另一个人的失败。但我此次当选校长却不是这样。我认为这仅仅是一种尝试，一种由哈佛的管理机构本着真正的科学精神做出的尝试。我此次成功的更大意义要等到 10 到 15 年后，通过我取得的成就体现出来。如你所说，首要也是最有益的一件事，便是证明文学和科学并非不共戴天的敌人，而是相互帮助的朋友。这桩有些反常的事件中还有不少滑稽可笑之处。例如，15 分钟之后，我将接待一个联合委员

1　相关描述参见 *Sixtieth Anniversary Report* of the Class of 1853, p.106。

2　查尔斯·艾略特致乔治·J. 布拉什，1869 年 5 月 21 日。

会，由他们通知我正式就职。拉尔夫·瓦尔多·爱默生，我相信，他是该委员会中最年轻、行事最低调的一位成员。我暗想，他们会说什么，做什么。拍拍我的脑袋，那是当然，说一声"好样的，年轻人"。——"眼光独到，实力不凡"——这话说得漂亮，话就得这样说。养好你的胃，等好日子来了再开怀痛饮吧。[1]

我对昨天的投票结果很满意，监事会总共有三分之二的成员投票批准对我的任命，因此这是民意的一种公正表达。至于我听到的那些反对意见，我也非常同意。正如西奥多对爱德华·黑尔所说："我同意你的基本观点，可是你并不了解艾略特。"研究生教育，我相信，应该首先纳入我们的议事日程。本学期有一个委员会专门研究哈佛的这项工作。历经一轮又一轮的长期讨论，加上对大量材料不厌其烦地进行筛选，我们将逐渐得到想要的结果。[2]

艾略特的同学 A. S. 希尔从欧洲写信给他："恕我直言，你比十年前更能胜任校长一职。不仅因为你年岁的增长，还因为你的视野更加宽广，人也更加和蔼——这种和蔼，其实并不在于性情本身，而在于性情表达的方式。总之，从你身上已经找不到当年你在波士顿生活的痕迹。我认为你有这种转变，一方面是因为你及早离开了波士顿，加上你本人很有见识；另一方面是因为你的妻子和子女让你的家庭和心灵充满了阳光。"

3 月 20 日的《波士顿邮报》评论专栏，刊登了一篇带有预言

1　查尔斯·艾略特致 S. W. 约翰逊博士，1869 年 5 月 25 日。

2　查尔斯·艾略特致亚瑟·T. 莱曼，1869 年 5 月 20 日。

性质的匿名文章，其中写道：“……他的当选将被证明是哈佛历史上的一个转折点，将使人们更加全面地审视美国高等教育的课程制度，……将会造就一批行事缜密、训练有素、注重实效的学者，国内所有的工作和事业领域，都将长久而明显地感受到他们的影响。”

人的一生中，很少有人如同艾略特在1869年那样，一直像是在崎岖陡峭的山路上艰难跋涉。3月20日是他35岁的生日，距他妻子离世刚刚一周，也是反对他任职的呼声日渐高涨之时。如果艾略特在生日当天回顾他最近的处境，准会觉得自己仿佛已经度过了整个人生，今后无论面临什么事情，都将像是在经历又一个完整的人生一样，开始便遇到困难，过程和结局全都不可预测。

他在人生的第一个阶段，可谓家境殷实，有财富作为保障，似乎享有充分的自由。后来又眼看着这些在顷刻之间消失殆尽。他曾以为自己即将在喜欢的职业生涯中品尝到成功的滋味，谁料就在关键时刻，那只承载希望的杯子被人硬生生地从他唇边夺走。失去了一直寄托着自己的理想和抱负的哈佛教职之后，又来到一个前景难料的年轻学院任级别较低的教授。他结了婚,有了四个孩子。他先后守在两个孩子临终的病榻前。他眼睁睁地看着妻子长期饱受疾病折磨，内心越发痛苦不堪，最后还是失去了她。他在剑桥的一位邻居写道：“她呼唤自家孩子的清脆而欢快的嗓音依然时时回荡在我的耳畔，正如我当年在窗前听到的那样。”[1]艾略特再也听不到她那动听的呼唤和笑声了。如果他硬要认为自己幸运，毕竟已经摆脱了痛苦，而且小有成就，那纯粹是自欺欺人。如果他希望，

1　F.恰尔德夫人致查尔斯·艾略特，1869年3月21日。

无论怎样，他即将开始的新生活都将是美好的，那么这种希望定是源自他内心集聚的力量。

如果我们以局外人的眼光看待他，并且在这个他个人遭遇不幸的时刻对他进行客观评价，根据《大西洋月刊》那篇文章的某种意义，就能蛮有把握地形成一些看法，而这种意义本身，则超出了任何一种引发争议的言论。虽然文章是在作者无比悲伤与忧虑的时期写成的，字里行间却透出战斗精神和必胜信心。任何一位读者读完全文以后大概都会觉得，就算艾略特没有身居高位，毫无威望可言，只是作为一个自由职业者被迫孤军作战，他也同样会成为载入美国教育史的一位英雄。它第一次阐述了如今我们所知的艾略特有关学院和大学的一些基本理念。这表明他已抓住了问题的实质，知道应该采取什么行动，并且已经准备宣扬自己的观点，同时通过引述自己认真观察到的若干事实予以佐证。这篇文章是为了引出更多的讨论，而不是终止讨论。读者不妨把文章的作者看成一个实干家，而不是一个安于现状的人。

作者的品位、目标和能力，以及对它们加以最充分检验的任务，所有这些如此完美与恰当地融为一体，真是难能可贵！艾略特曾是一位优秀的教师，可他从未真正热衷于教学。他后来又成为一名称职的化学家，然而科学却不是他的真爱。他觉得他很喜欢理工学院的工作——的确乐此不疲，但这远远不够。我们不可能不相信，他颇有自知之明，又有足够的远见，能够清楚地认识到自己未来的工作有何意义，因而度过了 1869 年 3 月之后悲伤与孤独的岁月。因为他真的从“过于轻松的工作的束缚中解脱了出来”，自此他身上蕴藏的潜能一直得到充分的施展。

07
就职哈佛

1860 年代美国学院的状况——知识领域的拓宽——需要一所美国本土大学——艾略特的就职和就职演讲

就我而言，我现在的兴趣跟以往一样，完全集中在纯理论学科的教育上。如果哪位化学家跟我说某某原理可以用于某某产品的制造，我会立刻向他告辞，因为我的日常生活中已经充斥了太多实用性的东西。这个国家有如一台不停旋转的机器，时刻催生一摞摞钞票、一条条铁路、各种商务活动和各项发明。每个城市都有一所质量尚可的公立学校，一所中学或是艺术职业专科学校。但只有在剑桥市这样的地方，因其学术气氛浓厚，治学历史悠久，我们才有望建立一所大学：在这所大学里，学生能够学习各领域广泛融合的许多知识，不论这种融合涉及语言、数学、动植物，抑或是无机化学领域。除非我们能有这样一个地方，否则我们就是一个有着严重缺陷的国家。欧洲人尤其欠缺的方面，我们拼命发展；他们高度发达的方面，我们却显得特别欠缺。教育领域的这种欠缺，我一直致力弥补，虽然是以一种懒散拖沓的方式。如果我像你一样精力充沛，我定当倾尽全力，取得更多的进展。

——西奥多·莱曼致艾略特，1868 年 3 月 8 日

此时，艾略特的精力将有机会得到最好的发挥。但即便是在剑桥，他一开始也得改造古老的教育机制的基础。如果要理解艾略特改革的意义，首先应该回顾一下 1869 年美国各大学的基本情况。

哥伦比亚学院（今哥伦比亚大学）校长 F. A. P. 巴纳德于 1869 年考察附近地区的入学现状，结果发现进入大学的人数不是增加而是逐年减少，他为此深感忧虑。他发现在新英格兰各州，1838 年平均每 1294 人有一名大学在校生，这一比例在 1855 年下降到

1:1689，1869 年则下降到 1:1927。有关资料显示，1855 到 1869 年间，新英格兰地区 12 所学院的古典文学艺术系和其他一些系的入学总数仅增加了 3.33%，而新英格兰的人口却同期增长了 5 倍。然而哈佛学院在这份数据排行榜上名列第一，单是一所哈佛学院的入学增长率便超过了 12 所学院增长率的总和。如果将哈佛从名单中剔除，那么其余 11 所学校的总入学率将会下降 6%。巴纳德认为根据当下通行的评价机制，学院教育的价值一直呈急速下降趋势，因为校方不能及时调整课程设置以顺应时代发展的需要，学院不能提供社会所需的教育。哈佛独特的情形似乎证实了他的这一看法。在他所说的人们对“一种新型的高等教育”的需求日益增长期间，“哈佛一直在逐渐完全地投身于新型的教育事业”。[1] 巴纳德所言，反映出哈佛正在不断发展这一普遍共识。但他将哈佛的发展归功于最近实施的课程改革，却是夸大了改革本身的作用。哈佛声誉的提高，并非仅仅因为开设了几门选修课，而是另有其他方面的原因。当然，通过吸引一批著名科学家的加盟，哈佛在科学领域取得了开拓性的进展。这一点已经得到人们虽非明确却广泛的认可。但这些科学家的工作几乎完全局限于阿加西博物馆和劳伦斯理学院，他们对凡是涉及学校政策的问题都没有投票表决权。大概只有这样说才比较妥当：这批科学家，加上学院里三四位富有现代治学精神的教授，他们为剑桥带来了自由清新的气息。再加上波士顿、剑桥、康科德三地聚集了不少杰出文人，哈佛有幸笼罩在他们智慧的光环之下。正因如此，托马斯·希尔才有充足的理由在其最后一份校长报告中说，美国没有其他哪个地方比这

1　1870 年哥伦比亚大学校长报告，特别是第 44 页和第 62—63 页的内容。巴纳德讨论了人口特征的变化以及财产分配的变化，并总结说这些都不是大学入学人数相对减少的原因。

里更便于建立一所“高水平的大学”。康奈尔和密歇根正在努力成为真正意义上的大学，可惜两校所处的伊萨卡市和安阿伯市却没有这些得天独厚的优势。

但如果有谁宁愿做另一种比较，宁愿考虑剑桥与其他地区的未来发展而不是目前状况，那么他对哈佛学院最乐观的估计大概是它将遥遥领先于一批反应迟钝的学校。这一代人中，认为高校改革进展缓慢的人数呈逐年增长之势，并在内战后开始激增。其中既有像西奥多·莱曼这样学养深厚却不以专业权威自居的人，也有安德鲁·D. 怀特、D. C. 吉尔曼[1]和巴纳德等人，他们或是亲自教学，或是参与教学管理，对此早已有话要说。他们对各所学院的现状了解得十分详细，因此就连哈佛已经实施的改革也无法令他们满意。一名哈佛学生在他最后三年在校期间可以自主选修一半课程，乍听起来确实不错，仔细一看却发现可供选择的课程极为贫乏。[2]学生可以研读某个希腊文或拉丁文作家的作品，但不能读其他人的作品；他可以多少学一点数学；也可以适当减少用在这些科目上的时间，腾出更多精力学习政治经济学、哲学、科学和现代语言。然而一旦他尝试学习这些课程，一般只能停留在初级水平上，很难再有提高。而且，如果他选修政治经济学、哲学或者历史，会发现教师的授课方法也很落后。所以，有人会提出，有时还会用悲观的口吻提出，是否应在曾大力开展拉丁语和希腊语教学的这些学校将其最终舍弃，或是降低其地位。他们提出这个问题，意在回避主要的困难。真正的问题在于，大学之道究竟是该由一批

1　丹尼尔·科伊特·吉尔曼（Daniel Coite Gilman，1831—1908），美国教育家和学者，约翰·霍普金斯大学首任校长。——译注

2　参见附录 A 即可知当时选修课程贫乏到何种程度。

教师进行有关学科的基础教学，还是要以求知若渴的精神，广泛探索语言、文学、历史、科学和哲学等科目的意义及价值。

尽管无视古典文学在传统课程体系中独享尊荣，以及人们在表面上把它捧得很高，但它毕竟已经成为主要的文法课程。每当哪所学校的某位教师以饱满的人文情怀敦请学生欣赏希腊和拉丁作家作品，例如像乔治·M. 莱恩那样，学生就会因为教师这种超出他们预期的不同寻常的表现而对他尊崇有加。

一位按照传统模式培养出来的学生曾对威廉·詹姆斯说道："我无法理解你讲授的哲学，以前学哲学时，我们常常记诵有关内容，倒是能够理解。"这是美国各大学伦理道德和政治学科教学现状基本真实的写照，如果不能算作完全真实的话。其中若干定义和原理照理或按要求应做出一定程度的删减。这些课程的配套教材全都差强人意，而且多数高校的课堂上带有一种强烈的门户之见。一所大学，正如艾略特所言，"不能建立在某一学派之上，除非该学派确实囊括了全国所有的有识之士"[1]。

自然科学虽然早已向美国的年轻人敞开了大门，但自然科学课的教学方式同样很不理想。与耶鲁一样，哈佛首次尝试将自然科学纳入学校的课程体系，开设了理科课程，后来又设立了有别于哈佛学院并与之平行管理的理学院。这种做法促使人文学科做出了过于保守的反应，而不是扩展和充实文学学士学位必修课程。1868年，哈佛学院仅有约西亚·P. 库克一名教师能够以现代教学方法讲授理科课程。他开设了一个化学实验室，收集了一系列的矿物标本，以便学生在学习教材和课堂听讲之外，还能亲自观察，触摸，嗅闻气味，并进行实验操作。阿加西、杰弗里斯、怀曼、吉布斯、阿萨·格

---

1 D. C. 吉尔曼就职典礼上的演讲。*Educational Reform*，p.43。

雷、J. D. 惠特尼——若能与这些人共事，本身就是一次很好的通识教育——他们没有在哈佛学院讲授必修课程，而是做几场学术讲座，学生自愿参加，不计学分。尽管任教于理学院的这几位教授声誉高到几乎令别人相形见绌的地步，理学学士学位却没有它本来应有的那种分量。理学院奉行放宽入学和毕业条件从而吸引学生入学的政策，致使其毕业生的质量明显偏低，它也因此遭到哈佛学院的蔑视。理学院的教师虽有很高的学术造诣，但作风不够严谨，没有致力解决他们面临的一大难题，即如何组织开展那种偏重理科而非古典课程的扎实有效的教育。在劳伦斯理学院，一个工程系的学生不大可能学习化学，而化学系学生如果对工程学感兴趣，也同样会受到严格限制。这也许体现了课程设置的专业化，却是教育的一大弊端。在耶鲁，理科教育的条件与此基本相同，而在其他学院，情况只会更糟。纽黑文或剑桥的学生尚能见到这些著名的科学家，而在其他学校，学生却几乎无缘得识其尊颜。

学生私下也能读些英文文学作品，但它不是一门公开讲授的课程。哈佛 1868—1869 年鉴显示，二、三、四年级的课表中，英语一栏之下均设有一门自修课。这些班级的学生循序学习弗农的《盎格鲁 - 撒克逊指南》，莫里斯的《早期英语文萃》，乔叟的《序言》和《骑士故事》，索普的《盎格鲁 - 撒克逊时期文选》，马兹纳的《古英语》。换言之，恰尔德教授向学生提供盎格鲁 - 撒克逊时期文学和乔叟作品的入门辅导。学院在英语文学教育这一方面，可以说已经陷入停滞状态。[1] 当然也不能说现代语言学习的基础已很牢固，尽管学院课程表上已经列出了若干教学要求，仅有为数极少的本

1　对比 Charles F. Thwing, *History of Higher Education in America*, pp.411-43，其中提到 1850 年代耶鲁学院课程表上删去了所有文学课。

科生能够用法语、德语或其他外语阅读，教师始终需要着力解决这个他们一开始就遇到的难题，因此只得让学生从基础语法学起。朗费罗身为文学教授的主要职责之一，是监督五位从零起点分别讲授法语、德语、西班牙语和葡萄牙语的教师的工作。他的继任者洛威尔向院方提出免除这种辛苦的督导工作。耶鲁的梵文和比较语言学教授 W. D. 惠特尼，连续数年每周六上午讲授初级法语和德语。[1]朗费罗还做过历史和外国文学美学的专题讲座，但是他将那些凡是需要学生理解的段落全都翻译成英语。他们注意到朗费罗是教师中穿戴打扮最考究的一个，举手投足极富魅力，尤其是他一改教师长期以来仅仅直呼学生姓氏的做法，开创了称呼他们“琼思先生”或“史密斯先生”的惯例。对年轻的听众而言，无论是聆听他的讲座，或是聆听在他之后洛威尔的讲座，无疑都是在接受文明礼仪的熏陶，只是他们究竟能够学到多少呢？但丁、拉辛和卡尔德隆[2]作品中蕴含的美，朗费罗到底能让学生欣赏多少呢？不过，他授课时喜欢旁征博引，多少可以弥补他势必不够深刻的缺陷。拥有文学教授这一职位的人理应精通自古典时期以来的所有文学——意大利文学、西班牙文学、法国文学、德国文学。朗费罗平时喜欢涉猎瑞典、丹麦和冰岛文学作品，此外还有不为我所知的其他一些作品。截至 1869 年，现代语言及文学教学的发展，确实已经稍稍超出了朗费罗生活时代所达到的规模，但这种超出毕竟十分有限。总体而言，多数现代语言课程还停留在中学水平。

---

1 Chittenden, *History of Sheffield Scientific School*,p.81.

2 卡尔德隆（Calderon，1600—1681），西班牙剧作家，诗人。——译注我们只需浏览一遍几所美国学院的教师名册，即可看出其中特有的缺陷。一支典型的教师队伍一般由 12 到 18 人组成，包括一直亲自授课或布道的院长，以及所有的导师和初级讲师。这是因为如果教师人数少于 12，就无法在学院的四个班级中开出规定的课程，而多于 18 人，又会造成人员浪费。哈佛的教师较多，甚至多达 27 名，不过哈佛正在扩大规模。“基督教道德教育”“自然宗教和伦理学”“科学与天启教的和谐共存”这些课程，将可能由不止一名教授主讲。平均约有三分之一的教师负责讲授诸如此类的课程，以及拉丁语和希腊语课程。另一方面，一位教师可以既任教于德语系，同时又是罗马史教授。“自然科学”课程的讲师，好几位拥有教授头衔，而物理、化学和动物学却鲜有教授执教。[1]

现代语言和现代文学作品的主讲教师，通常位列教师名单的最后，仿佛他们只是一些并未列入哈佛长期经费预算的多余摆设，抑或是一批外来人员，勉强获准暂且在此忍辱栖身。那些外国教师通常只能担任聘期短暂的低级教职，因而在教师会议上没有投票表决权。我们不难推测，那几个有权决定课程设置和规章制度的小团体，内部控制严格，一定会让几位外国教师感到无所适从。同样，一名德国教师为初学者讲授德语的变格变位，领取的薪水过于菲薄，大概不可能吸引他在哈佛久留，只要此人尚有几分男子汉的自尊。

塔克尔[2]校长对1860年代达特茅斯学院的评价也同样适用于当时其他所有院校。该学院开设的课程“在头两年跟预科学校几乎

1　详情参见附录 B。

2　威廉 · 朱厄特 · 塔克尔（William Jewett Tucker，1839—1926），1893 至 1909 年任达特茅斯学院第九任校长。——译注

没有任何区别”，“整个学院总是采取一致行动，无论是传授知识还是培养道德，都是以整齐一律的形式影响每一个学生……这支守旧的教师队伍是一批受过相似学术训练的学者，一种共同的教育目的早已深入他们的内心世界”。[1]总之，学院只是一味强调某种纪律，而不是向学生提供自我教育的机会或指导。纪律支配了一切，学生们将老师视为动辄处罚自己的教官。动点心思算计老师，便成为学生们经常采用的一种消遣方式。他们偶尔还会放肆地搞出一些恶作剧，制造一阵轰动，从而将自己整人的本领发挥得淋漓尽致。学生缠着教师讲一些无聊的废话，依然像艾略特就读于哈佛学院期间那样，是一种相当普遍的恶习。另一方面，教师几乎从未试图打破那道将自己和学生隔开的阶级屏障。C. F. 亚当斯曾经说起他读本科期间哈佛当时的情形 ：“我们的几位教授……课堂上一遍遍重复着形同苦役的工作，教学方式单调刻板，内容枯燥乏味。至于如何指导年轻人，在某种意义上也可以说是塑造处在最具可塑性阶段的年轻人的心灵，据我所知，我们从来不敢奢望他们会这样做。”[2]这番话也同样适用于19世纪60年代末期的各所学院。教师与学生之间本无“人道”可言，可他们偏要侈谈什么“人道”，仿佛它是为学生准备的美味可口的滋补品，可在我们听来，真像是莫大的讽刺。海德校长说 ：“我们处理各项事务时所依循的旧秩序，最终造成一种迂腐守旧的一致性，一种硬性规定，

1　引自 E. B. Greene, *A New-Englander in Japan*, p.37。

2　Charles Francis Adams，*Charles Francis Adams，An Autobiography*，p.35. 亚当斯曾于1852—1856年就读于哈佛。

二流头脑中特有的一种主观武断的思想倾向，一种将许多支离破碎互不相干的话语胡乱拼凑成的说教，自始至终都处在低级阶段。”[1]

这种体制又如何能造就一批杰出的学生呢？问题本身就有些强人所难，但它显然包含了一种假设。他们的思想是在大学里形成，能力是在大学里培养的吗？读者若能以其中一人即艾略特为例，将不难做出自己的判断。撇开他的个人经历暂且不论，不妨先了解一下他如何通过别人的事例探讨这个问题。

他问道：“为什么在19世纪上半叶哈佛的毕业生中，会涌现出许多历史学家，诸如贾里德·斯帕克斯、约翰·G. 帕弗、威廉·希克林·普雷斯科特、约翰·洛斯罗普·莫特利、乔治·班克罗夫特、弗朗西斯·帕克曼、贾斯汀·温泽；涌现出许多散文作家和诗人，诸如威廉·埃勒里·钱宁[2]、弗雷德里克·亨利·赫奇、詹姆士·弗里曼·克拉克、拉尔夫·瓦尔多·爱默生、詹姆斯·拉塞尔·洛威尔、奥利弗·温德尔·霍姆斯、托马斯·温特沃斯·希金森、查尔斯·艾略特·诺顿；涌现出爱德华·埃弗里特和罗伯特·查尔斯·温思罗普等演说家；涌现出约瑟夫·斯托里、莱缪尔·肖、理查德·亨利·达

1 W. Dew. Hyde，“President Eliot as an Educational Reformer，” *Atlantic Monthly*，March 1899.（自第349页起内容略有缩减。）读者们可能认为，康奈尔和密歇根两所大学理应被公认为完全不同于当时一般的美国大学。康奈尔大学的目标是“建立一所任何人都可以从中受到任何专业教育的教育机构”，F. H. 赫奇在1866年撰文（*Atlantic Monthly*，XVIII，p.299）介绍密歇根大学医学系的规章制度，将该系称作“全美国绝无仅有的教育机构，盖因其心胸豁达，眼界开阔，完全符合一所优秀大学的理念”。这两所大学的管理机构确实已经受到了很快将被广泛提及的大学理念的指导；从这点上来看，两所大学确实具有开拓性。但康奈尔大学其时尚在襁褓之中。至于密歇根大学，A. O. 诺顿教授曾做过专项调查，并向我断言，如果综合考虑学校对学生要求以及校方向学生提供了哪些条件，便可得出这样的结论：尽管有许多宏伟的理想，密歇根大学与它的许多姊妹学校仍旧属于同一类型。

2 威廉·埃勒里·钱宁（William Ellery Channing，1780—1842），美国基督教公理会自由派牧师，信奉唯一神论，主张神学人文化，反对蓄奴、酗酒和战争。——译注

纳等法学家；还有本杰明·皮尔斯、杰弗里斯·怀曼和本杰明·阿普索普·戈尔德这样的科学家？这些人都在哈佛大学拿到了文理学士学位，而当时所有的课程都是必修课，因此每门学科都处在初级水平，内容失之肤浅。然而，他们全都成为各自领域杰出的开拓者。难道鉴于这样的结果，我们就非得改变自己原先的观点，对当年他们被迫学习的课程予以好评吗？应当注意的是，首先，上述各自领域的开拓者，其中绝大多数在大学课业之外又接受了专业训练。这 23 人中有 8 人曾接受牧师专业培训，这在当时是教育程度最高的职业……上述著名人士当中，没有一人会将自己为后来取得伟大成就而经历的严格训练，归功于当年在大学学习的课程。他们的知识和灵感都来自校园之外。我的同窗贾斯汀·温泽绝对是这样，他不到 19 岁就写出了《达克斯伯里小镇史》一书。”[1]

如果问题不是爱默生、斯托里抑或温泽这类人物出现的原因，而是校友中怎么会有这么多博学多才、身份高贵的人物对母校满怀感激，一往情深呢？我们还是可以说这样的询问等于是在征求一个极其浅显的答案。一方面，很显然，先前学业训练的目的是培养出符合某种公认标准的高雅人物。此外，这些传统课程当然迎合了当时很多人的需要。不过，另一方面，我们知道人的本性总是表现出其丰富的一面，相当多的人出于一种与生俱来的本能，尽量使自己成为“高雅”的人，无论他们是否接受过四年的大学教育。19 世纪上半叶的新英格兰地区，大多数后来成为哈佛学子的孩子的家庭，都会感到该地区道德和知识教化本身那种振奋人心的力量。这些孩子如果不是在校内，也会在校外受其影响，于是他们小

1　C. W. Eliot, “Contributions to the History of American Teaching,” in *Educational Review* (NOV., 1911), XLII,pp.358-59,360.

小的年纪心智便开始趋于成熟。一个聪明的孩子做一份给大学本科生布置的课堂练习,他无须费力就能稳得全班第一。于是他能够,而且也确实经常博览群书,或者跟别人漫无边际地闲谈,思维敏捷,智力水平优于同辈人。这也是一种教育,虽然它并没有列入课程表。兰德尔说艾略特上任之前,学院“对学生做出的要求少到不能再少的地步”;乔特则大声说:“谁知道呢,难道不是他们从我们身上获取的越少,留给我们的就越多吗?”一名哈佛学生,尽管有这样那样本科生特有的一些偏见,虽不经常,偶尔也会以一种不同寻常的方式,同某位善于启发自己的老师亲近。为此目的,艾略特若有闲暇,就常常待在库克教授的实验室里,他的另一位同学会领着同伴去植物园,在阿萨·格雷的指导下研究各种植物。在为数寥寥的几门选修课上,几名学生的意大利语水平已经达到相当高的程度,能够跟朗费罗一起探讨但丁的作品,或是与洛威尔一起在他设立于爱姆伍德的图书室阅读《神曲》,这些选修课已经变得赫赫有名。但只有极少数学生获准听这些课。正因如此,有幸听课的极少数学生每次回想起当年的情景,无不心怀感激。

实际上,并没有多少人珍视这种在大师身边学习的机会,因为几乎没有任何专为本科生开设的高级课程,除了专业学院,也没有为研究生教育提供与之相称的设施。1868—1869 学年,住校研究生中仅有 5 人获得文理硕士学位。耶鲁同期的数量是 8 位,第二年是 2 位。而在普林斯顿、哥伦比亚、布朗和宾夕法尼亚等校,没有一人获得硕士学位。学生获得文学士学位之后,如果有意继续深造,远赴欧洲将是他们的明智选择。

跟其他任何人相比,不开设高级课程的后果对教师而言同样严重。一个倾尽毕生精力向学生传授学科基础知识的人,尽管课堂上多数学生对这一科目毫无兴趣,还是能够成为一个称职的基础课教师、有用的社会成员，但他从事的很难说是学者从事的工作。一所高校的实力在于教师的整体素质和学术成就。在扶持科研的专门决议尚未制订的一段时期里，在该将什么教给学生这一点上，教师受到一种根深蒂固的旧观念的束缚。如果不做出任何努力，以便那些抱负不凡的学生继续深造，教师本身也不可能有机会从事高水平或创造性的科研工作。大学的图书馆和实验室将不会成为有助于教师努力发挥自身能力的工作室，而作为治学场所的学校，也将变得毫无生气。当然也有卓越不凡的人,克服了种种不利条件。路易斯·阿加西乐观豁达，善于且不知疲倦地激发人们对他研究项目的极大热情。他能够设立自己的工作部门，按照自己的方式开展研究工作，并动员人们筹资捐款，支持他开展野外勘探，建博物馆和聘请助理。但是记载这些不循常规的事例的人物传记显示，摆脱常规的控制是何等不易。在 1868—1869 哈佛年鉴列出的教师名单中确有一批异乎寻常之辈，现在被我们视为学者或有资格培养学者的人——路易斯·阿加西、阿萨·格雷、杰弗里斯·怀曼、约西亚·D. 惠特尼、沃尔科特·吉布斯、本杰明·皮尔斯、詹姆斯·拉塞尔·洛威尔、伊万杰琳·A. 索福克勒斯、约西亚·P. 库克、弗朗西斯·J. 恰尔德、W. H. 古德温、乔治·M. 拉内、詹姆斯·米尔斯·皮尔斯。这些优秀的、在某些方面堪称卓越的人才形成了一个核心，一所真正的大学赖以发展的核心。但上列名单中的头五位，前面已经提到同哈佛并没有多少关系，而后四位直到 1869 年之后才能为学术界和哈佛做出自己最大的贡献。事实上，我们越是仔细考察这群杰出人物的成功经历，就似乎越没有理由将他们用作支持旧课程体系的一个佐证。阿加西、惠特尼、吉布斯和洛威尔从事令自己声誉卓著的绝大部分或全部工作时，全都没有顶着哈佛大学教授的头衔，而是以其他身份。阿萨·格雷跟阿加西一样设立了自己的工作室。

这就是19世纪60年代末包括哈佛在内的美国各学院的整体情形。如果其中一些学院自称大学，要么是为了表达自己良好的意图，要么是因为他们的学院董事已经将几个专业学院置于其管理之下，但大学之名仍然多少有些欠妥。后面将有机会详细介绍医学院和其他专业学院的情况，因此只需说这些专业学院水平极低，此外不必赘述。没有学识、学术和水准，便无法造就一所大学。

艾略特并不是第一个鼓吹有必要拓宽学术范围、深化科学研究并进而解放大学思想的美国人，或者第一位哈佛校长，抑或哈佛唯一有影响的重要人物。欧洲大陆的“大学”一词，意味着美国各学院在向自由选课制转变时自身致力达到的目标。在美国，选课制的第一位富有说服力的倡导者是托马斯·杰斐逊。乔治·蒂克纳受杰斐逊影响，同时受到本人在德国求学经历的启发，于19世纪20年代在哈佛发起了一场运动，致使该校采取了一些改革举措。布朗大学校长弗兰西斯·维兰德[1]、哥伦比亚大学校长F. A. P. 伯纳德也都曾推行过选课制。在纽黑文，在那些与人文哲学系早期历史息息相关的人中，名声最显赫者当数年纪较轻的西利曼、约翰·A. 波特、乔治·J. 布鲁什、W. D. 惠特尼、O. C. 马什和詹姆斯·D. 达纳，他们坚持自己的理想，在19世纪中期的二三十年间为高级科学研究工作提供了各种机遇，在这方面的贡献即使没有

1　艾略特将维兰德誉为对稳步推进美国高等教育改革做出杰出贡献的重要人物之一，尽管维兰德1855年退休之后，布朗大学新任校长又重新选择了必修课程。参阅 Wayland, *Thoughts on the Present Collegiate System* (1842)。

超出，也与其他学校相当。[1]劳伦斯理学院的创办和斯帕克斯校长的上任（1849年），引起了保守人士的强烈反应，他们重新占领了前25年进步人士赢得的阵地。但自此以后，哈佛教授会中总是有人公开倡导改革。1866年，J. H. 赫奇（时任教会史教授）在每三年一次的哈佛校友会上致辞。对于他的发言，甚至是他所说的几乎每一句话,艾略特在多年之后大概会深表赞同。他说哈佛等于是“一所为罪犯开办的高级学校”，在这所学校里，原则等于强制，教授兼有监工和警官的双重身份，校长则是“统帅校警的警长”。他认为应该尽早废除这种强制性。赫奇说，应提高入学条件，或者干脆将新生入学头一年作为试读期，然后让学生自由选择专业和教师。在他看来，这样的自由对于培养人才是不可或缺的；古典课程正在受到不应有的过多重视，应该让学生有更多的机会学习现代文学（包括英语语言文学）、科学、伦理学、政治哲学和美国历史。总之，哈佛应该尽量赋予学生更多的机会和灵感，不是采取强迫手段，也不是拿自己传统特有的办学模式做借口，而应在当代名副其实的大学中占据一席之地。[2]

这些努力没能取得多少成功，本身有多种原因，其中一个原因虽然有些笼统，但触及了问题的实质：时机尚未成熟。较之传统的课程体系，选课制绝对需要更多的教师，而当时任何一个学院

1　艾略特说耶鲁的哲学人文系“在美国历史上首次开设了哲学博士学位课程，特别值得称道”。之后发展起来的谢菲尔德理学院成为哲学人文系的一部分，该院的学生在全系学生中占大多数，但真正的研究生很少。

2　赫奇题为《大学改革》的演说刊载于《大西洋月刊》1866年9月号（XVIII,296）。较之三年后艾略特发表于《大西洋月刊》上的文章，这篇演说辞更能切中哈佛问题的要害，因为艾略特的文章并非专门针对哈佛问题而言。时至今日，重读赫奇的演说，我们觉得它有很强的预见性。安德鲁・D. 怀特称它是“著名地（原文如此）……哈佛新制度的开端”。（在美国国家教育协会上宣读的题为《高等教育》的论文，1874年8月5日）纵观整个教育史，这一说法有欠准确。

都没有足够的经费聘请编制之外的教师。国内迫切希望接受高质量教育的人严重不足，无法为高校发展提供师资力量。从 1789 到 1850 年的 60 年里，总共只有 100 个美国人得以赴欧洲大陆求学，平均每年不到 2 人（刚开始一年不到 2 人，到最后逐年增多）。即使我们充分考虑到另外有些人原本想赴哥廷根大学或其他欧洲大学留学，只是经济条件不允许，还是能够不容辩驳地证明当时美国人普遍重视的，是教育以外的其他一些事情。

然而内战结束之后，情况发生了变化。美国一些年代悠久、财力雄厚的地区，已经启动了大学建设的实验，只等专人前去指导。地点倒不是关键所在，一个称职的领导人无论在哪一所大学任校长，都能顺利开展工作。如果在 19 世纪 70 年代主持哈佛工作的是安德鲁·皮博迪牧师大人，而不是年轻的 C. W. 艾略特；如果在 1871 年成为耶鲁大学校长的是 D. C. 吉尔曼，而不是诺亚·波特，那么第一所美国大学就会成长于纽黑文，而不是剑桥。

艾略特继续在麻省理工学院履行教职，直到学年结束之后的暑期来临。他依然住在波士顿郊区的栗树山，等到秋季学期开始便返回剑桥。他用工作来排遣内心的悲伤，夜以继日地忙碌着。当务之急是起草一篇就职演说。他想征求谢菲尔德理学院布鲁什教授的意见，写信解释说："出于职责，我应该阐述新教育和旧教育（用一个让我越来越反感的说法）之间的关系，为此很伤脑筋。我无法在就职演说中对它避而不提，也很想以你和约翰逊能够认同的方式对此加以阐述。我不知道还有谁比你更有资格就此发表高见，因此很想当面向你请教。"艾略特显然担心此举可能招致非议，又补充道："我不太想来纽黑文，因为这样做难免不会引人注意——恐有不便。你是否愿来波士顿，我们晚上面谈？或是在你方便的时候，我去斯普林菲尔德与你会面。"不知是为了方便还是稳妥起见，这位耶鲁教授选择了斯普林菲尔德，于是艾略特又写信约他：

> 我将按时来到斯普林菲尔德……如果惠特尼或者 D.C. 吉尔曼也能在场，那倒是再好不过，就算当着他们的面，我们照样能够坦率地交谈，而且谈话内容不会对外扩散。惠特尼自然能够做到守口如瓶；想必吉尔曼也是我特别想知道的是，我们如何让巴黎中央理工学院的教育和普通美国学院的教育互相包容，互相尊重。我还想知道我们应该如何改进美国的科学教育；比起目前美国各学院和理学院所提供的各种学习机会，我们还需要创造哪些更好的条件以促进文化发展；以及应该怎样让教授这一职业对胸怀大志的年轻人更有吸引力。

当时有哪些人在场，以及他们说了些什么，我们不得而知，只知道校长就职典礼于 10 月 19 日如期在木制会场举行。这座正对哈佛庭院西门的会场，在剑桥被人们称作“第一教区教堂”。

就职典礼场面壮观，盛况空前，令全场观众叹为观止，虽说按照当时惯例，只有一人身着学位袍。与会人员先是在戈尔馆旁列队，然后在一支乐队的伴奏下步入会场。董事会成员全都身穿燕尾服。州长在侍从和枪骑兵的护卫下出席了典礼。两位前任校长沃克和希尔并肩前行，洛威尔和朗费罗臂挽着臂行走在队列中间。新任校长和安德鲁 · P. 皮博迪博士也并肩而行。等到“更加庄严沉稳的校友们”进场之后，“一列行进者的步伐开始加快，表明走来的是本科生，其中二年级学生头戴的海狸皮帽尤其引人注目。殿后的一年级新生快步走上台阶，像是一群奋蹄狂奔的绵羊”。《波士顿广告报》的记者如是写道。下午 3 点半，整座教堂已是座无虚席。以下是三位亲历者的叙述，值得一读：

西奥多·莱曼的日记（摘录）

1869年10月19日，星期三

今天是全家人的重要日子！查尔斯·艾略特就任哈佛大学校长的典礼于下午2点半正式举行。今天没有下雨，天气却十分阴冷。尽管如此，出席就职典礼的男女来宾仍旧挤满了整个教堂。他们列队在莱弗里特·索顿斯托尔的引导下安静而有序地准时入场。2点半我们开始列队，刚过3点，所有人员全都就座。我当然坐在监事会成员中间，阿瑟［莱曼］担任此次典礼的司仪。楼座上坐满了女士,观众席上坐着许多著名人士……州长［威廉·克拉夫林］也来了，如同往常一样，身旁有枪骑兵护卫，他坐在讲台上，一副饶有兴致的样子。在奏乐和祈祷之后，前任州长克利福德作为监事会主席向当选校长致辞，并将印章、钥匙和委任状逐一授予他。令我惊讶的是，他的致辞竟是如此拙劣，听上去像是对新上任官员的训诫，而且还对某些"科学"大肆攻击。克利福德毕竟老了。记得在沃克校长的就职典礼上——当时我是学生会主席——他的发言十分精彩。查尔斯的致答词简洁有力（反倒愈发可悲地显示出此前克利福德讲话的冗长），然后在一片热烈的掌声中正式接任校长一职。[1] 在克利福德讲话之前，高年级学生的代表怀特宣读了经过他精心起草和斟酌的拉丁文贺词。其中对于皮博迪校长（临时）的赞

---

1 "主席先生，从您刚才的发言中，我仿佛听到了诸位校友的心声，知道你们支持我承担这一光荣而艰巨的任务，并且嘱咐我忠诚于这一神圣的职责。担当此项重任，我深感自己能力欠缺，但我有蓬勃的希望和非凡的勇气。历任校长的杰出榜样为我指明了今后的道路。无论是依然健在还是已故的各位前任，他们深深的祈祷都将促使我采取每一个正确的行动，帮助我实现每一个良好的愿望。这所大学的强大，在于所有教师对待工作的热忱和献身精神，在于董事会和监事会的活力与智慧，在于整个社会的公共精神。最重要的是，我将投身于这项神圣的工作，并坚信保佑祖辈们的上帝依旧与我们同在。"（J.S.Clarke, *John Fiske*,I, p.353.）

颂激起学生的热烈反应，这表明皮博迪把他们调教得很好。接着在一曲《上帝保佑我们的总统》合唱结束之后，艾略特登上那个小小的演讲台，开始发表就职演讲。我原先期待着他发表一篇非常精彩的演说，殊不知演说精彩的程度完全超出了我的预料！风格明晰，优雅，又不失简洁，分析全面而又切中要害。他对于一所真正大学的本质的见解令人叹服不已。在这座古老的建筑内，从未有谁像他那样慷慨陈词，而且通篇并无“激进”之处。所有人都对他的演说感到满意——多数人的情绪甚至堪称热烈——我只听到那位身材矮小的普通法官说，“哼！完全是老生常谈”。沃克博士虔诚的祝词为典礼画上了圆满的句号。随后在校长办公楼设晚宴，席间，艾略特姑姑、玛丽、莉齐、凯特，全都露出喜悦的神情。

约翰·菲斯克致妻子（摘录）

我从未听到过如此精彩绝伦、令人难忘的演讲。它总共持续了 1 小时 45 分钟。现场特别安静，你甚至可以听到一根大头针落地的声音，除了雷鸣般的掌声一次次回荡在古老教堂上方的时刻。我们这些哈佛人即将进入一个崭新的时代。但愿自此能够摆脱旧思想的束缚。[1]

艾略特·卡波特夫人致丈夫（摘录）

到家之后好一阵，我一会儿哭，一会儿笑，心里感慨良多，仿佛刚刚听了一场歌剧。爱默生也在场，坐在前排座位上，边听边露出赞许的微笑，身旁的赫奇博士神态和蔼而专注。西奥

1 J. S. Clarke, *John Fiske*, I, p.353.

多［莱曼］紧挨着塞缪尔·艾略特，西奥多难掩兴奋，萨姆也是兴致勃勃。查尔斯从克利福德州长手中接受校长职权后发表的简短讲话，我即使此前远在百里之外，也情愿赶赴现场聆听，因为他的个人魅力远胜于他的言辞，这些你从报纸上根本无法体会。他的声音充满了感情，但又清晰有力，他风度气质中透出的坦率、真诚和坚毅果敢的性格，令人永远难忘。

“总之，”莱曼写道，“我真高兴我们能有这样一位校长，不仅有智慧的头脑，还有强健的四肢，挺直的腰背和满头浓密的秀发。这浓密的秀发，依我看，正是你和斯托勒用‘化学避光法’精心养护的结果。”

怎样阐述新教育和旧教育之间的关系，这一在咨询布鲁什时曾困扰他的问题，艾略特在就职演说的开头部分是这样论述的：

究竟是语言、哲学、数学还是科学更有利于思维训练，通识教育究竟应该以文科还是理科为主，这些无休止的争论对于今天的我们毫无实际意义。哈佛大学已经认识到，在文学和科学之间没有截然的对立，我们不会如此狭隘地仅仅在古典文学与数学之间，或科学与玄学之间做出选择。我们将选择所有的学科和最好的内容……一所大学只有在通识教育的基础上发展专业教育，才会密切关注知识的实际运用……任何减少现今美国大学某一学科课时数的建议都是荒唐可笑的。当今一所大学的管理者追求的唯一明确的目标，便是拓宽、深化和促进所有学科领域的教学。恐怕还要经过几代人的努力，美国最好的一批教育机构才能臻于完善，足以经受任何优胜劣汰的考验。作为清教徒先祖的后代，我们仍然对父辈在教育园地的辛勤耕耘心怀感激……

较之学科之间的对立，更重要的问题是采取正确的教学方法。艾略特在演讲中谈到不同于单纯背诵的讲座授课方式，谈到考试的方式和标准、大学对各专业学院的依赖，谈到校纪，谈到贫困生和“奖学金制度”，谈到女性接受高等教育的问题，谈到哈佛为何不能在男女同校的前提下录取女生，尽管哈佛也希望设计其他一些有利于女性接受高等教育的有效途径。这些都是当时普遍热议的话题。当然，他还提到了已经广为人知的“自由选课制”：

一个19或20来岁的年轻人，应该知道他最喜欢什么、什么最适合自己。如果他从前受过充分而广泛的训练，他自然就会知道自己最适合学习的是语言、自然科学还是数学。即使他无所爱，至少也应该有所恶……如果一个年轻人终于得到上帝的启示，明白何为自己的特殊兴趣和能力，应该让他衷心欢迎这种启示的到来，感谢上帝，然后鼓起勇气。之后，他自然知道应该如何走向幸福，如何获得一份自己热衷的工作，同时在上帝的保佑下，成为一个有用而成功的人。从一个民族所使用的工具种类，可以看出该民族的文明程度……对于个人来说，心无旁骛地致力培养自己的特殊才能，是唯一的明智之举。但对美国而言，它急需的是多样而非单一的智力型人才。

……一所大学必须立足于本土，必须底蕴深厚，但它首先必须自由。去伪存真的自由之风必须吹遍它的各个角落，即使刮起一场飓风，也难以撼动真理。学术自由的氛围是文学与科学赖以发展的根本前提……

就座于“最前排”监事会当中的爱默生，理所当然地露出赞许的微笑，因为他仿佛是在聆听一位自己的忠实追随者的演讲，此人信奉他提出的真知灼见：“上天在将一个智慧生命带到世间之时，总会事先让它充满一种愿望，并希望它能意识到这种愿望，继而为之努力。”[1] 约翰·菲斯克和每个想看到美国大学彻底摆脱教派及政治影响的人，都把艾略特这段很明确的话当作一个好的征兆——“切不可摆出权威的姿态讲授哲学”，“教师的作用不在于为学生们解决哲学和政治争端……所谓教育，就是让教师以权威自居，向学生们灌输他自以为正确的知识，这一见解在一家修道院或培养牧师的神学院似乎还有道理，但在大学和公立中学，无论是基础教育还是专业教育，都断然不能成立”。

演讲临近结束时，艾略特谈到哈佛的行政系统，逐一介绍了各个不同的管理机构——教授会、监事会、校长、董事会，回顾了以往的概况，并阐述了他本人对于它们各自不同职能的见解。这其实是一种姿态，表明他承认哈佛宪章赋予各机构的各种特权与权力，同时也有意打消有关人士心里的顾虑，因为他很需要他们的信任。对于其中有相当一部分人反对自己当选的监事会，艾略特根据他们的要求尽量做出了让步。“……监事会的真正职责，是促进和监督董事会的工作。没有监事会，董事会将成为一个私人受托性质的委员会，只能自主运行，自我监督。只有在两个管理机构的作用下，哈佛才能像历届美国政府一样得到基本保障——机制、权力与特权各异的两个机构之间形成的自然制衡。尽管监事会在事关学校发展和学术进步的问题上与董事会有最根本的共同利益，但它应永远对董事会保持一种怀疑而警觉的态度。监事们应永远起促进和

---

1 Emerson, *Education*, Centenary ed., x, p.136.

监督作用……”

关于教授会，他说：“大学作为一个学习和传授知识的地方，不论何时教授会都是它的主体。大学中的各位教授、讲师和导师，都是知识的源泉，能够不断激发学生的治学热情。他们每个人都引领着教育的方向……大学的进步主要有赖于教师……有两种人能够成为优秀教师——一种是年轻人，另一种是永葆活力的人。”

谈到董事会，他的话语中透出些许热切。董事会的各位成员果断而又谨慎地履行职责，他们的工作鲜为人知。他用语言描写了这些守口如瓶的先生的形象之后，场上某些人大概发出了会心的微笑。“诸位，想必你们已经意识到我刚才描绘的这样一幅画面，它显示了哈佛董事会的精神的真谛；我也已经阐述了新英格兰性格的高贵本质——正是这样的性格造就了我们这个自由而开明的民族。这样的性格，将促进世界上弘扬人道精神的伟大事业。”

最后，艾略特公开表明自己对于即将扮演的新角色的看法：“不论校长担负了多么重要的职责，也不能忘记他是哈佛宪章的坚定执行者。真正重要的是他的性格和判断，而不是他的意见。他是几个审议机构的主管，这些机构做出的任何决定，事先都需要经过磋商和投票表决。校长不能将自己的意见强加于任何人。大学是世界上最容不得独裁者的地方。治学永远需要民主。它可以有偶像，但不需要主人。”

我们有充分的理由说，随着 W. A. 尼尔森出任史密斯女子学院的院长，艾略特的就职开启了美国大学教育史的新纪元。我们有同样充分的理由说，这篇就职演说堪称一份绝妙的历史文献[1]。不过我们好奇，演说本身带有的那种如今在我们看来再明显不过的预

1　参见 *Charels W. Eliot，the Man and His Beliefs* 的序言。艾略特的就职演讲在这部作品中有所记载，同时也收录在艾略特 *Educational Reform* 一书中。

言性质，当年是否被人看出了呢？艾略特的理念不算新颖，一切取决于他会怎样将其付诸实施。我们知道他后来做了些什么，自然可以看出，他在就职演讲中，其实已经清晰而又不得不尽量简要地勾勒了他未来四十年推行改革的历程。我们也将此视为他成就卓著的漫长职业生涯中充分体现其献身精神的罕见壮举。但假使这套改革方案没能实施呢？它本来就不一定非实施不可。

真正带有预言性质的倒不是艾略特就职演讲的内容——虽然人们可能认识到他的话讲得很有道理——而是他这位新校长的性格。人们聆听他的演讲，对他的个人魅力准是大为折服。现场听众中的大多数人以前从未听到过他哪怕是在教室里的讲话。但是此时他就出现在他们面前，高大、矜持，站在他职业生涯的新起点，带着一个耐性和精力极强的男人特有的平静表情，就当下人们热议的一些问题陈述自己的观点，洪亮的嗓音响彻整个会场，即使处在楼厅最隐秘的位置，也能听得清清楚楚。他的仪表风度透出的那种神秘气息，比起握手这样的肢体接触，更能吸引全场观众，他刚刚说出第一句话，他们就受到了它的感染。显然，他的演讲要揭示的正是问题的本质，而这位演讲者将注定是一位实干家——他不会因为干扰而偏离自己的目标，犹如指南针总是指向磁极，不管旁边木头或黄铜之类的干扰物。他本性之中就有如铁一般的特质，并且早已受过磁化。思想即力量，个性同样有无穷的力量，两者的结合总是能够创造历史。艾略特本人就是一个新时代的引领者。

08

学院改革

首要任务与初步成就——行政改革——哈佛学院的变革——大学讲座——几项任命——选修课的增加及其对教授会的影响——提高专业学院水平的运动——法学院——神学院——医学院——理学院——年度报告

10月份那个昏暗的下午，校长就职典礼刚刚结束，人们纷纷涌出第一教区教堂，打量着街对面的哈佛学院，刚才新任校长正是紧扣它的前途发表了一场鼓舞人心的演讲。映入他们眼帘的是一所新英格兰学校里几栋外表朴素的楼房，按照一定的间隔排列在四方形庭院的周边。楼旁的几株榆树叶子已经落尽，地上的草叶开始枯萎，庭院三边花岗岩柱之间的铁栅栏勉强形成一道屏障，不甚美观地标出这片宅地的法定边界。对于许多曾经在此度过快乐的大学时光的人来说，心里特有的母校情结为眼前的情景平添了几许魅力，但在一个与哈佛并无感情联系的陌生人看来，眼前的一切准是单调而沉闷。这个很久以前便一直被人称为哈佛庭院的四方形庭院此时并不完整，因为塞耶馆、马修斯馆和沃德馆尚未建造。（塞耶馆于1869—1870年建成，其他两栋楼于1872年建成。）大学楼后面的那片空地，后来随着赛维馆、爱默生馆和罗宾逊馆的相继建立，已经成为第二个四方形庭院，当时这片空地的一侧毗邻阿普尔顿教堂，另一侧毗邻尔斯顿实验室和古老的戈尔图书馆。空地一直延伸到昆西街上那排住宅楼的后院。这排住户多为哈佛的教职员，房屋正面朝街，后身紧挨学院。其中一栋地势稍高、外观略显怪异的红砖楼便是艾略特的宅邸。这栋建于1861年的红砖楼，建筑风格上的唯一可取之处，是它的外形迥异于旁边的其他任何一栋楼房。楼内有一间不小的书房，却没有一间像样的会客室。楼上的几间卧室，在低矮的石板覆盖的复折式房顶之下，显得过于逼仄，一旦天气转暖，这里便像托非特[1]一般炎热。这里没有阳

1 源自《圣经》，意为灼热地狱。——译注

台，也没有私家花园，后来才增建了供人休憩的阳台。这里既不宽敞也不舒适，但它的确是校长的宅邸。艾略特将在此居住 40 年之久，而且是毫无怨言地安居于此。他甚至安慰自己，既然学校只能向任何一位衷心为它效力的教职人员提供最起码的生活条件，那他作为校长住在这座设施简陋的房舍里，本身并无不妥之处。

哈佛学院周边的城镇，依然大体保持了 1817 年门罗总统前来接受荣誉学位时看到的景象。一座座独立式房屋立于草地或小块田野之上，没有围墙，难得见到几排树篱，几乎没有任何遮蔽物。少数人家门口装有栅栏，是为了阻挡那些经常被人驱赶着沿街行走的牛群。这些街道其实很像乡间的林荫小路，离开波士顿之后向前延伸不了多远，便可通往贝尔蒙和阿林顿的若干个农场及林地。所谓"广场"——哈佛广场——其实只是一个广场两侧的短街，沿街小店林立，呈环绕校园一角之势，它被称为"村子"也只有 20 年的时间。这里最近成为一些马车运营的起点；马车是前往波士顿的最廉价的交通工具。

在这样的环境中，艾略特高大年轻的身影开始渐渐为人们所熟悉。学生们总是看到他在校园里到处行走，通常是独自一人，而且不看别人。在剑桥的其他地区或邻近的乡村，人们时常见他骑着一匹大马。马鞍精美，他穿着裤脚一直拖到脚背束牢的长裤，有时模仿当时流行的款式，缠着人们熟知但经常把音读错的"绑腿"——他能准确地读出这个词。另一些时候，他会自驾一辆单骑马车，熟练地挥舞马鞭，操纵缰绳，像是经过正规骑术学校的培训，同样身子坐得笔挺。的确，每当他上马或驱车之时，他那非凡的高贵气质就会比其他任何时候更尽显无遗。每次驾驶单人马车，他都会把自己的一个或两个儿子带在身边。两三年之后，他们长大了一些，便在艾略特骑马外出时，也骑上小马跟父亲一起奔驰。

他开始毫不迟疑地推行自己酝酿良久的各项改革和制度。如果全面回顾有关详情，需要读者诸君特别有耐心，不过，用高度概括的方法简单介绍过程、分析结果，还是很值得的。同时，我们应该始终牢记，他当时提出的任何一项措施，无论我们今天看来是如何明智或是微不足道，假使没有他的解释、游说和特意做出的一些安排，那就几乎无法实施。当然，如果我们硬要说在他任内头几年产生的所有变化，全都是他一个人冥思苦想的结果，则既没有根据，对其他人而言也有失公允。因为他不必在没人帮助的情况下工作。但是，如果在一种形势下骤然产生了一股力量，打破了原有的平衡，进而释放出迄今一直潜在的其他所有力量，不妨说，这股力量正是随之发生的各种变化的根源。从这个意义上讲，我们将现在发生的几乎所有一切都归功于艾略特，倒也合乎情理。各项工作在一开始，当然都是按照艾略特本人奋力引领的方向发展。

学校里发生的各种变革都将被视为集体智慧的结晶，为了叙述方便，现将它们划归为三大类。

首先，是若干项行政改革。如若有人存心对这些视而不见，大概会把它们仅仅说成是对日常事务的合理调整。即便如此，行政改革也表明哈佛——无疑同样包括其他高校，因为人类的模仿习性，所有大学彼此都极为相似——长期缺乏懂行的行政管理者的有效指导。况且，掌握行政改革的大致情况，有助于我们在最短的时间里理解那么一大堆陈腐的行政惯例，怎样对艾略特在现有基础上推行的改革构成极大的障碍。

其次，这类改革措施本身的意义更令人关注，也比较明显。它们主要是针对哈佛学院制定，其最终目标，是按照一种更加宏观的理念治理学院。学院仍然以发展人文学科为主，但它的学科领域将包含新兴的自然和社会学以及其他新学科。在校生的参与也将因此更为活跃和重要。

第三，艾略特认为有四所专业学院需要振兴。尽管这四所学院有待解决的实际问题和视情形而采取的步骤各不相同，但艾略特认为它们的改革目标是一致的。

行政改革

仅仅列举艾略特任职头两年实施的一部分改革措施，便足以表明改革涉及的范围和方面。例如，在艾略特当选之前，哈佛监事会曾就如何减轻校长工作负担的问题展开激烈的争论，并持续了数年之久。艾略特上任之后，通过设立哈佛大学教务长一职，终于解决了这个议而不决达数年之久的问题。他任职第一年的第二学期，即 1870 年 2 月，教务长以法莲 · 格尼上任，负责处理所有校纪校规及其他一些行政事务，此前这些工作需耗费校长近四分之三的工作时间。同样地，哈佛大学还为拥有教职员的每个系都任命了一位系主任。学校自此开始形成惯例，要求各系每年提交一份工作报告，经过印刷装订，连同校长和财务总监的年度报告一并存档……哈佛大学各系的学期与假期的起讫时间各不相同，由此造成的混乱状况随着哈佛统一校历的颁布而告终结。这是哈佛大学若干部门朝着彼此更加协调的方向迈出的第一步……哈佛学院长期以来普遍推行为期六周的寒假，过去人们支持这一做法的理由是，贫困生可以利用这六周时间在乡村学校任教从而挣得一点零用钱，如今寒假缩短为圣诞节前后的两周。另一方面，暑假延长到九月底结束，许多教师和学生就能有足足三个月的时间外出旅行，或是从事一项连续性的工作……同时，购置更多的土地以应学校扩建之需，并收购了河边一处地产作为将来的一个停船场所。校内的一些建筑也得到修缮和翻新。常年立于大学楼后的那几个令人讨厌和不适的公厕已被拆除，连同其周围的一片低矮长青灌木丛也全部清理干净；学生的宿舍楼里装上了抽水马桶。一些丑陋及患病的树木从哈佛庭院中移走……庭院周围新辟了一些花圃，准备栽种灌木丛。艾略特说道："哈佛学院的校园，应该处在一个良好的环境之中，使之既成为这个城市美丽的风景，同时也成为所有市民和频繁出入其间的学生心灵愉悦的源泉。"[1]哈佛大学章程也开始全面修订。我们不妨列举其中经修订后次年即正式生效的某项条款，因为它颇能代表新任校领导的学生政策。学校以前把大学生当作中小学生看待，不信任他们，不允许他们从学院图书馆借书，修订后的章程则赋予学生借书的权利。修订章程的工作逐渐展开，持续到1877年，直至原先一本近40页、载有各种烦琐规章制度的小册子，被全文印出不足5页纸的若干条例所替代。这些条例涵盖面广，内容也较为合理，从实施起至今，对于有序而灵活地管理哈佛大学的各项事务，起到了极大的促进作用。

哈佛校长是否应该同等关注该校的每个院系，这个虽经监事会在1869—1870年学期的冬天讨论，但并未形成明确结论的问题，不必通过某一条例做出规定，因为当时的章程赋予艾略特各院系负责人的合法身份，他仅需打破校长活动局限于哈佛学院的传统。他随即开始按期参与并主持所有院系的教师会。这些旨在实现统一组织的措施，产生了直接和间接的作用。20年后，艾略特在回顾自己早期改革的经历时说："就效果而论，我相信这是哈佛有史以来在行政管理方面最重要的一项改革。"类似的会议骤然增多，因

---

1 *Ann. Rep.*, 1869-70, p.23.

为他让教授会、监事会和各委员会处理的事务之多，超过了以往任何时候。有关记录显示，自 1869 年 9 月到次年 8 月，董事会召集了 34 次会议，均由艾略特主持；监事会召集了 17 次会议，他也全部出席；校教授会召集了 44 次会议，全部由他主持；神学院、劳伦斯理学院、医学院、牙医学院、地矿学院、动物博物馆总共召开了 44 次教师会议，艾略特出席并主持了 38 或 39 次。其时，教授会或委员会会议经常在晚上召开，一些会议甚至开到夜里 11 点。会上艾略特不仅用心探讨涉及哈佛全局的重要事务，而且借机了解了一些教职人员。他之所以能实施一项又一项的改革，靠的是事先鼓励与会者就当天的中心议题畅所欲言。在人们对列入当天议程的有关事项进行充分讨论并形成处理意见后，他可能会将会议拖延到 11 点结束。会议拖延期间，他虽然提出了几个问题，但并没有什么明显的意图，除非是在试探一些同事的心理，以便为进一步推出改革措施采取相应的策略。一部分与会者对此叫苦不迭。

拓宽教学的改革

艾略特还采取了下列并不只是为了便于行政管理的改革措施：重新修订入学标准和考试方式，以达到提高办学标准的总体目标。

新设立的教务处将学生的学业档案和操行档案截然分开，开始逐步废除各种约束学生品行的烦琐规定。艾略特似乎早在就读于哈佛时就开始怀疑这些规定是否明智。罗杰斯在主政麻省理工学院期间，并未制定烦琐的规则，因为他一贯认为，只有信任而不是刁难学生，才能让他们遵循规则，勇于承担责任。结果，该学院鲜有以往常见的学生和教师之间严重对立的情形。艾略特曾亲身感受麻省理工学院行之有效的管理效果，因而重返哈佛任校长之后，对推行这一管理方式很有把握。

哈佛新政实行数年之后所取得的若干经验对其他院校产生的启示，远比麻省理工之类的技术院校带给它们的启示深刻。新的学纪政策的影响随后又扩展到剑桥之外。

任何一位文学学士，只需连续三年“保持良好的道德品质”，并且预先缴纳 5 美元，即可被授予文学硕士学位，这一做法被明文废止。这为文理研究生院组织体系的逐渐成形扫清了障碍。哈佛管理委员会设立法学博士和理学博士，并依据学术委员会主持的考试结果投票决定，将博士学位授予合格人员（1873 年第一次授予以下学位——W. E. 比尔利获数学哲学博士学位，C. L. B. 惠特尼获历史哲学博士学位，约翰·特罗布里奇获物理理学博士学位），从而为文理研究生院的最终建立奠定了基础。

艾略特还修订了几年前刚刚设立的毕业典礼上荣誉奖励的制度，从而使学生有望获得表彰，只要他们在自己选择的学科领域有六至七门的课程取得优异成绩，无论是古典语言、现代语言、哲学、历史、数学、物理、化学或是博物学。我们将发现，这一制度本身鼓励了本质上类似于如今称为“主修”感兴趣的某一科目或学科领域的做法。

1872—1873 学年，哈佛学院将所有课程按阿拉伯数字进行编码，并按科目分类列于课表中，总共七类，此外再加上音乐。例如，积分学作为数学 4 与其他 10 门数学课程列为一组，而不是作为初等数学选修 1 列于一年级的学习课程中。可以认为，这一微小的变化体现了一种新的课程观念，它对后来三方面的发展，具有促进作用，即：按学科划分系一级组织，真正的课程选修制度，以及课程的无限延伸——横向贯通新的系群，纵向延伸到高年级与研究生的所有高级课程。当年的哈佛年鉴首次列出每门课程的主讲教授或讲师的姓名。

应该开设哪些课程，应该如何施教，本应取决于对此负有特别职责的教授会的各位成员。不过，艾略特也明确提出了一个建议并执意要教授会接受，结果化学专业开设了一门化学实验入门课。库克出于嫉妒特别坚定地维护化学实验课，因而反对这一提议，只是没起任何作用。专为初学者开设、长期被称作化学 1 的这门选修课，开始按照由艾略特和斯托勒合编的教材确立的体系实施教学。艾略特从自己的教学中得到的最大乐趣，大概莫过于能够利用实验室进行教学。不难想象，他当年多么想让哈佛的莘莘学子从这种教学方法中真正获益。特罗布里奇刚刚接受了物理课的教学任务，就为初学者开设了一门类似于化学 1 的“实验室实际操作”课。

1873 年春，校方正式规定，校内无论哪个系的课程均向其他系的所有学生开放。比如，根据这一规定，法学专业的学生可以直接进入哈佛学院的班级学习历史或拉丁文课程，无须额外缴纳一笔学费。“这一行动……将会给各系学生带来更多自由选择的机会。”艾略特的这句话表达了他内心持久不渝的目标。

希尔校长在职时创建了所谓大学讲座制，以求在低风险和零开支的前提下拓展哈佛学院的课程范围。正如最初设计的那样，这些讲座是由一些学识渊博的先生所做的一系列简短演讲，他们因学生的凝神倾听而感到愉悦，以此补偿自己为课堂教学所付出的辛劳。在希尔校长实行大学讲座制的 7 年里，总共有 74 次这类简短的演讲，其中仅有 7 次与理学专题有关。希尔其实已经把这些演讲当作一种手段，既能确保传统课程体系的完整，又能向那些热衷于参加讲座的学生提供一点科学知识。艾略特觉得自己从中看出了更多值得考虑的可能性。按照他的设想，只要参加此类讲座的人愿意交纳一笔为数不多的学费，再将这些学费交给主讲人作为酬金，讲座制就能够建立在牢固的基础之上。这些讲座似乎有可能让研究生从中受益，尽管如哈斯金斯教授[1]所言，它们更像是大学本科教育的延展，而不是如今人们所理解的研究生教育。[2]这些讲座面向公众开放，包括女性。它们如果能在校方的支持下顺利开展，必将逐渐扩大自己的影响与声望。它们也可以作为一种手段，用以检验类似于德国编外教师制的做法是否切实可行。因为它们肯定能显示某些未经考察的主讲人是否具备大学讲师的潜质，而无须校方承担任何令其尴尬的义务。于是，艾略特尽力使大学讲座形成一个完整的体系，开始合理安排并开设哲学和现代文学的若干讲座课程，面向"研究生、教师及其他有一定学术造诣的人"，包括女性。

以下两封艾略特写给布鲁什的信，仅仅是他当时多次写信探讨讲座制的一个例证。尽管第二封信的最后几句涉及另一个话题，但不能因此而忽视。

致乔治·布鲁什

1869 年 6 月 9 日

尊敬的布鲁什，你消息灵通，见识不凡，想必能为我提供一些可靠的消息。你们耶鲁有几位哲学家——波特、德怀特、费舍尔，他们当中谁的思维能力最强，思路最清晰？如果让他

---

1 C.H. 哈斯金斯（C. H. Haskins，1870—1937），美国教育家，历史学家，哈佛大学中世纪史学家。——译注

2 Vide C.H.Haskins on the Graduate School in Morison, *Development of Harvard University*, pp.451,453. 准确地说，大学讲座制最早创立于菲尔顿校长任职期间。1863 年，希尔校长重新实施讲座制，校董事会授权各院系的所有教授组成一个专门机构，"开会协商此类讲座课程的具体安排，他们可能认为开设讲座是一种权宜之计，有利于各专业学院的所有人员、哈佛学院或其他学院的研究生、马萨诸塞等州的公立学校的教师及其他人"。这是哈佛学术委员会的发端，也是哈佛文理研究生院的雏形。

们就自己选择的哲学研究专题为研究生开一门课，大概谁的课最受学生欢迎？另外他们当中谁能有一段闲暇，离开耶鲁，在剑桥盘桓6到7周时间？我想临时借用贵校最优秀的哲学教授来哈佛授课,但愿你能明确告知谁是最佳人选。请恕我如此坦率。

致乔治·布鲁什

尊敬的布鲁什，遵从你的建议，我已函询费舍尔本人。他以在耶鲁全年持续有课为由婉拒了我的邀请。我又恳请惠特尼来此教语言课，起初，他也以类似的理由予以婉拒，但好在你们的春假稍有延长，因而他终于答应了我的请求。为什么费舍尔不能来呢？我告诉费舍尔说你对该计划已经略有所知，如果他跟你谈起此事，你能否帮我劝他答应来这里短期工作？语言课程我们已安排妥当，但哲学课程不如人意。学校只有一种类型的教师终非长久之计。我认为这种教学实验的方法既有趣又有科学性。一年之中有一段时间，国内几所顶级高等院校之间实行教授轮换授课，难道不是一件好事吗？这不是在市政厅里向民众发表演讲，而是将他们智慧的结晶传授给一部分学生。

朗克尔透露说你们已经被迫压缩谢菲尔德理学院的规模。如果确有此事，告诉我这究竟意味着什么。耶鲁财务总监的报告有没有列出教授的工资？抑或我能从哪里了解到这方面的情况？我很想尽量提高大学教授的地位。我们绝对需要能力出众的年轻人发挥作用。一周三顿肉的待遇很难有什么吸引力。

你真诚的

查尔斯·W. 艾略特

在实行讲座制的第一年，讲座课程分为两个系列，哲学系列的主讲人分别是爱默生、鲍恩、C. S. 皮尔斯、F. H. 赫奇、J. 艾略特·卡伯特、G. P. 费舍尔、约翰·菲斯克；现代文学系列的主讲人分别是洛威尔、恰尔德、波、惠特尼、卡特勒、豪威尔。每系列课程的费用为 150 美元，相当于哈佛学院的学费。应艾略特之邀发表实证主义学术演讲的菲斯克，此后被许多人视为无神论者，而且他的观点绝对不会受到任何一个思想纯正的人的赞同。仅仅是在 8 年之前，菲克斯曾受到警告，如果再发现他向任何人宣扬实证哲学，将立即剥夺他的教师资格。至少对他而言，这样的邀请证明哈佛已经经历了一场多么巨大的变革。

共有 155 人参加了一个或者多个讲座课程，不过这些人只是艾略特所说的一般听众。其中仅有 4 个“训练有素的年轻人”听完所有的哲学系列讲座，并参加了最后的考试。尽管当时正掀起一股倡导女性接受高等教育的热潮，但也只有一位女性全程听完哲学系列讲座，6 位女性听完现代文学系列讲座。

第二年，随着课程计划的更改，又安排了不少彼此并无关联的短期讲座，学费也下降到每门课 10 美元或 10 美元以下。可惜结果仍然令人失望。因此，大学讲座制只能弃而不用。艾略特在 1871—1872 年度报告中总结了从这次尝试中得出的几点结论：“[大学讲座制] 没有能够，诱导这所大学的文学学士继续留在剑桥进行系统学习，也没能将其他地方的优秀学生吸引到哈佛……优秀学生希望接受颇有深度、连续而系统的教学。本校开设的这些讲座，虽然自成一个教学体系，但是一直杂乱、分散，彼此互无关联……听众的素质普遍偏低，致使主讲人不愿进行深入透彻的专题讲授。”

“那些著名学者不是专业教师，他们唯一的教学资格就是能够饶有兴致地谈论自己所热衷的研究，如果指望他们的新鲜言论能够像领取薪酬的住校专业教师一样发挥作用”，这本身就是一个错误。

任何一所真正的研究生院的发展，都得假以时日，并且是以一种不同的方式实现。不久，人们便清醒地认识到，解决这一问题的关键，在于“增加哈佛学院选修课的数量和种类”[1]。

随着大学讲座制和研究生学位新条例的试行，哈佛于 1872 年重组了所谓的学术委员会。学术委员会由几个院系的所有教授及助理教授组成，是讨论校内政策问题的权威机构。它尤其重视如何向优等生提供哈佛的各种资源，也就是艾略特一向牵挂的促进研究生工作的问题。同时，它也负责推荐学生攻读文学硕士、理学博士和哲学博士学位。（该机构依照 1872 年制定的条例一直运行到 1890 年。）

采取旨在扩充课程的每一个步骤都需要资金投入，然而哈佛一向资金不足。恰好此时有新款项注入：1870 年 6 月，班级捐赠基金捐赠了第一笔资金 5 万美元；3 万美元的学费——1868 年经投票表决，哈佛 1869 年的学费由 104 美元涨至 150 美元；约 1 万美元的住宿费，即通过出租刚刚落成的塞耶馆[2]内宿舍获得的收入。于是，教职员工在 1869 年秋天普调工资。教授的年薪从 3000 美元涨至 4000 美元……哈佛各系部总共设立七个新的教授席位，“为 1870—1871 学年扩大课程范围所做的前期准备也达到了相当的规模，故校长在当年年底的报告中声称，每一项新的资源已得到充分利用，每一项预期增长的收入都已得到充分考虑”[3]。截至 1871 年秋，艾略特发表第二份年度报告时，新设立的教授席位达到了 13 个。除了原有的一些任期有限、称号各异的教师，又补充了若干名教师。

1 C. F. Dunbar, *Harv. Grad.Mag.*, II, p.460.

2 塞耶馆由当时校董事会成员纳撒尼尔·塞耶捐建，建于 1869—1870 年。

3 C. F. Dunbar, *Harv. Grad. Mag.*, II, pp.449,456.

有几项人事任命值得回顾一下，因为相较于上述其他改革，它们更是纯粹出于艾略特的个人考虑。任何一项特定的重组或改革，都可能既是他本人，又是其他人思考的结果，而且须经教授会、董事会及监事会讨论后投票表决方能生效。但人事任命往往与教授会没有任何关系。每回艾略特就某项人事任命私下向某些教授征询意见，他们大多表现出一副事不关已的姿态。例如，令人遗憾地，倘若老资格的鲍恩是哲学和经济学专业的唯一教学支柱，选择其他人纠偏并进而最终取代鲍恩位置的工作，就不可能在他本人的指导下进行。碰到这种情况，校长就有必要征求其他人的建议。一旦他拿定主意，董事会通常会投票表决他提议的任命，监事会通常（虽非一贯如此）会一致批准董事会的决议。

首先看一下艾略特在任内前 5 年任命的非专业学院的人员：以法莲·格尼（历史）、乔治·马丁·莱恩（拉丁语）、詹姆斯·米尔斯·皮尔斯（数学）、纳撒尼尔·S. 夏勒（古生物学），他们全都晋升为终身教授。

根据艾略特上任之后第一个冬天做出的安排，查尔斯·F. 邓巴应该晋升为政治经济学教授，只是他不能立即履行教授职责。“他接受的教授职位，或许是美国第一个为这一专业而设的教授职位。”[1] 斐迪南·波谢曾一度担任哈佛讲师，后来在麻省理工成为艾略特的同事，艾略特将他从该学院挖过来，任命他为外语教授（1870 年）。四位新人被调入哈佛学院成为助理教授——亨利·亚当斯（1870 年）、A.S. 希尔（1872 年）、查尔斯·L. 杰克逊（1871 年）、约翰·特罗布里奇（1870 年）。他们都相当年轻，亚当斯、邓巴和希尔没

1　参见 F. W. Taussig in Morison, *Development of Harvard University*, p.187，任命于 1871 年通过。

有经历过试讲阶段。亚当斯在哈佛的时间虽然不长，但哈佛历史系由衷感激他开创的授课传统。特罗布里奇将物理学科的实验课程引入哈佛学院。临时聘任的人员中有不少很快被委以终身教职，其中包括植物学家 W. G. 法洛（开始是一名讲师，1874 年晋升为助理教授）、约翰·菲斯克（历史讲师，1869—1870 年）、乔治·L. 古德尔（植物学讲师，1873 年晋升为助理教授）、O. W. 小霍姆斯（美国宪法讲师，1870—1871 年）、威廉·詹姆斯（生理学讲师，1872 年）、查尔斯·艾略特·诺顿（“文学艺术史系列讲座”主讲人，1874 年）、约翰·K. 佩恩（音乐讲师，后晋升为音乐助理教授，1872 年）、乔治·H. 帕尔默（希腊语讲师，后任哲学讲师，1873 年晋升为助理教授）。这份名单虽不完整，但足以说明问题。

在哈佛聘任的专业学院教师中，C. C. 兰德尔因其对法律教育产生的重要影响尤其引人注目。其他还有查尔斯·卡罗尔·埃弗雷特（神学院神学教授，1869 年）、赫尔曼·A. 哈根（昆虫学教授，1870 年）、弗朗西斯·H. 斯托勒（新组建的珀西学院农业化学教授，1871 年）。下列五位年轻人，詹姆斯·巴·埃姆斯[1]、亨利·P. 鲍迪奇、R. H. 菲茨、约翰·C. 格雷、詹姆斯·B. 塞耶，全都于 1873 年之前通过某项任命成为法学院或医学院的教师。C. S. 萨金特于 1872 年被任命为新阿诺德植物园主管。

如果我们逐一提到这 28 人（多为年轻人），是为了重点突出艾略特的各项目标和他的远见卓识，那就无须依次介绍他们后来取得的成就，单是这份名单便足以表明哈佛正在重新焕发活力，正

1　詹姆斯·巴·埃姆斯（James B. Ames，1846—1910），美国法学教育家，因在法学教育中引入“案例教学法”而大受欢迎，1895—1910 年任哈佛法学院院长。——译注

在实施改革方案。兰德尔的任职系艾略特亲自提名，并据此破格采取行动。如果遵循先例，学校势必物色某位声誉卓著的法官或律师界的领袖，以接替斯托里、格林利夫和塞弗勒斯·帕森斯曾担任的职务。这样的选择会使正在饱受诟病的一所学院即刻显现出活力，从而处于有利地位。但是，一位默默无闻、名叫克里斯多夫·哥伦布·兰德尔的先生被艾略特从纽约请了过来。诸位读者想必记得艾略特曾在20年前与他见过面，当时艾略特很赏识他的才华。董事会的其他成员表决通过了兰德尔的职务任命，虽说有些勉强，而且“大概是出于支持他们年轻校长的普通目的”。该项任职提议在监事会遭遇了更大的阻力，只是在听到艾略特引用的詹姆斯·C.卡特和约瑟夫·H.乔特高度评价兰德尔才华和法学造诣的原话之后，他们才最终做出让步。其他一些职务任命可能也是基于艾略特本人的提议。其中大概包括波谢、希尔、斯托勒、菲斯克、诺顿、詹姆斯和塞耶，因为艾略特对他们每个人都很了解。他对菲斯克的举荐激起了一阵暴风雨般的激烈反对，因此他当时的心情一定十分紧张。亨利·亚当斯的任职应该是格尼的推荐。埃姆斯的任命，实属创新之举，尤其值得注意，因为埃姆斯从未有过在法律界的从业经历。兰德尔推荐他的理由，是他有法律头脑，而且身为哈佛的年轻教师取得了出色的成就。教务长庞德最近声称此项任命虽然完全违背英美两国专业学院的传统，却显示出兰德尔的先见、艾略特的睿智，以及他们两人的勇气。如果这番话确有道理——我无意对此表示怀疑——也就说明艾略特意识到，这种尝试可能在一定程度上有助于解决高级专业学院师资短缺的难题，无论是法学院、医学院，或其他学院。[1]

下列摘自1871—1872年度校长报告的一组数据，能够反映截至1872年秋哈佛学院师资增加的幅度：

年份	教授	助理教授	导师	讲师	助教	总数
1866—1867	13	3	5	2	1	24
1872—1873	20	8	6	12	5	51

这些对师资的有效补充，加上教授会和董事会目前奉行的开明政策，都使教师们获得了前所未有的绝佳机会，他们可以教自己感兴趣的东西，而不是只用那些被普遍视为仅仅适合一般本科生的教材。F. J. 恰尔德教授的经历为我们提供了这方面的一个实例。他在艾略特上任前一年向监事会提交的一份报告的手写原稿恰好被保留至今，从而为我们提供了一个更加准确的依据，借以对比他当时与几年后的教学情况。恰尔德自1846年起任教于哈佛学院，自1851年起一直拥有博伊尔斯顿教授职位，1857年开始出版关于"英国及苏格兰叙事民谣"的重要学术专著。1868年，他43岁。他一向是一位优秀的教师，此前作为一位富有创见、造诣深厚的学者在欧洲和美国闻名遐迩。总之，艾略特继任校长之后，如果当时的教学环境与如今相仿，恰尔德准会成为优等生竞相拥戴的对象。1867—1868学年，他的主要教学任务是主讲所有大二和大三年级学生必修的"写作"课，因此他不得不耗费大量时间批阅他们幼稚而蹩脚的习作。这一工作令他本能地感到厌恶。他在那一年（1868）

1 Roscoe Pound on the Law School in Morison, *Development of the Harvard University*, p.478.

的报告中，用一种不加掩饰的诉苦口吻道出了自己的不满：他第一次被分派了一门三年级的选修课，选择那门课程的学生在他的启发与指导下学习古英语，选读《仙后》[1]，之后的第二学期继续跟随他学习莎士比亚。当年学院没有向哪个班级开设其他任何一门英国文学课。简言之，直到那时，考虑到哈佛学院学生的实际利益，恰尔德卓越的学识和天赋大多遭到了埋没。

但在1872—1873学年，他教的修辞学课程缩减了一半，同时主讲下列选修课：盎格鲁-撒克逊语（3名二年级学生注册学习）、英语语言史与语法（10名三年级学生注册学习）、英语写作与英语文学（30名四年级学生注册学习）。他在第二年还将这些课程的最后一部分学时替换成一门新的选修课，讲解乔叟、莎士比亚、培根、弥尔顿和德莱顿的作品，总共有37名四年级学生和27名三年级学生注册学习。

所有这些改革举措产生了一种意义重大、充满希望的效果，哈佛学院随即开始转变成一所新型的高等学府，那些有着学者的高雅趣味和远大抱负的教师，更加容易在潜移默化中找到一种归属感。

从教师的角度审视早期阶段师资与课程的扩充是非常合适的，我们刚才也一直在这样做，因为现在讨论此举对于本科生有何意义为时尚早，应尽力予以避免。哈佛的艾略特时代再正常不过地令人联想到自由选课制的建立。不过今天人们普遍认为，当初实行这种所谓的制度只是为了照顾学生的需求。纵观哈佛的历史，即可看出此种观点明显错误。如下表所示，一、二、三年级必修课占用的时间以极慢的速度逐渐减少，选修课的门数虽然增加，但

1　英国诗人埃德曼·斯宾塞于1590年出版的史诗。——译注

多年来增长幅度比较有限，从而使本科生能够灵活支配属于自己的一段时间。

每周课时一览表[1]

年份	四年级		三年级		二年级		一年级	
	必修	选修	必修	选修	必修	选修	必修	选修
1868—1869	6	6或9	6	6或9	6	8	所有	0
1870	0.5	12	6	9	5.5	8	所有	0
1872—1874	0	12	6	9	8	8	所有	0
1876—1878	0	12	2	12	4	10	所有	0
1879—1880	0	12	0	14	2	12	所有	0
1884	0	12	0	12	0	12	7	9

起初，艾略特并不主张完全听任进入哈佛学习的年轻人自由选择他们愿意学习的课程。但他的确意识到，赋予学生较大程度自由的选课制，是朝着某个最终目标迈出的关键一步。未来的美国高校究竟会是什么样子，他自己也不能准确地预测。但他确信这将是大势所趋。他知道，甚至可以说是确信，只要一所大学企图将学生的大部分课程规定为必修课，它的发展便不可能持久。按照他的设想，哈佛应该成为一所享有盛誉的高等学府，吸引众多的资深学者纷至沓来，如同一流的欧洲大学一样。随着人们更快更多地了解这个物质世界，各类新兴学科也应更快地在哈佛找到自己的一席之地。哈佛这样的大学，必将采取各种新式教学方法，

1 *Ann. Rep.*, 1883-84, p.23.

用于历史、经济、语言、文学及伦理学的学习。凡是有志于探索新的知识领域、改革学术文化专业研究方法的人士，都应该来此工作。哈佛必须与越来越丰富的文明进程同步，同时引领它的发展。艾略特在这方面的政策尚未理所应当地经过他的认真考虑。由他主导的课程改革，取得了两个重要的前期成果，一是正式启动了教授会工作的一项改革，二是为后来建立的文理研究生院奠定了基础。

专业学院

1870年，美国只有宗教、法律、医药和教学这几种正规专业。此前还没有人想过要为教师开设一门专业课程。尽管分支众多的工程学和建筑学刚刚起步，尚未具备足够的专业人才以获得社会认可，但是一些新兴的“理工或技术”院校已开设了这两个专业的相关课程。这些院校着眼于未来，不受传统束缚，却很难找到经验丰富的专业教师和合适的教材，且几乎没有任何教学设备。这些历史悠久，致力培养牧师、医生和律师的专业学院，无论是在哈佛还是美国的其他大学，轻易满足于一点小小的成就，全然忘记了自己在19世纪前30年曾经立志达到的高标准。这些学院的倒退在一定程度上固然是管理不善所致，但也显示出学术型专业的文化水准普遍下降，因而反过来表明美国社会一直普遍趋向于变革。安德鲁·杰克逊时代之后，随着西进运动的开展，社会风气与以前相比，更多了几分浮躁和粗鄙，而那些经历过立宪的人们仍然慕恋权势的荣光。随着专制集权传统的瓦解，政治、社会风俗和各种职业开始发生了一些变化。这一阶段的美国历史限于篇幅不便展开讨论，但值得一提，因为我们可以略有把握地说，职业教育领域追求创造和进步的运动实际上是由艾略特发起的，这一运动本身也产生了深远而持久的影响。[1]

前文已经提到，早期的几任校长甚少关注专业学院。他们允许专业学院按照有时受到他们推崇的一种理想模式发展——每所学院由一组教师管理，他们自主选择教材，用自认为最好的方式处理日常事务，不受任何干涉。我在前面也间接提到，艾略特认为自己更像是哈佛大学所有系的系主任，而不仅仅是一校之长。他没有在自己上任后的第一个冬季无所作为，而是大力推动其他院系的重组。同时，他开始直言不讳地发表一系列批评性意见，令人大开眼界。这些意见在当时也是前所未闻，因为此前美国所有高校的校长都很不情愿公开揭自己学校的短，正如没有哪一位银行行长会自曝家丑，承认银行的资金储备不足。

我们可以将艾略特行政生涯的这一阶段称作他的"专业标准运动"时期。起初四至五年，运动蓬勃发展，此后势头减弱，继续平稳推进了很长一段时间。因为一直需要他本人亲自努力，直到1900年医学院投票通过条例将文学学士学位作为入学的必要条件，这一运动才能说是真正结束。艾略特在1870—1871学年的报告中用两句话概括了自己的理念："大学在培养神学、法律、医学和自然科学的专业人才方面承担着重大责任，而这些责任并非总能落到实处……在美国，众所周知，除神学外所有学术型专业的教学准备工作一直显得特别仓促、杂乱和不足。有鉴于此，一流的大学应树立起全面发展的榜样，这一点至关重要。"他又补充道，稍带一点外交辞令，却没有欺骗任何人的意思："几所学院的全体教职人员和校董事会对此均持一致看法，他们在过去几年的行动也

1　以上所说确系实情，提到它时有必要联系一场更大规模的运动的历史，艾略特作为一个贵族社会核心的产物，曾经相当成功地抵制了当时的几股潮流。

清楚地表明了这一点。”

的确，艾略特深知，整个情况十分糟糕，只是他没把话说得那么尖刻而已。他认为专业学院的标准已经低到可耻的地步。在他看来，那些学院的种种表现带有不少欺骗的戏份。令人不可思议的是，那些深受公众信任的大学能够向社会大量输出医生、律师、牧师和工程技术人员，但说到学生的质量时却没有一点信心。“大学学位在这个国家已经背负了恶名，”他说，“由于愚昧和疏忽，立法机关已经赋予几百所高校授予学位的权利，而这些高校并没有合法的权利行使这项职能。”[1]因此，艾略特认为哈佛应该不负众望，向社会输出有真才实学的专业人才。他也希望学校能够向专业人员提供优质教育，从而提高整个国家的工作效率。艾略特富于理智，又曾经实地考察了欧洲大学专业技能培训课程，加上他本人与罗杰斯和麻省理工学院全体教职人员的短暂交往，这些都使他相信这正是美国社会的当务之急。大学必须赋予“其所有的学位一种严肃的意义和真正的价值”。

所有人都已看出，他极力推动的改革势必导致哈佛专业学院入学人数的骤减。谁也不知道这个数字何时会回升。或许正是凭借自己善于洞察公众心理的天赋，他才敏锐地意识到美国重视专业培训质量的时代即将到来。然而，站在他对立面的那些人认为医学院和法学院经费吃紧，根本无法承受入学人数减少和教学成本提高的双重压力。对此，他却拿不出像样的理由予以反驳。抱着执行政策绝不走样的信念，他克服了重重困难和阻力，宁可追求卓越而失败，也不愿取得平庸的业绩。他在 1871 年秋天说道：

---

1 *Ann. Rep.*, 1871-72.

"无论做出何种牺牲，本校都将会坚持完成提高专业学院这项有益的工作。""本校都将会"是摘自他的原话，不过谁都知道他心里说的却是"本人都将会"。

他还认为，专业学院水平的显著提升，将对大学和中学的学风产生有利的影响。

哈佛所有的专业学院在一个重要方面全都情况相似：很难说它们有什么具体的入学要求。考入神学院、法学院、医学院、牙医学院或理学院比考入哈佛学院容易，可以说并不费力。一般来说，只要"品行良好"并学过高中课程就能够被这些学院录取。此外，对于品德证明材料，学院往往只是大致看一眼，不会仔细审查。如果举行入学考试，也只是做做样子，很容易通过。如此一来，这些学院的学生个人素质普遍较差，自然会遭到哈佛学院本科生的鄙视。医学和牙科专业的学生还好，他们平时在波士顿学习，和哈佛学院的本科生并无接触。然而不幸的是，理学院的学生普遍情绪低落，因为他们平时跟哈佛本科生一起住在剑桥。艾略特曾以此为题在《大西洋月刊》上发表了几篇评论。

除了以上共同点，四所学院在其他不少方面都有区别。这也便于我们对其逐一讲解。

法学院

1869年10月，三名法学院教授签署了一份报告，首句便是"本学院目前的状况令人十分满意"。监事会的考察委员会对这份自我评价过高的报告直陈己见，在背面写下了一句批语：该院的现状应该"由委员会详加考察，因为该委员会的所有成员能够充分代表法律界并赢得业内人士的尊重，同时对董事会、监事会及社会公众产生重大的影响。委员会应当慎重考虑这种状况"。帕森斯教授毕竟年事已高，加上其他事务还得占用他不少时间，因此随即辞去了职务。

任教于法学院的帕森斯与其他两位教授的名望和学识毋庸置疑，只是这次面临的问题不同于以往。学院依照律师事务所的机制运作，学生只需缴纳100美元学费，仅仅相当于他们在一家律师事务所见习所需的费用。律师事务所备有教材，学生无须买书。因此，当斯登教授将自己的私人藏书提供给学生使用时，他便将这笔学费占为己有。[1] 整整二十年,《学院概览》上关于入学、课程和学位的文字说明没有做过任何改动。学院给校长的年度报告连续十年一词不改，每次都有这样的话 :“今年学院在组织管理和课程安排方面没有做出任何调整。”[2] 学院一直处于停滞不前的状态。

按照惯例，学生修完18个月的课程，即可获得法学学士学位。

当然，如果我们把针对哈佛大学的批评扩展到美国一般的法律学校，也基本符合实情；既然获得了法学学士学位也不能当律师，那倒不如将它视为和文学硕士一样的荣誉学位。我们虽然可以把话说得如此婉转，却不能改变一个基本事实 :“学生入学无需任何学业证明，毕业时也无需律师资质证明。”[3] 几位教授兼有法官或律师的身份，1869年每周总共授课十次[4]，整整两年都在重复着自己的课表。谁都知道学生进入法学院是为了读书。然而，所有的班级

1 C. C. Langdell, *Harv.Grad.Mag.*, II, p.490.

2 Centennial History of the Harvard Law School (*Harv.Law School Ass' n*, 1918) pp.22,25. Cf.chap.I, passim. Also Charles Warren, *History of Harvard Law School*, II, and sources there cited.《美国法学评论》(*American Law Review*)指出，“长期以来哈佛大学法学院几乎成了马萨诸塞州的耻辱”。(Vol.5，1870-71, p.177)

3 C.C.Langdell, *Harv.Grad.Mag.*, II, p.490.

4 *Ibid.*, p.490.

都不按年级划分，课程就像旋转木马一样不断重复——据说这是为了阐明法律既无起点又无终点这条真理。任何一名刚入学的新生，不管课上到哪里都得跟上进度，因此他总是跟那些或许已经上了一整年课的学生坐在同一个教室里。

1870 年 9 月 27 日，艾略特主持了哈佛大学法学院首次有记录的教授会议。与会者有霍姆斯教授、沃希伯恩教授，以及年轻的兰德尔教授。举行这次会议，是为了选出一位院长。艾略特心中已有人选，但是这得经过教授会的提名和投票表决，他焦急地等待着提名。霍姆斯和沃希伯恩知道新一届校领导正在增设一些新的院长职位，显然他们都希望其他人可以担任这个陌生领域的职务。沃希伯恩提名新来的兰德尔为院长，艾略特将其提交教授会表决，霍姆斯表示赞同，兰德尔默认。就这样，一项重大决议终于通过了。[1]

哈佛大学董事会此前已经投票通过决议，规定法学学士学位只授予那些在法学院学习两年（而非 18 个月）且顺利通过考试的学生。教授会在兰德尔院长和艾略特的主持下制定的首批决议中的一项，是建立一个先进的课程体系——把所有课程划分成第一学年和第二学年的课程，要求学生必须通过第一学年的课程考试才能继续第二学年的课程学习。1870—1871 学年之初，兰德尔还对自己的“合同与销售”课的教学方法进行了一项改革。这其中包括，如他所说，精选一系列案例作为教材，以代替传统的以一部专著为教材。这种教学方法逐渐推广到整个学院，成为著名的“案例教学法”。案例教学法不仅适用于法学教育，而且适用于法学以外其他领域的教学，它是使哈佛在 19 世纪下半叶恢复活力的一项影响重大的举措。

1 C. W. E. on “Langdell and the Lae School,” in *Harv.law.Rev.*, XXXIII(1920), p.518.

兰德尔将法律视为一门科学，只有认真考察与它有关的原始资料即法院的裁决，才能掌握法律，只有那些把法律当作科学悉心钻研的人，才能真正胜任法律课程的教学。法律教学当时在英国和美国都是鲜为人知的一门职业。兰德尔彻底放弃了他的私人律师业务。他本人和詹姆斯·巴·埃姆斯在1873年的任职（埃姆斯此前从未供职于任何一家律师事务处）堪称开风气之先。此后，很多人群起效仿，开始将法律教学而不是执业律师作为自己的职业。

法学院教授会人数偏少，而且很快便彻底重组，因此每次开会的气氛都很融洽。艾略特由衷地赞同兰德尔的观点，而兰德尔也对艾略特重大决策的正确性深信不疑。1870年之后，艾略特主要通过全力支持院长推行的各项政策，在学院事业发展方面发挥他个人的作用。

新的管理体制很快开始显现成效。入学人数一度下降的局面在三年内得到扭转。几次毕业考试的结果显示，学生的总体素质有了显著提升。学院的财政状况开始好转，校园氛围更加浓厚，令人精神振作。

神学院

神学院面临的问题基本上与法学院相似。1869—1870年度校长工作报告中有一段文字专门论述了这个问题，这恰巧是艾略特在谈及类似问题时从不卖弄辞藻的一个例证：

> 我们的先辈认为，牧师应该是社会上受教育程度最高的人。五十年前的招生简章宣称，只有学院本科毕业生才能进入神学院深造。后来，神学院逐渐开始招收通过几门综合考试的其他一些人入学。不过这些考试的作用越来越有限，直到1869年院

方明确规定不再把拉丁语和希腊语知识作为进入神学院的前提条件，综合考试才成为录取学生的重要依据。

我们有理由期望神学院在1869年的水平是其最低点，也同样有理由期望该院学生的基础教育质量将由此稳步上升。1870—1871学年比1869—1870学年有所进步，因为在这一年的30名神学专业学生中有11人有文学学士学位。1870年春天，神学院教授会重新将拉丁语和希腊语列为入学必考科目，同时增加了定期举行的写作考试，以测定学生的语言熟练和准确程度。经过对一名学生的全面考核，他们推荐他接受新设立的神学学士学位。采取这些措施都是为了实现同一个目标，且取得了很好的效果。1870—1871学年继续进行定期考试，考试成绩也很理想；学院的教学课时有所增加，尤其是德语和演讲技巧两门课的教学。学院还建议校董事会将毕业考试作为获得神学学士学位的唯一途径。此前，凡是在学院待满三年并修满各门规定课程的学生，全都相当于已经毕业，即使他们没能获得学位，其名字也被载入神学院每三年汇总一次的校友名录。校董事会没有采纳学院教授会的这项重要提议，但显而易见的是，如若这些提议被严格执行，将为神学院注入一定的生机。当然，学院越是及早回归传统教学方式——坚持学士学位所要求的基础训练，就越是有利于哈佛大学和神学专业。摒弃先前针对神学院学生的传统学术培训，远比摒弃针对医学院或法学院学生的学术培训困难。神学院的学生在专业入门阶段，就应具有拉丁语、希腊语、德语、哲学和历史的较高造诣。我们实施的神学教育，绝对不可能既适合受过良好基础训练的学生，又适合基础薄弱或根本不具备任何基础的学生。将来站在我们国家各个教堂布道坛上的人不会都是天才，如果都是天才的话，就不需要多少神学院了。站在布道坛上的应该是那些品行优良、受过严格专业训练的普通人。这些人应当兼有学者的气质、学识及锲而不舍的精神，否则教徒们在一两年后定会把他们肚里那点可怜的东西全部掏空。此外，广大牧师完全无法通过自身的物质条件或是外来途径赢得社会影响和尊重，因而无论作为个体还是整个牧师阶层，他们都得凭借渊博的学识获得所有的支持和道德的力量。培养学识渊博的人才，正是一所大学下属的神学院主要职责之所在。如果神学院曾经履行的义务不那么高尚，这不仅是社会和神学界的过错，也是大学里那些权威人士的过错。宗教界人士有时似乎普遍认为，牧师其实不需要多少文化知识。一些成功的牧师甚至竭力敦促神学院降低标准。好在改革政策不久便取得了成效。神学院在1869年出现了一个崭新的开端，并且随着工作充分而深入的展开，将迅速恢复它在哈佛大学各专业学院中与其相称的领头地位。

董事会和监事会很快批准了神学院的各项建议，并且在标准不变的前提下，用投票表决的方式向准时毕业的学生授予学位。

医学院和牙医学院

法学院的兰德尔是哈佛绝无仅有的一位院长。无论哈佛的其他哪所学院都不能幸运地找到一位像他这样的院长。数量远多于法学院的医学院教师分歧明显，争论相当激烈，由于过分看重传统和个人声誉，起初是反对变革的势头占上风。医学院得不到其他资助，其正常运转只能依靠学生缴纳的学费维持。当下必要的开支结清之后，剩余的钱再均分给每一位教师，他们认为自己的辛勤付出没有得到很好的回报。虽然院方早已就学生资质做出了各项合理的明文规定，但是这些规定并没有得到有效的实行。医学院不像法学院那样按年级排课，因此学生在第一和第二学期上的是同样的课程，教师随时调整自己的教学，以迁就水平最低的学生。一个学生只好连续两学期听同样的课程。这意味着从当年 11 月至次年 2 月会有 16 个星期的课程，但是学生也可以在其他学院旁听一学期的课，这样旁听的春夏季课程可以算一个学期。如此一来，学生们可以在一年之内听完学位所需的全部课程。除了冬季课程，学院还在 4 月至 11 月之间设有三个短学期，其中包括背诵课和少量跟医院实习有关的道德教育与临床教学课。三百名学生几乎全都注册学习冬季学期课程，只有少数学生学习夏季学期课程。大家全都心照不宣地承认，医学院无法开设许多临床医学课程，因为按照有关规定每一个学位申请人必须出示这份证书，证明自己已经跟随某一位执业医生“实习”了三年。然而，由于执业医师的水平参差不齐，因此无法判断这份证书到底有多少可信度。很多时候它只是一纸空文。每年冬季或 6 月，任何学生只要上满两学期课且认为自身条件已经成熟，便会提交一篇论文，付费 30 美元参加一场考试，任课教师也会自动让他们过关。在申请人必备的三项条件中，只有考试费这项不能打折扣。对于一个 25 岁的年轻人而言，写出一篇最优秀的论文无异于一次最糟糕的体验。威廉·詹姆斯在一封信中描述了 1867 届学生参加毕业答辩的情景，这场答辩由路易斯·阿加西在台上主持：“他瞅着那叠质量低劣毫无价值的论文，脸上露出诧异、痛苦和憎恶的神情，那副模样真是令人忍俊不禁。”考试虽然正规但不难应付，其实更像是《爱丽丝梦游仙境》里的一场疯狂茶会。一个大房间里坐着若干位足够考查九门主科的教授，他们的座位之间彼此隔开一段适当的距离。学生们挨个列成圆形，轮到自己时，就得解答考官提出的一个问题。每隔十分钟主考官摇响铃铛，考生随即向前移动。铃声响到第九次，意味着一批考生已经考了一个半小时，走完了一圈，他们此时理应投票表决。他们不经过磋商直接投票。投票方式确实设计得很巧妙，考官就算有反对意见也不会对其他同事造成影响。每一位考官持有一张硬纸板，一面是一个白点，另一面则是一个黑点。院长叫出申请人的名字，发号施令般地问道："准备好投票了吗？——投票！"九位考官同时朝前面举起各自的纸板。如果院长数到的黑点少于四个，考生便获得了学位。如果五张纸板上显示黑点，申请人就不能获得学位。这样一来，被授予学位的学生或许对九门医学主科中的四门一无所知，尽管很有必要了解这些知识。再者，每一位考官都有可能对回答问题的考生心生慈悲，投下一张赞成票。哈林顿博士说："谁都不愿背负治院甚严的恶名。"[1] 霍姆斯博士曾对一位答对第一道题的考生说："只要你知道这一点，其他你肯定全都知道。现在跟我谈谈你的家庭和家里最近发生的事吧。"[2] 一旦考生以这种方式获得了学位便可能挂牌行医，凭着肚里那点浅薄的学识勉强对前来就医的患者做出诊断。因为按照当时的法律，考生获得学位之后随即被赋予独立行医的资格。

乍一看，我们很难相信，这一让艾略特不无讽刺地说成是"一度被视为学术性很强"的职业，原来通常只需经过这样一番准备。同样不可思议的是，当时竟然有不少资深人士随时准备站出来反对院方提出的每一条改革措施。如果我们只是按照自己的标准判断是

---

1 T. F. Harrington, *The Harvard Medical School*, p.997.

2 这是霍姆斯博士过去常常讲述的他本人做十分钟小测试时的故事。

非，将无法看到事实真相。哈佛医学院并不比美国其他哪一所医学院差。[1] 实际上，1869 年的哈佛医学院的质量高于大多数医学院校，因为当时仅有极少几家医学院的学生可以听到那么多富有名望和经验的执业医师的课程，观摩他们的临床示范。与法学院一样，美国的医学院全都继承了虽已古老但未遭摒弃、在大西洋两岸的几个英语国家已经相沿成习的师徒制。这种制度，无论是按照其最初的形式，还是后来医学院在实际应用中改造过的形式，成就了医学这一完整的专业，整个专业自然也会恪守它赖以生存的传统。师徒制不一定会造成不良的后果。比如一个聪明勤奋、准备充分的有志青年，如能有幸师从一位经验丰富而又不吝赐教的执业医师，这棵好苗子即便到了一定年龄仍然有望成材。[2] 在目前没有更好办法的情况下，我们不能指望许多人一方面觉得师徒制本身已没有实际作用，没有留下任何实质性的东西，另一方面又认为学院现在提供的条件，无法满足现代医学已露雏形的这个时代的要求。

为避免重复解释，在此顺便介绍一下哈佛大学牙医学院当时的情况。它处在与医学院相似的困境，只是规模更小，经济上也更加拮据。随着医学院重组的稳步推进，持续多年自设院长并有专职教师的牙医学院的重组也取得了类似的进展。此处只需对医学院和牙医学院的相似之处略加评述，再补充说下人数较少的教授

1　芝加哥医学院因为在 1859 年首创三年制课程闻名遐迩。截至 1869 年，这一先例仍无其他院校效仿。（A. Flexner, *Medical Education in the United States and Canada*, Carnegie Foundation, Bull. No.4;1910.）

2　参见 A. Flexner, *Medical Education in U.S. and Canada* (Carnegie Foundation, Bull. No.4;1910), chap.I, *passim*，第 9 至 10 页引述了 W. H. 韦尔奇博士的话，大意是说师徒制本身虽有局限性，但也会带来好的结果。韦尔奇博士和其他许多人一样，承认自己曾得益于师徒制。但是他跟医学领域不少同龄的先锋人物一样，既曾就学于国内的医学院，又有国外留学的经历，他常常引领旨在彻底摈弃旧秩序、为现代医学院注入活力的运动。

会关系较为融洽。任何改革提议，只要有望提升学院的专业地位并获得董事会的大力支持,都会被学院教授会采纳。详述这段历史，是在医学院已知事实的基础上，再增添一点与艾略特本人无关紧要的细节，必将造成太多的重复。

哈佛医学院中最有影响、专业上极负盛名的两位教授，是亨利·雅各布·比奇洛博士和“早餐桌上的独裁者”[1],即自1847年起一直任解剖学教授的霍姆斯。从来没有人指责比奇洛和霍姆斯懈怠成性。然而两人都将医学实践视为一种艺术。他们懂艺术，认为一所实用性学院唯一能够真正重视的是艺术。霍姆斯教授曾撰文论述人们把学医当作钻研科学的这样一种愚蠢行径。[2]比奇洛说：“在当今这样的科学时代，较之缺乏理论知识，一个普通医科学生面临的更大危险，是他本人在理论科学的热情倡导者的善意感召下，将逐渐脱离实际、有用，甚而最基础的东西……一名职业医师是否优秀主要取决于良好的综合判断能力而非广博的知识……我们理应尊敬冷僻而艰深的学科领域里那些毅力坚强、造诣深厚的研究者，但不应该因此鼓励医科学生在化学和生理学的迷宫里浪费时间,这些时间他们本该用以学习疝气和水囊肿之间的差异。”[3]比奇洛认为自己正在为学以致用的制度辩护，反驳理论家和空想家们的抨击：“以牺牲现有的这么多大班和大量收入为代价去追求更全面的教育，没有哪一所成功的医学院认为这种做法妥当。”基于

1　奥利弗·温德尔·霍姆斯发表于《大西洋月刊》上的一部散文集名字。——译注

2　See “Scholastic and Bedside Teaching” (1867), in *complete works* of O. W. Holmes,vol. Ⅸ.

3　“Medical Education in America.” Address before the Mass.Med.Soc.(University Press, Cambridge, 1871.) Also quoted by Harrington, *History of Harv. Med. Sch.*, Ⅲ, pp.1029, 1030, 1035.

这一认识，他通过分析得出哈佛医学院不应该提高其入学要求的结论。但他并没有倡导人们自甘平庸，因为他曾认为医学院应该是一个招收而不是培训人才的地方。他坚信“医生是天生的，不是后天培养的，外科医生更是如此。如果缩减学生数量，录取到真正的内科或者外科医生的概率就会随之降低”[1]，“实施任何一项医学教育，都应该至少使同一批学生经过培养达到更高的标准。未来我们国家的标准，正如过去那样，随着最好的机会惠及最多数量的学生，将逐步而切实地得到提高”。[2] 如果有人告诉他，这话的意思好像是“质量不够数量凑，培训几乎没作用”，他会说自己其实很害怕见到那些天生适合做医生的学生在入门阶段就给吓跑，毕竟职业医生这条路不好走。正如霍姆斯博士所说：“乡村出诊一趟，只有 25 美分的报酬。胸怀大志的学生，无法为自己未来的工作承担一笔昂贵的开支。”[3] 讨论如何改善哈佛医学院固然是好事，但提高其入学标准将很有可能造成致命的后果。所有的学费都不够支付教授的薪金和添置新设备。如果吓跑了三分之一或者一半的学生，学院就只能等着关门。

艾略特发现医学院一些比较年轻的教师对比奇洛的统治一直感到不满，迫切希望改革，其中最突出的有詹姆斯·C. 怀特、大卫·W. 契弗和凯尔文·艾利斯（后者在去年曾任院长，因为比奇洛博士认为他适合做记录工作和处理行政琐事）。他们不说艾略特也知道，医学院每一个稍有抱负的学生都想远赴法国或德国深造，而且国内所有医学院的条件确实很差。他曾经实地考察德国和法国

1　Harrington, *op. cit.*, p.1022.

2　“Medical Education in America,” cited above, p.18.

3　Quoted by Harrington, op. cit., p.1001.

的若干所医学院，也曾向国内外许多给自己的妻儿看病的医生了解情况，对此早已深信不疑。他在首份校长工作报告中提出的基本主张便是“我国的整个医学教育体制需要全面的改革”。[1] 我们完全有理由说，此话标志着美国医学教育一个新纪元的开端。显然，他在刚刚开始与哈佛医学院的保守势力较量之时，便意识到自己其实是在抨击整个体制。

第一步是将医学院和牙医学院的一部分管理权限授予董事会和监事会，使它们成为哈佛大学的两个系而非独立学院。艾略特主张，两学院的财政收入和支出应由大学财务处统筹管理，而不是让它们自由支配；医学院的学生应该像法学院一样按年级分班；医学院的课程应循序开设三年；考试制度也应改革。他坦承医学院和牙医学院“是哈佛大学教学设施最差的两个部门”。[2]

说服董事会原则上接受他的观点并非难事，尽管董事会里跟艾略特一起共事的“六位年长的绅士”在他的不断催促下生出了几分忧虑。说服医学院的教师则另当别论。教授会议拖得很长，而且越来越频繁。1870 年 3 月 19 日，J. C. 怀特致信艾略特，显然是在回应上次他在来信中对几位反对派人士的分析。信中怀特警告艾略特说他低估了几位先生，尤其是比奇洛和霍姆斯两位。他最后写道：“您实实在在、毫不含糊，我把这看作是在这场较量中有望获胜的一个因素。”比奇洛和霍姆斯如果结伙抱团的确很难对付。然而一天傍晚，差不多还是这个时候，霍姆斯博士投了比奇洛博士的反对票，令在场的每个人惊讶不已。休会之后，他走到艾略特面前，两人一起站在一张桌子旁边，霍姆斯用自己的拇指用力

---

1 *Ann. Rep.*, 1869-70, p.18.

2 同上。

摁住桌面说："想必你已明白我为什么会这样。我让比奇洛博士控制了那么久，已经无法挣脱了。"从那一刻起，他不仅坚定地投票支持改革项目，而且显然很喜欢冷眼旁观双方的较量。[1]霍姆斯在写给莫特利的信中有关艾略特的一段叙述表明，1870 年 4 月，他再也感受不到比奇洛对自己的压迫了。尽管这段话常常被人引用，还是有必要照录于此。其中，第二、第三两小节中被省去名字的那位博士正是比奇洛：

> 一个与此稍有不同的领域出现了另一位引起舆论哗然的人物，他就是新任哈佛大学校长。大权旁落的君主让位于手腕强硬的实权人物。艾略特先生要求董事会每月召集两次而非一次会议。每个学院的教授会议他都参加，我们学院的也不例外。我们的会议持续到夜里十一二点，讨论各项新的人事安排。他对哈佛每个院系的情况都特别了解。他主持会议时，表现出一副自信、沉稳、安详而温和的神态，没有人能不为之叹服。我

1 Eliot on O. W. Holmes, in *Harv. Grad. Mag.*, XXXI, pp.457, 460, 461-62; 以及艾略特本人对此事件的描述。不能就此认为霍姆斯没有骨气。且看以下这段引文，结尾处带着他本人特有的坦率口吻，承认他开始钦佩这位解剖学教授："霍姆斯博士证明产褥热具有传染性，同时证明正是医生携带的病菌，在同一天内使这种病从一名妇女传染给另一名甚或其他数名妇女。这是一项多么伟大的发现啊！我们很难想象霍姆斯博士将这一发现公之于众，本身需要多大的勇气！首先，他本人现在和过去都不是职业医生，对于产褥热的正确治疗方法又能有多少了解呢？他又怎么知道产褥热是通过医生从一名妇女传染给另一名妇女的呢？霍姆斯博士怀着极大的勇气继续研究这一课题。他公开声称，当然是在合适的场合，某某医生，具体姓甚名谁，将产褥热从一名产妇传染给另一名产妇，并且指出具体的日期和死在他手上的产妇的数目。被他点名的医生碰巧有几位住在费城。全国各地的职业医生顿时发出愤怒和嘲弄的喧嚷。这个从未有过行医经历还满嘴胡言损害优秀医生乃至整个医学界名誉的蠢货究竟是谁？这种指控是何等愚蠢，简直荒唐之极！我从获悉霍姆斯博士勇敢展开这场较量的事迹的那一刻开始，便对他敬佩有加，敬佩他能够细致观察，准确记录，并最终形成条理清晰、令人信服的论据。

们有一些人常常觉得他在推进自己的一些改革举措时有点过于激进，并特意让董事会知道这一点。那天，我看见董事会的三名成员，发现他们摆出了戒备的姿态，因为他们全都引用了“festina lente”（欲速则不达）这条特别适合于当时局面的至理箴言。我对我们医学院教授会上的有些现象不由得感到好笑，这个严肃而冷酷的年轻人以最平静的口吻提议我们将现有的一切彻底推翻，好像是坐在车头手执缰绳催马疾驰，俨然一副老资格驭手的派头。我说感到好笑，因为我并不真正关心他提出的大多数改革主张，只是看看热闹而已，就像欣赏一出貌似严肃的喜剧。

“这是怎么啦？我倒要问问，”不久前的一天夜里我们的一位同事说道，“这个教授会已经运行了80年之久，各项事务都有条不紊，医学院是这所大学里发展势头最好的一个部门［原文如此］。我们在同一条路上平安行走了80年，为什么如今有人提议要在三四个月内改变学院所有的运行模式？对此我觉得特别不可思议，很想知道这到底是怎么回事。”

“×× 博士的问题很容易回答，”温和而严肃的年轻人说道，“因为来了一位新校长。”

他回答得如此从容而又果断，带着我听到的意味深长的句子特有的却很难被我觉察的一股气势。艾略特略带忧郁的低沉嗓音，有点像人们乍一见到屋里躺着的尸体时发出的那种声音，不过他神色泰然地露出一丝笑容，仿佛是在表达内心的坚毅甚或倔强。他精力充沛，忠于职守，他刻苦钻研治校之道的那股认真劲儿，恐怕没有哪位前任校长能够与之相比，这些都使我的心里充满了希望。只是我觉得董事会和监事会必须对他稍加约束，不然他立刻就会想做许许多多的事情。[1]

争论仍在持续。艾略特出任校长之后的第一个冬季，医学院总共召开了有案可查的 9 次会议。第二年冬季达到 22 次。这些会议是对人们耐心的考验，就连今后将以善于克制而著称的艾略特，正如下文所示，似乎也开始沉不住气了：

1871 年 3 月 15 日

尊敬的先生，我很高兴能在明晚的学院教授会议上提出您的修改意见。委员会的方案经过您提出的若干处修改无疑将有实质性的改进，我希望自己在上次的会议上就充分认识到这一点。我应该向您道歉，为了我在会上对您的主要修改意见投票之后的明显失态。其实我已看出现行体制下医学院教授会的管理不如人意，现状堪忧。除了每年聘任的讲师，医学院的正式在编教师多达 18 名，然而，在一个不超过 8 人的机构（每次开会不可能全部到齐，其中只有三人缺席时会委派代表），开会时只需要人数过半，即可决定学院的政策。想必您也注意到了，上次会议主要讨论学生应在医院实习多长时间，仅凭 4 位教授的投票，便就此形成了一项很重要的规定。如今这个机构的运行是越看越觉得糟糕。医学院的不健康因素超出了哈佛其他各个学院相加的总和，而且一向如此。哪一次会议上我们没听说某些教师和学生怀有卑劣至极的动机？听到他们在会议上经常表达那些唯利是图、愤世嫉俗、自私自利的思想，您肯定跟我

1　查尔斯·艾略特致 J. L. 莫特利，1870 年 4 月 3 日。John T. Morse, Jr., *Life and Letter of Oliver Wendell Holmes* (Boston, 1896), Ⅱ, pp.187-88.

一样感到厌恶。我不禁想到我们学院的体制存在诸多弊端。只有在教师中间形成和谐、热情、无私和自由的风气，学院才能取得巨大成功。[1]

比奇洛做出了有力的反击。“董事会？”他在某个场合嚷道，“董事会对医学教育能有什么高见？董事会都有谁？洛威尔先生懂医学教育吗？尊敬的普特南博士呢？比奇洛法官呢？好嘛，克劳宁希尔德先生为了祛风湿，居然在口袋里揣了一枚七叶树坚果！难道现代医学教育非得让这样一个为治风湿而袋揣七叶树坚果的人指导？”另一次，有人提议根据教师实际授课的时数调整工资，他认为董事会是在提议“根据一位教授讲授知识实际所需的时间支付薪酬”。比奇洛的一些异议无疑收到了不错的效果，最终通过了更加合理的薪酬计算法。[2]

医学院教授会和校董事会投票表决之后，还剩下监事会这个进行最后一场激烈角逐的主战场。监事会难得有意见统一的时候。学生需通过所有科目的考试而不仅仅是九门中的五门方可获得学

1　此信的草稿现存于哈佛艾略特信函档案，信里并未提及作为学院教授会成员之一的这位收信人的姓名。我认为艾略特寄出的，是基本依据这份草稿誊清的一封信，收信人大概是比奇洛博士。艾略特在这一阶段并未怎么保存个人资料，所以此信寄出后应该是自留了一份底稿，否则他不太可能保存这份手稿。

2　*Henry Jacob Bigelow, A Memoir*. (Boston, Little Brown & Co., 1900), pp.132, 133. 回忆录在第一段引言中省略了当事人的名字。C. F. 沙特克博士在莫里森 *Development of Harvard University* 一书“医学院”这一章节补充了有关人物的名字。艾略特称赞比奇洛是“凭借自身活力、才智和独特见识理所当然地成为一个领头人”。1880 年比奇洛退休之际，艾略特在盛赞他的毕生成就时说：“在 1870—1871 学年医学院教授会和校董事会开展多次讨论期间（这些讨论最终导致学院的总体规划和政策发生重大变化），他所起的作用是坚持不懈地竭力反对各项新方案。然而他的反对却让医学院教授会的大多数成员谨慎而温和地行事，从而促使他们最终向董事会提交更成熟、更有望成功实施的方案。”（*Ann. Rep*., 1881-82, p.5.）

位，这份提案交付监事会审议时似乎面临着遭到否决的危险。比奇洛立即动用他所有的社交和专业资源，其中有一名博士兼校董事会成员，是他忠实的盟友。终于，此前一直主持会议但并未参与讨论的查尔斯·弗朗西斯·亚当斯先生（曾任美国驻英国公使），委托他人主持会议，自己起身发言。艾略特事后说他自己当时并不知道亚当斯将要支持哪一方。亚当斯一开始就说起一个毕业于哈佛医学院、近期在昆西市定居的年轻人，他的医疗服务生涯因三名患者相继猝死而告终结。一项调查很快查明了其中的原因。他一直给患者开超剂量的吗啡，此举虽非有意，但显系无知所致。这位年轻的医生已经通过大多数课程的考试并获得了硕士学位。亚当斯先生认为医学院的改革刻不容缓。就有待表决的提案而言，他的发言起了很大的作用。

整整历时两年，几项重大改革才得以实施。然而1871年秋天，哈佛年鉴上出现了如下标以斜体的一句话：“*我们提醒所有关心医学教育的人注意，专业学习计划已经做出了大幅度调整*。”人们不禁怀疑艾略特洋洋得意地加在教授会公告的一份校样中的这一句话，是否出自他的本意。他们已经确立了为期整整三年的课程，如此安排，“学生们在自然公正的秩序下，有计划按步骤地连续进行一门又一门课程的学习”。凡是那年秋季及今后入学的学生，每年均需通过一门年终考试，方能进入下一年级的学习；通过所有课程的考试，才能最终获得学位。学费相应提高，以弥补预料之中的入学人数下降所造成的亏损。医学院的教授会也经过重组，使其与其他学院教授会的运作模式相符。医学院的财务转由董事会和财务处管理，教师自此开始领取固定薪金。

问题是，公众会支持这样的学院吗？霍姆斯博士说：“如果一所经过如此重组的学院能够在适当的一段时间里实现经济独立……国内其他所有的重点医学院校很快都会竞相效仿。”艾略特在1871—1872年度报告中首次就捐赠筹资问题强烈呼吁：“这所学院除了专业受到认可，并没有获得其他的帮助，却依然致力改进美国医学教育体制，对于这种努力的重要性，无论怎样估价也不为过。美国医学院的毕业生获得学位之后，普遍开始抱着敷衍塞责的态度对待自己的事业。考虑到一名医生理应履行多少职责和义务，他们普遍暴露出的无知和无能，细细想来真是太可怕了……允许大量的年轻医生通过自己的行医实践学习基础医术，这种做法对医疗行业造成的影响，只能与面临敌阵之时才学习作战常识的指挥官对部队的影响相提并论。这种比较并不是为了夸大我国医学教育现行体制的种种弊端。哈佛医学院已经成功地开始对这一体制进行改革。医学院如能得到充足的捐款，将确保这一事业取得完全的成功，也将鼓励其他学院纷纷效仿。哈佛大学没有哪个教学部门比医学院更配获得、更能有效使用捐款，捐赠基金在提升学术水平、缓解人类的痛苦、增进人类的幸福方面，将对医学院产生比本校其他任何学院更加直接和持久的作用。”[1]第二年他又说，哈佛医学院“在致力改进美国医学教育体制方面仍然处于无与伦比的领头地位……在1873—1874学年的175名学生中，有62名是文学或理学学士、硕士，而在1870—1871学年的301名学生中，只有58名学士，这是显而易见的事实”。1874—1875学年，随着按照旧的招生规则录取的最后一名学生毕业，过渡期终于结束。192名学生在校学习三年，而不是301名学生学习约18个月。医学院新聘了若干位讲师，添置了更加先进的实验设备。当年年

1 *Ann. Rep.*, 1871-72, pp.25-26.

底该院的经费盈余达到3500美元，同样是在这一年，学院开设了研究生课程。

艾略特说，迫使人们永远离开一所学校的唯一途径，就是让它成为一所穷学校。

1869年，专业学院和我们现在所说的研究生院系相差甚远。六年后，哈佛采取了一项旨在使医学院和法学院逐渐转换为真正的研究生院的政策。既然说到这个意义重大的问题，我们有理由暂时停止对这两所学院改革历程的回顾，最好还是用艾略特自己的评论结束本章：

> 哈佛法学院历史上有望载入美国法学教育史的［一个］重要事件，是入学考试制度的建立（1874—1875学年期间）。1877—1878学年开始及此后，该制度适用于所有不是文学、理学、哲学学士但准备攻读法学院学位的学生。医学院几乎同时采取了类似的措施，尽管它在一些特殊规定上与法学院并不完全相同。实际上，这两所专业学院的入学新规确切的本质特征并不重要，因为现在做出的这些规定可能将经历一个循序渐进的变化过程。一个重要的事实是，哈佛大学打算要求所有申请法学学士或医学博士的学生提供学术培训的证明，其目的并不在于了解学生通过此类培训获得了多少知识，而是要知道他的思维能力是否得到了培养。校方采取这一措施，仅仅是在履行自己对法学和医学这两个学术性专业应尽的职责。两个专业长期录取完全不具备任何学术素养的学生，此种荒唐的行径致使它们在过去五十年里的发展每况愈下。本校的专业院系只是通过这种措施刚刚开始给予文理研究生院和预科学校充分的支

持，其实他们早该一直给予这种支持；其他每一个文明国家都已经制定了学术型专业新生录取的规章制度，以此支持所有的高等院校。过去四十年，法学院和医学院在美国各地迅速涌现，它们不举行入学考试，对报考者之前所学的任何一门课程都不做要求。倘若这些学院要求学生接受程度适中的学术训练，其中大多数学院只有一部分学生能够达到预期的目标。专业教育落后的现状不应归咎于学生和他们的家长，而应该由美国当今所有专业学院的教授会和董事会承担责任，他们或是对学术训练的作用严重估计不足，或是担心录取的学生数量会有所减少，因此并不要求考生已经接受了足够的通识教育。结果，成千上万学识浅陋、未经训练、专业基础特别薄弱的人进入法律和医学行业，无论对他们本人还是对行业都造成了长久的危害。其实，只要学院曾经向他们提出这方面的要求，他们本来能够通过特定的途径接受一些学术培训。与此同时，我们国家的高中、专科学校和学院全都已经失去了法律支持，而它们在其他每一个文明国家却可以得到法律支持，因为只有通过此类学校才能具体接触法学和医学专业。结果，专业学院的入学人数在过去四十年里相应减少，而不是随着民众生活条件的普遍改善而增加。只要当堂授课是本校法学院和医学院采取的仅有的教学方法，一个班的学生之间虽有差异，也不会对教学效率产生多大影响，除非授课教师被迫调整自己的教学方法，以迁就一部分愚昧无知、未受培训的学生。但是，随着两个学院相继采用问答式教学法，背诵课上相当一部分头脑简单、思维方式尚未成型的学生对它的实施构成了严重障碍。写作考试的普遍运用，同样使人们看清了部分学生无知到极点的可怕事实，令这两个学院的教授们为之蒙羞。[1]

劳伦斯理学院

自 1863 年艾略特离开劳伦斯理学院后，学院的状况与其周围的环境相比没有发生多少变化。虽然它名义上是一个独立单位，却有理由被视为一个学科集团中的最大组成部分，地矿学院是它的一个下属单位，比较动物学博物馆、植物园和天文台也在一定程度上归其管理。艾略特认为这些学科部门暴露出哈佛大学在效率和经济方面的一些问题，其中有两点尤其值得注意。

其一，它们是在履行两种不同的职能。一方面，它们负责教授基础科学，这种教学可以不与技术教育发生任何联系。另一方面，它们训练学生将科学知识应用于工业制造和设计。讲授科学基础知识的工作将不必由专业学院和哈佛学院承担，何况哈佛学院一直恪守古典教育传统，不愿主动接受这项教学任务。此前库克已经凭借其强势的个人风格，硬是将化学纳入哈佛学院的课程体系之中，使其处于和其他文科课程平等的地位。艾略特打算让哈佛学院以同样的方式讲授物理和自然历史这两门课程。

其二，一旦他成功说服哈佛学院开设基础科学课程，劳伦斯理学院和地矿学院各自必需的职能便只有培训工程技术人员一项。到时候哈佛的专业学院将面临来自麻省理工学院的竞争，该学院最近已经启动这项工作，而且进展十分顺利。因此，艾略特上任后不久，便就理学院和“技术”学院部分合并一事跟有关人员磋商。最初几个月，他一直以为自己能够促成两个学院的合并。之后他

---

1 *Ann. Rep.*, 1874-75, pp.23-25.

不得不承认，这种合并至少在相当长一段时间内是行不通的。

于是，在1871—1872学年，基本依照艾略特1861年起草的一份简报，[1]哈佛应用科学学院立即进行了重组。按照重组之后的规定，土木工程专业的学制为四年，化学、自然史、数学、物理学和天文学专业的学生修完三年课程，可申请理科学士学位。采矿学院要求学生在前三年主修土木工程的专业课程，第四学年参与专项实习，同时准备申请采矿工程学位。学院开设这些课程，以便打下通识教育的广泛基础，逐步而有序地实现专业化。其次，学院还专门为任课教师开设一年课程，“用观察加实验的现代方法传授科学知识”。最后，学院年鉴明确宣布，某些优等生经过有关教授同意，能够在各个理科系部进一步深造。一年之后，学院设立了理学博士学位。

同一年，哈佛规定理学院和地矿学院的学生有权入住哈佛学院的宿舍。

化学系的所有课程和物理系的部分课程转移至哈佛学院的实验室进行，由此提高了效率，使理科教学趋于精细。无论本校哪个系的学生都能听其他任何一个系的课程，此项新规使理科教学有可能做到精细。艾略特的前竞争对手吉布斯被免除了化学课的教学任务。作为科学原理应用于实用技术领域的罗姆福特教授，吉布斯被另行分派热学和光学两门课程的教学工作，学校还给他配置了“一个小教室，一个存放教学仪器的小房间，一个自己的物理实验室”，“为了使他的化学研究不致因此中断，……另外向他提供了几个房

1 见该简报第96页。

间作为私人化学实验室”。[1]

吉布斯并不满意。私人化学实验室过于狭小，勉强容得下他和一名私人助手。就这样，他先前来剑桥接手的课程似乎已经被人夺走。他越来越相信，他不可能指望艾略特对自己有什么关照，毕竟艾略特曾被他替代，如今又是校长。这件事让我们第一次，我想也是唯一一次，有理由指责艾略特挟私报复，待人不公。为了安慰自己，吉布斯原先可能满心期待艾略特给予他更多的关注和更好的设备，殊不知这其实很难办到。或许他干脆说服自己相信，他已经上了别人的当。无法想象自己应该如何取悦一位研究者，这或许正是艾略特身上的一个弱点。或许尽管艾略特本人也算得上一位化学家，但他看不到吉布斯身为一名科学工作者的真正价值。无论是在大学或是别的什么地方，都会出现这种人与人之间难以互相理解的情况。如果我们对这当中的人为因素妄加猜测，未免会失之草率。可以确定的一点是，给吉布斯造成各种影响的一系列变革，显然是出于行政管理和经济现状[2]的考虑。

1 *Ann. Rep.*, 1870-71, pp.24-25.

2 “从某一个物质角度来看，这是一个很好的举措……但是……应当将其视为一个严重的错误。美国当代第一位化学家沃尔科特·吉布斯，因而失去了化学系所有的高才生。这样一来，他只好减少论文发表的数量，投入到自己的本职工作中，私人助手代劳还得他自掏腰包支付薪酬。我认为，若是晚一点，等到艾略特校长真正理解科研对于一所一流大学有多重要再提议实施这种改革，他就不会犯这样的错了。”（C. L. Jackson in Morison’s *Development of Harvard University*, p.259. See also Jackson on Gibbs, in *Harvard Bulletin*, XXXII, p.958, May 22, 1930.）艾略特在写给乔治·J. 布朗西的信中 [1871 年 5 月 19 日] 有四句话表明，尽管他意识到别人的批评，但基本上还是将其视为管理方面的问题：“你在纽黑文听到了一些毫无根据的传言，说我有某种愚蠢而又卑劣的意图，这一切你当然是不会相信的。然而我发现纽黑文的一些好心人因此以为我打算削减理科教学，尤其是化学。这完全不符合事实……但愿我们下周发表的声明能在校外澄清事实，这一点在校内已经做到了。”

“我想知道的是，”艾略特跟布朗西[1]说道，“如何让巴黎中央理工大学教育和美国普通高等教育互相理解和尊重，以及如何提高这个国家的理科教育水平。”我们大概可以将理科系部急速推进的举措看作是为了提高标准和经济效益，而不是为了解决更重要的问题。问题迟迟得不到解决。诚然，随着时间的推移，理科教育在哈佛学院越来越普遍。尽管课时数已经增加，课程种类愈加丰富，对学生的要求也更趋合理，但是理学院仍然无法吸引学生前来攻读博士学位。理学院当然不会使民众对于理科教育的心理产生明显的变化。事实上，在培养专业技术人才方面，它确实比不上巴黎中央理工大学和麻省理工学院。

在过渡到传主更多的私事及其校长任期的后来几个阶段之前，还有一个问题需要费点笔墨。如果对艾略特的年度报告只字不提，有关他校长任内前几年的叙述将留下一段空白。我们已经引用了这些报告，接下来还将经常引用。它们形成了一份最全面、最令人赞赏的工作记录，可供那些希望全面了解艾略特治校经历的读者查阅。艾略特后来经常说，年度报告是他本人仅有的一部内容翔实的自传。

这一系列的校长年度报告不是从艾略特上任之后才开始出现的，不过他对报告的形式进行了改造。1869 年之前的报告只是一些内容含混纯系敷衍的官样文章，即便报告人敢于提出任何批评，措辞也十分谨慎。历任校长宣读年度报告，似乎只是为了诱发一种自满的心态。有人填补罗姆福特教席的空缺，在理学院引起震动；

1 乔治・J. 布朗西（George J. Brush，1831—1912），美国矿物学家，大半生都任耶鲁大学谢菲尔德理学院的教务长。——译注希尔没能募集到几千美元授予艾略特教授职位，但校长仍在当年的报告中声称，本校日常工作的进展“平稳”“顺利”。类似的词语在报告里频繁出现，致使它们失去了原有的意义。艾略特硬是彻底打破了这种惯例。他不仅全面而准确地报告每年发生的各种事件，自己加以总结，同时附上几位系主任的陈述，而且还就若干事件，无论好坏与否，非常客观地发表自己的观点。这种报告工作的方式堪称史无前例。说句公道话，多年来艾略特采取的这种完全公开的政策，“坦陈本校在学术、纪律、财政等方面的各种优缺点，世界上恐怕没有哪所教育机构能与之相比”[1]。

哥伦比亚大学的巴纳德校长曾在自己的工作报告中就教育政策作了比较详尽的探讨，但与1869年后许多份哈佛年度报告中常有的那些犀利评论相比，它们更像是措辞温和的学术论文。尽管艾略特名义上只是向监事会宣读年度报告，但他还是将这当作与善于思考且关注教育的一小部分公众人物进行定期交流的渠道。他极力说服这些人准许、呼吁并最终支持更好的政策。随着报告逐年相继发表，它们越来越为人所知，报告者的声誉也不断提高。凡是读过这些报告的人都不难看出，艾略特是在尽量摆出真正值得人们了解的各种事实，他能透彻理解自己的主题，阐述的各种主张，无论多么出人意料或不得人心，都不是一个不负责任的空想家的夸夸其谈，而是一位手握决策实权、敢冒风险的行政领导的提议。

如果为了方便起见，需要为已然很长的本章确定一个截止时间，我们似乎有充分理由说，艾略特校长任期的第一个阶段结束于1876至1878年之间。因为那时他已经完成了使哈佛大学面貌

1 C. F. Dunbar, in *Harv. Grad. Mag.* (1894), Ⅱ, p.463.

一新的最初任务。哈佛学院教授会的规模已经显著扩大，教学领域也得到了很大的拓展。若是重新回归旧有的必修课程制度，一些才华颇受赏识的教师势必会沦为平庸懒散之辈。选课制度在教授会和董事会内部已经原则上被完全接受。大二、大三、大四学年，修辞学、主题写作和辩论术除外的所有课程全部取消规定的练习，从而使 1878—1879 学年出现的各种争论终于画上了句号。

同样，几所专业学院实施的旨在尽可能提高专业标准的几项改革，迄今已经赢得了普遍赞同。即使艾略特辞职，学院的教师也不会放弃他们原先固守的立场。有一件事大概可以作为佐证：法学院通过投票表决，要求所有尚未获得文学学士学位的入学申请者通过若干专业考试，并将学时延长至三年。这种进步，与法学院和医学院随后发生的大多数变革一样，全部源自系主任和教授们的本意，只需得到校长的支持和保护即可。此后，艾略特再也不必像头五年那样为改革注入大量的原始动力，也不必在另一场斗争中首当其冲，就像他突然介入医学院的事务时那样。

1876 至 1878 年间，艾略特几位亲近的同事或是去世或是离他而去。格尼于 1876 年辞去系主任一职，由查尔斯 · F. 邓巴接任。当年选举艾略特任校长的董事会中“六位年长的绅士”，他们的任期全都持续到 1875 年，并在随后的两年里被其他人接替。[1] 此后，他对董事会组成人员的选举拥有发言权，这些人了解他各项政策的要点，愿意为他服务。1878 年校董事会的成员有弗朗西斯 · 帕克曼、马丁 · 布里默、约瑟夫 · 亨利 · 塞耶牧师、约翰 · 昆西 · 亚当斯、亚历山大 · 阿加西、财务总监爱德华 · W. 胡珀。

1　艾略特说，他将一直记得他们，“怀着感激和深情……因为他当初上任时还很年轻，他们对他十分体贴照顾，总是鼓励他，对他充满信心”。(*Ann. Rep.*, 1877-78, p.3.)

09
校长角色

校长角色——老练高明的工匠——朋友和顾问——艾略特的冷漠超然——不受学生欢迎——家庭生活——宗教观——夏日扬帆和野营——抨击国立大学计划——访问英国——*S. A.* 艾略特夫人之死——与霍普金森小姐订婚——来自佛罗里达的两封信——*1877* 年与第二任妻子成婚——东北港

上两章，我们勾勒出了艾略特在哈佛大学变革浪潮中思想形成的轨迹。这方面我们今后还将有所涉及，不过本章的内容将主要与他本人有关。

无论谁碰巧当上一所大学的校长，都能成为一个了不起的人物，只要他愿意略尽一点职责。艾略特在给妻妹的信中（1870 年 1 月 26 日）写道："我越来越习惯于受到旁人的瞩目和尊重，官职自有一股奇异的力量。'人有声望，其言自重'（*à tout seigneur tout honneur*），这话蕴含了太多的世俗人情。此人即使能力平庸而欠缺，他的职位依然备受尊崇。"无论谁读到"能力平庸而欠缺"都得提醒自己，艾略特依然沉浸在亲人新近亡故的悲痛之中，虽然对哈佛大学的未来怀有远大抱负，但在屈指可数的几年任期内难以有所建树，因此很难打消怀疑和鄙视自己的情绪。他并不是天生就缺乏自信，我们也很难想象，他还可以指出谁更能胜任他目前勉力承担的各项工作。没有哪个人，哪怕他再不近人情，都不会否认，就风度、举止和谈吐而论，艾略特最能胜任校长一职。他的履职能力确实超出了不知始自何年的任何一位前任校长。显然，整个哈佛都可以察觉到这一点。过去二十年间，历任校长实行率性而低效的行政管理，致使人们长期以来普遍蔑视校长一职，如今这种局面即将结束。"我们终于有了一位真正的船长。"詹姆斯·罗素·洛威尔兴奋地说道。[1]

洛威尔如果叫他监察长，会像称呼他船长一样恰如其分。霍姆

1　*Letters of J. R. Lowell*, edited by C. E. Norton, Ⅱ, p. 51.

斯认为，没有哪位哈佛校长像艾略特那样悉心研究本校；这句话已经被广为引用。校内无论何处发生了什么事情，他都会探查一番；没有谁的秘密可以瞒得过他的眼睛。他很快便掌握了学校里每一位行政负责人和许多学生各方面的情况，开始关注他们的动态。他向他们提出的问题涉及私人和家庭生活的各种细节。你（一名教师）是否有工资除外的个人收入来源？如果妻子生病你会请什么样的医生？你通常会让教室里有足够的新鲜空气以使学生的头脑保持清醒吗？你觉得在你租的住宅里需要雇几个佣人？他何以能提出这么多问题而不被别人骂成爱管闲事，照我看只能有一种解释：谁都明白他是一名老练高明的工匠。这显然是他每次与人初次交谈后给对方留下的印象。艾略特就职典礼五周之后的一天，医学院教授会全体成员齐聚亨利·J. 比奇洛博士的宅邸，举行第一次正式会议，他们全都觉察到房间里的紧张气氛。只见年轻的校长快步走进会场，在桌首落座之后宣布会议开始，随即进入议程，甚至连比奇洛博士请求利用短暂时间发表一篇经过精心准备的简短讲话，也没有得到他的同意。“眨眼间，显然是奉国王之命（de par le Roi)，出现了一个新的机构。”也就是在这一瞬间，比奇洛开始摆出对抗的姿态。

当时既没有速记员，也没有打字机，艾略特亲手回复每一封来信，并将这些信件的内容归类贮存于自己的超强大脑里。如若不是大幅度压缩公函数量，势必耗费自己大量的时间。他从儿时起便养成了勤奋的习惯，如今还得训练自己有效利用每一分钟的技巧。他平时说话用词简洁，令人不免感到唐突。有时他跟人聊起一些事情，对方听了不解其意，还没来得及缓过神，他已经说完了。如果有人事先不考虑该说些什么便来到他的办公室，可能会被他不客气地打发走。然而，若是来访者知道自己想要说什么，抑或艾略特想从他身上了解一些情况，他会发现校长大部分时间都在凝神倾听。他也会反问对方，不过是逐一提出问题，同时耐心等待对方逐一作答。

考察他人成了他的一项重要工作，他也很想获取别人能够提供的任何重要事实和有益见解。直接提问是获取事实的一种途径。他将直接提问的次数控制在最低限度，加上提问时态度认真，因此不可能得到别人敷衍式的答复。考察别人的一种有效途径，是允许别人就教授会上提出的问题直抒己见，哪怕偏题也无妨。作为会议主持人，他容许别人讲话偏题，但当时表现出的平静神态常常会惹恼发言者除外的所有人。几年前，他说一个教授会“就像一头正在反刍的牲畜，费了好长时间咀嚼一团反刍的食物”，而他在就职典礼上却说“进步主要来自教授会”。人人都得有耐心。倘若这头牲畜有时停止咀嚼反刍的食物，兀自四处游荡，又能拿它怎么办呢？在培养耐心的过程中，艾略特逐渐认识到许多他与之共事的不同的人，他们迥异的性格和观念该有多少价值。

他经常咨询的顾问全都住在附近，他随时可以找他们交谈，无须事先通过信函约定。这些人当中，在他任职的最初几年最受倚重的是哈佛学院院长以法莲·格尼。格尼是比他高一届的学长，他早期教学生涯中的一位挚友，也是他的校长“候选人”，对新方案一般都是衷心拥护。由于格尼在培养启发本科生方面没有什么天赋，因此世人已经逐渐将他淡忘，而对他的一些同龄人仍有清晰的印象。但是作为艾略特在哈佛重组过程中的一位帮手，他的能力几乎无人可及。格尼品味高雅，主要研究古典文学，酷爱历史和文学。他比艾略特更富有同情心，并且显示出非凡的洞察力。比如，他大概曾经建议亨利·亚当斯任历史系助理教授，并且凭借个人影响力将亚当斯带到剑桥。最后，他还是一个善于处世的人，学术界的一些重量级人物有时也不具备这一素养。其次是 F. J. 恰尔德和詹姆斯·沃克。恰尔德是艾略特住在柯克兰街时的邻居，他家是艾略特“最喜欢去”的地方。艾略特小时候，沃克常去他父亲在灯塔街的家中，后来沃克当了校长，艾略特还曾替他草拟一份董事会的议程。他对年长的沃克怀有一种亲切的感情，也很重视沃克给自己的忠告。他习惯于周日早晨做完礼拜后步行去布拉托街上的沃克家，跟他就哈佛的一些事务聊上一个钟头。西奥多·莱曼是阿加西博物馆的一名董事，在那里从事自己的本职工作。他也是校监事会的一员，因此常常待在剑桥。有一次人们就理科系部存在的问题进行讨论，在场的有植物学家阿萨·格雷和解剖学家杰弗里斯·怀曼，这两人既精明练达又富有学识。莱斯利·斯蒂芬[1]说“最杰出的新英格兰人也许是人类中的佼佼者”时，他大概想到了格雷和怀曼这样的人。艾略特特别重视怀曼的性格和见解。董事会成员中艾略特最乐意与之交谈的是普特南，他和艾略特家的交情已经超过了一辈人，他还替艾略特和艾伦·皮博迪操办了婚礼。艾略特一直认为普特南是自己见到过的口才最好的传教士。他过去常常驱车到罗克斯伯里和这位老绅士交谈。斯通瑞，无论是在剑桥还是麻省理工学院的实验室，都曾经愉快地跟他一起合作共事。斯通瑞对不少事情缺乏主见，尤其是艾略特现在很关心的事情。不过，他仍然能时常见到斯通瑞，因为斯通瑞于 1871 年娶了他最小的妹妹凯瑟琳·艾略特，而且校董事会还任命他为农业化学教授及农业和园艺学院的院长。这所新建的学院位于森林山区，利用了布塞农场的一部分。艾略特的前任托马斯·希尔，已经隐居在缅

1　莱斯利·斯蒂芬（Leslie Stephen，1832—1904），英国作家、评论家，弗吉尼亚·伍尔芙之父。——译注

因州波特兰的一个教区，即便他住在附近，艾略特也不大可能登门请教。1871 年，希尔被选举为董事会成员，可他仅仅在任两年便离职了。艾略特当选校长不久后的一天，他跟对方说话时口吻特别严肃，使一个原本随意的提议听起来像是一道命令。“希尔先生，您再也用不着那件校长袍了。如果您不需要，我倒是乐意得到它。”那件长袍艾略特倒是存心想要，只是希尔的内心被刺痛了，后来提起这件小事时语气里还透出些许愠意。纽黑文的乔治·布朗西或许是哈佛校外唯一与艾略特有书信往来的人，艾略特有时写信向他讨教，仿佛他是自己的一位挚友。

除了莱曼，所有这些人都比艾略特年长，有些甚至和他的父亲年纪相仿。在哈佛大学有这种或那种身份的其他人中，很少有人能让艾略特愿意与之尽情畅谈，或是能让艾略特看见他时，忘记了校长的职责。强大的反对势力存在于监事会和每个学院的教授会，或许只有董事会除外，他只得出言谨慎。批评者们认为他正在毁掉所有优秀的传统。他们痛心不已，因此从自身的角度看来，不能和他达成共识。托瑞小姐是校教授会中一位保守派老成员的妹妹，她告诉弗朗西斯·G. 皮博迪，每当她想起已故的艾略特夫人，想到“亲爱的艾伦生前没有看到哈佛变成了如今这样”，心里便会得到几许安慰。

1871 年从哈佛毕业的劳伦斯主教[1]，曾经极为客观地回忆起哈佛人普遍的思想状态。他说道：“在七八十年代，我们视皮博迪博士为哈佛的中心。他是慈爱、情感和友谊的象征，而艾略特则是管

1　即威廉·劳伦斯（William Lawrence，1850—1941），美国马萨诸塞州圣公会第七任主教（1893—1927）——译注

理和组织的象征。”[1] 劳伦斯主教做出如此评价，在一定程度上当然是由于皮博迪在哈佛学界建立的牢固声望和地位，也有艾略特个人处事风格和性格的缘故。他曾经解释道，他坚持认为校长应该像船长那样生活,独自用餐。他决不能因为偏爱哪些人而受到指责；既然全校的命运和前途都已托付给自己，就决不能因为顾及私人交情而在工作中顾虑重重。他应该像经常允诺别人那样经常拒绝别人，经常让别人失望。即使说出事实真相会伤害别人的自尊，他也该直言不讳，免得对方误解自己的真实意思。他尽量不激起人们不切实际的希望，他的坦率常常令人发窘，有时还会毫无必要地令人沮丧。他知道由他本人执行每一项大概不得不做出的残酷决定，也是命运使然。有时我们必须执行一些残酷的决定，而且也有正当而充分的理由,只是它们不适合公布而已。有时否决某人的复职，有时某人主动辞职,都是不可避免的。这些,沃尔科特博士告诉我,他从没干过，他只在有把握的时候对系里的敦促做出回应。但是在这些情况下，系主任常常不愿出面批评自己的同事，他只是向校长咨询意见。如果校长决定采取措施，他必须担负起整个责任。他必须将有关决定传达给下属，在讨论时最好将自己的个人情感和他人的姓名排除在外。[2] 当了几年哈佛校长后，一次有人问他什么是大学校长最应具备的品质，他答道：“承受痛苦的能力。”我

---

1 Quoted by Cotton, p. 215.

2 重述有关事例既不合乎礼仪也实无必要。但我还是忍不住要说，在查阅一些存档资料的过程中，我发现了足够的证据，证明我先前在许多情况下听到别人列举的艾略特拒绝某人复职和要求某人辞职的决定是正当的，只是我现在不愿听信某个失望的当事人或他的友人们对这一事件的任何描述。就算他们被迫暗自承认艾略特此举并无不妥，可能也会抱怨说，“做出这样的处理时，应该多几分体谅”。当时的人们就是这样。无须学习哈佛大学校史，我们对这一点照样心知肚明。

们不难感受到这个苦涩的回答中透出的忧伤和坚毅。他秉性温和，倘若不是在某些特定的场合不愿迎合自己的情感，就不会借助已经过于正经的外表对人刻意设防了。

凡是了解他的人都知道他不会偏袒某人或是回避某项棘手的事务。凡是留意过他的人都不敢奢望自己能和他套近乎。多少回他硬是不愿迎合旁人，但他毅然承担了类似于船长的职责。他克制住每一种可能流露出来的感情，因此人缘较差。无论是拥护还是反对他改革的人，在与他相处时都感到别扭。幸运的是，不久人们便看出他的不偏不倚和处事公正，从不心怀宿怨私仇，而且有时还会发生一些令人感动的事情。有一位名叫 E. J. 卡特勒的现代语言学院的助理教授，曾于 1869 年竭力怂恿校监事会成员否决董事会对艾略特的校长提名，等到艾略特当上校长之后，他又在 1870 年用诙谐生动的语言对他的政策大肆抨击。艾略特深信卡特勒是一名优秀的教师，并于 1870 年将他晋升为全职教授。一天，他在旁人的引导下匆匆来到卡特勒位于霍尔沃西楼的寓所。“他当时处在弥留之际，想在咽气之前告诉我，他曾经在教授会针对受到我支持的一些改革举措表达了不少反对意见，为此感到愧疚。我对他说，他当时只是在行使自己身为教授会成员和一名教师的权利。但他还是十分吃力地一再重复道，这并不是权利的问题，而是个人情绪的问题，他真的非常非常愧疚。一个钟头后他离开了人世。”卡特勒没有亲人，也没有加入固定的宗教教派，艾略特在自己家中替他举办了葬礼。

人们或许觉得他本该受到学生的欢迎，因为他毕竟逐步废除了那些深受学生鄙夷的烦琐规则，同时赋予他们更多的自由和更好的机会，以便学习自己感兴趣的东西。学生们也理应感激他，因为他把学生当作成人和自由的行为主体看待，而不是一帮无理取闹的孩子。然而，学生们并不喜欢他。我们不妨认为，这表明学生们的见识是多么短浅，心胸又是多么狭隘，也表明艾略特对学生能力的基本估计又错到何等地步。不过，我们应该理智地承认，一个人单靠向年轻人灌输大道理，很难走进他们的内心世界，他还应该向他们展现自己人性中温和的一面。学生们很快便忘了艾略特废除了多少恼人的规定，只注意到艾略特在执行现有规定时是何等严酷。按照某人的一种精辟见解，普通人的思维，往往混淆了正义和仁慈，尽管正义本身并非仁慈。人们更容易察觉到艾略特的正义而非其仁慈。尽管他如今已是一校之长，学生们对他的认识仍很肤浅，如同 19 世纪 50 年代他的几位前任那样，当时他为了履行自己身为助教的职责，常常前去驱散霍尔沃西馆[1]里喧闹的学生聚会。他们从未听到关于他的消息。瞧着这个举止庄重、身穿暗灰色衣服、纽扣全都扣严实的人物，不管他们做出怎样的推测，都不会想到他也曾年少轻狂。如果他经历过少年时代，肯定是那种罗洛丛书主人公式的人物，他们当中好多人都是读着这些故事长大的。即便是今天，一些读者在读到本页时大概会想起罗洛或许还有他巴黎之行的故事。罗洛带着自己的小妹妹吉妮在杜伊勒里公园里散步。他俩来到喷泉边，几个小男孩在大水池里玩着小船。他们站在池边，看得入神。可是不一会儿，吉妮握住哥哥的手说道："我们还是赶紧走吧。"听到这句婉转的提醒，罗洛不禁想起当天是礼拜日，不应在外玩游戏。于是他转身背对着几个法国小孩和他们的小船，便和吉妮一起离开了那个地方。艾略特的言行似乎很容易让人联想到罗洛。一名因一时冲动、言行失检而面临惩处

1　哈佛大学的新生宿舍，因英国商人马修·霍尔沃西（Matthew Holworthy）于 1678 年留下了一笔 1000 英镑的遗产；故得名。——译注

的学生壮着胆子对他说："先生，整个校园里不这么做的还不到五个人。"校长答道："那你就该做那五个人当中的一个。"这本该令人为之动容，却有违人的本性。本科生们偶尔听说过一些事，足以证明艾略特一直牵挂着某个贫家孩子的命运，当时这个孩子正在靠打零工完成学业。他们大概还听说艾略特曾经搬出宅邸，好让某个患了天花的学生和护理人员住进去，而不是被送到条件恶劣的疫病收容院。[1] 只是校长的日常形象并没有因此得到改观。学生们总是不近人情而又没完没了地抱怨说，他们在哈佛庭院从他身边经过时，他要么没有认出要么好像没有看到他们。如果他们向他触帽致敬，也只是出于对礼节规范的尊重，而不是希望得到对方的回应，而且事后他们往往觉得自己有些蠢。他在他们眼里酷似日历顶端的冷漠无情的星座动物，又像是哈佛行政官员中最不可思议的神奇人物，隐隐约约地出现在他们眼前。那时候如果他在学生集会时露面，很难赢得他们的欢呼。

艾略特刚刚搬进位于昆西街的校长宅邸，便着手装饰新居。他使用的材料是在 1857 年父辈财产尽失，或是历经过去六年频繁迁居之后得以幸存的各种物件，即使这些老物件与新房子的格调有点不太协调。他雇了以前家中的两个佣人替他照看房子和孩子。一个爱尔兰马车夫替他照料理学院大楼后面校长马厩里的几匹马，此外也常来家中干点杂活。每当举行晚宴或者别的招待活动，他通

1　此事发生在 1873 年。之后，艾略特将自己的孩子送走，收留了一名患猩红热的男生。明顿·沃伦女士则讲述了她弟弟在塞耶堂（1880）的宿舍里患上双侧肺炎的经过。艾略特不顾宿管规定，将这名患病学生的家人安置在紧邻病房的房间，一天探视两次，还在自己家里特地为病人做饭。一天下午校办公室收到一封电报，请求工作人员向某个本科生转告他父亲去世的消息。据说当时这个学生正在参加一场橄榄球赛。球赛结束后，他被叫回自己宿舍，发现校长正拿着电报等他。诸如此类的事情还有很多。然而在很长一段时间里，类似的每一件事都会使本科生们惊讶不已。

常会请自己的妹妹斯通瑞夫人来家中过夜，代行女主人之礼。来访者络绎不绝，尤其是那些多少带有公务的客人。他热情而随意地接待他们，丝毫不拘礼节。

1870年，两个英国人艾伯特·V. 戴西[1]和詹姆斯·布莱斯[2]首度访美。那次造访真是令人难忘，尤其对布赖斯而言更是意义重大，因为他和艾略特的初次相识后来发展成两人终生的友谊。幸好戴西记录了他当时的亲身经历，以下便是他描述的他突然造访昆西街17号的情景：

> 波士顿，10月3日。我已经来到这户人家，大概会住三至四天，可是我与男主人素未谋面，从不相识，甚至连他是否结婚也说不准。我刚刚上门，就把这家人从睡梦中吵醒，这才知道主人已经出了门。而除了明晨7点吃早餐，别的我一概不知。所有这一切就这么发生了。昨天我去拜访哈佛校长艾略特，没有找到他，便留下一张介绍自己的便条。大半个下午，我一直出门在外，等到晚些时候回到旅馆后，发现了一份来自艾略特的请柬，上面写着："请您带上行李速来我家，您在我家尽可随意。"校长的邀请如此富有诚意，接受显然只有好处，因此我当即决定前往。天色太晚，不能指望到他家用餐了，我只得在旅馆用餐。我得等好久才能等到一辆马车，然后还得行驶三英里的路程。结果夜里10点抵达艾略特家时，全家人都睡了，他又在外面，我只好摁响门铃，将他们唤醒。他们都很友善，领

1　艾伯特·V. 戴西（Albert Venn Dicey，1835—1922），英国法学家、英国宪法研究者。——译注

2　詹姆斯·布莱斯（James Bryce，1838—1922），英国法学家、历史学家、政治家。——译注

着我来到一个漂亮的房间。但是整个情形稍稍有些荒唐。当然并非出自本意，但我在这里已经过于“随意”……［稍后］艾略特比我在这里见过的任何人更像是牛津大学一位年轻的研究员。他举止文雅，彬彬有礼，却有一种绝妙的本领，能使乍一听平淡无奇的话语，透出几分讽刺意味。他对哈佛大学的事务十分热心，为此做了大量工作，但有时说话也会带着那种酷似牛津大学公共休息室里特有的慵懒腔调。他特别爱拿我们对妇女教育这一研究专题表现出的热情打趣，常常冲着我们哈哈大笑。我们想要认识几位女教授的愿望更是令他忍俊不禁。不过，他也曾经对女性教育问题给予很多关注，并且照我的估计已经得出了结论：虽然这方面还有大量工作要做，男女混合的学校在殖民地国家或是英国都行不通。对于他所说的我们英国人偏爱俚语的做法，比如经常用“gone off”代替“declined”[1]，他时常暗自发笑。我明白他觉得我们几乎没有教授和研究员的尊严。关于他的善良和体贴，我无法尽述其详。[2]

1870 年，艾略特家在没有客人的时候只有他与 11 岁和 8 岁的两个儿子。[3] 两个孩子常常得忍着饥饿等到忙碌的父亲方便时才能吃上饭。但是在孩子们离家上学之前的清晨和每天傍晚，他总是尽量抽出时间陪伴他们。只要他下午骑马外出探望某人，就会骑着小马带上小哥俩。等到他俩个头长高到能够跨坐在小马的背上，

1　英文意为拒绝。——译注

2　R. S. Rait, *Memorials of Albert Venn Dicey*, pp.61-62.

3　参见查尔斯·艾略特 1870 年 1 月 26 日写给安娜·皮博迪的信：“今天母亲出门来我这儿短暂停留。自 10 月 1 号以来，孩子们一直难得见到女人。我不喜欢去有女人的地方，男人多好啊。我最喜欢去恰尔德夫人家。”

每次他骑马，通常会让一个孩子在他的大马身边纵马奔驰。他鼓励兄弟俩参观当地的历史胜地，以便熟悉波士顿周边郊区的地理环境，正如儿时的他经常利用礼拜日和其他假期实地考察一些革命战场的遗址。每逢周日，两个孩子便和父亲一起在学院小教堂里做礼拜，只是他们不必聆听牧师的布道，艾略特也不会向他们的小脑袋灌输教义。他说："成人尚且需要一点抽象思维的天分，才能从《教理问答》中悟出一些道理。一个孩子为什么不能从诗歌中受到宗教教义的熏陶，只要这些诗歌经过了精挑细选？"还有，"这个方法我已经在我的孩子身上试过了，而且发现它的确行之有效"。此处不妨引述塞缪尔·A. 艾略特提供的一段回忆：

> 小时候，每逢礼拜天晚上或是平时的哪个晚上，我们兄弟俩都会在一起反复吟唱赞美诗和诗歌。还记得儿时的我每次去学院小教堂做礼拜，父亲总是习惯性地在布道开始时递给我一本赞美诗集。我在牧师布道的过程中学习书上标有记号的几首赞美诗。我今天还记得那些赞美诗的曲谱，手上的那本赞美诗大概跟父亲的一样。那时候，父亲尤其喜爱那些以笃信宗教为主题的老派赞美诗。母亲去世后，他开始喜欢那些宣扬灵魂不灭的赞美诗。不过总的说来，他并不在意赞美诗的曲调是哀婉抑或轻柔。""在后来的岁月里，他尤其偏爱那些被我称为标志着勇气和心灵探险的赞美诗。如果说随着年龄的增长，他的品味又发生了改变，也只是我所说的自省性赞美诗渐趋消亡的必然结果。'向上而不是向下看；向前而不是向后看；向外而不是向内看；主动施以援手。'他越发频繁地引用希尔博士的这段箴言，将其奉为自己的座右铭，并做出详细阐释。

下面引用的这段文字写于何时已无法确定。尽管它出自艾略特大概写于1970年代一份关于“大学里的宗教地位”的原稿，但上面并没有标明具体日期。不过这没关系。所有笃信宗教而又善于思考的人们正在试图调和自己的宗教观和最新的宇宙论之间的冲突，而艾略特做出的这种调和，既无须经历一个激进的过程，也不是仓促行事的结果。

> 假如宇宙是科学所说的一个有机体，缓慢地、逐渐地发展到它今天的形态，并且将继续进化，逐渐成为它明天的形态，其间慢慢产生了我们称之为法则的各种习性，同时形成了健全的机能，即我们所说的自然的和谐，那么，科学还告诉我们，这个有机体的生命原理或灵魂，无论称其为科学或是上帝全都欠妥。它普遍存在于该有机体本身，致使上帝混同于自然，宗教混同于科学，神圣的事物混同于世俗的事物。它们能够表明，这种对上帝的科学认识，若是和任何正统教会所持的观点不一致，充其量也只是一种宗教观念。只要借助古朴平易而又稍带神圣意味的语言，就很容易向平庸的脑袋灌输这种观念。我发现有些人在科学的宝库洗劫一空继而完全掌握了科学新原理的意义之后，便试图向普通民众推销这些有关超自然智慧的合理观念。然而他们能想到的，只是人们耳熟能详的一些套话——“永远有个肩膀在你身后”，一只麻雀“如果没有上帝不会飞落到地上”，“我们在上帝的指引下活着，迁徙，繁衍”。

此处顺便说一句，艾略特最喜爱的一首赞美诗，由霍姆斯博士所作，其中有这样一节：

我们的圣父！我们的心胸已经抛弃了
那些有辱你名声的信条，
让尚未熄灭的信念的火焰
在我们的圣坛继续燃烧。

在那些炎炎夏日，无论是在船上还是陆地，每天早晨，艾略特都会用浑厚低沉的嗓音唱一首颂歌，唤醒自己的同伴度过新的一天，这样的做法大概始于 1871 年。当年 5 月 19 日，他在写给布朗西的信中透露了一点消息，称自己即将度过一个愉快的长假："[我]拿定主意要在今年夏天度过一个彻底放松的假期。作为前期准备，我已经买了一艘 33 英尺长的帆船。你对今年暑假有何打算？我认为可以扬帆出海，去荒山岛露营。"一个记满了旅行日志、依然完好无损的学生笔记本，记录了以下几则日记：

1871 年 5 月，艾略特买下单桅帆船"杰西"。它总长 33 英尺，舱里有 4 个铺位，外观漂亮，航速较快。5 月，"杰西"号在多切斯特游艇俱乐部举办的一次比赛中战胜了"玛丽"号。6 月在波士顿海湾短程航行了两三次，其中有一次在驶离沃伦堡时险些倾覆，后来停靠在洛弗尔岛。温洛克先生、彼得森先生和艾略特当时都在船上，跟家住尼庞西特的凯利和亨特一起。温洛克、彼得森和艾略特从尼庞西特一路步行，直到凌晨 2 点才到家。

1871 年 7 月 8 日，星期六。下午 5 点零 5 分从波士顿启航。C. E. 盖尔德、R. W. 基尔德和艾略特待在房舱里，凯利和斯塔克位于船头。美妙的黄昏……[向东航行的各种细节，几只浮标，

几座灯塔，经过它们的具体时间，风向、天气，简要标注“杰西”停泊的几个地方，这些全都按照顺序逐一记载，直到——]

7 月 13 日，星期四。清晨 5 点我们迎着微风（从西南港口）出发。因为海面无风，停泊在大头港。终于，南边吹来的海风将我们送达艾伦堡德。靠着一把玩具发令枪，我们换得驶离斯库勒头的东方游艇俱乐部 7 艘帆船的敬意。C. E. 盖尔德和艾略特在艾伦堡德岛上面察看了一番，却找不到适宜露营的地点。我们从老雅各布那儿得知卡夫岛的方位。临近正午时分抵达该岛。岛上风景很美，可惜找不到一股泉水。斯塔克把船划到一英里开外的岸边，在那里遇到一位名叫多恩的先生，告诉我们哪里有水。接着，艾略特也来到岸上，找到了斯托弗产业的代理人杰利森先生，他是斯托弗的内弟，当时正在吉奥·斯托弗住宅下方的一块田地里。他说我们在岛上可以宿营。艾略特下午 4 点返回，接着又将几顶帐篷拖到岛上，之后又将它们搭在旧码头上方的山上。

7 月 14 日，星期五。将“杰西”泊在岸边，卸空船上的货。吃力地将它拖到小岛东南端的位置，在那建起了艾略特的第一个宿营地。

7 月 15 日，星期六。驶入巴尔港[1]，接艾格尼丝和几个男孩上船。

1　美国缅因州东南部一小镇，在荒山岛上，是一避暑胜地。——译注

7月19日，星期三。亨利、范和玛丽抵达巴尔港，乘坐“杰西”号前往宿营地。一夜风雨。[1]

注意“艾略特的第一个宿营地”这种说法。根据现有的资料不难看出，他在1871年夏天没有换过宿营地，这表明他似乎已经找到了愉快度假的方式。此后六年有五个暑期他们都是在卡夫岛上建立了宿营地。1873年，他们在诺那门塞特岛上扎营，此地位于秃鹰湾和葡萄园岛海域之间，紧邻瑙什恩岛。两个营地的风格酷似一个小小的帐篷聚居区。艾略特自己睡一顶帐篷，两个儿子睡另一顶。还有一顶大帐篷用作客厅，另外几顶帐篷，除了留给客人，其余用作厨房并满足别的一些需要。帆船通常停靠在宿营地附近。船上的服务员随后又变为宿营地的厨师。两个儿子年龄尚幼之时，每当度假者中有女士的时候，宿营地通常还会有一个保姆前后张罗。艾略特负责提供给养，每次他们外出寻幽探胜、举行野餐，都由他统一安排并担任向导。简言之，他既是船长、陆地指挥官、管家、主人，也是娱乐休闲活动的组织者。

野外度假的乐趣，一部分源自那种新鲜刺激的感觉。当时，夏日野营较为罕见，新英格兰海岸也难觅私人游船的踪影。1872年，政府虽尚未发布缅因州东海岸的海图，不过已经发行了第一版名为《大西洋海岸引航》的一本薄薄的手册。后来有关部门宣布该手册的修订版正在酝酿和准备中，艾略特闻讯，随即写了一封长信给海岸测量局，篇幅相当于本书的20页纸，里面提供了许多关于转

1　亨利即尊敬的亨利·富特先生，他的妻子是弗朗西斯·艾略特，即“范”。玛丽是他们的女儿。

从卡夫岛宿营地眺望荒山岛和巴尔港（艾略特手绘）

向记号和航向的准确信息，同时提出了不少合理建议，诸如书中应尽量使用浅显易懂的语言，印刷排版应便于读者检索。新版的编辑似乎采纳了他的若干建议。

“杰西”号在航行一个季度之后退役，取代它的是美国首批专门设计用于新英格兰海岸航行的一艘游船。航海日记有这样一段记载：“1872 年春，艾略特开始拥有一艘单桅帆船‘阳光’号，由费城的艾伯森兄弟建造，适用于那种限载少量人员的巡航。它的主甲板长 43.5 英尺，舷宽 15 英尺，高 6 英尺，船尾吃水深度达 4 英尺。船中有一个房舱，供艾略特站立；还有一根短桅杆，一根短吊杆，几片宽大的筝帆。”经过试航，证明“阳光”号是一艘舒适实用的船，其航速之快在同等级别的游船中亦属上乘。它的后房舱比较宽敞，足够艾略特及其两个儿子外加一两个客人住宿，船头可容纳一名服务员和一名水手。

在康涅狄格的沃奇希尔和缅因的伊斯特波特之间，鲜有“阳光”号未曾驶入的港口和河口。不过大多数时候，它都在沿着缅因的美丽海岸航行。正是在那儿，艾略特很快便对荒山岛和座座岛屿点缀其间的宽广海域，萌发了一种终生保持的痴迷。航海者朝着大陆极目远眺，连绵起伏的格林山依稀可见，朝大海望去，则是浩瀚的大西洋。缅因海岸边的一个个小村落，仍在从事渔业生产和交易，也有不少村民以务农为生。夏天度假还没有成为 1870 年代的时尚，海面上漂浮的所有物体都以风帆为动力。很多之前生长着一株株粗壮的冷杉树的小岛，如今长满一片片被灰色岩石阻隔的绿草地，牛羊正在上面啃吃着牧草。一栋栋刷了白漆的矮小住房在阳光照耀下闪闪发亮。上岸取牛奶和鸡蛋是再容易不过的事情。无论是在船上还是营地里，度假的人们通常包括艾略特全家和皮博迪家人，还有邓巴这样酷爱航海的朋友。这样的假期一旦开始，艾略特便将自己平素牵挂的哈佛事务和一些日常琐事统统抛诸脑后。大海，海风，以及白天的各种奇遇，设法获得所需物品，扬帆出航，这一切都令他沉醉不已。他通常兼任船长和舵手，直到两个儿子长到一定的年龄，能够自己操纵游船。按照业余标准，他是驾驶帆船的一把好手。他不会冒很大的风险，但他每次出海从不另请舵手已成惯例。他只出过一次严重的纰漏。那次，一股强劲的西北风刮断了船侧支索扣板，船的桅杆也随之折断。随行的 F. G. 皮博迪说，他其实并不怎么害怕怒吼的狂风，倒是听到艾略特突然怒喝一声“该死！”，着实被吓得不轻。

对于孩子们而言，这是夏日常规训练的一个极好机会。他们学习驾船航行，学习使用海图和《大西洋海岸引航》，开始熟悉整个缅因海岸，并对卡勃特、尚普兰、史密斯等早期探险家的探险经历产生了兴趣。[1]

随着时间的推移，艾略特开始经常出现在公众讨论的场合。从一定程度上来说，他在《大西洋月刊》上的文章，以及就职演说和年度报告，全都是向广大国民发表的演讲。1873 年，他在一场围绕一个急待解决的问题展开的公开辩论中首次支持一方，并最终影响了讨论结果。那一年，全国正在开展一场旨在敦促国会在华盛顿建立一所国立大学的运动，提出这个建议的名义上是美国国家教育协会下属的一个来头不小的委员会，因而造成了所有协会成员都支持该方案的印象。在 8 月召开的年会上，艾略特提交了一份报告，一开始分析了该委员会的职责和权力，继而声称它从未

1　参见本书第二章，其中多处提及夏日野营和乘船度假。

召集各成员，主席无权以代表其各项结论或其他成员的口吻发言，接着又激烈抨击和讽刺了国会通过的有关法案中的几项主要条款，最后表明自己反对建立一所国立大学的态度。总之，这篇文章言辞犀利，切中时弊。一些教育协会之外的赞同艾略特观点的有识之士[1]将他的文章重新印刷，在次年冬天散发给广大读者。

对于这份报告的第一部分，人们很难做出多少反应，因为国立大学纯系少数人的提议，而且它的整体构思也很粗糙。但是，至于受到财政税收支持的国立大学是否应该在美国教育体系中占有一席之地，一些利用政府赠予地兴办的院校和新建的州立大学纷纷表示强烈反对，因为艾略特已经概括性地指出，高等教育应该受到各种捐款而不是政府财政的资助。以下引自他报告的结尾部分：

> ……对于欧洲大陆国家来说，政府操办一切，负责一切，本是天经地义。法语中没有“公共精神”的对应语，因为法国人本身就没有公共精神的意识。这种对政府的令人鄙夷的过度依赖，是那个君权神授的年代传承至今的一份糟糕遗产。相反，美国人对此持有截然相反的看法，即政府不应做任何不是明显属于其职责范围的事情，不应履行任何一家私人机构能够履行的职能，政府甚至不应为公众谋取某种利益，除非这种利益无法通过其他途径获取。我们几乎可以毫不夸张地说，这种理论正是我们的公共自由的基础。[近年来，由于种种原因，我们已经]资助了一些铁路、蒸汽船公司和农学院。如今又有人提议政府资助一所大学。这种资助过程中的致命缺陷，在于其削弱了公

1　西奥多 · D. 伍尔西、B. R. 柯蒂斯、亨利 · C. 李、C. J. 斯蒂勒、亨利 · C. 凯里、C. F. 亚当斯、乔治 · 威廉 · 柯蒂斯、E.L. 戈德金。

共自由的基础……

> 在公共教育领域，我们要坚定不移地采取纯粹的美国方式，即古老的马萨诸塞方法。其主要特点，是将地方税收经公民投票用于全民基础教育；由选举产生的地方委员会支配税收，管理学校；此外，在高等教育方面，永久性捐助款项由几方面合为一体的董事会管理。这就是美国式的自治体制，与在普鲁士及其他大多数欧洲大陆国家盛行的军事化、专制化的公共教育制度形成了鲜明的对照。这两种体系都各有其独特的优势，而美国式体制的最大优势在于其有利于培养自由人。[1]

如果说这份报告里有一股哗众取宠的味道，未免夸大其词。显然它并不是在风格上毫无特色，内容上也不像艾略特后来那些引起争论的言辞一样难以驳斥。他在论辩过程中引用了米尔的观点。这份报告表明，他在自己所处的高等教育领域，赋予边沁主义学派[2]的自由放任主义哲学一些特别偏激的含意。这就是他的思维方式，虽然他在国内从未见到知识领域完备的管理体系，像他在法兰西帝国见到的那样；虽然德国的一流大学也都是由国家资助。他罔顾这些于己不利的事实，声称法德两国的教育和政治传统迥异于美国的传统。但是，他显然忽视了很多值得分析的美国经验。他在这一点上遭到安德鲁·D. 怀特的指责。美国几乎所有接受捐款资助的大学都是在教派的热情推动下建立起来的。在最早成立

1　出自 1873 年 8 月 5 日查尔斯·艾略特对美国国家教育协会作的题为《公立大学》的报告。*Addresses and Proceedings, Nat. Educ. Assn.*(1873),107. 查尔斯·W. 塞弗还在剑桥将其装订成小册子。

2　指以超阶级的功利作为人们行为标准的资产阶级哲学思想，由 18 世纪末英国哲学家、经济学家 J. 边沁创立。——译注

的大西洋沿岸各州，这些学校正在逐渐抵消教派的影响。但是怀特指出，后来成立的那些州在创建捐款资助型大学方面经验欠缺，一直差强人意。他将只有教会大学的俄亥俄州与密歇根州及其按照自由理念规划的年轻的州立大学进行了比较,从而得出结论。“基于确切的事实，简要概括整个情况……在最初的十三州以外的美国任何一个州，没有哪一所在私人企业或是在宗派热情的驱使下建立的大学，师资接近满员，基本设施达到中等水平。所有这些教派学校中，没有一所师资满员，没有一所学校的图书馆、实验室、天文台或艺术藏品能达到哪怕是第三等级——即便按照我们美国的标准。之所以造成这样的结果，是因为我们近一个世纪的全部努力，始终遵循分散资源发展高等教育的原则，按照教派至上的要求，而不是根据那些治国之才的计划集中配置各类资源。”[1]

不过，艾略特并没有示弱。他崇尚自由放任的思想，不仅因为他的身世教养使他能够心悦诚服地接受功利主义者传播的那些理念，而且也与能被我们恰当地称为一种强迫性的性格倾向有关。他说话直率同样是性格使然。C. E. 诺顿写信给艾略特，对他抨击国立大学计划的行为大加赞赏。1873 年 8 月 15 日，艾略特在诺那门塞特岛[2]上的宿营地里回信称：“……坦率直言是我身上一个小小的优点。这的确是艾略特式的品质；但有些人说，这是一种恶习。我在履行现职时总是独立不羁，除了亲朋好友，鲜有人情往来。我遇到过的不少人不敢直陈己见，因为他们不想得罪那些自己有所欠或有所求的人。一些人认为大胆抨击或反对某些弊端是徒劳的，

1 Andrew D. White, “A National University.” *Addresses and Proceedings, Nat. Educ. Assn.* (1874), pp.58,59,72.

2 马萨诸塞州杜克斯县伊丽莎白群岛中最东端的一个小岛。——译注

因为他们骨子里觉得这些弊端不可避免。”[1]

艾略特深知，现任哈佛大学校长的身份，能使自己表达的思想言论在公众心目中占有的分量之重，远非以约翰·琼斯之类普通百姓的名义表达的思想言论可及。这样岂不更好！对待任何一个他感兴趣的民众或社会议题，他从不担心因独立积极地行事而危及自己的职务。艾略特似乎只给自己加上了两点明确的限制：一是不在剑桥、波士顿以外的地区出席政治会议，二是不在别的地区宣传自己推崇的唯一神论。他曾经说道：“这些限制并不完全符合我的天性和本意，但在我看来，似乎是公平而正式的约束。”约翰·格雷厄姆·布鲁克斯先生说，他曾邀请艾略特为布罗克顿为数不多的工人演讲，结果惊喜地发现艾略特竟然愿意为此从百忙中抽出时间；询问他其中的缘故，也很快便得到了答复：“我不知道还有什么比这更好的方式，能够劝说年轻人关注自己的公民义务。”艾略特在布罗克顿的演讲，其实是他践行本人秉持的身教胜于言教这一信念的一种途径。他还深信，通过积极而公正地参与公众事务的讨论，他在哈佛校园内外都施加了有利的影响。

虽然 1870 年代他在公共演讲和辩论方面并没有多少经验，但已经发挥了很大的作用。布鲁克斯先生又通过回忆提供了一个例证。其时，人们掀起了一股支持女性接受高等教育的热潮。在波士顿召开的一次会议上，温德尔·菲利普斯将就此议题发表讲话，

1　查尔斯·艾略特致 C. E. 诺顿，1873 年 8 月 15 日。(MS. among the Norton Papers, Harvard University Library.) 国立大学的设想显示出一股顽强的生命力。1899 年，国家教育董事会指派由 15 名大学校长和教育家组成的委员会对此加以阐述，委员会主席是芝加哥大学的哈珀校长。艾略特是其中一名积极参与活动的成员。委员会采纳了他提出的几项决议，在 1901 年的报告中指出，没有必要建立一所国立大学，还说明鼓励教育机构、不限制其发展是联邦政府的职责，但是在一些特定领域，政府部门应加大对科研和教育的投入。

支持哈佛大学招收女生。接下来，艾略特校长将有机会做出回应。温德尔·菲利普斯是布鲁克斯先生心目中的英雄，他出席此次会议专为聆听菲利普斯的发言，而且他事先已经倾向于支持菲利普斯的观点。他坐在台下听着菲利普斯口若悬河地说理论证，暗自琢磨论辩对手该如何作答，想到年轻的校长得起身与台上这位老资格的演说家交锋，不禁对他心生怜悯。艾略特发言时，没有使用华丽的辞藻，只是陈述一些对实际决策起主导作用的事实和想法。结果，现场每个人的心中无疑都形成了一个必然的结论。这似乎是一次出人意料的胜利。从那天开始，布鲁克斯先生将艾略特视为哈佛的一位伟人。

1874 年春天，艾略特远赴英国，以便了解更多英语教育的情况，同时与一些颇有见识的人士交流。此行历时两个月，其间他利用两三个周末造访牛津，在剑桥盘桓了数日，在爱丁堡逗留了一星期，其余大多数时间都是在伦敦城内及其近郊度过。伦敦的街道使他心里不断涌起对艾伦·皮博迪的感伤的回忆。他当年来此若非艾伦·皮博迪的陪伴，只能是一个人踽踽独行。好在这次的经历大多是新奇而愉快的。此时的他已是一位重要人物，平添了不少个人魅力，结识了詹姆斯·布赖斯、A. V. 戴西、G. C. 布罗德里克，还有其他一些跟这几位一样愿意帮助他的人，此外还被陆续引荐给其他人。早餐、午餐和晚餐的邀请多到令他应接不暇的地步，毕竟只有在牛津、剑桥和伦敦，各类宴请才可能如此密集。“我跟别人的谈话实在是多，”他在信中感叹，“……无休止的讨论……我和那些最富活力的人交谈，辩论时我得保持思维清晰。”他在仓促写就的寄给母亲的每封短信中都会提及几十个名字，他最近和这些有趣的人一起吃饭、谈话和散步，实际接触的人肯定还有不少。艾略特和乔伊特在牛津共度了一个周末，和达尔文交谈了一次，多次见到布赖斯、戴西、布罗德里克，莱斯利·斯蒂芬虽不常见但很喜欢他。在爱丁堡期间，他见过约翰·西蒙、约翰·克拉克爵士、乔治·罗勒斯顿、马修·阿诺德、马克斯·缪勒、弗朗西斯·高尔顿、约翰·卢伯克爵士，还有《旁观者》[1]的赫顿、约翰·布朗博士，以及亚历山大·格兰特爵士。如果继续补充细节，只能凭借想象，因为他跟那么多人进行过“无休止的”交谈，却并未提及自己与其中任何一位有过怎样的交往。我们大体知道，他参观并“视察”了四所大学和其他几所学校，包括伊顿公学、几所寄宿学校和一所贫民学校。他对母亲难得发过的一次议论是，如果再有美国人向他讲述自己在英格兰和苏格兰的经历，他至少能大概知道他们到底在讲什么——他补充道，他们通常了解到的情况也很有限。有意思的是，根据他单纯罗列的各项活动，我们不难看出他的行程也曾多少偏离教育主题。他在几个政府部门待了一天，以便更多了解行政单位的运行机制。我们还欣喜地发现他并未错过传统的牛津—剑桥划船比赛，此外，他还在邱园和 C. S. 萨金特夫妇度过了一天。尽管他很可能“有时因过多的宴饮和交谈而略感疲惫”，席间有些人似乎又让他倍感愉悦。“爱丁堡这地方不错……苏格兰人极富幽默感……我很高兴和爱丁堡大学的一些同事一起用午餐，用晚餐。聚餐时，他们说说笑笑，‘特别’逗乐，因此我笑得流出了眼泪。”那些苏格兰人到底讲了什么笑话呢？剑桥的一些人倒是愿闻其详。

1875 年，艾略特在卡夫岛的夏假因母亲患病离世而中断。他 1865 年搬出柯克兰街的房子以后就一直和母亲分开住，但是只要

1　英国杂志，创刊于 1828 年，是英国全国性周刊中历史最久的杂志，聚集政治及当前事件。——译注

他待在波士顿附近，便会时不时地去探望她。他在旅居国外期间，每次给母亲写信，都要逐一罗列所有的日程和活动。她呢，也密切关注着儿子的活动，心里感到无比骄傲。因此，他可以告诉诺顿，母亲生命中的最后五年“充满了快乐和光明”，在她的儿孙心里留下了美好的记忆。可是他又补充说道：“我对她的思念无以言表。”

值得注意的是，艾略特身边或附近始终不离自家的女人。作为独子，他自幼生长在一个周围全是姐妹的大家庭里。父亲经商失败之后，他们从老宅搬了出去，原来习惯的一切被硬生生打破，也正是在那时他迎娶了艾伦·皮博迪。他和妻子在一栋联排楼房的一半安了家，另一半则住着父母和待嫁的姐妹们。自从艾伦·艾略特身患重病以来，艾略特姐妹、皮博迪女士以及她待嫁闺中的女儿安娜便住在一起，相处得像一家人一样，无论是在国内还是国外，直到 1869 年秋天艾略特带着两个儿子迁居校长宅邸。他怀着良好意愿或者毋宁说是一份诚意扮演儿子和兄弟的双重角色，表明她们近在身旁，对于他本人是多么大的慰藉。如今，他的母亲已经离开了人世，自己的姐妹也已觅得如意郎君，各自成家，安娜·皮博迪也嫁给了 H. W. 贝洛斯牧师，之后移居纽约。

我们无法确定艾略特此前是否见过霍普金森小姐。艾略特家族倒是流传着这样一个故事。一天，艾略特途经剑桥圣·约翰大教堂时，不禁被唱诗班中一名歌手的声音深深地吸引。他当即听出此人是格蕾斯·霍普金森小姐，托马斯·霍普金森（曾任律师、法官以及波士顿和伍斯特铁路公司的总裁）和科琳娜·普兰蒂斯[1]的千金。除了歌喉美妙动听，她还参加一个业余剧团每个冬季三到四

1 See *Thomas Hopkinson, New Englander*, 1840-1856. Edited by L. W. Hopkinson with an introduction by C. W. Eliot. Privately printed. Washington, 1922.

场的演出。据说不久之后，只要是她参演的剧目，艾略特肯定会亲自前往为她捧场。随着两人相知日深，他寄给她一本莎士比亚的十四行诗集，并解释说此书的印刷和装订不够精致，配不上她，又向她请教如何完成“为波士顿公园的士兵和水手纪念碑撰写碑文的艰巨任务”，事情到了这一步，她大概如同读者一样也能猜出接下来会发生什么。

以下几封艾略特和莱曼的信件证明了这点：

剑桥，1877 年 7 月 11 日

亲爱的西奥多，还没来得及跟你说我和格蕾斯·霍普金森小姐订婚的事，你便从监事会会上神秘地消失了。她单纯直率，敢作敢当，为人真诚，而且模样俊俏，虽然个头不高。她小我 12 岁，出身于颇有名望的门第，虽曾有过一段经济拮据的日子，可她依然不改坚毅和乐观的本性。她的性格大抵可以从她的容貌、举止和谈吐中表露出来，你和米米不妨去她母亲（她父亲已经去世）家见见她本人，地址是剑桥市菲利普斯街 5 号。最近几个月我一直在追求她，直到上周一晚上才总算盼来可喜的结果。

由于这份新来的爱，往日的情感越发显得温暖而真挚。

你快乐的，

查尔斯·W. 艾略特

收到艾略特的信之前，莱曼已经从别人口中获悉这一喜讯，他随即致信艾略特，同时为造化弄人而感慨不已，想不到曾经浪漫多情的青年竟然变得如此现实。艾略特随即回信：

剑桥，1877年7月13日

亲爱的西奥多，我已经领教了你对于再婚的见解。我从来不曾想到，一个相隔甚远的女人竟然能在希望相当渺茫的情况下让我动了再婚的念头。可是我见到的这个女人，在尚未相识之前，我就被她的容貌、声音和举止所吸引。初步接触后，我深深地爱上了她，恰似我24岁那年倾心迷恋艾伦一样。这种情景完全出乎我的意料。我的“舒适”“官职”和“现实”的观念与此事毫无关联。它是“理想”而“浪漫”的——如果这两个词合你的意。这是爱情，不是任何一种冷静而理智的思维的产物。说到一般意义上的再婚，亚瑟的看法倒是颇中肯綮，尤其是对于沃尔瑟姆的西奥多·莱曼和波士顿的塞缪尔·艾略特的所有后裔而言，他们都是再婚的产物。你认为新欢会代替或者说势必损害旧爱，这种观念真是大错特错。最近三个月以来，艾伦的形象一直萦绕在我心间，非但未有稍减，反而更甚以往——少了些许哀戚，多了几分欢乐。我爱她和我爱母亲一样，都是我感情生活的一部分。你总不至于为了爱小西奥多而减少对小科拉的爱吧？我的记忆并没有“随着时间的流逝丢弃其中的一幅幅画面”，至少我对父母、艾伦和两个孩子的记忆是这样。死神终止了任何一种幸福的伴侣关系，之后时间或许能、或许不能治愈心灵的创伤。母亲在世时，我通过持续不断地参加各种活动以缓解丧妻之痛。然而，自从母亲去世以来，我心里的孤独感越发强烈，失落感与日俱增。如今，这个美丽的伴侣来到我身边，为我带来新的欢愉——对于我本人和艾伦的孩子们是一种福祉，对于艾伦的母亲、兄弟姐妹和我的姐妹也是一种快慰。

你的信让我略感不安，因为其中透出几许感伤和怀疑的意味。而且你还提到什么日渐淡忘的记忆和消磨殆尽的锐气。我倒想听听米米的看法。

很遗憾你昨天没见到格蕾斯。下周再试试吧。

你挚爱的，

查尔斯·W. 艾略特

周一等来了“可喜的结果”，周三召开了监事会会议，本学年就此结束。7月14日，周六晚上，艾略特硬逼着自己离开学校，前往卡夫岛营地度假。接下来的这个暑期，他连续多次往返于卡夫岛和剑桥之间，每次都是在营地盘桓数日之后返回剑桥。他在外出期间每天给格蕾斯·霍普金森写信，这些足有厚厚一沓的信被悉数保存至今，其中几封细腻而生动地表达了他在阳光州度夏时的观感。以下是其中两封信的摘录：

驶离诺曼斯欧时，1877年7月15日

亲爱的格蕾斯，桌子晃得厉害，因此我的字迹有些潦草难辨，但这并不妨碍我向你倾诉心里的一片深情……我在家里收拾好行装，科迪驱车送我去中央码头。“阳光”号已经准备启航，罗伯特、查理和邓巴教授[1]也随即出现。海面上几乎看不见波浪翻腾，但在潮汐和微风的作用下，我们的船漂出城市外约六英里远。天黑之前，我们的船和其他许多船一同停泊在长岛

1　罗伯特·皮博迪是艾略特第一任妻子的弟弟，当时刚刚开始在波士顿从事建筑业；查理，艾略特的长子，时年18岁；邓巴教授即查尔斯·F. 邓巴。

港。夜色温柔，我、罗伯特和查理全都因为旅途劳顿打起了瞌睡，邓巴打瞌睡大概是习惯的缘故。于是9点半，我们就全都上床睡觉了。凌晨4点，我向外望去，只觉海面吹来一阵阵凉爽的微风。我们周遭的船正在启航，这时我觉得日出之前也是我们这艘船的最佳出海时机。于是我赶紧唤醒邓巴除外的所有人，我们和其他约二十艘帆船一起悄无声息地驶过布罗德湾[1]。自此我们始终尽可能平稳地驾驶帆船，其间经历了两三个海面无风的短暂时段。有查理这样一个贮藏食物的高手，我们的早餐和晚餐一点也不显得单调。罗伯特刚才一再敦促厨师晚餐稍微做快点。烈日炙烤着甲板，大伙躲在下面的船舱里读书，罗伯特和邓巴时不时地熟睡一阵。我无法像他们那样入睡，内心却很安宁。这周的礼拜天和上周的礼拜天真是截然不同。我读完了《国家》最后一节和霍桑《故事重述》中的三个短篇小说。连续一小时，我握着一把长柄勺捞取中插板上水罐里的杂物，此举需要需耐心和毅力。然而，我的一大半心思都放在你身上——暗自寻思你此刻正在做什么、想什么，有没有睡好、吃好，是否满意昨晚的彩排和今天早晨在教堂的演唱，想象你平时的容貌。这些想象令人无比愉悦，因为贯穿其中的是我们彼此相爱……

当晚9点，我们的船在平稳行驶了16个小时50英里后，在朴次茅斯港的宪法堡靠岸。罗伯特将于明晨6时离开我们，我们将迎候弗兰克[2]登船。除风力过弱以外，今天的天气堪称绝佳。爽快舒适的感觉真是妙不可言，我们怎样才能为你谋划一

1 位于波士顿北部马萨诸塞州海岸的一个海湾。——译注

2 即弗朗西斯·G. 皮博迪牧师。

次如此解乏提神的休闲娱乐呢？这正是你所需要的。西边出现了浓厚的乌云，或许预示着明天将有暴风雨，那样的话我就乘快车直达剑桥。我已经觉得，只有在向你讲述当天的见闻并且听到你那边的情况之后，这一天才可以画上圆满的句号。用写信来替代近距离相见、说话和接触，实在是太痛苦了，尤其是在我收不到你回信的时候……

巴斯，1877年9月7日

亲爱的格蕾斯，提笔写下这个称呼，心里真是高兴！但愿早点见到你对我的同样称呼。在友谊港寄给你一张明信片后，我们就再没去过邮局，因此我得把这两天的情况叙述一番。周四早晨7点45分许，海面上刮起一股强烈的西南风，我们离开友谊港经过两小时愉快的航行，抵达乔治港，该港位于蒙根北部的圣乔治群岛。我们在艾伦岛靠岸，在芬芳的树林里悠然漫步。中午时分回到船上，发现海风越刮越紧，“阳光”号正在奋力拖拽它的锚。我们扬起船上的风帆，顶着风行驶到另一个锚地，只见两个渔民正躺在一艘渔船上。轻型锚无法在此固定，我们只好抛出第二只锚。船终于靠岸停稳，我们安静地享用了晚餐。当天下午，我本想驾着船前往蒙根，岂料前方的风势实在太猛，出于谨慎，我们还是留在了海港。随后，我拜访了（离我们最近的）布伦纳岛上仅有的一户人家，跟他们交谈了一小时。在场的有塔夫茨夫妇、洛夫妇和洛夫人尚未出嫁的妹妹，他们全都来自马萨诸塞的石港，此外还有来自艾伦岛的两位戴维斯小姐。塔夫茨夫妇和洛夫妇只是在捕鱼旺季才会来这里，购买水产品并出售渔民的日常用品。他们显然是美国新英格兰人的优秀代表，此行令我十分愉快。此外，我还探望了一位独居岛上多年的男人。他相貌奇特，明显透露出一种与其相称的遁世独立的气质。可他过着怎样一种悲惨的生活！肮脏、孤独、贫苦，年复一年精力日衰，无处寻求慰藉和帮助，只能靠打鱼和养鸡勉强度日。他跟仅有的几个邻居也处得很不好。夜幕降临，风力似乎也在增强。只见十来艘渔船来到我们停靠的港口，更多的渔船则朝内陆方向急速行驶。午夜时分，外面开始落雨，西南风停了。此前，我已看见西北方向亮起的闪电，这预示着风向将转,有利于我们航行。凌晨1点,我和谢尔曼(男招待）在甲板上碰面，发现从北面吹来一阵微风。清晨4点20分，我起床开始了新的一天。一股凉爽宜人的北风，云朵遮蔽的半边天，所有迹象均表明今天的天气有利于西行。清晨5点，去布伦纳岛上唯一的人家取淡水和牛奶。他们全家人被我们的造访吵醒。洛先生开了门,说道:“早安。但愿现在还不算太晚。”仿佛被人发现此时还躺在床上是一件很没面子的事。我们吃了早餐（可以有效预防对海洋环境过于敏感的人晕船)。早晨6点半，我们趁着一股强劲的海风启航。6小时后，我们行驶了50英里。午后12点30分,我们的船停靠在大切伯格岛的卡斯科湾。这是一次出色的航行，陆地和海水都很美，许多航船不断映入我们的眼帘……

我们可以很有把握地说，在“阳光”号帆船经常停靠的那些海上小岛中，鲜有艾略特未曾登岸踏勘的。岛上的居民呢，无论是像塔夫茨夫妇和洛夫妇这样的季节性临时住户，还是常年久住的岛民，艾略特几乎都会前去看望他们，并且接连请教许多问题。“他提问时，只有一点曾经常常令我感到扫兴，”哈佛大学教授会的一位成员（此人曾与艾略特在荒山岛上比邻而居）说道，“那就是我有时觉得他不管对木匠渔夫还是对我的回答都同样感兴趣。”可是，这又何尝不可？经验为证是思维的本质。针对“生命能否证明其自身的价值”这一特定问题，艾略特说道：“今年夏天，我通过两个实例发现，普通劳动者会觉得这种问题简直不可理喻。他们在这方面的认识早就确定无疑。”

1877 年 10 月 30 日，在 G. 皮博迪牧师的主持下，艾略特和霍普金森小姐在霍普金森夫人位于剑桥的家中结为夫妻。

艾略特的第二任夫人确实像他给莱曼报喜讯的信中描述的那样端庄美丽，她气色温润，有着一头乌黑亮丽的秀发。如同艾略特一样，任何一种病态行为都与她的本性格格不入。她将自己令人愉悦的气质风度当作礼物带进新家，这种做法虽然与艾略特的第一任夫人不同，若论表现却也毫不逊色。她和身材较矮的人一样总是站得笔直。一段时间过后，或许是彼此接近的过程对性格举止产生了潜移默化的影响，两人幸福而持久的相依相伴甚至对形体也起了有益的作用，她逐渐给人留下这样的印象：娇小的妻子庄重威严地陪伴在高大的丈夫左右。然而作为校长夫人，如果她不是在所有陪伴丈夫的场合都轻松自如，而是把那股机灵和俏皮劲留到两人私下亲热的时候，反而更合他的心意。她谈吐风趣，善于得体地模仿别人，艾略特本人常常被她随意当作模仿的对象，从中得到了极大的乐趣。在两人都健在的岁月里，艾略特和妻子难得有连续分开数小时的情况。

夫妻俩少有的一次长期分离是在 1885 年夏天，其结果是艾略特每天写给夫人的信加起来足有厚厚一摞。这些匆匆写就的寻常话语，无不流露出暑期户外的宁静和一个寂寞难耐的男人内心的孤独。“你始终如一的温柔体贴让家庭生活如此幸福和甜蜜。你是个甜美温柔而又正派的娇小女人……”“假如没有你，我的世界将是多么的平淡无奇啊！你给原本暗淡沉闷的生活带来了欢乐、成就和一种优雅的气派。这些只是你为我所做的一切当中的很少一部分，更多的实难详述……”“待在这间屋里只觉得百无聊赖……”

艾略特的婚姻自然使他的生活方式发生了一些变化。他对昆西街上的住宅进行了修葺和扩建。夏天待在营地或者“阳光”号的船舱里，这种原先他和孩子们的理想度假方式如今恐怕再也不适合他和妻子。他当初想出这样的方式，既是为了有益于孩子，同时又使自己得以休憩和消遣。眼下两个孩子正渐渐长大成人，无需他时刻照看，也照样能扬帆出海，野外露营。1880 年，刚读完大二的儿子查尔斯和被他称为“尚普兰社团”的一帮朋友，利用整个夏天在荒山岛进行历史、植物学和地理学的考察活动。他还对刚刚结束了欧洲之行的父亲说，如果他想建造一栋避暑别墅，在索姆思岛海域和海豹港之间有许多美丽的地方可供选择。岛上的那片区域迄今尚无一栋度夏别墅。艾略特仔细勘查了这一地区，选中并买下一块约 120 英亩[1]的土地。这里濒临小小的海湾，带有一个天然的优良泊地，北边的一块高地和东边的熊岛形成护卫之势。海湾上方的山坡朝南的视野十分开阔。那个时节，农民仍在田里割着草，山坡上大多是牧草尚未割完的一块块农田，其间零星分布那些开始散发着芬芳气息的云杉、白桦树和俯卧的刺柏，一簇簇蓝莓灌木已经占据了自己的领地。翌年，在距海岸约 90 米、高出海面 50 英尺的地方，建起了一座房子，从那可以鸟瞰陆地和海岛之间被称为“西方之路”的海峡。艾略特在那里度过了他余生中仅有一年除外的每个夏天，直到去世。查尔斯·F. 邓巴买下熊岛，

---

1 英美制面积单位，1 英亩约合 4046.86 平方米。——编者注

在岛上为自己建了一栋小小的度夏别墅。小海湾成了“阳光”号温馨的港湾。有时两个儿子和他们的朋友驾着“阳光”号出海（大儿子 1882 年大学毕业，小儿子 1884 年毕业），有时艾略特和两个儿子驾着它进行短途航行。

10
什么是文科教育？

艾略特的自由主义观点和宽容精神——《什么是文科教育？》——对部分专业学院的批评——入学要求——通过会议和协议进行的改革——神学教育和晨祷者

艾略特上任后为哈佛带来了许多变化和改革，随着第八章的结束，本书对这方面的介绍暂时告一段落，至此我们似乎可以认为，他校长任期的第一阶段是 1876 至 1878 年。现在重拾这条叙事线索，为了方便起见，不妨将整个第一阶段确定为 13 年，即直到 1890 年结束。

分门别类而不是按照时间顺序叙述有关事件，将有助于勾勒出一条清晰的线索；同样，集中选择一些专题进行适当而全面的分析，也将比那种面面俱到的介绍更为可取。一位大学校长很容易陷入纷繁复杂的社会活动和争议之中，这纯粹是因为一所学校的工作在许多方面既影响社会生活，同时也会受到社会生活的影响。这种情况尤其容易发生在一位具有外向型和前瞻式思维习惯的校长身上。

如果我们试图全面了解艾略特从 19 世纪 80 年代开始主导的各种改革，必将增添无数离题的叙述和解释，致使我们推进的目标立即受阻。毕竟，我们追随着的是同一个艾略特的人生轨迹，在观察了他在一些情形之下的所作所为，并且发现了他的若干处事准则后，应该能够免去对这一过程的赘述。

艾略特的社会哲学似乎是典型的实用主义和自由主义。佩里教授曾经指出，他所说的民主实质是信仰自由；也有人说自由确实是他的上帝。佩里引用了艾略特的这句话："当历史专业的某个学生回顾人类取得的伟大成就时，他会得出这样的结论：那些已经使他们摆脱了某种恐怖和压迫的成就，或是已经使他们取得某种自由的成就，已经证明确实是最持久的成就，甚至不妨说是唯一持久的成就。”[1]这是艾略特在一场以自由选课制为题发表的演说的末尾一句，真是恰如其分。他在看出教育弊端的同时，认为自由发展个人天赋，是使在校学生思维更趋敏捷、性格更趋成熟的唯一有效途径。爱默生说：“教育这个词发出冷酷绝情的声音，仿佛是一种注定与罪行有关的不祥之兆。”艾略特希望，如果将师生置于自由教育的环境，他们便可能摆脱世代相传的越发正式的传统和越发死板的形式。提到教育必须满足的社会需求时，他经常引用爱默生的另一句话——“如果每个人都不能履行其与生俱来的职责，社会永远不可能健康发展，只能趋于没落。”在他看来，一种强烈的个人责任感，既能证明民主社会的合理性，又能有效地对它加以保护。如果人们得不到帮助，无法培养并利用自己的才能服务世界，这种个人责任感又如何能够顽强地生存呢？因此，只有通过个人自由，才能形成一种真正的个人责任感。

值得注意的是，按照他的观点，自由和民主并非均等。他对民主的想法是“有才华者前途无量”。他说：“天底下绝对没有均等的才智或能力，无论是儿童或成人之间。相反，他们之间存在很大的差异，而且教育和所有的生活经历使得这些差异不断增加……那种所谓民主学校开设的课程一成不变，它们不仅有悖人的本性，而且与民主社会的利益背道而驰。”[2]在另一个场合，他提议将法国的自由平等博爱换成“盎格鲁 - 撒克逊格言——‘自由、团结、兄弟情谊’，后三个观念彼此紧密相联，表达了一种崇高的、切合实

1　R. B. Perry, article on C. W. E. in *Dict. of Am*. Biog. Also, Eliot in *Univ. Admin*., p.173; and Neilson, Ⅰ, p.159.

2　“The Function of Education in Democratic Society” (1897). In *Educational Reform*, and Neilson, Ⅰ, pp.97, 105.

际的社会目标……社会团结和诸多社会差异可以并行不悖”。同样，“文明意味着自由环境下不受限制的差异性”。[1]

一个人如何对待与自己意见不合的人，是对其开明思想的最严格的检验。艾略特用堪称典范的慷慨，欣然接受那些对他本人及工作的各种异议和歧见，表明他是何等虔诚地信奉约翰·斯图尔特·穆勒、赫伯特·斯宾塞和他自己的唯一神论宣扬的学说。宽容的精神似乎应该与他无缘，因为他表现出积极果断的思维倾向，而且我们也不免怀疑，他在漫长的人生岁月里可曾真正喜欢与人进行思辨式的谈话。他常常在冲动的驱使下坚持己见,然后采取行动，迫不及待地要让自己的想法收到实效。因此他提出自己的观点时，一般是将它作为论断而不是假设。这样的人一旦身居高位，个人作风往往变得极其武断。如果艾略特未曾有过独断专行的做派，便也证明他的信念——差异是必然且有益的。他坚持认为，这个世界应该有利于各种差异的自由发展。

此外，分歧本身并不使他反感。事实上，人们觉得他大概很喜欢经历一些势必在实力相当的人中间挑起冲突的事情。如果仅凭发号施令就能实现自己的目标,他会觉得生活平淡乏味,毫无意义。如果有谁坦率地当众提出不同或反对意见，艾略特当然会对他格外尊敬，喜爱有加。

“年轻时，”艾略特在1903年说道，“我发现爱默生的作品索然无味，而且常常晦涩难解。我关注的是自然科学、日常的教学和规章制度。我认为，爱默生的学说是纯理性的，是不切实际的。说到宗教信仰，我从小受到波士顿传统的唯一神派教义的熏陶，这

1 See “Equality in a Republic” (1890), in *American Contributions to Civilization*, and in Neilson, Ⅱ, pp.745, 735-52.

个极度封闭的狭小天地受到爱默生离经叛道思想的猛烈冲击。然而，随着我逐渐明确以教育为终身事业，我在爱默生的诗歌和文章里发现了所有的基本动机和原则，可以解释我为何不断反对教育的常规和传统，反对各种束缚年轻人的普遍盛行的观念……”[1]

他还从另一位作家那里得到很多教益，并且在一些恰当的场合对他表达了谢意。赫伯特·斯宾塞有关“德智体教育”的系列文章于 1854 至 1859 年在几家英国杂志上首次发表，之后于 1861 年结集出版。当时艾略特正开始尝试着做一些有利于学生的科学研究，组织志愿考察队和设计实验课的教学方法。他并不完全赞同斯宾塞的观点，也不主张科学应当成为儿童阶段教育的主要内容，然而他在斯宾塞的文章中发现了许多其他说法，能够证实他从自己身为学生和教师的个人经历中容易得出的结论。斯宾塞帮助他理清并系统阐述自己的观点，这一点毋庸置疑。事实上，斯宾塞的一些学说可能早已在他的思想中根深蒂固，后来他才在爱默生的作品中发现了不少内容，能够更完整、更恰当地表达自己坚定的信仰。他通过阅读斯宾塞的作品看出，无论对于当时普遍流行的教学必须具有绝对权威这一看法，还是对于简单告诉学生应该看什么、相信什么、说什么这种惯常的教学行为，作者都提出了有力的挑战。在理科教学实践中，他从一开始就质疑当时流行的那些主观看法，尝试着创造归纳式教学法，没有按照抽象理论先行然后再讲实例的一般做法。同样，他立即对斯宾塞的学说表示赞同：教师和家长的真正作用，在于见证年轻人习惯于承受自身行为所造成的正常后果，无须以人为的处罚代替自然的处罚，无须给予过多人为

1 Neilson, Ⅱ, pp.537.

的保护。无论是学校工作还是其他毕生从事的工作都不可能有吸引力——斯宾塞抨击了这一令人生厌的陈腐观念，并竭力主张应当让它给人带来乐趣。他还写了一篇关于体育教学的文章，提倡游戏和自然状态下的玩乐，强调身体护理和健康原理教学的重要性。他一再提到，儿童在最初几年是完全通过对感官的不断使用单独掌握大量的信息。他将这作为一条同样适用于中小学和大学工作的基本教育原则。学生应当通过充分运用自己的观察能力获取大量的新知识，他建议老师教学生使用钢笔和画笔绘画。艾略特在《大西洋月刊》以《新教育》为题发表的文章表明，他已经接受了这些观点。[1] 在这篇文章刊载于《大西洋月刊》后的几年里，哈佛的各种事务占用了他的所有时间。不过可以肯定的是，他迟早都会重新努力使这些原则在一般学校获得认可，因为它们既适用于大学，又适用于中小学。

研究艾略特档案的学者认真查看他承担的几乎所有工作时，将不难发现上述这段话的若干佐证。本章和下一章将涉及艾略特在19 世纪 70 年代后期和 80 年代几乎始终关注的四个方面，每一个方面都有其特殊的意义。第一方面将显示艾略特对教育方法和专业学院改革的见解；第二将依次阐述他如何利用入学考试作为提升专业学院质量的手段；第三将提及他对神学教育的看法和有关哈佛宗教仪式改革的几个具体事实；第四将探讨研究生院的发展及艾略特与它的关系。

---

1 1910 年，艾略特替斯宾塞有关教育的散文集（*Essays on Education*，in Everyman's Library，Dent and Company，1911.）中的一卷写了一则短序，而上述句子大都沿袭或是改述了序中的语言。

1884年2月，艾略特在约翰·霍普金斯大学发表了一场演讲，后来又将演讲稿以《什么是文科教育？》为题全文发表。[1] 自从他在1868年为《大西洋月刊》撰写了题为《新教育》的文章以来，他发表的任何一篇作品都从未如此清晰地显示他到底在为大学和中学的什么问题大声疾呼。它是深谙韬略的作者处心积虑发表的一份气势磅礴的宣言，而且碰巧还为当时教育界的主要形势提供了有力证明。艾略特将他在19世纪80年代无数场合或详尽或简洁的发言的主旨都融入这篇演讲稿。有鉴于此，仔细研究这篇演讲稿，既能澄清历史事实，又能节省不少时间。

中学教育是大学教育的基础，一开始，艾略特便提请听众思考一下大学和中学的现状。他这样解释自己的目的：

> 学生若想最终取得文学学士学位，通常需要经过七到十年的课程学习，其中大学四年，中学三到六年。出于我眼下的目的，跨度如此之长的这些课程应当被视为一个整体。我想重点说明的是：第一，为使学生获得这个倍受重视的学位，中学和大学应该大量开设分量和等级相当的课程；第二，在这些开设的课程中，应当让学生从一开始就有比目前普遍允许的更多的选择余地；第三，现有的课程必须按照重要程度重新排序。

考虑到这些建议势必招致那些习惯于现行体制的人物的反感，他进而揭露了这些保守派人士反对意见所依据的理论。通过追溯经典数学课程的起源，他试图从侧面抨击那些呼吁回归传统的人

1 To be found in *Educational Reform*, and in Neilson.

士，同时寻找一些历史先例作为自己的论据。数学，因为“自古以来受到神圣庄严的法律的庇护”，基本上被视为一门永恒不变的课程，但它最近已成为一门新学科。剑桥大学伦理学和自然科学的倡导者休厄尔在他《论文科教育》（1845）的文章中指出，现代分析数学“绝对不会成为一门永恒不变的学科，因为人们需要继续接受理性教育”，如果一味利用这门课程，“它不仅会变得毫无用处，而且对人们的思想极为不利”。拉丁语成为人文教育的一种主要语言时，人们并不认为它是一种僵死的语言，带有特定的学科价值，而是把它看作一种所有担任或不担任神职的学者使用的日常语言。拉丁语就这样被使用了一个世纪。希腊语在西欧复兴后，足足等待了百年之久才终于叩开巴黎大学及牛津大学的大门，跻身常规学术课程之列。当时人们以各种理由反对希腊语，如今又以同样的理由攻击现代语言。艾略特回顾了更早的历史时期，指出经典数学教育与当时作为人文教育主要课程已有几代之久的玄学及神学交锋了足足两个世纪，才最终完全确立了自己的地位。这样一种取代“得以实现，恰恰是学术界不懈斗争的结果，如今同样依靠这种斗争，18、19 世纪的许多新知识正在逐渐赢得学术界的认同”。因此，历史告诉我们的不仅是传统教育方式有特别顽强的生命力，还有新兴的人文和科学学科需要经过大胆的促进，才能获得自己的权利。说得再远些，经院哲学时代的神学教育，也是在经历了一场旷日持久的斗争并且成为唯一能够系统学习的课程之后，才最终取代了早已存在的一系列截然不同的人文学科课程。

纵古论今，艾略特首先提议，应当赋予英语语言和文学与其他任何一门学科同等的学术等级。这门学科在学校里仍处于次要地位，甚至“在许多学校没有任何地位”。一些大学最近对新生入学的英语水平提出特别低的要求，显示出“全国被选拔入学的青年人对自己的语言和文学普遍无知到可悲的地步”。最近十年，哈佛一直在努力劝说预科学校给予英语足够的重视，结果却收效甚微，致使它拨付的哈佛学院英语课程经费，大部分仍被用于基础阶段的语言教学，而且学院目前开设的英语学分课程仍不及拉丁语和希腊语课程的一半。

接着，他又指出法语和德语应当享有与古典文学和数学课程同等的学术地位。他说道：“法语和德语对美国或英国学生的重要性，我无论怎样强调都不为过。如果不掌握这两种语言，他们与同时代人交流沟通的能力，将远远不及 17 世纪那些能够用拉丁语阅读和说话的学生。因为借助拉丁文，1684 年的一名学生能够直接接触当时的所有知识。”

他用一种经常激怒附近兄弟院校的就事论事的语气，转而提到其中的一所学校：“我想客观描述一下耶鲁学院法语和德语的教学情况。这所大学，不用我说，在美国各大学中处于领先地位。耶鲁在录取新生时对他们的法语和德语水平却不做任何硬性规定，而且直到第二学年才开设法语或德语课。在第二学年，德语是必修课，法语是选修课，每周各四学时。到了高年级，学生可任意选修德语或者法语，每周四学时。换句话说，耶鲁学院不要求预科学校开设法语或德语课程，不让学生有机会及时掌握这两种语言并将其用于其他专业的学习，不让他们在获得学位之前有任何机会熟悉德语或法语的文献资料。难道这还不能有力地证明，我们许多中学和学院的法语和德语的教学每况愈下吗？”

接下来是历史。“一些人大概会想当然地认为，至少英美历史能在美国大中学校开设的课程中占有重要地位，在美国的一流学院里，没有哪一门学科能像历史这般倍受尊崇。事实证明，这种想当然的假设是站不住脚的。大多数的美国学院（总数接近 400 所）

在新生录取时都不会对他们的历史知识有任何要求，甚至根本没有历史教师。也许有人觉得只有三流学院才会出现类似情况，所以我得说，就连达特茅斯这样历史悠久、享有盛誉的学院也没有历史教师，无论是教授、导师还是临时教员。而在普林斯顿这类特别优秀的学校里，也仅有一位历史教授，希腊语教授却多达三位，而这仅有的一位历史教授除了教历史课，还要兼政治经济学的课程……某些学院（如哈佛学院）沿用至今的传统做法，只会使历史学的卑微处境越发明显，它只要求所有的报考学生掌握少量希腊语和罗马史知识——一个聪明的学生三四天便能将其熟记于心。我们很难说这项要求到底在什么地方最令人吃惊——是他们选择的题目，还是少得可怜的内容。难道这还不足以表明，历史这门重要学科没有在美国教育领域占据一席之地？”

他继而又为他所说的“政治经济或公共经济学”发出呼吁：“只要我们想一想未来几代人必须应对的工业、社会和政治问题有多可怕，虽说平等思想已普遍为人接受，可不平等的状况却日益加剧；想一想我们的人口正不可抗拒地呈激增之势，尽管种种迹象表明这种激增有损人们的身体和心理健康；想一想政府与民众的关系正变得越来越复杂，而官员的执政能力似乎没有相应提高；想一想我们自由的体制如何让民众应对特别棘手的经济难题，诸如关税、汇率、金融、国内外贸易和税收发生率等问题——我们很难不认识到向大量的美国学生提供足够的条件，以便于他们掌握现今所有的经济学知识，这本身是多么重要。”艾略特又将哥伦比亚学院和布朗大学纳入反面典型之列，他反问道：“眼看一门对我们这代和未来几代人极其重要的学科受到如此轻视，人们不禁大声疾呼，本国的年轻人接受教育，到底是为了投身于 20 世纪还是 17 世纪的工作？”

他最后提到自然科学时，发现自己仍然有话要说——针对古典课程的倡导者热衷于强调的一个方面，即学业所要求的学科价值或发展价值："16 世纪的所有课程都是人文课程，我到目前为止讨论的都是通过书本学习的课程，但是自然科学的学习不应通过书本而应通过实物……学习自然科学的学生要仔细检验、触碰、称量、测量、分析、解剖和观察实物。通过这些做法，他的观察和判断能力得到训练，养成观察物体的出现、演变和发展过程的宝贵习惯，如同猎手和艺术家，他们利用广阔的视野和准确的判断力观察自然物体。他精通某一自然领域的许多知识，掌握该领域的科学研究方法。在我们这个时代，一位真正的学者无论研究印第安箭头[1]、楔形碑文，或是沙石上的动物足迹，他秉持的都是同一种精神，尽管它们分属考古学、语言文献学和古生物学这三类不同的学科……我认为，那种已经给整个科学界带来全新的精神和更好的方法，并且给文明注入新力量和无限资源的新兴科学，应该被纳入人文科学的领域。我还认为，适合培养神职人员的学科，虽然不同于目前主要用于培养青年学生的那些学科，也应在完全等同于学术课程的前提下被纳入课程体系。"

"15 世纪的人，"他补充道，"利用当时最佳的智慧道德素材……形成他们所说的人文学科体系。"他们的做法非常明智。每一个新时代都应效仿。

即使艾略特列出的人文学科被悉数采纳，那也显然不可能将它们全都拿来要求每一个学生。我们再也不可能将教育过程设想为按顺序排列的若干学科，课程应有充分选择的余地，我们必须

1 印第安人使用的楔形石制工具。——译注

正视“选课”一词预示的方法问题。于是艾略特进而指出，眼下依然盛行的必修课体系甚至无法使学生掌握拉丁语和希腊语，尽管它竭力阻挠其他学科及早起步，或扩大影响以形成自己的实力。结果，大学生只能通过一本教材学习玄学理论，通过短期讲座课程学习物理，通过三流作者编纂的小册子学习政治经济学。他恳求道,务必让学生有机会彻底掌握某一门学问。为了达到这一目的，应该让学生尽早做出取舍。

于是，他提出最后一个也是最有争议的问题：中学和大学各门课程的理想排序。童年是学习语言的最佳阶段，中学应开设法语、德语、拉丁语和希腊语课程。不过，中学选择的任三门语种都必须满足大学的入学要求。中学还应开设“英语和基础数学课，采用适当的方法教授一些基础自然科学知识，并且开设英国和美国历史课”，而不是将历史课留到大学开设。至于这些课程在中学应该怎样排序，艾略特依据被他视为基本的一条原则做出回答。如果需要对这几种语言确定先后次序，那就从最容易的语言开始，将难度最大的放在最后。“不管是教育还是其他事情，我都信奉这样一条原则。如果让我教一门语言,我将采用现有最便捷的教学方法，并且从学生语言学习的最佳年纪开始为他们授课。”假如在某一所中学，教德语的老师循循善诱，拉丁语教师却显得刻板生硬，那么艾略特多半会建议学生先学德语。有人认为应该迫使学生通过惩戒性的学习方法尝到苦头，早年读本科时他就认为这种观点是错误的，如今更是将其视为无异于迷信的谬论。“在我看来，评判任何一门学科或培训是否合理的唯一依据，就是看它最后能否达到其合理的目标。如果我们让某个学生将自己一生中最善于学习的几年光阴，全都耗费在一门他永远无法达到其目标的科目上——倘若他把这几年用于学习另一门课程，将学有所成——这不仅是对社会资源的一种浪费，也是对个人的一种侮辱。这便是大中学校所有文科课程应该有选择余地的主要原因。一项没有兼顾能力和趣味差异的智力训练，方向上必然有误，因此可以说教育必须坚持多样性而不是统一规定。”值得注意的是，这并不等于说，一个学生可以随意逃避任何一项令他不快的学习任务，或是他在懒得学习时应该及时玩耍。将这种错误思想归咎于艾略特是很荒唐的，因为他从不持有类似的观点，而且一向律己甚严。然而，人们经常指责他对此类观点过于纵容。节省精力的艺术，是一门弥足珍贵且很难践行的艺术。他主张教育界应当像其他领域一样不断践行这门艺术。

最后，艾略特谈到另一个问题，读者不久将意识到，这是他认为需要时常强调的一个问题：只要我们不想让教育蒙受耻辱，就应不断对它进行调整，使其符合时代的精神和利益。如果不遵循这条原则,一个社会便无法达到或保持较高的文化水准。据他观察，在美国从事诸如法律、医药、新闻、科学、公共服务和产业领袖等智力工作的大多数人，接受的不是人文教育。这可能同美国社会开拓性的环境有一定关联，但他认为这同样归咎于中学和大学课程的过时陈旧。“如果大中学校拒绝承认，在许多文化人眼里与校方大力倡导的其他任何学科同等重要的语言、文学和自然科学是人文学科，从而阻止他们对自己的理解和支持，就会对他们自身以及他们应当为之效力的国家造成不必要的伤害……”接着，他在阐明了这一论点的全部含义后总结道：“逼迫一代代学生勉强接受若干学科或若干项智力训练，这不是大学的职责所在，它们无法谨慎地履行这一职责，尤其是在这些学校得不到正统教会或贵族阶层支持的国家。在这样的国家，如果遭受压制，一代代人将很容易与大学无缘。”看到这里，一些读者也许会说，艾略特忽视了一个能够成立，且一旦成立便相当重要的区别。他一开始谈的是从中学、学院再到文科学士学位的课程，现在突然转而提到“大学特定的职责”。但是，学院和大学的职责难道可能没有区别吗？难道学生无须接受专门的智力训练即可获得学位吗？这些问题容易引起激烈的争论。然而，如果我们陷于争论，势必忽视问题的关键。艾略特是在1884年说的这番话，当时美国的大学数量还没有远远多于学院。许多自诩大学的教育机构充其量只是学院而已。他虽然借用当时流行的称呼，却没有改变自己所持的立场。他其实很愿意改用“学院”一词。

从艾略特在约翰·霍普金斯大学发表的演讲中不难推测，他在哈佛的教授讨论会、中学教师会议和新英格兰学院早期代表会议上具体提出了哪些观点。即使是在渐进式改革的道路上也充满了许多障碍。

首先，如同现在人们普遍认为的那样，当时的学院教师都是保守思想的忠实拥趸。学院无法增加现代语言和历史在入学考试中的分量，除非它或是加大两门课程试题的难度，或是悄悄降低古典文学所占的分量。但这两种方案遭到所有学院和许多中学教师的激烈反对。同样，如果类似的若干所学院，比如东北部地区得到财政资助的诸多学院中的一所有出格之举，许多中学往往会完全无视这所学院特有的标准，而是按照其他院校的入学要求培养本校学生。可是这些学院甚至还没有在这普遍提高的事业中习惯于采取一致行动。它们过于注重和坚持自己的传统风格，倾向于独立参与竞争，或者更准确地说，独立参与这场吸引学生和附属于自己的卫星中学的竞争。

介于文法学校和学院之间的是自主运营的中学，以及那些得到税收支持，并由市县政府依照多种多样的标准加以制约的中学。在许多中学里，名义上负有管理职责的董事会或委员会将所有事务交由教师裁决。其中一部分是拉丁语学校，其他的高级中学无法为学生开设相应课程，以便他们达到人文学院古典文学的所有入学要求。东部的学院总体上完全不受州政府的控制，各州也不同于它们下辖的各市，从未试图彻底控制中等教育。美国没有那种类似法国和德国公共教育部的管理机构。简言之，美国既没有建立能够使每个年级的学生达到公认的毕业等级的中学教育体系，也没有建立一个旨在强制实施统一入学要求的学院教育体系。美国只有少数学生能够循序从文法学校升入适合自己的学院。

因此，只有通过一次次会议的讨论、辩论、建议及最后达成的共识，才能逐步建立秩序和确定标准。然而，议论和采取行动的可能性毕竟有限。像哈佛这样的学院，有权对自己的新生录取做出规定，从而对中学施加压力。此外，它还能对其他学院造成间接的影响。因此，学院新生入学要求的具体定义成了中学改革运动中具有很高战术价值的关键一环。究竟在哪个阶段这些学院才会认为自己必须启动改革工作呢？我们现在大概会觉得这是一件不幸的事，人们当时居然任由学院的入学考试对整个教育体系的确立造成如此重大的影响。不过我们只是在事后才这么想。19 世纪最后 30 年间，有关人士围绕入学要求展开了无休止的磋商，他们为建立秩序和确定标准而付出的这种努力，在其本身的目的上极具建设性。

艾略特完全相信自由表达不同观点的民主做法切实可行，他坚持认为只有通过妥协、折中并达成共识才能促使工作取得进展。因此在他看来，建立秩序和确定标准的方法值得称道，又不可或缺。他说他仅仅是想吸引人们注意当今社会的一些需求时，大概也是出于谦逊的本意。他情愿相信，任何一位改革的先行者，可能一贯都很看重颇有远见的建议、坦率的批评和耐心的磋商。公正地说，他本人在这些方面所起的作用也许无人可及。事实上，他也往往言出必践。如果他的“吸引注意”常常引发争议，这就是此种说法令人难忘的一个原因。

美国历史、英国文学和自然科学最终成为美国中学的主要课程。语言学习也依照艾略特的提议进行了改革。如今的课堂教学不再试图保持其至高无上的权威地位，而是更多着眼于培养学生观察和解决问题的能力，着眼于调动他们的积极性。有鉴于此，艾略特说过的许多话今天看来似乎并不新鲜。19 世纪后 50 年的各项改革并非出自艾略特的一己之力，他也没有掀起遍及全国巨大改革浪潮。但在一个又一个的关键时刻，他用清晰的语言及时阐述自己的观点，推动并预见变革。他在当时的各场教育改革运动中居领导地位，靠的并不是观点的新颖独到——他的观点并无奇特之处，而是他的见识通常比大多数人超前 10 到 20 年。例如，他早在上任伊始就已发现，由于学院制定了学生必须通过拉丁语和希腊语考试方可入学的规定，一些被父母送入普通高中的聪明且又有远大抱负的孩子，正在被剥夺进入学院深造的机会。但他花了很长时间才说服同事修改哈佛的入学规则。1883 年他致信布鲁什（12 月 9 日）称：“学院教授会正在讨论学院招收新生时只考一门古老语言的计划，极有可能通过。九年前，我甚至无法将这样的问题提交教授会投票表决。”事实上，两年多之后，教授会、董事会和监事会才一致同意不将希腊语列为入学必考科目。接着，终于正如艾略特在 1885—1886 年度报告中解释的那样，一所预科学校，只要不是那种典型的古典学校，就可以教“英语、法语或德语、数学、化学和物理，以及拉丁语和英美历史的基础知识，以确保该校学生进入哈佛学院深造”。

同样，不同的学院对不同的预科学校提出了不同的要求，为了就各学院尽量减少这些要求之间令人烦恼的差异达成共识，需要整整三年的会议讨论，才使哈佛、耶鲁、布朗、达特茅斯、威廉姆斯、三一学院、阿默斯特、卫斯理公会、塔夫茨和波士顿大学最终同意形成各院校至少在文字表述上较为一致的入学要求。这一结果，诚如艾略特满意地宣称的那样，为任何一所预科学校的入学工作提供了极大的便利。[1]

哈佛学院入学考试董事会成立于1900年，而它最初是由艾略特在1877年提议设立的。在长达23年的时间里，随着这一提议逐渐赢得人们的认可，艾略特也利用各种合适的场合陈述自己的主张。

在1878年一次吁请更多捐赠的讲话中，艾略特表达了自己对不带教派性质的神学院应扮演什么角色的看法："有些人认为应在不带教派色彩的前提下教授神学、伦理学、宗教批评、历史和布道术，他们笃信思想自由，认为各种哲学理论和宗教信仰的学习应该早在任何一种理论和信仰被普遍接受之前而不是之后，正是为了这些人，我们判断一所代表并维护这些原则达60年之久的神学院是否应当得到充分的支持。大多数神职人员早在刚刚成年，甚至是在童年时期就信奉一种宗教信仰或遵从一种教会组织形式，其时，他们远未获得足够的知识和经验，无法对信仰或教会做出明智的选择。这在无法估量的程度上削弱了神职在现代社会的影响。因

1 *Ann.Rep.*, 1878-79, p.12, and 1881-82, p.14.

为现代社会只尊重科学，而科学方法不认同人们轻易接受的观念，那些基于调查论证的观念除外。考虑到如今有很多神学院都公开兼顾若干宗教教派的利益，而且其经费大多来自一些教育协会对私立中学和学院学生的捐助，我们应当让至少一所大学的神学院能够得到适当的资助，俾使年轻人在学习神学和其他同类学科时，能够本着与他们在法学院学习法律、在医学院学习医科时同样自由的精神，尽量不让自己有任何意图或机会过早地信奉某一教派的学说或行为规范。”[1]

W. W. 芬博士[2]最近将其列为艾略特勇气可嘉的一个范例。就在人们，尤其是唯一神派教徒为哈佛神学院募集资金的紧要关头，艾略特却公开声称神学院永远不应成为某一宗教教派的布道坛。艾略特的话很有道理，因为替神学院募集的资金全都来自唯一神派教徒，他的表态的确弱化了他们当中强烈的宗教教派因素。但他如此坦率直言似乎也是出于无奈。1816 年，神学院作为一个系成立之初，宣称它的办学宗旨是“不遗余力地鼓励人们严肃、公正、不怀偏见地探索基督教的真理”。在艾略特看来，这的确是将唯一神论作为神学入门的一条途径。再者，这还是朝他笃信的自由主义神学迈出的一大步，他为此感到骄傲。哈佛校章在他担任校长的最初几年经过修订，其中只有一条涉及神学院：“我们不要求神学院的教师或学生遵从任何一个基督教派的信仰或惯例。”在神学院正设法募集资金，而人们捐资也往往有附带条件的时期，他情愿毫不含糊地强调神学院章程的这一重要准则；他也绝对没有想过，

1 *Ann. Rep.*, 1877-78, pp.36-37.

2 In Morison's *Development of Harvard University*, p.465.

为了筹资可以放弃这条原则。[1]

艾略特坚信教会组织属于公理会类型，这几乎完全是出自本能，因为他从小就被灌输了类似的说教，而且这也符合他关于民主政府自有其优势的观点。他对唯一神论的偏爱从未有过动摇。任何一个认识他的人都知道，他骨子里就是一个从不拘守常规的人，无论谁在某一场合听到他引用爱默生“谁想成为一个真正的人，就一定得摆脱常规的束缚”这句话时，都不会对此有任何怀疑。[2] 英国国教天主教和美国新教圣公会激起他内心几乎本能的一股厌恶。因此，他一贯提倡人们依据其他而非他本人信奉的教义进行宗教崇拜，这足以显示他宽容大量的气度，却不能表明他对信仰问题抱着无所谓的态度。他曾致信已故的圣公会多纳主教，准确阐明了自己的立场。[3]

致多纳主教

1884 年 7 月 31 日

……我能否谈谈我对“不幸的分类”的看法，从我自身的角度，作为一个很小教派的一员，作为一名接触各种各样的人——他们或富有或贫穷，或年轻或年老，属于许多不同的宗

1　本书付印之时，我们发现了艾略特于 1879 年 3 月 6 日写给亚瑟·T. 莱曼的信。他在信中写道：“35 年前，人们 [关于神学院] 的理解是完全正确的，无须加以任何检验。我非常希望我们现在能够切实推行这同一条原则。这是牢靠的基础。一代一代人的观点会不断改变，但是，只要我们奉行这条原则，神学院就一定会是一个愈加开明的学府。其他任何一个新教教派，只有放弃现有的地位，融入现在被我们称为唯一神论的教派，否则就不可能有那样的基础。没有其他哪个教派有那样的基础。”

2　语出爱默生《自立》（“Self-Reliance”）一文。

3　我将它称之为信，但严格说来，这里誊抄的其实是一份草稿，因为有多处修改，据此可以看出，保留至今的是这份草稿，而寄出的是誊清的一份。

教教派——的官员？在我看来，宗教的分类不是不幸的，而是自然的、不可避免的。真正可悲的是由这些自然的分类引起的痛苦和纷争。同样的食物、同样的运动并非有益于所有人的身体。准备食物时，不同的气候、习惯、职业和各种不同的口味都应考虑在内，而且我们也不会认为，人们在饮食方面存在不同的见解和习惯是不幸的。相反，热情好客的主人会认识到这些差异，摆上一桌适合多种不同口味的饭菜。

在智慧因素中，我们发现，总体而言，能力的差异和极为明确的分工，是种族赖以进化的方式。

在精神因素中，我认为能力、趣味和活动方式的多样性同样是自然的，人们在宗教信仰和仪式方面日益增多的分歧，源自人们对于个人精神权利的日益尊重，这种尊重根植于现代文明。最重要的是，我们在崇拜上帝的同时不能闭眼不看现实。众多不同的教会组织形式和信条有助于而非阻碍人们认清这一主要目标。我认为，宗教团结的真正基础在于目标的一致——培养对上帝和人类的热爱——而非信仰、仪式、圣礼或教会组织形式的一致，因为这些毕竟只是一种手段。

然而，就在艾略特谈论哈佛一个不带教派性质的神学院时，唯一神派除外的其他教派的成员却认为他言不由衷。神学院的教授都是唯一神派教徒，主管这所神学院的大学，本身受到唯一神论的极大影响，它沿袭的传统也带有唯一神论的色彩。因此，他们认为艾略特佯称神学院不带教派性质，其实只是为了提升唯一神派的影响力的一种手段。针对这一点，只有借助本人手头慢慢积累的关于这一事件的证据，才能做出有力的反驳。

神学院的人员有机会被任命为校董事会成员，学院开始逐步将浸礼教会、基督教会、圣公会以及唯一神论除外的其他教派的教徒吸收进自己的师资队伍，招生时注意录取不同教派的教徒，毕业后他们以牧师身份直接参与不同教派的宗教事务。渐渐地，哈佛神学院成为“一所用科学的方法培育神学领域众多学科人才的研究机构”[1]，同时也是一所培训新教神职人员的学院。

1881 年安德鲁·皮博迪博士辞去哈佛学院牧师和基督学普鲁默教授的职务后，艾略特竭力劝说菲利普·布鲁克斯接受这两个职务。艾略特看中的这个人，不但能将自己已有的良好声誉带到神学院，而且口才极佳，能力超强，能够出色地履行现职。艾略特在考察他的过程中，还得不理会教派分歧，这些现在看来是再自然不过的事，但是聘任布鲁克斯的消息在当时引起了广泛而热烈的议论。“人们纷纷猜测这项任命背后的含意……一些人主要考虑的是，哈佛正在打破自己以往开创的先例，将培养宗教神职人员的职责托付给一位圣公会牧师，托付给英国国教在美国的代表……布鲁克斯成了一场激烈争论的焦点。”哈佛是否正在摒弃它一直信奉的唯一神论？布鲁克斯是否有意放弃脱离圣公会？他是否向校董事会私下透露了自己不便公开的一些意图？一时间类似的流言不胫而走。布鲁克斯找到艾略特询问，人们对他的三位论是否存在误解，有人声称报纸上登出许多表示支持和反对的读者来信，学生们组织了一次大型集会，敦促布鲁克斯接受这两个职务。一位高教会派[2]教堂的牧师从宾夕法尼亚写信给布鲁克斯说：“哈佛推选你继任皮

1 C. F. Dunbar in *Harv. Grad.*, Ⅱ, p.464.

2 圣公会的一派，在信仰和礼仪方面与罗马天主教最相似。——译注

博迪博士的职务，这是我们国家自殖民时期卡特勒和约翰逊[1]暴乱以来最令人震惊的事实。”布鲁克斯最终还是拒绝脱离他目前正在从事的工作。不过这标志着哈佛只有一名信奉唯一神论的大学牧师这一惯例的终结。[2]此后几年，学校教堂的礼拜仪式都是由不同教派的人主持，通常是由哈佛的一些行政官员在受到邀请而不是常规指派的情况下出面主持。1886 年，牧师董事会正式成立，并且做了正常的分工。第一届董事会由六人组成，其中除了两人信奉唯一神论，还有一名圣公会教徒（菲利普·布鲁克），一名浸礼会教徒，两名天主教徒。自此该董事会每年进行重组，其成员大多是和哈佛没有其他关系的人员，而且总是来自不同的教派。此外，其他一些非牧师董事会成员的人士，包括罗马天主教徒，也应邀来学校教堂布道。

与此同时，艾略特继续重申他对如何正确培训神职人员的看法：“……谈到哈佛通常开设的神学课程的教学方法，课程设置不够合理，学者们只能在很窄的范围内表达自己不同的观点，这一点值得注意。化学、哲学或历史等通常被视为人文学科，且不带宗教性质，基督教神学自然应该除外，不过它在众多学科中只占很小的比重。因此，希伯来语、阿拉伯语、其他东方语言、基督教史、《新约全书》文学批评、伦理学、自然神学、宗教哲学、种族宗教史，只要能得到合理的解释和探讨，全都属于纯科学的范畴，任何一所名副其实的大学的学生都应学习这些课程，无论是希望将其用于本专业的学生，还是将其视为人文基础的本科生和研究生。

---

1 约翰逊·安德鲁（Andrew Johnson，1808—1875），美国第 17 任总统，推行南方宽容政策，激怒激进派共和党人，导致政治上的倒台。——译注

2 See A. V. G. Allen, *Life of Phillips Brooks*, Ⅱ, pp.277-304.

将研究这些学科的一些教授单独组成一家名为‘神学院’的机构，此举是否妥当，如今或将来也许都值得商榷。但不容置疑的是，这些学科自有一种崇高而持久的精神价值，使其成为一个全面的大学教学体系中不可或缺的部分……基于这些原则的一所学院的精神或氛围，永远不可能令那些将接受某些教义视为绝对必需的教派满意。但是对于这些教派来说，一所拥有基于这些原则而创办的神学院的大学，毕竟远比一所将神学排除在外的大学可取。”[1]

一部分读者大概会觉得这番话中理智主义[2]的成分似乎已经明显到了不合理的程度。艾略特竭力表示，他并不否认那些“未受教育的虔诚的讲道者自身的价值”，并且明确指出，他针对的只是一位牧师的知识水平而不是他受到的神灵启示。但这无济于事。对神秘论者和习惯于通过对某个满足一切的启示的解释进行思考的人来说，这一言论不带任何同情的意味，而且有煽动之嫌。这似乎是一个以理性否定为手段教育牧师的提议。约翰·齐博曼·格雷说，在 19 世纪 70 年代的某一时期，“神学院由三个怀疑论者、三个神秘论者和三个坏脾气的人组成”[3]。人们推测，他们注定不会壮大未受教育的虔诚布道者的阵营。

神学院的传统还需从另一方面给予抨击。艾略特很想废止那种未经学生努力便自动授予他们奖学金并免除其学费的做法。他在这方面的观点与神学院并无关联，但就像表达其他看法一样，他在表达时同样用了不容置喙的强烈语气。说到神学院的“化缘特征”，说到那些“智力低、体质弱、德行差的年轻人”，他们即将从神学

1 *Ann. Rep.*, 1878-79, pp.22, 25.

2 主张知识为纯粹理性的产物，现实的最高原则则为理性。——译注

3 Quoted by E. H. Cotton, *Life of C. W. Eliot*, p.161.

院毕业，然后进入各个教区工作。

新教和天主教教堂的神职人员，主要从那些依靠慈善资助完成学业的人中招募。美国各个主要的新教教派至今保留着“教育协会”，资助年轻人完成大学和神学院的学业，只要他们立誓献身于基督教事业。神学院已经变相宣布，它们为学生免费提供教学、教室、课本、燃料、照明，在许多情况下还包括膳食。免费享受这种生活和教育的前提条件（除了救济证明）是：第一，一份证书，证明申请人是某教区的成员，“内心虔诚很有希望”，或者品行良好，笃信宗教，抑或“在上帝的召唤下投身于宗教事业”。第二，申请人的一份声明书，以此表示他出于严肃的目的，立誓投身于宗教事业。如果申请者未满16周岁，这份声明书交由教育协会保管。一个年轻人凭借这样的一纸声明，在少年时代可能连续获得多达数年的资助，如今他发现自己的志向已经或正在改变，处境着实令人惋惜。他无力偿还之前受过的资助；没有这样的资助，他很可能无法完成自己已经开始的学业，但他无法诚挚地履行年少时许下的诺言。他陷入痛苦的诱惑之中。这种培养神职人员的一般做法并非为任何一个教派或国家所独有，相反，在所有的教派、所有的基督教国家都相当普遍，而且已经在某种程度上延续了许多代。尤其在美国的新教教派中间，在过去,40年里得到很大发展……[1]

1883年,艾略特在《普林斯顿评论》上撰文探讨“牧师的教育”，

1 *Ann. Rep.*, 1875-76, p.14 *et seq.*

其中指出：“这些言论表明，牧师作为一个阶层，作为他们教育和就职的普通方式的必然结果，可能特别缺乏知识分子所需的正直，这正是我和数百万有识之士的真实想法。我进而认为，众多受过良好教育的人士全都持这一观点，而且对这一问题保持沉默，正是牧师业在过去 40 年日益式微的一个主要原因。”[1]“没有哪一个行业像神职行业这样，经受如此巨大而可怕的知识欺诈的诱惑。”

他认为，新教牧师将永远不能“极其体面地立足于当代社会”，除非他所说的行乞或化缘特征被彻底消除。“新教牧师是慈善活动的组织者，友好社会关系的促进者，家庭的顾问和知心朋友，主持洗礼、婚礼和葬礼的公职人员，社会祭拜的主持者，倡导理想的品德和行为举止的公众教师。无论他年轻或是年长，如果把他当作一个施舍对象，那就好比把高中校长、家庭医生和医嘱检验法庭的法官当作施舍对象，同样很不恰当。”[2]

到 1882 年，他有资格笼统地说，在哈佛神学院，“慈善基金的管理，如同哈佛的其他系部一样，建立在学业成就、承诺和需求的基础上”[3]。这一原则得到确立，堪称一场胜利。不过艾略特的这番话，尽管从严格意义上来讲是正确的，但是用它描述当时的形势，未免有些过于乐观。因为只要神学院的助学基金超出最高等级的申请者所需的数额，有关人员在投票评选奖学金时就不可能真正严格行事。

学费问题为神学教育不加区别地资助所有学生提供了又一例证。1871 年，神学院按照 50 美元的标准收取学费，而哈佛其他系

1 *Education Reform*, pp.71, 72.

2 *Ann. Rep.*, 1888-89, p.19.

3 见 *Ann. Rep.*, 1877-78, pp.8-27 早期关于奖学金的全面讨论部分。

部已经将学费调高到150美元或更多。为了将神学院的收费提高到平均水平，本来只需艾略特说服该院的教师及校董事会和监事会接受他的提议，但这显然行不通。19世纪70年代，神学院在没有事先增收学费的情况下开始向公众筹资，当时艾略特是该院的挂名院长。当然，由于学生数量极少，即便他们多付学费，学院还是得设法筹集更多的资金。不过，学院还是多少奉行了“天助者自助”的信条。此时神学院没有采取任何改革措施，这表明该院的筹资传统是何等顽固。好在艾略特也有一股执拗劲儿。他在1888—1889年度报告中公开指责神学院的学费过低，两年后再度对此提出批评，但依旧毫无结果。到了这一步，他干脆声称自己不知道美国还有其他哪个神学院强行征收学费，以此安慰自己。直到1897年，神学院才开始和其他所有系部一样收取150美元的学费。

鉴于哈佛学院已经在相当程度上实施了自由选课制度，强制学生出席晨祷仪式的惯例似乎有违新政策的精神。学生拒绝晨祷的理由五花八门，一开始他们说这是人类贪懒嗜睡的天性所致，最后则巧妙地辩称，强迫已经过了21岁的他们去教堂，这本身就是不合法的。从1873到1876年，哈佛教授会总共四次向校董事会和监事会提出废止晨祷的建议。

数量可观但比例难以确定的毕业生和家长，连同另一所学院的院长都认为：“取消如此有益、如此独特而又经得起时间考验的一项常规，势必会对我们的文明造成十分严重的后果。”[1] 对于哈佛学院的所有师生而言，晨祷课是一个沿袭了两百年之久的惯例。它在其他所有学院也已形成惯例。因此董事会和监事会成员，包括艾略特和菲利普·布鲁克斯在内，全都一直不愿接受学生和教授会

1 See A. V. G Allen, *Life of Phillips Brooks*, Ⅱ, pp.613-17.

的这一建议。艾略特对该建议持抵制态度，显然一方面是出于自己对晨祷仪式的偏爱，另一方面是担心那些动辄批评哈佛的人再次借机发难，指责它用过于偏激的方式促进所谓自由。

1886 年，神学院的弗朗西斯 · G. 皮博迪成为普朗莫教授，继而提出一套完整的方案，旨在成立一个前文提及的牧师董事会，这一正式机构由六名牧师组成。每位成员在任职期间都将住在沃兹奥斯馆，并为学生提供定期咨询。该方案包括将强制学生参加祈祷改成听凭各人意愿，以及学院教堂仪式的一些改进。这并不是一项妥协的提议，而是执行一项前瞻性的宗教指南计划，“改进目前差强人意的一些做法，使其更加实用”[1]。牧师们一致认为，他们宁愿对本着虔诚的精神聚集在一起的教徒讲道，也不愿为一大群被迫走进教堂的学生吟诵经文。这一计划促使菲利普 · 布鲁克斯的态度发生转变。他敦促管理委员会无条件接受这一计划，其中包括废除强制性祈祷。在处理诸如此类的事务时，没有谁的建议能像布鲁克斯的那样真正博得艾略特的尊重。于是艾略特也突然转变了立场。

自 1887 年形成这一体制以来，哈佛从未有意对它做出任何调整。

1　F. G. 皮博迪致菲利普 · 布鲁克斯。See Morison, *Development of Harvard University* and Introduction, p.3, *passim*.

11
研究生院的建立

1876—*1890* 年——建设研究生院——约翰·霍普金斯大学的榜样价值——吉尔曼和艾略特

一所大学能否称得上完整，不在于它拥有数量众多的专业院系，也不在于它下属各学院的质量有多高，而在于它是否能为学生提供机会，以利于他们不受限制地进行从一般到最新领域的专业学习，在于它是否能够训练那些已有一定基础的年轻人掌握高级专业技能。本章论及的 1876 到 1890 年，根据历史事实，不妨称作美国高校的早期阶段。1876 年之前，人们只是付出过一些努力，大学也只是初现雏形。在约翰·霍普金斯大学开始招生之后的 15 年间，它和哈佛大学研究生院的发展趋于成熟，能够逐渐向数量可观的青年人提供他们以往只有在欧洲才能得到的学习机会。随后其他院校纷纷效仿，并且多少取得了一定的成效。

在这 15 年间，“大学理念”（the university idea）一词逐渐为美国民众所熟知。由于该词本身过于含糊，使用时又带有许多不同的含义,因而无法给它下一个完整的定义。它具有三种内涵意义。首先，它意味着名目繁多的学费账单；其次，它代表一切文化学习、知识积累和专业技能所必需的本科生或研究生阶段的课程教育，有时我们将这些课程统称为“文理科”（arts and sciences）；第三，它同时暗指那种差不多开始被人们普遍提及的“学术研究”（research）。若干院校通过不同方式和不同侧重点接受了大学理念。在致力践行这一理念的院校中，康奈尔、哥伦比亚、斯坦福、密歇根、加利福尼亚、哈佛以及约翰·霍普金斯等大学尤其令人瞩目。赠地学院和职业学院也在一定程度上表现出相同的意愿，其中不少学院正在迅速发展。若干所新兴的农业学院开始证明，“学术研究”已经开始促进一所教学机构的发展，从而有些出人意料地使大学理念赢得人们的重视。1876 年，耶鲁大学在几所古老的院校中率先允许学生自主选择一些课程，自此谨慎地逐步增加他们在这方面的特权。1886 年，耶鲁大学承认谢菲尔德理学院是该校的一个系，与“严格意义上的”学院同级。到 1890 年，哥伦比亚大学发现自己急需成立一个代表性的大学校评议会，以使其新建立的众多院系真正合为一体。英国“大学改革”的任务同样十分繁重。改革的总趋势契合日益复杂的西方文明的某些迫切需要。

约翰·霍普金斯大学进行了最成功的试验。这场试验对其他所有大学产生了影响，虽然哈佛大学不可能遵循该试验赖以实施的一条原则，但校长和教职人员依然怀着浓厚的兴趣对它加以密切关注。无视它的影响将造成一种完全错误的印象，同时忽略艾略特本人在吉尔曼就职 25 周年纪念会上做出的一番高度评价。“吉尔曼校长，”他说，“你在这里取得的第一个成就，在一向善于观察的我看来，是在你的同事、学生以及各位理事的帮助下，成立了一所研究生院，这所学院不仅本身实力雄厚，具有发展潜力，同时也提升了国内其他所有大学文理学科的地位。在此我想说明的是，哈佛大学研究生院在 1870 至 1871 年创立之初基础薄弱，进展缓慢，直到约翰·霍普金斯大学的榜样作用促使我们的教师将精力投入到研究生教学之中，局面才有了改观。”[1] 诚然，两人都愿意向对方表达感激之情，因为他们互相尊重，经常有机会在一起聊天。1885 至 1907 年间，吉尔曼大多是在东北港度夏，此地距艾略特的住所很近，因此他俩几乎天天见面。不过这样的话语依然值得期待。

回到吉尔曼就职典礼之前的 1874 年，艾略特在巴尔的摩与董事会成员进行了长达七个小时的会谈，阐述他对研究生工作和高

1 Fabian Franklin, *Life of Daniel Coit Gilman*, p.389.

等教育方面几乎所有问题的看法。随后他公开表明，巴尔的摩大学[1]即将进行的改革试验不会那么顺利。为了了解他对高等教育的真实想法，有人提出了一个问题，对此他回答[2]道："这是美国教育中最重要的一个问题。"接着又说："我本人认为，培养学生是国家的根本利益所在。我们的大学，一般说来，作为一个整体，由于受到自身过多的束缚，只能培养出一般水平的人才，即一无所长的庸碌之辈。想要解决这个问题，我们需要更加重视每个人的特殊才能和潜质，帮助他们达到更高的水准。"这与他就职演说中一段耐人寻味的话颇为相似："对于个人来说，集中利用并尽量培养自己的能力，是他唯一需要慎重对待的问题。但对于国家而言，最需要的是各种类型的人才，而不是单一的智力产品。"他还提醒人们："我们不妨说，一所大学并不是建在真空之中。它是逐渐成长的，而且我非常怀疑，是否会有任何一所大学，无论是历史悠久的还是新建立的，能够脱离其所处的社会的教育基础——这里所说的社会是广义的。我们置身于哈佛，如同在这个国家的其他任何地方一样，都有条件从事高等教育事业。但是，我们不能一门心思地只为少数人提供高等教育。我们不能存心那样做，即便我们准备重新开始。"

丹尼尔·柯尔特·吉尔曼，经过艾略特和其他几位校长的推荐，很快成为约翰·霍普金斯大学校长候选人，他对这些实际可能的做法持否定观点。他和霍普金斯董事会的各位成员一致认为，现在没有必要建立另一所普通的院校，但需要一个地方，设有一些"科学实验室和若干教席，让指导教师能够自由地开展学术研究，同

1　即约翰·霍普金斯大学，校址位于巴尔的摩。——编者注

2　他的评论似乎是由某个职员记录、誊抄，再经由他校对。

时鼓励学生怀着科学的精神和目标进行专业学习”。他们从一开始就抛开传统的班级体制，重组学院，以便着力培养特殊天赋的学生。他们只有一个规模较小的系，[1]“脱离其所处的社会的教育基础”，因此既不必用经费养活一批主要致力基础课教学的教师，也无须硬拽着那些多少有些不服管教的本科生前行。他们可以尝试着招揽一些智力比赛选手型的人才。由此看来，约翰·霍普金斯大学像是一株新生的盆栽，根系没有得到其他植物的滋养，而是依靠技艺娴熟的园丁多年的悉心照顾才得以成长。所以，园丁至关重要，而且长期以来人们一直认为吉尔曼特别擅长于自己的本职工作。他物色了一批为数不多但出类拔萃的人才，作为整个师资的中坚力量——他们大概会被德国人称作“颇有哲人气质的教师”。接着，他争取到 20 个研究生名额，每个名额的时限为一到三年；随后他又外出招收了十几名学生——心智成熟、善于把握时机并从中获益的“研究生”。有人说，吉尔曼甚至情愿走遍全国，仅仅为了招收一名富有创见的人才作为自己的研究生。选才识人的独特见识是他的众多天赋之一，或者说他从一开始就很幸运。他的另一个天赋，是知道科学研究在很大程度上取决于一个人的思想状态。此外，他非常体谅研究者，知道如果他们想要取得研究成果都需要些什么，并且用各种方法引导学生从事独创性的研究工作。在吉尔曼原有的一批教师和研究生周围，渐渐聚集了另一些雄心勃勃的年轻人，知人善任的吉尔曼在不经意间就使约翰·霍普金斯大学经历了一次有益的探险之旅，使之充满胜利的豪情。第一批研究生中的乔西亚·罗伊斯说：“终于，在这里，我们感到一所真正的美国大

1 我意识到，约翰·霍普金斯大学从一开始便设立了系部，但仍无法以此向研究生院提供充足的生源。而后者是吉尔曼和约翰·霍普金斯大学管理层的关注焦点所在。

学建立起来了……能生活在建校之初……这样一个新时期的开端，感到无比喜悦。我们既享有自由，又能接受那种启迪智慧的指导。我们希望自己能将语言转化为实际行动，而不仅仅只是凭借自己微薄的力量，创造出一番业绩。”[1]

艾略特在上任伊始就认识到，学校应该为高级研究工作即研究生教育提供各种条件，他在学校划拨专项经费资助六名游学式研究生时宣布，他们设立此项奖学金的目的，是“培养一批能够接受更高层次教育的学者和人才，而不是帮助年轻人接受某种专业训练”，普通的专业学习不需要游学奖学金的资助。[2]依次翻阅艾略特从 1872 到 1890 年的校长年度报告，不难看出，他对将高级课程纳入学院课程体系的重要性越来越坚信不疑。于是，他在 1876—1877 年（即约翰·霍普金斯大学成立之年）的年度报告中指出：“鉴于高级课程必须由最优秀的教师讲授，而又带有只向极少数学生讲授的特点，校董事会成员充分意识到此类课程的重要价值，愿意在自己的权力范围内尽一切可能，利用掌握的各种便利条件，促使学校向尖子生提供更多的特权和设施……今年，研究生院将重点加强研究生教育，使其更加有序。未来几年，校董事会和监事会可能将重点关注学校这一部门的发展。”[3]三年之后他说，董事会已经确信，“要维护哈佛大学的声誉，提高其影响力，就得既加强势必面向少部分人的最高等级的教育，同时又改善为多数人所需的层次较低的教育。的确，他们相信，没有哪种方法能够比较可靠地提高整个学校的教学水平，不过发展和提高校内最高级院系

1 *Scribner's Mag.*, X(1891), pp.376, 383.

2 *Ann. Rep.*, 1873-74, p.21

3 *Ann. Rep.*, 1876-77, pp.20-21.

的教学水平却是极有可能的”[1]。

1878 年校董事会出现的一个职位空缺，由董事会推选出第一名现代类型的研究员填补，他也确实是第一位成为该机构成员的真正的科学家。亚历山大·阿加西是一个兴趣广泛、能力出众的人，不过他对科学工作尤其是研究工作的意见对艾略特来说尤为可贵。连续几年的校长年度报告都用大量篇幅表达了一种意愿，提醒人们关注化学物理实验室、博物馆和格雷标本馆目前的工作，同时让哈佛师生和外界真正理解，哈佛正在财力允许的范围内最大限度地支持科学研究。1884 年，哈佛正在筹备 250 周年校庆，艾略特在谈及一笔纪念基金怎样才能真正派上用场时写道 :“事情的发展已经证明，剑桥将有一所一流的大学……说实话，我们只在一个点上不能保证自己取得了成功，而且我们需要引导哈佛的各位朋友关注这一点。我们目前尚不清楚，本校的高级课程是否得到了足够的资助。”[2]

详述哈佛大学逐渐开展研究生教学的全过程，必将花费不少篇幅。艾略特最初进行的所谓大学讲座制的试验，正如我们看到的那样，已经被证明是一个错误的开端。这次失败之后，他改变策略，逐渐为高年级学生增加课程创造条件，方法是拓宽本科生院的学业领域，同时使学生便于接受专业教育，朝着既定的专业目标继续深造。他已经在哈佛做了一番说服工作，争取让文学硕士、哲学博士和科学博士这些学位先是具有一定的意义，进而获得真正的价值。采取这些措施，必须依靠哈佛学院和理学院在不计各系差异的前提下进行智力资源的扩充，依靠某种从两院智力资源的

1 *Ann. Rep.*, 1879-80, p.23.

2 *Ann. Rep.*, 1883-84, pp.46-47.

沃土中自然生长起来的学术精神。采取这些措施势必在哈佛学院的现有基础之上增设一个研究生院。

不久前，有些人，尤其是亚伯拉罕·弗莱克斯纳博士和亨利·普里切特博士，列举了同时设立哈佛学院和研究生院，以及由此引起的两学院职能混淆不清的一些弊端。关于这些针对40年发展成果的批评，此处不便展开讨论。眼下最要紧的，是注意观察在研究生院初露雏形的阶段，出现了不少好的势头，或许同时还出现了一些不太好的势头。

扶持一个研究生院的成长，至少需要克服三个困难。首先是经费问题。哈佛有限的捐赠基金已经用于资助几个部门，若要加大经费投入，只能等待新的收入渠道。其次，能够胜任教学的人员数量太少，教师资源十分难得，因此实有必要延揽一批人才，并且使他们有理由对这里的条件感到满意。艾略特晚年回顾他最初几年的校长任职经历时说："我遇到的第一个难题，是如何物色一批能够胜任高级课程教学的教师。那时的确没有任何手册或指南能够帮我们发现并邀请我们急需的人才。直到1885年，我才开始得到一些帮助……通过几个人才和科学协会的正常程序。起初并没有此类援助。"[1]他在1873年(3月3日)给莱曼的信中写道："……为了说明过去40年人才培养的体制是失败的，我们不妨提出我了解的一个最令人不快的事实，以期引起那些掌握着哈佛未来前途的人们的足够重视——艾萨·格雷、本杰明·皮尔斯、杰弗里斯·怀曼和路易斯·阿加西即将离开事业舞台，无论是哈佛人，还是我熟悉的其他任何一个美国人，都无法填补他们留下的空缺。现在的一

1 *Proceedings, Mass. Hist*. Soc., Oct., 1923, pp.9-11.

代不能与他们相提并论。这几个人没有培养出他们的继承者。这是一个令人沮丧的事实，我也不愿多谈，但它实在太重要了。”[1] 吉尔曼开始在霍普金斯组建自己的师资队伍时，艾略特面临的这一难题又变得更加棘手。自从艾略特出任哈佛校长以来，他提高教师的工资待遇，开始放宽课程限制，哈佛教职随之具有了一种独特的吸引力。不过，霍普金斯提供的待遇更加优厚，吉尔曼张开搜罗人才的大网，不管在什么地方发现自己中意的人，都会及时许下种种诱人的条件。艾略特也在给他的信中诚恳地说：“请不要认为我对你把哈佛人才纷纷挖走的做法会有丝毫不乐意。相反，如果这里没有你愿意下本钱挖走的人，我才会觉得不可思议。当然，如蒙贵校董事会及早告知其做出的任何一项有可能影响我们校务管理的决定，我将十分高兴。不过我没有权利和理由要求贵校这样做。”作为补充，有必要摘录另一封信（1876 年 6 月 5 日）中的一段话。它似乎出自艾略特对约翰·霍普金斯大学一封提名某些哈佛人为该校客座研究员的邀请信的复函：“我对贵校的研究员资质没有任何要求……摆在你面前的棘手难题是，那些推荐信和证明不能作为衡量人才的一般标准。在某些教师和校长眼里，所有的鹅都是天鹅。我深知，跟皮博迪博士或皮尔斯教授的推荐信上热情洋溢的描述相比，我的某一张证明上的语句听起来会是冷冰冰的。”人们知道，吉尔曼想从哈佛挖走的人是沃尔考特·吉布斯、威廉·詹姆斯、F. J. 恰尔德、乔治·马丁·雷恩、约翰·特罗布里奇，只是未能如愿。

1　霍普金斯大学找不到一个可以替代阿加西的动物学家，找不到一个“能与艾萨·格雷媲美的”植物学家，也找不到一个与杰弗里斯·怀曼水平相当的解剖学家。好在它总算找到了物理学家亨利·A. 若兰德，生物学家纽维尔·马丁，以及化学家艾拉·雷姆森。同时，C. C. 杰克逊博士声称，哈佛没有给沃尔考特·吉布斯足够的施展才华的机会。

至于艾略特在其他地方发现的人中最终确定了哪些最终目标，却一直不为人所知。吉尔曼和霍普金斯大学终于提升了哈佛教师的地位，但是人们的确在剑桥一度感受到了两校及其校长的竞争。

顺便提一句，由此造成的并非全是不利的影响。初次感觉到这些影响时，艾略特在年度报告中写道："校董事会有权减免教授们承担的常规教学工作，只要那些时间没有他们宝贵的普通教师同样能够胜任这类工作。"[1] 这句令人宽慰又不失谨慎的话尤其耐人寻味。恰尔德虽然由于家庭原因婉言谢绝了霍普金斯大学的邀请，但他接着又告诉吉尔曼，邀请函帮了他们大忙，他感到欣慰，因为它终于使自己彻底摆脱了批阅本科生作文的沉重负担。从 19 世纪 50 年代开始，他一直是艾略特的邻居、同事和朋友，艾略特喜欢造访的寥寥几户人家中，就有他在无比落寞的鳏居岁月的住所。艾略特一定摸透了他面对学生作文时的心理，如同深知他是一位世所罕见的珍稀学者一样。幸好吉尔曼的邀请函使两人都能正确认识到他们的处境，然而在此之前，恰尔德只能一直听任自己的乔叟研究和叙事诗歌研究饱受他所厌恶的繁杂课务的干扰。

艾略特面临的另一个难题，是他比较欠缺吉尔曼具有的那些促使约翰·霍普金斯大学成功的素质。研究生院的工作如同人类思维一般纷繁复杂。哈佛比约翰·霍普金斯更难让教师们愉快地感受到本部门的活力，因为他们被迫将自己的大量精力用于本科生教学和学院工作。无论是在哈佛还是霍普金斯，迫使校长最大限度地发挥自己的领导能力都是一项艰巨的任务。像其他任何一个人类

1 *Ann. Rep.*, 1876-77, p.20.

团体一样，一所大学的氛围受到其领头人品质的潜移默化的影响。有人曾相当刻薄地将剑桥形容为一个将有趣的团体变成社交荒漠似的地方。听到大学教师应该为外界树立榜样之类的高见，艾略特也许会说：“社会上的普通娱乐活动对学者毫无吸引力可言。如果哪一位学生不愿意在夜灯下苦读，他绝不可能学有所成。一位普通的大学老师也会认为，若是自己一晚上都待在戏院里，或是参与其他的社交娱乐，那等于是在虚掷光阴。”[1]这使人觉得他缺了点什么。的确是有所欠缺。尽管他智力超群，同事们屡屡就一些事务向他咨询，但他们（包括化学教师）在他面前绝口不提自己的学术工作，遇到困难既不向他请教，也无意得到他的鼓励，获得成就时也不愿和他分享喜讯。他知道哈佛的教师正在取得大大小小的学术成果，谁的作品多，谁的作品少，谁的作品深受好评，谁的作品反响平平，他全都记在心里。但他懒得阅读它们，而且更关键的是，他甚至不愿装出准备拜读的样子。如果霍普金斯的哪位教师出版了一部专著并且在之后的一周当中遇见吉尔曼，他可能已经浏览了著作的序言，抑或仅仅是将目录匆匆扫视了一遍，但他至少愿意凭借一次次并不起眼的举动，充分展现自己平易近人的社交形象。吉尔曼总是亲切地跟作者聊几句以示赞许。在剑桥，相比之下，如果一个年轻教授鼓起勇气问道：“您看了我寄给您的新书了吗，艾略特先生？”得到的回答是简单的“吉恩？”，而且带着升调。校长没有说错，吉恩公司的确是该书的出版商。

艾略特和吉尔曼都懂得学习和探索相辅相成的道理，不仅是因

---

1 “The Aims of the Higher Education” (1891). In *Education Reforms*, pp.223, 247; and Neilson, I, pp.71, 94.

为一个探索者取得的成果能够增加别人的知识，而且因为他本人也必须具备一些素质，以免使自己沦为墨守成规的迂腐学者。但是两人在这方面也有不同之处。艾略特热衷于增进人类的利益，无论是为知识而知识，还是为艺术而艺术，他全都不能容忍。适用于生活的知识才能激发他的热情。当他考虑哈佛大学应该鼓励什么类型的研究时，他想到的是那些有望产生实际效益的探索——如果是改善公共卫生设施之类有利于社会的项目，而不是仅限于商业用途，那就更好;如果能得到及时而广泛的应用，则是再好不过。然而，吉尔曼似乎本能地坚信，如果一所大学秉持研究和教学并重的理念，那就不妨暂时搁置“这一研究成果有何实际用途？”之类的问题。这个问题也许应该由一家生产企业的实验室或是一所技术学校解答，一般不应交给一所以增进知识为己任的高等学校。在一个为了人类利益探索知识的地方，只应由一部分人纯系偶然地为了知识而探寻知识。只要这里的人们懂得这个道理，探索知识前沿就能成为一项神圣的事业，人们也才可能真正理解罗伊斯所说的他在巴尔的摩的各种做法。吉尔曼是美国第一位敢于按照这一理论采取行动的大学校长，也是第一位有机会借助巨大资源将这一理论付诸实践的大学校长。虽然艾略特总算和吉尔曼一样看清了这一问题的症结，但他还需要通过观察和体验进一步领会。他在发表就职演说时，显然也只有这种他间接提出的大学职能受到了限制。“经验告诉我们，”他说，“那些最有实力、最敬业的教授能留下一些知识遗产，如果他们有所发明，还会致力保护、诠释和传播他人做出的贡献。”他接着说道：“然而，这一代美国大学教授的首要任务，应是正常而勤勉的课堂教学，除了天文馆得到的捐赠基金，校方现在没有任何基金可供专家学者使用，保证他们有充足的时间和条件从事创造性的研究。”一位经费有限的理事如此坦然相告，虽然合乎情理，并且确认了一所学院的真正职能，但仍不免令人心寒，同时也未提及对于一所研究生院至关重要的事。1869 年，美国没有一所研究生院。然而 1888 年，随着第一所研究生院费力地接近成熟，艾略特依旧重申：“哈佛的领导层必须将社会交给自己保管的各种资源首先用于课堂教学和学业辅导，用于对数百名聚集在学院教学楼里的学生需要的各项学习补助，其次才是用于学术探索和研究。”[1] 亚伯拉罕·弗莱克斯纳博士说道：“学术研究，从未被视为美国高等教育中一项处于主导地位的事业，这一现象直到约翰·霍普金斯大学成立才开始改变。”[2]

如果说问题仅仅在于强调与否，那并不会贬低艾略特对于教学和研究的有关见解的意义。恰尔德事件已经说明他作为哈佛校长如何煞费苦心地运用这套财产受托人职责的理论。同样，C. L. 杰克逊教授叙述了一则轶事。19 世纪 70 年代他还是哈佛一名年轻的化学教师，有一次他询问艾略特，能否减免一个班级的教学工作，以便进行一些研究。校长神态威严地提出一个很难回答的问题——“这些研究会有什么结果呢？”杰克逊回答说研究成果可以发表；校长想知道将在哪里发表。杰克逊先生提到德国的一家化学期刊。“照我看，这样做不会达到任何实用的目的。”艾略特说道，此事便这样不了了之。F. W. 普特南教授也讲述了一个类似的故事，说他当时为开展一项研究申请经费结果遭拒。谁知道这个故事并没有就此结束，而是一直延续到两年后，约翰·霍普金斯大学公开宣

1 *Ann. Rep.*, 1887-88, p.22.

2 *Atlantic Monthly*(1925), CXXXVI, pp.530, 532.

布了它重视学术研究的宗旨，普特南随即重新提出申请结果很快获批。尽管我们可以假设这些拒绝背后有若干财政因素——手头的每笔钱都要派上很多用场——也似乎没有理由怀疑，他对学校应该为研究人员提供什么条件的最初看法有待更加全面的阐释。杰克逊教授说，虽然艾略特从未正确认识学术研究的实质，但在霍普金斯使他确信研究实有必要之后，他愿意对其慷慨资助，从而表现出通达开明和酷爱学习的惯常特性。他本人从未做过一名学术研究者。他在德国马尔堡学习德语期间几乎纯系偶然地待在科尔贝实验室的一段短暂经历，与一个攻读博士学位者心无旁骛的苦读无法相提并论。他曾是一位教师,但一直担任大学基础课的教学。他真正理解并关注的是教学方法和管理方面的问题。艾略特愿意扶持研究生教育的一个主要原因，是导师会觉得这些学生有趣，从而促使自己提高教学质量。早些年 G. H. 帕尔默教授曾打算离开哈佛前往一所无意发展研究生教育的学院工作，艾略特对他说："只要教师的主要任务是教一帮毛孩子，他们就永远不需要提高自己现有的专业水平。如果教的是研究生，他们会觉得自己的专业领域深不可测,并将不断进行为达到最佳教学效果所必需的学术研究。"[1] 他这样说的时候，心里同时想到了本科生和研究生教学。

无论用什么可以说得通的借口掩饰艾略特的困境，都会忽略他当时经常感到的烦恼和困惑，也会无视他前行每一步时面临的批评和抵制。幸好有一封信保留至今，让我们得以充分感受只有书面文字才能准确刻画的艾略特的焦虑。它同时唤起人们对往事的

1 Statement of Prof. G. H. Palmer. Also quoted by C. F. Haskins in Morison, *Development of Harvard University*, pp.461-62.

回忆，想到艾略特多么频繁地一次次虚心征求意见，对待旁人的批评又是多么宽容大度。

尊敬的先生：

昨晚您号召每位教师贡献良策，俾使我校成为国内实力雄厚的学术机构，为了响应您的号召，能否允许我提出几点似乎不便带到教师会上的看法？

说到约翰·霍普金斯大学和这里的工作之间存在的一种特别惊人的区别，我想任何一个已经熟悉新学校工作环境的人都不会怀疑这一事实……每位年轻人都觉得自己是一个积极进取、富有活力的组织中的一员。只要他稍稍显示出创造力的任何迹象，学校都会立即为他提供足以激发这种创造力的各种动力。更重要的是，他有各种机会向那些即将决定他未来道路的人显示这些迹象。我私下认识不少与约翰·霍普金斯大学打过交道的人，他们全都证明该校对任何一项学术研究都能给予慷慨及时的援助。该校认识和甄别每个人，不是仅凭道听途说，而是依据对他的实际了解和对他做出的一次次实际考察。这种旨在调动积极性的援助并不仅限于那些身居高位的人。我相信约翰·霍普金斯最年轻的学生也觉得，学校会按照若干实际的价值标准评价他本人，于是他用这些标准引导自己的学业。

如果我直言不讳地提醒您注意我们这里的差距，只怕会对您多有冒犯，不过我远比您更接近这里一批最直接的当事人的原则立场，因此这似乎是我的一种责任。我整整观察了五年，我把一生中的所有希望都寄托于此，因此只能认真观察；我很想发现校方积极扶持学术研究的任何迹象，可我眼下只能说自己感到失望……我认为这里几乎没有哪位年轻讲师，当别处主动向他提供机会时，会不愿意随时切断与这里的联系，而且他们愿意的程度几乎与自己的学术能力成正比。不管怎样，我认为这些人真切感受到自己住在剑桥享有的优越的物质条件，他们也愿意牺牲金钱利益，单单为了别人能够赏识自己创造的优异业绩。他们只是觉得任何谋求这种赏识的努力都是徒劳的。一个年轻人初来时带着一股热情，经过几年的磨炼之后，他的上级甚至懒得了解情况，便要求他增开几门课程，对他的个人兴趣更是避而不提；他与管理机构的唯一关系居然会牵涉他日常履行的教职；一些人根本没资格评价他在自己的学术生涯中创造的最佳成果，可是他的个人声誉却必须取决于他们偶尔提交的几次汇报。我也许不该觉得这些是他的不幸。你曾经对我说，我所在的系里，教师关系一般比较和睦，可它五年之内竟然只召开了两次例会和几次仅仅只是出于纯粹技术目的的会议。两位教授从未屈尊光临寒舍，我也几乎从来不去他们家，除几次因公登门拜访之外。新的历史学会居然能够成立，当时它遭到除我以外的另一位教师的反对（或至少是劝阻），而且此人还出席了该学会的预备会议。也许这些并无什么不妥。所有这些大概都是无关宏旨的小事，不过我深信，正是这些小事，以及它们代表的精神，阻止了另一种精神的出现，而它的缺失，正如艾略特先生您宣称的那样，目前正在威胁我们学校的生命。我们有经费，有教师，有各种设施，但是应该能使整个学校生机勃发的崇高的学术精神，还没有转化为我们心中的坚定信念……

昨晚委员会的报告提出一项补救方案，即全院的课程应该改为选修制，该方案无论本身是多么合理，在我看来却没有触及问题的实质。我相信，任何形式的改变都无法达到唯有实质的改变方能造成的效果。

我想，先生，您不会误解促使我提出这些建议的动机。如果您答复说，我们能够完全自由地使用我们自己的教学方法，我想每个人都将感激不尽。这种自由发展到疏离和明显冷漠的程度，被许多人视为我院的一种积弊，单靠任何形式的改变都无法消除。但愿我们在考虑所有问题时能以真正的学术为重。……

若是我补充说明，此信出自伊弗雷姆·埃莫顿教授之手，也不会降低它的重要性。最近我兜里揣着他的这封信，对他说我想和他聊聊艾略特。他打断我的话头，提醒我说，这位前任校长可是他心目中的英雄，提到他，除了赞美之辞，大概没有别的话可说。

如果我们觉得这种表态描述了写信者的一贯心态，跟认为它表现了剑桥每个人的心态一样，显然都是大错特错。尽管沃尔科特·吉布斯对校方那样迫使他脱离化学系的工作一直耿耿于怀，但他并没有接受吉尔曼让他移居巴尔的摩的邀请。雷恩、特罗布里奇、恰尔德和詹姆斯也都不为吉尔曼的诱惑所动。威廉·詹姆斯 1882 年考察了欧洲一些大学后，写信给妻子说："我从过去一个月中得到的全部收获，是能够以平和的心态对待自己的家乡，更加愿意相信它是世上一个得天独厚的地方。我们学校的教学水平和设施就我所见无疑是最好的……我们只是缺少一种深层的涵养和本领，能够在喝了一小时的啤酒之后不说出我们刚才一直在考虑什么……眼下的当务之急，就是在剑桥创建一家地道的大众德国啤酒俱乐部，接受所有的教师和部分经过挑选的学生为其会员。办成了这件事，我们这里将堪称一流；如果能在里面用低沉的嗓音说话，那就更加完美了……”[1]

假定能给人带来最大幸福的成就，取决于员工的工作环境和设施的管理，以及他本人的心理状态，艾略特也许会说，他能确保员工个人自由，并使其不受侵犯，从而使他们处于良好的心理状态。所以，相较于“慷慨地扶持每一项学术研究”，或是授意别人对此进行一些小小的鼓励，统治和管理更加符合他的本性。倘若放下校长的架子发表自己的见解，他也许会说，从长远来看，他的做法最有益于哈佛。他曾在1880年写信给一位英国人，聘请他担任哈佛大学的教授，信中有这样一段解释：“他［一位哈佛教授］是自己领域内的主人。他可以采取纯粹讲座式的教学，也可以要求学生翻译、‘背诵’或回答问题。课堂上，他既可以严肃执纪，又可以宽待学生。他既可以和学生建立社会联系，也可以在课堂以外的所有场合不跟他们说话。鉴于他的学生中间会有各种不同的观点和背景——宗教的、政治的、社会的——他会自然而然将他个人享受的所有自由同样赋予他们。他可以尽情表达自己的观点，但不能武断地把个人观点强加于学生。”这番话堪称学术自由宪章，它没有漏掉任何一项需要得到保障的学术自由。

1 *Letters of William James*, I, p.216.

依靠教师和学生，最终促使艾略特开展自己原先不敢贸然尝试的事业，他逐渐使这项事业呈现越发显现活力的上升势头。艾略特周围有许多人和他一样急于在哈佛建立一所高质量的研究生院，其中尤以忠于职守的学术委员会主任 J. M. 皮尔斯最为显著。在教授会和学术委员会的一次次会议上开展了无数次讨论，这些讨论全都由艾略特主持，有时他会突然插几句话，或是总结一场辩论，但通常只是倾听——带着宽容和耐心凝神倾听。于是，创建之初的约翰·霍普金斯有如一株盆栽植物，受到吉尔曼的精心呵护，而哈佛研究生院则像是自然生长在开阔地上的一大片蔬菜。比吉尔曼高大的艾略特没有用比较肥厚的手指经常触摸植物的叶片，却用自由选课制这把铁锹不断地深挖细掘菜地的土壤。他从不怀疑自己的辛苦劳作会取得实效。

哈佛研究生院逐渐成形时依据的基本理论，主要出于如下几点考虑：第一，本科生和研究生教育之间没有绝对的区别（虽然招生简章列出了“专门”或“主要”面向研究生的各门课程，但又解释说这些课程也可供合格的本科生选修；另外，所有本科生的选修课程也同样向研究生开放）；第二，如果哈佛学院准备成为一个彻底实现学术民主的教育机构，对人文和自然科学各学科的兼容并包，将为最广范围之内的各项高级研究奠定宽阔的基础；第三，有鉴于此，一位教师既可以教授本科生，也可以教授研究生；第四，今后将不再需要成立任何专门的理科教授会，像耶鲁大学在 19 世纪上半叶过早地试图建立的与学院并列的那种，或是约翰·霍普金斯在没有任何真正的学院的情况下组建的那种。选课制既是一种手段也是一种目的，此话无论怎样重复都不为多。正如海德校长所言：

“正是在［那种制度］下逐渐积累起来的剩余智力资源，才使哈佛大学得以在广泛的本科生工作基础上，从事创建研究生院这一艰巨而复杂的任务。”[1]

1　*Atlantic Monthly* (June, 1899), p.354. Cf. *Ann. Rep.*, 1884-85, pp.31-34; also Eliot in *Proc. Mass. Hist. Soc.*(Oct., 1923), p.10. 在艾略特看来，选课制是建立一所真正大学的必要途径，支持这一观点的相关论述汗牛充栋，如若引用将无限增长篇幅。

12

1880—1894年书信

一扎信函

前三章几乎持续讨论了教育方面的若干政策和问题，读完之后，理应适当调剂一下。本章主要是从信函档案中摘录艾略特与他人来往书信的若干片断，其中一些与前几章的内容有关，其他则主要涉及个人事务。这批书信基本按照其出现的日期排列。应该提醒读者的是，下列第一位收信人，吉尔曼校长，曾经任教于耶鲁大学谢菲尔德理学院。

致 D. C. 吉尔曼

1880 年 3 月 9 日

尊敬的吉尔曼先生，多谢您上个礼拜日的来信。得到像您这样措辞得体的人的夸赞，总是令人愉快。眼下尤其令人愉快，因为过去一年，这里的各项事务一直处在充满不可避免的讨论、批评和反对的阶段。我们在这一切之中奋力前行。如果在一个学院的教授会中出现障碍，我会在其他某个学院中找到成功的机会。医学院第四年的课程安排和神学院的重建是当下最紧迫的工作。毫无疑问，一所大学取得的成绩会帮助其他所有成长中的大学。因此，是你帮助了我们。我希望宾夕法尼亚大学能趁选举新校长之机获得较大的进步。如果谢菲尔德理学院的精神和耶鲁学院的精神一致，那将是莫大的幸事。我最近就入学要求的有关问题跟耶鲁教授会打过几次交道，因为我是大学协会（新英格兰地区十所院校）该专题委员会的主席。耶鲁学院的行事方式和习惯，活像是一头处于守势的豪猪。其他学院见状起初感到惊讶，现在只是一笑置之。很高兴你即将前往史密斯，我们应该尽最大努力帮助这些独立女子学院。

今年暑假，我和夫人将前往欧洲——只去几个国家。十二周，包括路上的时间，实在太短，可我只有这么多时间。请向尊夫人转达我们的问候。得知今年她的健康已大有起色，我们甚感欣慰。

您诚挚的……

下面两封信的片断均摘自书信档案，但未显示收信者是谁。第一封信的日期是1880年2月10日，第二封是1881年4月4日。每封信都似乎是对有关询问的答复，而询问的具体内容也不难推断。

尊敬的先生，……一所颇具规模的大学，校长的主要工作是行政管理，它需要勤勉、涵养、耐心，强健的体魄，有时还需要勇气和意志。所有这些都是年轻人擅长表现到极致的品质。此外，这一职务特别有赖于经验和实践。我说的不是从事其他职业的年龄和经验，而是从事这一职业的经验。因此，担负这一职责的人应是越年轻越好，只要他已经充分展现了自己的品质。有些人觉得很难让一个年轻人领导那些年长者。对于这种反对选举年轻人出任大学校长的意见，可以用两点理由予以反驳。第一，一所结构合理的大学里的所有教师，并不是任何军事、企业或其他令人反感意义上的校长的“下级”。第二，年长的教授总是喜欢年轻干练的校长，而不是年迈无能的校长。教师们需要的是勤勉而严谨，同时使人增强信心的管理……

尊敬的先生，一所大学的董事会可以根据三点理由，断然要求某一位教授辞职：品行不端，疏于职守，智力或体力欠缺。

受到处理的教授有权就具体的理由发表一份辩解声明，但这并不意味着该理由将被列入董事会的正式程序，就像教授遭到解聘的理由必须列入正式程序一样。

此类强迫辞职会对学校产生恶劣影响，不过董事会有时只得两害相权取其轻。如果此类辞职事件在一所大学屡有发生，它很快就会发现自己再也不可能招聘到优秀的教授。涉事教授如果知道董事会出于什么动机和原因采取行动，迫于情势会主动辞职。他不必承认董事会的决定正确，只要说他不屑于讨论这个问题。如果哪位教授被要求辞职却又不知何故，依我看，他应该予以拒绝，只要他还想保全自尊或者朋友对他的尊重。

此信可供私下传阅，但切勿公开发表……

接下来的两封信有必要在此解释几句。1882 年 12 月 22 日，亨利 · 李上校在写给艾略特夫人的一封短信里，附上转呈艾略特校长的圣诞贺函和一张 2000 美元的支票。李希望"此种转达方式可以多少补偿在表达良好心愿时曾经采用的不近人情的形式"。赠给校长的支票上写道："你的几位朋友一直很想表达他们对你的慰问，表达他们对你的坚定意志和克己意识的高度赞赏。"（这些朋友可能是 H. P. 基德、亨利 · 李、A. T. 莱曼、西奥多 · 莱曼、小 R. T. 佩恩，以及"一位不愿透露姓名的老先生"。）

致亨利 · 李

1882 年 12 月 24 日

尊敬的李上校，你昨日的短信以及随信附上的出人意料的礼物，深深打动了我。信中最能使我圣诞快乐的词语，莫过于"亲爱的查尔斯"和"你的老友，亨利"这样的称呼。你知道我经常批评——虽然明知无效——你对我克己意识的一些看法。在力所能及的范围内努力工作，对此我不反对。相反，我喜欢努力工作，只要能够收到成效。我曾有过忧虑和失望，但我并不觉得财富可以抵御它们。我看重的满足和快乐，我有。但是因为条件所限，还有很多奢华高档的物品我也很想拥有——我并不是你想象的那种苦行僧——却无法拥有。其中一些物品将给我带来许多乐趣，这应当感激你和那些与你一起表达善良愿望的朋友的一番美意。所以，如果你听说我启程前往加州，或是买了一匹马，或是得到妻子或儿子的一幅画像，抑或愉快地做出任何一次类似的奢侈之举，你都会知道我是在享用［这份］圣诞礼物。事实很明显，你向我馈赠礼品的这种方式尤其令人欣慰。夫人和我一同对你表示感谢。

当时，校长的薪酬是5000美元。如果这笔钱与本人及其职位不相称，当然不能靠几份圣诞礼物作为正常补贴的渠道。但是谁都不愿建议艾略特通过投票利用哈佛一向吃紧的经费为他本人涨薪。于是，学校在第二年用一笔捐款设立涨薪专项基金，无论谁出任校长都将从中受益。

致亚历山大·阿加西

1884年9月11日

尊敬的阿加西，自从我开始领取你和亨利·李承诺为我和我的继任者增加的3000美元薪酬以来，已经有一年多了。我惊喜地发现，有了这笔额外收入，日子好过多了。我能够愉快地做一些此前根本无法做到的事，并且还能做其他很多事情，而不必有什么顾忌，这些事情我以前大概也能做到，只是行动前得盘算很久，而且会碰到麻烦。

这是一个非常友善的举动，恐怕我起初没有充分表达自己的谢意。从中获益之后，我能更得体、更由衷地感谢你。

你诚挚的……

1886年，以法莲·W. 格尼逝世。他是早年艾略特开始教学以来始终如一的朋友和顾问，也是1869年他的校长职位的“候选人”。无论是作为哈佛的第一位系主任还是自1884年成为董事会一员之后，格尼与艾略特关系亲近的程度都超过了其他任何人。

致威廉·C. 恩迪科特

1886年9月17日

……格尼的去世，对我和学校来说都是不可挽回的损失。我们一起共事达17年之久，其间对于有关的政策、方针和目标，我们一般都能达成共识。他是我最理想的合作伙伴，比我更有耐心，更加温和，更加稳重，他希望对学校的体制和方法实施具体的改革，想法与我基本一致。在教授会，他一贯值得信赖，热衷于辩论，公道正派，同时还有很强的幽默感，非常难能可贵。

你诚挚的……

艾略特的两个儿子已经上了大学，目前正在选择学科，同时决定将来从事什么职业。从艾略特给他们的几封信中，可以窥见他身为人父的一面，并且了解他给自己的儿子和其他人提了哪些建议。首先应该抄录艾略特说明长子性格时说的一番话，当时他正在为其编纂一本题为《园林建筑师查尔斯·艾略特》的书。提到18岁的查尔斯，他说：“他的父亲和弟弟与他的性格截然不同。他们乐观，自信，安于现状，愿意对往昔和未来多加思考。查尔斯则寡言少语，缺乏自信，耽于沉思，不满意自己的实际行为，虽然他照样认真而镇定地坚持学习，但对学业既不感兴趣，也没有从中感受到一种精神上的满足。”[1]

此外，“17 至 21 岁期间，查尔斯因为经历精神上和道德上的斗争，因为怀疑自己和这个世界，不时在内心深处饱受煎熬，这是耽于思索、生性矜持的男孩势必经历的一个阶段，这样的男孩并不在少数。他们逐渐意识到自己是思考和负责的人，发现自己被迫思考良知、信仰、爱情这些问题，思考生与死的意义。内心骤然涌动的一股股浪涛令他们不知所措，一阵阵无法抑制的怀疑、恐惧和惆怅困扰着他们。这种斗争往往是一个人独自进行的。没有人将会或者能够回答他们那些深奥的问题。‘我独自踩着那台榨汁机。’”[2]

就在查尔斯毕业那年的圣诞假期，刚刚年满 23 岁的他，为选择职业心里茫无头绪，这时父亲建议他说：“我希望你不要匆忙结束你的学业，你的‘幼稚阶段’，或曰初步受训的阶段。你没有理由急于结束这一阶段，但愿你能以轻松平和的心态对待这个问题。如果你能在明年潜心攻读文学硕士学位，或者用一年的时间读书治学，完全不考虑什么学位，那倒是甚合我意。如果你想将自己的毕业时间再延长一年，在 1883 年拿到文学学士学位，将令我备感欣慰。你不要觉得自己应该及早挣钱谋生，或是在真正的职业场所做些事情。那种日子很快就会到来。世上还有一些你几乎尚未涉足的知识和哲学领域。利用时间从容不迫地探索这些领域。既然

1　*Charles Eliot*, p.16. 此段内容约说于 1876 年。

2　Ibid., p.24.

被人驱使和催逼的感觉会让你很不愉快，那就重新安排自己的人生，使你免受旁人的驱使和催逼。你在学院的排名和等级无论怎样，都不足以使你丧失对学业的兴趣和内心的安宁。但愿你从为学而学的过程中感受到精神上的愉悦。过去两年你的心智有了很大进步，但你没有像我希望的那样感到愉快。但愿你在余下的幼稚阶段——切勿缩短这一阶段——内心宁静，快乐知足。”[1]

来年夏天，查尔斯决心将来当一名景观设计师。当时还没有培训年轻人从事这一职业的学校，因此他的入门基础训练只能靠自学、旅行和观察，以及在一家建筑事务所做学徒。1886 年，查尔斯在欧洲写给父亲的信中称自己“不太适合与人交往”。父亲写了这样一封回信：

致查尔斯

1886 年 4 月 20 日

亲爱的查尔斯，不要以为你自己不适合与人交往，迄今为止，你与周围孩子和成人的相处全都把握得恰到好处。员工和顾客之间交往顺利，其中并无神秘可言。没有人能在思考的同时注意另一个人，而你似乎觉得应该做到。相反，全神贯注于正在跟你讲话的人，是商务礼仪中非常重要的一点。最令人满意的莫过于此。释放一些能被对方耳闻目睹的任何信号，显示他正在受到殷勤接待，自然也是非常可取。此外，“容我稍想片刻”，几乎不会有人对此提出异议……我真巴不得你能像我一样坚韧、顽强。不过你还是有几分力量，而且在此限度之内，你特别能够享受生活。在这方面，你很像你的母亲。她在短暂的

1 *Charles Eliot*, pp.29-30. December, 1881.

一生中享受到的乐趣多于寿命很长的大多数人。她尤其喜爱自然风光。你从眼下的旅行当中得到很多乐趣，这是我所不能及的。假如是我的话，我既不会像你那样疲惫和虚弱，也无法感受从你眼中看到的美，以及你从中得到的乐趣。一旦你开始从事自己的职业，就得注意分寸。如果他人每天工作八小时，你工作五小时就可以了。凡事都得悠着点，千万不要把自己累垮了。如果心里开始感到忧郁，不妨拿起一本书，斟满一杯酒，或者干脆上床休息。精神状态欠佳，大多系身体原因所致。你能过一种工作相对轻松的生活——最好的一种生活，你应该从这种想法中得到慰藉。你会有一点自己的积蓄，不需要急着挣一大笔钱。我很强壮，一天能工作十二个小时——结果我这样做了，倘若不是后来去荒山岛度假，我几乎没有时间进行思考，过上真正的生活，如同棉纺厂的操作工一般。对于一个有理性的普通人来说，生命本身不可能真有什么“恐惧”，正如死亡也不可能有恐惧一样。[查尔斯曾经引用这两句话：“我并不惧怕死亡。生命的恐惧远多于死亡的所有恐惧。”]爱美是你的灵魂和这个世界之间一种很好且持久的默契，但是酷爱纯洁、高雅和荣誉，则是一种更好的默契。[1]

查尔斯在自己的专业领域进展顺利，他学会了相信自己的能力。但他似乎，至少有一段时间，继续饱受人与宇宙关系之谜的困扰，而他的父亲从未遭到这种困扰。

1 *Charles Eliot*, pp.91-92.

致查尔斯

1887年6月7日

……你想知道你存在的意义，这是不理智的。没有人知道任何一种存在有什么意义——无论是花朵、野兽、人类、国家或是这个世界。尽可能让你生活的每一天充实愉快，充满纯真，剩下的就交给上帝吧。你已经到了结婚成家的年龄。你太孤僻了……

致查尔斯

1887年8月9日

……观察一个年轻人的性格，不论是男是女，如果可能的话，不妨先观察他或她的父母。一个自私自利不讲道德的母亲，和一个乏味懦弱的父亲，两人的子女不可能具有良好的素质——身体或心理上。如果此人得自遗传的素质已经通过教育得到改进和巩固，同时又处在一个品行不端的母亲影响之下，结果大概依然不妙。其次，观察这位年轻人怎样对待责任或义务的纽带跟他紧密相连的人。一个自私的女儿或姐姐不太可能成为一个无私的妻子。一个儿子，如果朝他偶然相遇的年轻女人而不是自己的母亲倾诉衷情，他在婚后很可能做出类似的举动。一个姑娘应该走的正道是，向那些爱护自己的亲人寻求建议、支持和鼓励，他们日复一日地支持自己，与自己有千丝万缕的亲密联系。如果她没有感到这种联系，这是一个非常糟糕的迹象。尽情欣赏世界的美丽，欣赏生命中所有合理的乐趣，完全符合一个人最纯洁无私的性格。切勿只顾前者，抛开后者。这是很危险的……

上面摘录的这封信，以及之前的一封，均寄自欧洲。艾略特携夫人在 1887 年春天之前远赴欧洲，在那里待了 8 个月之久。他们先游览了埃及和境内的尼罗河，后来一路北行，整个夏天遍游欧洲，悠闲地在许多地方逗留。他们的第二个儿子 1884 年从哈佛毕业之后，转而攻读神学，现任唯一神教派的牧师。

致塞缪尔

1887 年 8 月 10 日

亲爱的山姆，我希望借这封信向你表达生日的祝福——25 岁！你已经度过了一个相当快乐的童年和青年时代，但是生命中最好的年华即将开始——未来 25 年。阅历、知识和顾忌将日益增加，但能力增加不了多少；机会将成倍增长，但是你巧妙利用它们的能力增加不了多少——只是变得更迅速，更敏捷。25 岁的人正当其时，就其反应速度和工作能力来说，你仍需更加稳重，更有韧性和判断力。韧性势必要求目标的单一——或至少在一段时间内只有一个主要目标……

致塞缪尔

1887 年 11 月 22 日

当你开始解释唯一神论的原则时——积极意义上的原则——你会发现基础很不牢靠。上帝是爱，是进步，是灵感；人类能爱，能取得进步，永远都有愿望。耶稣是最好的伦理学和宗教学教师。基督教徒是那些追寻福音书里记载的基督教理想的人。记住这些古老的名字——上帝、天堂、基督徒，尽量与那些比你更能坚持旧时信仰的人保持联系。只要那些道德伙伴在为与你同样的目标工作，那就愉快地与他们为伍，但不要让他们为你解释你的信仰……

致塞缪尔

1887 年 9 月 3 日

……我们凭吊了约翰·罗宾逊[1]旧居的遗址，现在的房屋门前有一块英文标牌。他是我所知的一个鼓舞人心的典范，显然徒劳地恪守自己的信念而又鲜为人知，时隔多年后终于获得成果。真正的自由是人们为之付出辛劳——无论是哪个部门，商业、教育、立法或宗教。德国最有趣的纪念碑是沃尔姆斯的路德纪念碑，纪念路德、萨伏那洛拉、怀柯利福、哈斯和彼得·瓦尔多。“把你的马车拴到星星上”，实际的意思是——将你一生从事的主要工作和远大抱负联系在一起。伦敦仍像以往一样黑暗而肮脏，但富于各种实际的价值……

致塞缪尔

1888 年 2 月 20 日

……昨天（礼拜日）我们来到 M 的教堂，听人蹩脚地念完一篇精彩的布道词。整个礼拜缺少愉快的气氛。M 的语气和声调实在令人压抑。这是布道者之大忌。信仰、希望和爱都是令人愉快的事情，布道者宣讲它们时也应造成令人愉快的效果。

1　即弗雷德里克·约翰·罗宾逊（Frederick John Robinson，1782—1859），英国政治家，早年进入下议院后，曾出任过几个初级职位，1827 年接替乔治·坎宁任首相，出任时间不长。——译注生活并不总是充满光明，但宗教应该如此……

下面几封信均是写给一名哈佛毕业生，纽约律师协会的一位知名成员，他从不惧怕跟权威人士和大多数人观点相左，但这一次，他表达了一些多数大学生与他基本一致的观点。在哈佛以外的那几个学院圈子，其实大部分人都会同意他这一番言论的主旨："16到22岁之间的年轻人，……非常无知幼稚；他们不能明智地选择一系列设置合理、井然有序的课程，以利于其智力全面均衡的发展。至于这些课程究竟应该是怎样的，我们这些外行不会妄加断语。在这一点上，我们极度无知。我们的儿子更是有过之而无不及。没有人能够理智地做出决定，除了富于能力、知识和经验的教师。"[1] 这跟艾略特在巴尔的摩演讲中涉及的观点不谋而合，也是他在监事会和其他场合的讨论中不得不持续谈论的内容。"对于无知或轻率的人来说，"他在巴尔的摩的演讲中说道，"到目前为止，这个世界的知识和经验似乎应该成就统一的课程体系，其中的课程由那些永恒的优势学科构成，适合所有的学生。但是我们有两个充分的理由相信，这一看似容易的结果其实不可能达到。首先就是，缺少统一规格的学生。"[2]

致阿尔伯特·斯提科尼

1889年2月5日

……你认为学校教育应该要求年轻人吃一些苦头，其实这一看法相当普遍。但我相信它产生的基础，是人们对这个世界

---

1 Albert Stickney, *Considerations on New Harvard Methods*, p.5.

2 "What is a Liberal Education?" Neilson, at p.65.

一些不可避免的困难估计不足。例如，在剑桥，每一名学生可以选择自己的专业，然而一旦他选择了拉丁语、历史或动物学，便会发现他在所选专业中需要完成的学业，十之八九都是艰深、刻板、无趣的工作。如果他想在所选专业中取得任何令人欣慰的优秀成绩，就得逼迫自己从事不愉快的工作。学生生活中充满不愉快的工作，如同实际生活一样。任何人欲善其事，必先历经大量单调乏味的训练。一年级学生对此能有切身的感受，有如一位50岁的专业人士。的确，在这个世界的中小学生活、大学生活和职业生活中，都有许多不愉快的紧迫工作，再要发明其他一些令人厌恶的工作，在我看来纯属多余，不论对孩子还是成人。我的一生比大多数人丰富有趣，但我必须说，绝大多数都是单调乏味的工作，也就是说，是对日常艰苦繁重工作的一遍遍重复。一个哈佛学生的生活本质上也是如此，尽管他选择了课程，同时在一定程度上由他自己考虑，他听的课中哪一门比较适宜和有益。你认为一位明智的家长会挖空心思想出一些令人厌恶的工作，让自己的孩子完成，或者强制孩子遵守任何规章，仅仅因为它令人厌恶吗？就我观察的结果而论，我以为这位家长实在太不高明，而且必将破坏自己在孩子心目中的威信……

致阿尔伯特·斯提科尼

1891 年 4 月 1 日

……你考虑将自己的这册文集仅供私下传阅，对此我完全理解。只要你自己认为如此它将更有作用的话。我绝对相信公众批评和讨论的作用。我在过去的 22 年中一直愿意参与其中，现在依然……

致阿尔伯特·斯提科尼

1891 年 4 月 11 日

你的几册文集和几封信似乎表明，你并不熟悉哈佛学院现在到底有多少常规训练和要求。这两方面都有很多，多到我觉得足以让平均 19 岁的学生的意愿得到充分的满足。你显然特别相信自己所说的早年训练和校规，这些我很欠缺。你在心目中大概早已成形的某种训练或是校规，我还从未设想过。照我看，西点军校和海军军官学校的训练方法绝对不适用于一所学院。你当年在哈佛学习的时候，学校规定学生每天出席早祷和晚祷，以及每天三次的背诵——早中晚各一次——这种出席是严格执行的。你心里的训练或校规到底是什么样的？这种训练或校规德国大学绝对没有，苏格兰大学几近于无；牛津和剑桥有一种从中世纪相沿至今的修道院的传统，即夜晚实行门禁制度，然而众所周知，此举对于抵御恶习不起任何作用。目前没有一所美国大学，就我所知，具有任何制度，能够称得上你心目中的那种训练。你反对哈佛学院那些过时的方法，那么你推荐什么样的训练或惩戒的方法呢？

你要求教授会或是我本人列出一份适用于大多数学生的必修课程表。我得承认，我无法列出这样一份课程表，我相信教授会也会像我一样承认自己无法做到。我的理由是，一份统一制定的课程表只适合少数学生。作为惯例，我得为每一个向我咨询的学生专门制定一份课程表。即便使用十几种不同的课程表，我也不会取得满意的效果。我发现，最适合每个学生的大学课程，应该专门为他本人设计，经过对他的学业成绩、人生目标、遗传因素和兴趣爱好的综合考虑。按照我的看法，大学四年用同样的课程集中培养一百个学生，如此应付他们，是一种草率、懒惰、愚蠢而又于心有愧的做法。我将永远不会再为在大学里选择准备这样利用的课程而负责。不论花费多少气力，我愿意，教师们也愿意建议并引导学生，但我不会为学生列出任何一份统一的课程表，不论是为上百名，甚或仅仅只是一二十名学生。

你征询我对你公开发表自己观点的建议。说到对哈佛可能遭受的伤害，我认为你可以毫无顾忌地发表你愿意发表的任何观点。如果你问我是否觉得你的文稿有一定价值，我只能回答说没有。你的基本观点在过去20年已经通过各种不同的人发表了足有一百次，诸如麦克考什博士、珀特博士，而你，在否定哈佛过去和现在做法的同时，没有就你所期待的那种校规提出任何切实可行的建议。

你诚挚的……

艾略特1889年2月8日致信埃德温·H. 艾伯特。哈佛学院当时正在监事会上和校友当中受到批评，尤其是在纽约，因为它对本科生疏于监督，同时赋予他们过多的自由选择课程的权利。有人声称，他宁愿将自己的儿子送往地狱，也不会送到哈佛。几周的时间，这话传得沸沸扬扬。艾略特在致艾伯特的信中主要探讨了校规而不是自由选课的问题。

致埃德温·H. 艾伯特

1889年2月8日

尊敬的艾伯特，非常感谢你昨天的来信。我认真考虑了你我之间的意见分歧（你和阿尔伯特·斯提科尼的观点比较接近），也很乐于告知我思考之后的一些结果。

我同意你的看法：学生和世上工作的人们一样，需要早起，负有既定的义务，需要有条不紊地工作。所有这些在我看来，都是确保成功的必要条件，无论对于哈佛的学习生活，还是外界的职业生涯。因此，我和你同样都对目前流行的一种看法不以为然，即哈佛的学生没有承担既定的义务或责任，是否参加背诵和讲座，早起或是赖床，完全听凭己愿；只要自己乐意，夜晚可以沉溺于娱乐之中，随时可以离开剑桥。我认为，滥用这种特权对于一个学生并没有好处，不过我觉得学院应该培养他在这方面的自控能力，而不是试图通过几种他将来在实际生活中不会遭受的人为处罚手段，逼迫他按部就班地完成学习任务。照我看，我跟你和斯提科尼观点的分歧在于，什么才是锻炼学生意志，使其日后能够按部就班地从事繁重工作的最佳途径。在中学，学生们在教师的眼皮底下完成每天规定的作业。他们想要每天得到三至四次高分，周末得到一张奖励卡。来到哈佛以后，他们的生活应该与他们不久将开始的职业生活的目的十分相似，他们的主要目的也应该类似于成年人的目的，而不是中学生的目的……然而，学院为学生规定的发奋努力和持续专注的某些目的应该是久远的。学生应该勤勉而持久地努力学习，以期掌握他感兴趣的一门学科，或是增强自己的能力，或是四年之后获得一个学位，如同一名划桨手连续九个月苦练不辍，迫使自己放弃各种享受和乐趣，致力完成所有单调重复的训练任务，单单为了赢得6月划船比赛的胜利。学生应该看到自己前方的一个远大目标，日复一日地从事所有既定的工作，以便最终实现这个目标。我认为，学校为使学生达到将来职业生涯的各种目标进行的培养，只有通过这种方式才能有效实施……

在我看来，我们目前的困难，一方面是由于人们对学院普遍存在误解，另一方面则是由于教授会忽视班级中4%的程度最低的学生的利益。教师们多年来一直致力发展和改进学院的教育，他们相信学校的持续兴旺完全有赖于这种发展。他们出于疏忽没有尽力帮助每个班级最后十名的学生，以及那些疏懒成性略高于班级最低水平的学生。应该说，这其中也包括我本人。我很少注意那些偷懒和装病的学生的实际需要。我应该给予他们更多的关注，目前也在这样做。监事会提出的所有建议，除了点名制[1]，都是有用的。按照我的看法，教授会可以补充一些措施，以使其臻于完善。我们可以将背诵课的时间提前，可以将出席人数最多的课程安排在早晨，可以更加警惕那些经常缺席和偷懒的学生。我们还可以摆脱一两个惯例的束缚，比如说，关于缺席报告的一项惯例已经延续了40年之久。长期以来，缺席情况每周只需报告一次，但是我们没有理由不实施缺席日报告制。监事会的讨论转向点名问题，获悉你不支持这一提议，我深感欣慰。如果你哪天碰巧遇到比曼（他住在离你很近的华尔街），请对他说你无意对这种特别的方式表示赞同……

读者想必记得，詹姆斯·布莱斯不久前出版了《美利坚合众国》（*The American Commonwealth*）一书。

致詹姆斯·布莱斯

1889年4月2日

……你度过了不平凡的一年。出版了一部迄今最优秀的、关于人们持久关注的一个重大论题的专著，六个月之内娶妻成

1　监事会曾提议在整个学院实行每日点名制。

家，好事成双，堪称绝妙。

第一件事为你带来名声，第二件事为你带来幸福。愿幸福比名声更持久地陪伴你。

满怀感激地收到大作之后，我就开始饶有兴趣地读起来。这是一部评价准确、持论公允的杰作。拜读大作的六个月之前，我重读了德·托克维尔的作品，对比分析你和他的作品对我来说是一件很有意思的事。你的书中事实和论述与理论和推断之比远高于他的书，你的论证方法也比托克维尔的更加全面和简洁。你的论证方法可以说是政治学领域的达尔文主义。

……你能否在今年或明年6月的最后一个星期三光临本校，到时我们可以尽量多给你几位法学博士？如果你明年能来，希望你能为我们称之为ΦBK的古怪的文学和聚餐联谊会做一次演讲，今年的演讲人是菲尔普斯先生。

我们的身体和精力都还算好，只是时常劳累过度。

我们大学在国内外一向保持较强的实力和影响。在我同时收到的一批邮件中，除了你这封令人愉快的短笺，还有两封来自东京的信。一封感谢我为帝国大学物色了一名法学教授。另一封声称，起草了日本新宪法的日本枢密院大臣金子坚太郎，将他本人的成就在很大程度上归功于他在我们法学院受到的教育。

请向阿什顿小姐转达我的敬意和祝贺。

你诚挚的……

下面这封信条理分明地简要阐述了五点看法，它不仅使读者想起自19世纪90年代以来开始发生的一场变革，而且充分体现了艾略特推理论证时心胸何等豁达，虽然稍显武断，但总是满怀希望。

1892 年 11 月 21 日

尊敬的先生，现答复你 11 月 15 日的来信，请允许我表达我的想法。我认为移民不应该受到限制，除非出于防止罪犯、乞丐和病人入境的目的。其理由简要归纳如下：

首先，照我看来，人口中增加的每一个健康诚实的劳动者，无论男女，以及每一个健康的孩子，对于该国而言都是一笔财富。美国的人口依旧偏少，除现有人口以外，还有足可容纳数亿人生存的空间。我们出口大量的谷物和日常物资，这些其实最好还是在国内消费。由于劳动力短缺，美国广袤的地域和大量的自然资源尚未得到开发。

第二，我认为，美国现住民关于限制外来移民的提议显得特别狭隘和薄情。因为这些现住民本人都是近期来到美国的移民的后裔。此外，和当年他们的祖辈属于同一社会阶层的那些人，全都渴望来到这个国家；贫苦的技工、小贩、农民，他们比自己的大部分邻居和朋友更有抱负和胆识。甚至连那些喜欢标榜自己是英国人后裔的美国人，其实只是在声称自己是一个混合民族的后裔，包括丹麦人、挪威人、荷兰人、德国人、诺尔曼人和撒克逊人。一个成分混杂的种族集团，酷似目前正在美国形成的更大规模的种族熔炉。

第三，有些人觉得，由于许多没有经历过自由体制的外国人的介入，投票选举工作的整体质量正日趋下降。针对这种反对外来移民的理由，我必须指出，如果这一指责能够成立，那么合适的补救措施就是改变现有的入籍法律，通过两大政党的竞争性行动，及时赋予外国人投票权。但是，在反对延长外国人在入籍前的居住期限的同时，我们可以坚持认为投票本身是一种教育作用，坚持认为外国人直到参与选举才开始接受司法政治方面的教育。

第四，我认为，移民的智力、技能和教育水平将来极有可能普遍提高。首先因为欧洲许多国家公立学校的体制越来越有成效，其次因为移民原先所在的大多数国家的政治制度开始趋向自由。

最后，我认为，欧洲的所有种族，都能被自由的学校、自由的教会、平等的法律和民主社会的流动性完全同化。移民问题中真正的困难，在于一些种族不能被同化，诸如非洲人，中国人，日本人。

你诚挚的……

艾略特曾经给一位记者写过信，该记者不愿透露姓名，不过我们不难看出这封信答复了哪些问题。

1893 年 7 月 13 日

尊敬的先生，我并不像你对我的称呼暗示的那样是个牧师。我在这方面是个外行，接受的是理科教育，大学毕业之后做了15 年的数学和化学教师。

教会的首要目标是“拯救”灵魂，这点我不能理解。我会说它们的首要目标是让人们在这个世界上更加幸福，更加美好。我相信它们会这么做，所以我赞成在它们身上花钱。

你的几个有关灵魂的问题当然无法回答，而且对大部分人来说似乎很荒唐。世上有许多我们无法权衡或测量的力量。比如，人类的爱，是一种无形的力量，但可以产生具体可见的效果。它贯穿于每个孩子长达二十多年的成长期。事实上，一些日常现象显示，有些力量能产生无比巨大的能量，不过对它们的本质我们不仅一无所知，而且无法想象。电就是这样一种力量，各种力量结合之后形成的所谓生命力是另一种。

我不相信毁灭比升入天堂好。毁灭大概比永久的悲苦可取。

我觉得，你的思维带有教条式而不是探究式的思维倾向。对于人们无法做出是或否定论的很多问题，你显然已经形成了否定的结论。为什么每个人都该知道他是谁，从哪里来，到哪里去？我们知道我们活在当下，能够分辨真伪、善恶和美丑。我们应该追求真善美。这足以引导我们此地此时的行为方式。至于超脱躯体死亡的另一种生活，我们不妨认定，过上这种生活或者为其做好准备的最佳途径，就是尽量做好我们今天的事情。利用这种途径，我们巧妙地为明天做好准备，全然不知我们的前面是否还有明天。

我之所以给你回信，是因为我把你的信保留到假期。如果是在学期当中，我是不会回信的。那十几人没给你回信，或许是因为平时忙，而且觉得你的调查没有什么价值。

请将此信视为不可外传的私密信件。

你诚挚的……

看到艾略特竟然能收集那么多他感兴趣的人的有关情况，看到他如何设法了解他们的职业，如何对于他们的切身利益关心备至，不禁令人惊讶。

试以他写给时为哥伦比亚大学教授的尼古拉斯·穆勒·勃特勒博士的一封短信为例。

1894年1月13日

亲爱的勃特勒先生，近来我一直在关注哥伦比亚大学哲学系的一则公告。这是一份非常有趣而又值得称道的文件，但我从中获悉的这样一件事令我甚为关切：根据这则公告，你在哲学系承担的工作量之大，超出了任何一个谨慎的人能够企及的程度。除去公告中规定的工作以外，你兼任一家期刊的编辑，数家报纸杂志的自由撰稿人，还有许多委员会和其他的行政事务需要处理。况且，你住在纽约——一个令人疲乏的城市。你已经有了两个明显的预兆提醒你不宜过劳。鉴于你是美国教育界一位举足轻重的人物，在你面前应该还有富有成果的20年时间。恕我直言相劝，平时工作切勿过于繁重。

你诚挚的……

显然，勃特勒博士做出了没理由为他担心之类的答复，但是艾略特像往常一样，每当一个正当的理由遭到旁人轻视，他都拒绝让步。

1894年1月22日

尊敬的勃特勒先生，……我注意到你的课程被安排成两节连上，只是一周七次会议——我估计这是你的职责所系——对于尚有其他工作的你来说实在太多。如果你面对的都是些聪明好学的学生，那些研讨课会令你格外劳心伤神。再者，你讲授的专题很有难度，需要采用一种新颖灵活、引人入胜的教学方式。我坚持上封信中表达的观点，即你的工作负担过重，实在是不合情理。

你诚挚的……

两位哈佛当年学生的回忆，可以提供另外两个事例。第一例出自约翰·杰伊·查普曼先生的叙述：

> 我在哈佛的学业刚刚过半，家里没了钱，眼看就要辍学，艾略特先生不知怎的听说我处境困难，把我找过去，给我安排了一份助教工作。原来有一个年纪偏小的学生整天闲混日子(我不会说出他的姓名，因为通过此事他开始成为并至今一直是我的一位挚友)，需要别人提供一种精神鼓励式的服务，才能迫使自己学习。要知道我当时在哈佛并不是那类愿意工作的人，从没想过能够对谁进行辅导。我真的不能胜任助教工作。这种给人打气的工作倒是在我的能力范围之内，只是我不知道它在我的能力范围之内，但是艾略特博士知道我能。我在这位原先不服管教的小家伙身上创造了如此奇迹，致使他在后来的几次考试中拿到了前所未有的高分，自此我经常和他一起回忆那时取得的这些学业成就。在我提到的当初那段时间，哈佛准有一千名本科生，艾略特博士常常误将某人认作另一人，这一点人尽皆知。类似的事情足有好几百桩。在生活的各个方面，在所有跟别人的交往中，艾略特博士每天都在做这些事情。他的伟大在于他的待人之道。[1]

第二例出自 L. R. G. 柯兰登博士（H. C. 1894）的叙述：

1 "President Eliot" in *Memories and Milestones*, p.173.

我在大学三年级的时候，由于手头积蓄不足，“无法结清”第二学期的账单。我平生第一次（也是最后一次）需要借钱。我为此专门查阅了《哈佛便览》，随后请教了我们的好朋友布瑞格先生。他最后建议我明天上午10点来这里向艾略特校长请求从贷款中申请一笔借款。

第二天上午10点，我走进大学馆，敲响了艾略特校长的门，应他的要求走进办公室，干巴巴地说了声“早上好，先生”。

他说：“我能为你做点什么？”他的嗓音如此美妙动听，我们谁都不能忘记。我立刻感觉好多了，能够开口告诉他（但愿当时把意思说清楚了），我想从贷款基金中申请一笔50美元的借款。他没有向我了解家庭或家人的一些情况。他没有问我以前是否借过钱。他毫不犹豫地说：“你可以借这笔钱。”随即又在给财务总监下达的指令文件上签了名交给我。

我表达了由衷的感激，正准备离开时，他忽然说“请坐下”。接着他说了一番令我惊讶不已的话：“我听说你在自己的房间里做饭。我觉得这样做没什么不好，只要你能吃得饱吃得好。我当年上大学的时候也像你一样。你做过牛肉糕吗？只要用足够成熟并且煮到足够程度的小牛肉来做，就是你能吃到的再好不过的美味，因为绝不会有任何浪费。这道菜我一般是这样做的……”接着他告诉我如何挑选小牛肉，如何用小火慢炖，随着水汽大量蒸发，汤汁到后来凝成胶冻，然后切碎，搁在一只盘子里，再用另一只盘子将其用力压平，然后冷食。他还给我便签本和铅笔做记录，我照着做了。临了他站起身，拉着我的手说：“我们希望你毕业后手头宽裕之时，能够连本带利地偿还这笔借款。”

对于那些“勤工俭学”的学生，或是用其他任何方式显示出有助于克服困难的品质特征的学生，艾略特总是关爱有加。他细致入微地了解他们的有关情况，并且记在心里。此后 20 年里，艾略特至少向柯兰登博士提起两次那次关于“牛肉糕”的谈话。

我在艾略特的现存档案资料中发现一张散落的纸，上面显然是校长匆匆写下的一次对学生讲话的“要点”。他当时大概正在准备向大学新生进行一次令人难忘的演讲。便条上没有注明日期。不妨用它结束以引文为主的本章。我们读到它时，不难看出艾略特对自身行为准则的反思。

大学里拥有或获得哪些条件能使人日后事业成功？

1. 健康的身体。无需运动员那样结实的肌肉。血液循环和消化系统正常，睡眠良好，头脑机敏，情绪稳定。

2. 能够持续从事脑力劳动。

3. 对书籍、通行惯例及时事保持独立思考的习惯（大学训练全然不同于军事或企业训练。）

4. 养成温和谦虚、自我约束的习惯，不要接受他人的粗俗谈吐或受其影响。

5. 谨言慎行，不要广交朋友，但需有几位知己。最好不加入任何社会团体。如果谁脸上显示出那种就连随意一瞥也能看清的性格特征，没有人会对他出一个馊主意。

13
成　长

1890 年代初期哈佛大学的状况，与其 *1869* 年所处的环境相比——体育运动——三年学制问题——收获时机的成熟——艾略特的成长——他与同事的新关系——*25* 周年庆典——儿子查尔斯的去世——他被公众的接受——他的思想——题词——他存在的作用

现在哈佛的发展已经达到了什么阶段，艾略特自己的处境又有什么改变？1869 到 1890 年已经过去了 20 年，其间发生了很大的变化。只有采取对比的方法,才能比较客观公正地讲清楚这个问题。

直到 1869 年，研究生部在哈佛仍未成形，虽然艾略特曾经热切地希望创办该部，但究竟该如何着手，有一阵他也是心中无数，如今它终于开始兴旺起来。研究生部的教学以一种合理的方式同学院向本科生提供的教学相辅相成。它的影响力也开始足以与约翰·霍普金斯大学这个虽然年轻但发展迅速的对手相媲美。它开始呈现迅速发展的势头，令人信心十足。哈佛哲学博士学位的声誉名列全国第一。[1]

在法学院，任命兰德尔的决定已被证明是十分英明的。法学院已经证明自己的政策合理可行，不仅使该院教师感到满意，同时也使校监事会和法律界大多数最初持怀疑态度的人感到满意且心悦诚服。当初到底是法学院院长还是哈佛校长更加急于推进该项工作方案，从而使这个被《美国法律评论》斥为“简直是马萨诸塞的耻辱”的教学机构，转变为一所法学专业学院和一家口碑甚好的法律从业人员培训机构，我们很难做出定论。兰德尔和他的教授会稳步实施改革，艾略特几乎一次不落地主持他们的所有会议，并在校董事会和监事会上为他们据理力争，在校友会和法律界面前为他们的政策承担全部责任，保卫法学院前进时经过的每一寸阵地。法学院做出决定，要求学生用三年时间在校学习，之

1　于此过多地强调数据并不妥，读者可参阅文后附录 C。

前法学教育所需的时间和学费因而增加了50%，毕业生开始工作的年龄也相应增加了一岁。班级规模迅速缩小，学院正面临声誉和威信受损的危险。一时间，认为该院的教学方法过于偏重理论的律师恐怕不在少数。他们说法学院正在形成对学术的狂热崇拜，正在忘记法律是实践性很强的专业。当时很难回应这些质疑，因为新方案尚未经受后来连续几年实验结果的检验。但是截至1890年，那些通过案例教学法接受了三年专业教育的学生，毕业之后在专业领域的竞争中证明，他们以前接受的训练优于其他任何一种。正是从那时起,哈佛法学院理所当然地成为其他法学院的榜样，尽管供它们仿效的，是那些在哈佛早已不再新鲜的教学方法。几年之后，它们开始模仿这些方法。

法学院面对质疑和批评进行的一次试验成效非常显著。学院指定詹姆斯·巴·埃姆斯教授法律专业课，虽然此前从未做过律师，但他用行动充分证明了兰德尔和艾略特出于信任的这种安排实为明智之举。艾略特立即仿照先例，委任其他几位缺乏执业背景的人士为法学院、理学院和医学院的教师。至此，这几个学院中全职授课教师的数量有所增加。1883年，亨利·P. 鲍迪奇博士，一位从未有过行医经历的生理学家，被任命为医学院院长。没有什么比这更能清楚地证明，哈佛医学院已经成为一个传授医学的机构，而不是一个执业医师协会，以便学生廉价持有行医执照，能够出诊并临床学习医疗技术。

在劳伦斯理学院，艾略特提出的问题，即如何促使巴黎中央理工大学的教育和美国普通大学教育相互理解与尊重，至此已经解决，因为在剑桥，哈佛学院攻读文学学位的学生和理学院攻读理学学位的学生之间，已经不存在任何明显的差异。理学院实际上已经融入哈佛学院之中。那些希望学习理科课程而不是纯技术性课程的学生，大都倾向于注册进入哈佛学院。

哈佛学院大概可以说是改头换面，获得了新生。学生不再一天天地上课、背诵课文，如同他们在1869年像中小学生做的那样，而是和欧洲大学的学生一样听各种讲座。他们不再排着队背诵几门指定学科的有关内容，而是喜欢自由选择课程。只有一两个无关紧要的例外，仅仅受限于一条基本原则：在深入学习某一学科之前，学生必须先掌握其基本原理。一名二年级学生不再总是跟其他二年级学生，三年级学生也不总是和其他三年级学生一起上课。选课制度和系里的教学管理弱化了二、三、四三个年级之间原先严格的界限。二、三、四年级的学生与研究生一起上一些比较高级的课程。一些旧的规章制度已经彻底废除以致被人们遗忘。只要一名学生基本上按时到班听他注册选修的所有课程，通过所有的考试，没有明显的违纪或不轨行为，他可以在很大程度上按照自己的意愿自由支配时间。

选课制或许正处于全盛时期。各系开设的课程种类之丰富，为高级研究提供的条件之优越，几乎足以让每一个学生有机会吸收和消化他所选择的无论哪一门特殊课程的重要内容。选课制原则当前声誉很高，它正普遍运用于国内其他学院。事实上，此时选课制在高等教育领域风靡一时。

1889—1890学年，哈佛大学完成了一项重要的结构性调整。哈佛学院和理学院此前有了各自的师资队伍。在研究生部，学位授予事宜由学术委员会负责。但与此同时，哈佛学院、理学院以及研究生部的学生共享教师资源。随着学校的整体发展，原先基于1860年代各院部小规模师资的管理职能已经扩大，碰到1890年这种需经大规模群体讨论和表决的事宜，再也无法正常履行。于是，哈佛学院和理学院各自的系被取消，代之以“文理系”，研究生部变为研究生院。教学也由文理系负责，学术委员会不再履行授予学位的职能。为了减轻文理系的行政负担，哈佛学院、理学院和研究生院各设立了一个小型委员会，名为行政委员会。理学院和研究生院均设置了院长办公室。于是建立了“这样一种行政体制，从实用角度来说方便，从历史上而言合法，以哲学思想而论公正”。这是艾略特任内最后一次重要的行政体制改革，而且这一体制一直顺利地沿用至今。

艾略特热衷于“扩充课程”，单看他当时所处的环境，就能知道他的底气从何而来。

哈佛大学的各个方面都呈现出生气勃勃的发展势头。若要确信这一点，不妨查阅连续两三期年度报告的有关内容，涉及哈佛学院、神学院、法学院、医学及牙医学院、比较动物学博物馆、地质学博物馆、人种学博物馆、珀西学院、阿诺德树木园、植物园、天文台。唯一不幸的是小小的兽医学院，无可救药地陷入困境，因为没有人愿意捐赠它所需的资金。哈佛学院和研究生部均得以扩展，各自朝许多不同的方向发展，它们目前开设的课程是 1870 年的 4 倍。哈佛大学所有院系的教师总数，包括聘期较短的助教在内，达到 242 名，而在艾略特出任校长的第一年，这个数字是 70。他的政策是，充分利用手头的每一美元和所有资源。因此他在每个季度[1]面临的首要且长期的难题，都是寻求更多的资金、更多的人才和更多的设备。

19 世纪 70 年代，社会上掀起了主张女性接受高等教育的浪潮，人们频繁地做出冲破男子学院招生限制的各种努力。这些努力给学

1　指一学年的四期之一，约 12 周。——译注

校的管理机构带来了棘手且有争议的问题。艾略特曾一度提议医学院招收女生，但这一提议遭到该院教师的抵制。若非如此，他就会用自己的方法，尽可能鼓励创建独立的女子学院。创建于1879年的所谓哈佛分院，于1894年更名为拉德克里夫学院，解决了当地的这一问题，艾略特对分院给予了真诚的帮助。[1]

只有两个学季，艾略特校长才有理由感到忧心忡忡。竞技比赛正造成越来越多的麻烦。学校将允许年轻人出去从事职业比赛的年龄提得太高。

关于竞技比赛的第一个事实是，校际橄榄球、棒球和划船竞赛日益流行和刺激。起初，这些比赛是由学生自发组织，受到某位热情但经常率性而为的校友的鼓励，没有官方监督。说实话，当时还没有参赛资格的有关规则，尤其是棒球，已经有一些身份不容置疑的职业选手代表哈佛和其他学院参赛。

虽然艾略特是体育运动的坚定倡导者，他也认为竞技比赛是进行体育运动的最佳方式，但他提倡的体育运动包括田径、越野跑、帆船、骑马（包括马球）、网球和划船，没有棒球和橄榄球。这就和当时十分流行的运动划了一条界线。艾略特显然并不看重校际棒球和橄榄球比赛的输赢，这一事实充分体现出他对这两种运动项目的歧视。作为踏上人生道路的一种准备，艾略特在某个场合说，一个年轻人应该能够一天行走25英里、游泳1英里，能够骑马、扬帆航行或者划船。他一度特别擅长的划船，是当时流行的校际竞技比赛中他唯一感兴趣的项目。威特·班扬先生曾赋诗一首，祝

---

1 “[没有艾略特校长友好真诚的帮助，]不可能出现这所分院，没有他们的坚持，它的生命将很快完结……他不是这所新学院的创始人——不是创始人，但奠定了基础。”（L. B. R. Briggs, “An Experiment in Faith”; *Atlantic Monthly*, Jan., 1929.）

艾略特骑马照

贺哈佛队在一次橄榄球赛中获胜，其中最后两行完全符合当时的情形：

> 于是我们迈着酸痛的双脚前进，
> 剑桥的街上响彻我们呼喊的比分，
> 犹如回荡着咚咚的鼓声。
> 校长和院长摆足了姿势
> 站在门廊外向我们致辞，
> 我们的火炬辉映着他们的脸庞。
> 校长的话令人愉快，只是没说到一半
> 他就开始凝神打量全体划船队员。

“棒球，”艾略特 1883 年说，“只适合职业选手，因为比赛的成功主要取决于一人，即投手，他必须具有娴熟的职业技能。”[1] 在他看来，投出一只曲线球靠的只是一种低级的欺诈伎俩。在垒位上训练跑垒员，讲解动作要领，话中透出嘲讽的语气，意在烦扰对方球员，这种行为与他的高雅品位格格不入。有一次，一名棒球队员因为训练成绩欠佳而被留队查看，艾略特说，没有理由为他这样自动遭到球队惩罚而感到惋惜，因为我们承认这名球员在棒球场上要弄了欺骗手段。闻听此言，布里格斯和温德尔教授大惑不解，找到艾略特问他这样说有何依据。“为什么！”校长挺直了身子，咄咄逼人地说，“为什么！他们吹嘘他如何佯装朝一个方向掷球，其实却把球投往另一个方向！”橄榄球最有男子气概的

1 Speech to Harvard Club of San Francisco, Oct. 9, 1883. H. U. Files, Box 55.

打法，是攻击对方防线中最强的部分。[1]有一天，在哈佛和耶鲁橄榄球比赛的现场，哈佛的啦啦队唱起了一首歌，里面有一句“为哈佛欢呼三次，打败耶鲁”。艾略特指出：“为自己学校的球队打气，当然并无不妥，但何必用一首歌侮辱我们的客人呢？唱成‘为哈佛欢呼三次，为耶鲁欢呼一次’，岂不更好？”这首歌修改之后深受艾略特几个孙子孙女喜爱，他们把它唱成一首滑稽歌谣，在无数个嬉耍的时刻为他们自己和祖父带来了许多乐趣，不过他们从未将经过修改的歌词唱给学生听。

毋庸讳言，在校本科生普遍觉得艾略特并不理解他们喜爱的运动，他们还认为，他基本上不会在这方面发表什么高见。艾略特与在校生及许多往届校友围绕竞技体育运动产生的不同看法，在他们的关系中占有的分量之重超出了合理的程度。他们因而多少忽视了本应使艾略特深得人心的其他成就，并且长期保持心目中对他固有的印象——一个小学校长式的冷漠刻板的人物，但有关他的其他一切都在抵消这一印象。倘若他在研究体育竞赛规则时，能够带有更多的灵活性，更多出于由在校本科生的兴趣所激发的一种直觉，他大概会在校际体育竞赛的改革方面取得更快的进展。即便如此，主要由于他的坚持，这场改革运动多数时候是哈佛在引领。1888 年，哈佛开创了竞技运动管理体系，负责实施的是一个起初由教师，继而由教师、校友和在校本科生组成的委员会，同时开始采取一系列措施，其他学院纷纷继而效仿。一旦那些学院建立了类似的委员会，就有可能制定并实施更加合理的比赛规则，进而废除职业选手的参赛资格。

---

1 Briggs, L. B. R., in *Atlantic Monthly* (Nov., 1929), p.600.

按照艾略特的看法，一个人毕业之后步入社会的年龄，无论对国家还是对大学来说都很重要。他大学毕业时年仅 19 岁，略高于班上的平均年龄。自那时起学生的毕业年龄逐年提高，截至1890年，获得文学学士学位的学生的平均年龄达到 22 岁又 7 个月。这一年龄，相较于美国其他大学颁发学位的年龄，或许不算太晚，但晚于其他任何国家的大学生获得学位的年龄，而且这一年龄，“无论对于渴望早拿学位的个人，还是颁发学位的学校，考虑到二者的最大利益，都显得为时太晚”。[1] 同时，几所专业学院的课程已经延长——法学院延长到三年，医学院根据学生的选择延长到三年或四年（1892 年之后，医学院规定学生在校学习的时间为四年。）因此，一般人进入法律界，需到 26 岁才能单独执业，而一般的医生也得等到 26 或 27 岁才能拿到医学学位。对于那些本该进入研究生院以便日后从教的人来说，这种延迟造成的影响尤其不利，因为这一职业领域尚未普遍实施有关开始执教年龄的合适的具体标准。

在这种形势下，一定数量的学生会从哈佛转到其他学院，从而能在获得学位之前开始法律或医学的学习，或者转到一些专业学院，这类学院提供的课程短于哈佛认为必须学习的时间，或者干脆进入准备仓促的师资队伍里。

最后，年轻人不能及早开始谋生，对于职业领域和社会似乎都是一件憾事。艾略特开始在心里经常琢磨年龄问题，它的重要性渐渐超过了关乎高等教育一般政策的其他任何问题。

能够找到什么样的解决方法呢？

1　*Ann. Rep.*, 1888-89, p.21.

近20年来，他一直致力制定极为严格的职业标准。法学院和医学院的教师一致认为，优质法律或医学教育不能被压缩到不足三年或四年的时间。背离这一条主要原则，且无视他们的意见，都是不可想象的。然而教师们深感学生进入专业学院的时间太晚，已经正式要求学院采取措施促使他们尽早毕业。另一方面，艾略特关于大学的理念是，专业学习应该紧跟文科教育，但决不能取代文科教育，因为文科教育是哈佛学院本身的职责。他的方针是把所有专业学院变成真正的研究生部。这项原则也不能摈弃。[1]

第三，哈佛学院所有引导中学为学生及早进入学院做出的努力至今未能奏效。学院提高了录取标准，意在将一些不能发挥大学教学优势的课程下放到中学，中学当然因此接受了这些转移到它们肩膀上的责任。可是它们没有加快自己工作的进展。它们没有为学生在17岁时参加的哈佛入学考试做好准备，而是在学生平均年龄接近19岁时将他们送入其他学院。此外，艾略特倾向于怀疑，大多数学生是否最好在18岁之前经历从中学到大学的过渡。

艾略特最后采取的解决方案非常合理：他将调整的整个任务统统放到学院身上。只要学院能够做出调整自己的课程设置这样的实事，就无须坐等中学自身的改进，也不会妨碍专业学院实施

1　在1902年勃特勒校长的就职典礼上，艾略特说："直到最近，在任何一所美国大学的管理机构中，都找不到关于专业课和文化课之间真实关系的文字表述。如果美国所有的重点大学将艺术或理科学位作为它们专业学院必需的入学条件……学士学位的地位将得到有效支撑……所有专业的高级领域都将增加许多学生，他们不仅接受了严格的专业训练，而且具有广博的文化基础知识。"

各项计划。为了获得文学学士学位，本科生需要通过约18门课程。[1]只要学生本人愿意，学院允许他选修更多的课程。很多学生愿意多选一些课程。学生增加选修课程，有时是为了确保自己拿到足够的总学分，以防中途出现挂科的情况，有时则是为了满足自己的求知欲。由此看来，被学院视作获得文学学士学位所需的合理的工作量，或许能够压缩到三年之内。如果学生的在校期能够缩短至三年，整个大学教育过程便可节省一年。艾略特现在开始考虑将这项改革付诸实施。

1869年还没有出现竞技体育比赛的问题，当时也没有理由认为将学院课程压缩到三年是切实可取的。这些是有待讨论的新问题。20年前艾略特立志推行的多数改革或是臻于完善，或是幸运地正式启动。广义而言的美国第一所大学已经牢固地打下了基础。任何一股渺小的势力都不可能阻止它的发展。

如果说哈佛大学已经成长和改变，那么艾略特也是如此。1870年，曾有怀疑者对他做出评价："[他]充其量只是一个优秀的组织者和管理者。"到1890年，他显然已经具有洞察世事的本领，对旁人的看法比较客观，通常也很可靠。他在记忆中储存了各种资料，关于学术界的人士，关于新英格兰商界的人士，关于哈佛

1　用在此处和本书其他地方的"课程"一词意思相同，不会令那些熟悉哈佛或美国其他高校类似做法的读者费解，其他读者不妨参考莫里森先生的定义（*Development of Harvard University* 1869-1929, p. XXXII）："课程一词……意指课堂教学的一个单位，在这一教学单位之内，教师每周与学生相见两或三课时，由他本人讲授或组织背诵及讨论，布置必读内容、实验或实地考察的任务，或论文、报告之类的写作任务，或者同时开展包括上述内容的教学活动；就课堂讲授的内容及布置的学习任务定期对学生进行考试，最后给予其相应的学分……"

学生毕业之后走上社会开始接触的一些人士，容量之大鲜有人及。若以精细和完整程度而论，这些资料堪与一个职业政治家或聚会主持人收集的知识媲美。鉴于这些资料涉及的人，不单是结识之后能对自己有所启发的普通类型，从而促使艾略特对人的评价渐趋成熟，同时也拓宽了他认识世界的途径。任职20年间，他不仅仅是与某一个系部的教职员共事，而是与所有系部的教职员共事，也出席了学校管理层的所有会议，有许多特殊的机会近距离观察各种人——医务人员、律师、工程师、科学家、经济学家、历史学家、文学学者，了解他们独特的观点、愿望和专业理想。

他已经成为一个很好的倾听者——不仅因为他很有耐性，或者因为他在你讲话的时候能够坐直身子，照样思考自己的问题。R. B. 佩里教授曾就此发表过精辟的见解，认为理想的谈话应该是两个人轮番说话和聆听，轮到其中一人聆听时，他的聆听不是简单的沉默，而是一种活动的形式。艾略特正襟危坐，双手交叉放在膝上，身子纹丝不动，只是或快或慢地旋转两只拇指。面对着跟他谈话的人，他的眼睛和耳朵一样仿佛也在聆听。“他凝神倾听，一边听你说话一边用心琢磨你在说些什么。你感到荣幸，可又稍许有些吃惊。你常常恨不得先把想说的话搁在心里好好掂量一番，然后再向他诉说。如果他是威尔逊总统，他会倾听M. 泰勒·派恩和亨利·卡伯特·洛奇的意见。”交谈结束时跟他谈话的那个人会感到自己已经说出了想说的话。他可能会对自己得到的答复深感失望，但不会有“被人小瞧的感觉”。艾略特如此善于倾听，作为取悦的一种外在表现，应该是他的一大优点。

“取悦”一词常指一种出自和善本性的癖好，即喜欢对不同的人提出某一问题，以期最大程度地迎合他们各自的趣味。艾略特没有放纵这种个人癖好。他的确竭力掩盖这一癖好。结果，他如今已经赢得了坦率正直的美名。布里格斯教授曾经叙述了艾略特第一次向他颁发委任书时，如何特意说了一番话："此项任命为期一年。克罗斯韦尔先生、J. H. 惠勒先生目前都在国外，学院将优先于你聘任他们中的任何一位。"这似乎是在毫无缘由地冒犯布里格斯先生，但也排除了以后招致误解的可能。这件事很有代表性。所以，艾略特得到人们的信任——受到信任是因为坦率，不会隐瞒最糟糕的真相，不会兜圈子，在任何场合都行事果断。应当承认，他因为对即将接任另一所学院院长的某位人士说的话而备受赞赏："当上一名院长之后，他们将指控你撒谎。他们将证明你撒谎，他们已经证明我撒谎。"不过也许有人会提出疑问，这番话是否应该出自别的什么人之口，因为它听起来不像是艾略特式的幽默。当然，没有谁会在与不同程度欠缺经验的各种人打交道时，因为意外出现在自己面前的一点点误解徒生烦恼。他依然像一根雪松，总是伫立在同一个地方，不用怀疑其所在的地方。

艾略特面对反对意见时表现出的耐心堪作楷模。他可以自始至终参与一场讨论，神态自若地听着别人批评自己，仿佛批评意见涉及的，是一个像穆罕默德那样跟自己毫不相关的人。一次，某些人在学院教师会上对艾略特发起了一场激烈的抨击，会后有人发现，他当时坐过的椅子有一只把手在他的用力紧攥之下竟致破裂，但是从始至终他都没有流露自己的情绪。直到此时人们方才理解，艾略特并没有心怀怨恨，也不屑于采取任何报复手段。不妨从他个人档案的一叠文字资料中撷取一例以飨读者。巴雷特·温德尔和艾略特截然对立，无法达成一致，他们之间的分歧难以消除，因为温德尔能够像堂吉诃德一样勇敢地怀有一个渺茫的希望。"你将会明白，"艾略特对当时只担任一项临时职务的温德尔说，"你这么跟我作对，却绝对不会因此影响你的晋升。"多年之后，艾略特在敦促一个委员会对温德尔适当表达一份敬意时说，当年有人反对温德尔继续任教于哈佛，自己经常得护着他避开那些人的一次次袭击，尽管如此，他其实很不喜欢温德尔的言论和温德尔拥护的各种做法，因为他在哈佛的整个职业生涯中，尽管一向尊重温德尔的独立、真诚和坦率，但并不欣赏他的见解。我面前的这些资料显示出温德尔宽宏大量的一面，他曾在信中写道："……你的辩论方法在我看来总是那么令人钦佩，绝非我经历范围之内的其他任何方法可比。它们特别公正，达到了骑士精神的境界。由于这样的原因，它们在小人眼里显示出不可抵挡的威力，令其绝望之极。"而另一次，温德尔觉得董事会有可能拒绝再次聘任自己，因而写信给艾略特："……但愿我不需要再多说什么信誓旦旦的话语，表明我由衷地感受到本人历时 18 年的在校工作期间您对我的体贴和关心，而且，如果您认为我对学校的作用已经或即将失效，我都会愉快地接受你的决定，因为这是您基于哈佛根本利益慎重做出的决定。"这样的信件对双方都不失体面。

艾略特知道有些人可能对他比较反感，他们还有一些古怪的嗜好，他对这些一定得有足够的宽容。这不是有意否认他有一些无法克服的愚昧和弱点，甚至佯称他可以清楚地察觉自己的弱点，并且体谅自己所有的弱点，而是在暗示读者，他取得了异乎寻常的进步。已故的乔治·本德拉瑞，一位机智的那不勒斯人，曾一度担任导师，在解释为什么校长拒绝续聘他是再自然不过时，特意指出他的一个弱点："早上他朝窗外张望，总期望我站在他的门阶上拉刺耳的手风琴。"但是，如果本德拉瑞以为校长将他视为最不可思议的怪人，那他就错了，因为还有比他更怪的人。面对造型艺术表现出的吸引力，艾略特的反应能力大概无人可及，但他是美国第一位在本校开设美术教育的大学校长，诺顿刚刚发现自己负有这方面的使命时，他也看到了这一点。也许，正如某些人所说，他对惠蒂埃[1]的评价比荷马还高。自然，一首语言粗糙但富有教益的诗能令他为之陶醉，一首辞藻华丽但内容空泛的诗却让他无动于衷。他可以在听人朗读了乔叟的《讲劳斯故事的人》后嚷道："布里格斯先生，你能否列举任何一个理由，说明它为什么应该被奉为文学？这里面没有诗意。这人是个可怜的无赖！"[2]然而，如果他因此想到哈佛英语系没有一个人能够胜任乔叟这门课的教学，他心里只会平添几分烦恼。他可能会对一位赞赏罗姆尼[3]的一幅汉密尔顿夫人画像的画家说，"那个女人根本就不配有画像"[4]。他也的确对这位画家发过一些议论。但他曾极力促进波士顿美术博物馆的建立。所以，鉴赏品味迥异于他的人们，都能感到他是他们艺术作品的有益倡导者。

人们说他视钱如命，他对薪水的见解似乎很难说得上慷慨大度。[5]的确，哈佛从未有过足够的资金帮助他实现自己扩展课程的抱负。不过，虽然在工作最苦、耗时最长的情况下做出了很大的成绩，但他也发现朴素的生活，凡事因陋就简，其实都不难做到。但是当时许多人并不准备守着一份菲薄的薪水平静地渐渐老去，他对这一事实考虑不足。哈佛支付的最高薪酬并不算多，那些讲师等到中年才能领取全薪，他们或许正等着其他大学开出高于哈佛

1　J. G. 惠蒂埃（John Greenleaf Whittier，1807—1892），美国诗人，废奴主义者，作品有长诗《大雪封门》、诗集《自由的声音》等。——译注

2　Briggs, L. B. R., "As Seen by a Disciple"; *Atlantic Monthly* (Nov., 1929), p.595.

3　乔治·罗姆尼（George Romney，1734—1802），英国肖像画家，以其为汉密尔顿夫人所作多幅肖像而闻名。——译注

4　据查尔斯·S. 霍普金斯叙述。

5　这句话不应受到曲解。艾略特经常慷慨地用自己的钱救济旁人，尤其是他在哈佛的一些下属忽遭不幸时。

的价码，把他们挖到自己学校工作或是利用其学术声誉，想到这里还是令人愉快的。此外，还有其他一些事例。1914年获得诺贝尔奖的西奥多·理查兹，留下了一个发生于1900或1901年的此类挖角的记录。理查兹作为争取的对象，是当时唯一的助理教授。他向校长提出自己的申诉，艾略特面带和蔼的笑容听他说完，然后用惯常的坦率口吻说："对于每一个有关人员而言，这都是一件令人高兴的事。我一向认为，此类事件的发生，可以主要作为提高某人校内待遇的一个机会。好吧,你想要什么呢？"[1] 大学教师的薪酬等级如何确定为宜，我们对这一问题固然无需多费笔墨，然而可以肯定地说，倘若艾略特在18世纪80年代至他退休的1909年期间引导哈佛为其他大学树立一个慷慨的榜样，人们今天就没有多少理由抱怨教师工资过低。[2]

1　出自《周六俱乐部的晚期岁月》（"Later Years of the Saturday Club",）中理查兹对艾略特的回忆（p.11）。理查兹的部分要求是得到更好的学术研究机会，该事件似乎标志着艾略特开始更多理解此类意愿的一个阶段。

2　在《哈佛大学的故事》（"Story of Harvard University"）中，A. S. 皮尔先生声称（p. 199）哈佛的教授"薪酬偏低……艾略特校长大概从未因他们入不敷出的现状而深受触动。按照他苦行和敬业的精神，年轻教师应该乐于吃苦和奉献，如果令他们烦恼的是手头拮据，而不是选修自己课程的人数偏少，那实在是无关紧要的小事"。对此，艾略特温和地反驳说："我特别重视哈佛教授们入不敷出的问题，我在校长任内第一年的成就之一，便是增加全职教授的薪金，从每年2400美元，外加每年酌情而定的600美元，提高到4000美元，将助理教授的薪金从1500提高到2000美元。我在整个校长任期之内都很注意尽所有可能增加由低到高各级教职员的薪金，而且是频繁调薪，尽管在1869—1870学年开始实施调薪之后调资幅度从未过大。（1889年，全职教授的年薪为3500—4500美元，助理教授为2000—3000美元。1899年，一些全职教授的年薪又增加了500美元。）此外，1880年，董事会原则上通过面向所有哈佛教师的退休补贴制度。一俟用于退休补贴的资金筹集到位，便随即开始实施这一制度。这一退休补贴制度，是为任何一所美国大学或商业机构拟定的第一个养老金制度，但是，据我所知,其他一些大学在哈佛有条件将其付诸实施之前,已经启动了一项养老金制度。不过，尽管有这些事实，你说我一向认为教师和研究员职业需要树立无私的生活和职责观念，此话完全属实。"（查尔斯·艾略特致A. S.皮尔，1913年9月23日）

艾略特在监事会遭遇的困难仍然多于其他任何地方。即便如此，他如今在那里也不像过去那样，面临的障碍也少多了。关于监事会，一个值得注意的事实是，艾略特担任校长的40年间，从未有少于一半的成员是在他校长任职期间毕业于哈佛的。截至1904—1905学年，监事会总是有三分之二的成员是1873年前哈佛学院的毕业生。其中相当一部分人对老学院有很强的依附之情。他们为维护古典课程的各种要求，进行了顽强的抗争，经常谈到如何保持文学学士学位的题中应有之义，是作为某人像绅士般接受过正统教育的一个标志。我手头有一封由一位保守的监事在1884年写给另一位监事的信，写信人问为什么“剩余的少数学生选择了经典课程而不是其他不应选修的课程”[1]。“况且，他们为什么不保留这个传统学位呢？时间已经赋予该学位一种很好理解的意义，这一意义应该继续保持。我们的对手追求他们不配得到的东西……让他们拥有他们可能喜欢的光彩夺目的新学位，但是别让他们拥有传统学位（因为他们希望拥有），因为传统学位是一种与他们极不相称、他们不配得到的荣誉。”然而到了19世纪90年代，有着许多机会的新学院已经逐渐变成一个活生生的现实。艾略特的理想，其影响无远弗届，已经比最初的时候更容易被人理解。时间已经淘汰了一些顽固分子，剩下的死硬派认识到新生代中的大部分人更倾向于新体制。

1894年春天，适逢当选校长25周年庆典，艾略特迎来了潮水般的各种赞誉和钦慕。查尔斯·邓巴、威廉·理查森博士、C. C.

1　根据自由选课制，他们仍能选修该课程。此话出自F. E. 帕克先生的一封信，他是哈佛学院1841届的学生，1868—1879年和1880—1886年两度任监事。

兰德尔和 W. R. 赛耶在《研究生杂志》(*Graduates' Magazine*)上发表的一系列文章，以及全国报刊登载的许多短评和社论，都对这 25 年做出了高度评价。许多教授会通过决议向他发出祝贺。(尤其令艾略特感到欣慰的是，哈佛学院教授会的决议将“公正”一词用在他身上。)其他院校纷纷发来贺信。他的邮箱连续几周塞满了各种私人信函和感谢信。其中他最喜欢的，是夹在一张白纸里的一枚月桂树叶。一个校友会为此铸造了一块金牌，约瑟夫·乔特在纪念日当天的校友餐会上将其赠予艾略特。他的回忆合乎时宜，因为今昔对比十分重要，不容忽略。他说起人们在 25 年前艾略特就职典礼上的普遍感觉是如何不同于今日:“当时温度仪上的显示和 [19 世纪] 90 年代的今天一样正常。虽然如此，空气中还是透出一股明显的寒意。上了年纪的教授们尽管身披丝袍，肩头还是会感到一阵阵发凉。1800 届起历届的年长校友们，聚集在大厅里，他们的双腿也微微哆嗦着。著名、博学而可敬的演讲者们依次登台，兴致勃勃地纵论哈佛的历史，但对于从当天起开始掌握哈佛命运的这位年轻校长避而不提，也没有说一句祝贺的话。终于，随着哈佛馆射入最后几缕斜阳，大会主持人请艾略特的一位同龄人登台，此人自小认识艾略特，相信他的潜在价值，至少当时如同现在一样愿意说出自己的心里话。”[1]

艾略特一再强调，哈佛大学的转变不是他一个人的功劳，而是许多人努力的结果。乔特代表校友赠送金牌并发言之后，艾略特致答谢辞，他提到了一些人的名字——格尼、兰德尔、医学院的卡尔文·埃利斯和詹姆斯·米尔斯·皮尔斯，还有一个小小的工作班子——他们将一所信奉唯一神论的神学院变成不带教派色彩的神学

1 *Harv. Grad. Mag*. (Sept., 1894), III, p.65. 1869 年的这位“同龄人”即 1894 年的演讲者。

院，以及头六年董事会中与他共事的同人——“整个阶段中最重要的几年”。怀着不可能招致误解的真挚感情，他称此时的大部分贺词应该献给在场的所有人。这番谦逊的表白无损于他的英雄形象。乔特表达了人们的普遍看法：“他用大脑构思、用手引导、用审慎控制、用勇气推动了这一伟大的进步。”

“我并不是在贬低这个以艾略特校长为首的团体的智慧，无视其存在，”邓巴说，“如果将这些在如此有目共睹的领导下取得的成果——这些成果已经使他成为哈佛大学历史上最卓越的校长——算作他的成绩。总体构思是他的，细节在很大程度上也是他的。没有其他人的合作，不可能完成这项任务，这恰好证明他的工作是指导别人……”[1]总之，在哈佛一长串的建设者和赞助人的名单中，没有哪个位列缔造者之后的名字，能像查尔斯·威廉·艾略特的名字一样深深镌刻于这座丰碑之上。

以下是与25周年纪念日有关的三封信。

致查尔斯·艾略特·诺顿

1894年5月19日

尊敬的查尔斯，在你今天寄给我的饱含深情的贺函中，有一句话深深打动了我。你祝愿“未来岁月就像往昔岁月一样特别眷顾我”，这是一个很好的愿望，过去的这些年对我个人而言很有作用。我发现我已经更有耐心，更能理解和同情别人，性情更加温和，待人也更谦和有礼。因此我情愿认为，你的祝愿是我收到的诸多美好祝愿中最好的一个。

你诚挚的……

1 “President Eliot’s Administration,” by Charles F. Dunbar;*Harv. Grad. Mag.*, II, p.476(1894).

致威廉·詹姆斯

1894 年 5 月 20 日

尊敬的詹姆斯博士，没有谁会像你一样把我带回往昔那样遥远的时光。我知道自己当时具有的一些品质和能力，现在依然有，只是观察范围过窄，经验欠缺，很难体谅和理解别人。我认为，你和我都有基本相同的理由对过去的时光稍稍感到满意——我们都有成长的感觉，感到自己更有能力从事有益的工作。年复一年，我们发现生活的内容愈加丰富，生活的天地也愈加开阔。只要这个逐渐扩展的过程持续下去，我们便会满足。一旦突然终止，我们的满足也将终止于那一天。

感谢你把“忠实于理想”列为我的一项有用的品质。我曾经暗自认为，我过去一直在追求某些教育理想，但是那么多的优秀人士都将过去 25 年的成果描述为一块块土地，一栋栋楼房，大量的藏书、资金，以及几千名学生，有时我害怕自己将来只能以一个成功的庸才形象出现在下一代人面前。

至于下一任校长，我以为你在众多候选人中有望脱颖而出。新任校长不必像我一样事必躬亲，因为学校的管理机制在过去五年里已经有了很大改进。眼下不巧的是，我们现任的十位院长没有一位称得上年富力强，好在这一情况不会持续多久。等到十位身体健康、精力充沛的新院长上任，校长也许将沦为一个摆设，或是一位公共演说家。

你来到哈佛，以及你的教学和写作生涯，一直特别令我感到欣慰。因此，你的一番鼓励对我来说尤其显得弥足珍贵。

你诚挚的……

致爱德华·C. 汤尼

1895 年 8 月 1 日

……我不介意在贵刊上撰文说明自己的大学理想，但我更愿就此聊缀数语，俾便先生酌用。首先，大学是教师，是宝库，是真理的探索者。它应该无所不教。正如康奈尔所说：“我很想创建一所无论谁都能学习任何一种知识的学校。”作为宝库，一所大学应该有一个很大的图书馆和很多的收藏品。探索新真理的功能，和前两个功能同样重要。一所真正的大学应该向大量的专家提供必要的生活条件及其所需的所有设施。

除上述三个直接功能以外，一所大学尚需实现一些虽非直接但依然重要的目的。它应该产生一种统一的社会影响。它应该树立宗教宽容的典范，培养不同教会之间相互尊重的精神。如果一所大学招收的学生来自一个很大的区域，它对该地区的各种政治讨论和政治分歧亦能施加一种统一的影响。一所真正的大学，是为它的管理者、赞助人、政府官员、毕业生和在校生培养公益精神的场所。同样，它代表了抵制物质主义和奢侈风气的知识和精神的力量。它应该一直是个培养礼貌行为和独立思考习惯的地方。最后，大学应该永远保持最佳意义上的爱国情怀……

在这 25 年间的几乎每一个转折关头，每当遭到人们的激烈反对，艾略特已经习惯于将其视为一种刺激因素。他陡然发现大多数人站在他一边，起身发言时他面对的听众起初怀有善意而非敌意，他一时间竟然有些发窘。他说，他因而感到“不适”。然而，不适的感觉不会在和睦的气氛中持续很久，很快，他似乎明显表现出和蔼的神态，不再那样矜持，而是变得更加友善，更加乐于交谈，时时由衷地流露出接近人们的意愿。他对同事们一次次表达的美好愿望，在当时及之后的温暖气氛里，似乎萌生并激发更多的善意，这种温暖催生了更多的温暖。敏感而热忱的在校生们觉察到这种变化，让他们向校长欢呼致意，渐渐地不再是一件多难的事。他们对校长的感情里平添了几分友善，因为经过一段时间的接触，他们已经知道这是一位自己应该为之骄傲的校长。

无论怎样信誓旦旦地保证拥护、忠诚或敬慕，都不能像任何蕴含真情的话语那样带给他由衷的喜悦。敬慕、拥护、忠诚，在25周年庆典期间耳畔回荡着欢呼声之际，反而成为他的主要心事。而三年后发生的一桩悲惨事件，则需要他人发自内心的同情。

1897年，他的长子查尔斯突患脑脊髓膜炎，几天之后便离别人世。这个毫无征兆的沉重打击几乎使艾略特一蹶不振。前面提到，他与查尔斯之间亲密融洽的程度，超出长大成人的儿子与最宠爱自己的父亲之间一般存在的关系。他一直关注着查尔斯进入园林建筑这一新兴行业后迅速取得的进步，理所当然地为此感到骄傲。例如，当年他创建公共自然保护区董事会以及组织筹划波士顿城市公园系统，查尔斯及时提供的公共服务，博得了他的重视，或者毋宁说是敬重。尽管他保持了克制，尽管他投身于无休止的繁重工作，如同他每次饱受痛苦折磨时的表现一样，查尔斯的去世使他沉浸于悲伤之中。他周围的人们，与他有一定距离的人们，纷纷向他表示同情，尽管这不能因此补偿他的丧子之痛。这些有时得体、经常尴尬和无声表示的同情造成了另一种深刻的印象。他逐渐知道，虽然他从不指望从有些人那里得到友谊与爱，但其实他们在内心深处和他惺惺相惜。由于一种不容置疑的感情因素，“在那之后他变得更温柔，更善良，更平易近人”。此句经常被人引用，理应照录于此，以示对他的尊重。

以下两封信，是他分别对两封唁函的答谢。

致乔治·A. 戈登博士

1897 年 4 月 5 日

……然而，我们知道他短暂的一生是非常美好、有益而幸福的。他的家庭有如生活在一个小小的人间天堂一般，愉快地生活，愉快地见证。解释这些美好的事物，如果不依据人类道德约束的理论，将远比革除弊端还要困难。在我们目前所处的这些困境中，只有一个赖以脱身的法宝——你在关于英格索尔［“论人类之不朽”］的讲座中提出的基本主张。

在生命的最后六年中，查尔斯默默无闻地完成了他专业领域内的大量工作，其中相当一部分将有利于波士顿及郊区民众的幸福和健康。他和我在工作期间达到了高度的默契，这对我们来说都是一种莫大的幸福。

他留下来的四个年纪尚小、健康可爱的女儿，将是她们妈妈生活的希望。

谨致衷心的感谢和美好的祝愿。

你诚挚的……

致 D. C. 吉尔曼

布鲁克赖恩，1897 年 4 月 23 日

尊敬的吉尔曼，查尔斯去世时你寄来的唁函对我们全家是一个莫大的慰藉。自从他去世至今，我和夫人、我们的女儿跟她的几个孩子一直待在一起，因为让她独自待在这座她曾经和

查尔斯一起幸福生活的舒适的房子里，是一件无法想象的事。从我开始记事，知道死亡是什么以来，没有哪一次死亡——无论是发生在自己家里，还是在亲密的朋友当中——像这次一样，给我带来如此沉重的损失和灾难。

我眼下正在整理他的信件和资料，我对他在十年职业生涯中完成的工作感到十分惊奇。他的家庭生活在世人和天使面前呈现出一幅美妙的景象。但是，所有提供幸福和优质服务的源泉竟然在他 37 岁之时猝然终止！对于他身边的人而言，这次终止既是无可挽回的损失，又是终生的伤痛。

那么多各种各样的人都证实了查尔斯的影响和作用，令我们倍感欣慰。如果按照正常情况，我到死也体会不到查尔斯的影响力。他的死亡向我证明了这一点。

我们正计划前往荒山岛，希望在那里与查尔斯的家人一起度过八九月。我们全家很好，尽管心情依然沉重。尊夫人处请代为致意。

你诚挚的……

如果划分时间段有利于说明问题，我们似乎有理由说，在 1890 到 1897 年间，艾略特和他在哈佛的同事之间建立起了堪称和睦的私人关系。

相较于剑桥，外面范围更广的学术界和广大民众对他的接受显得慢一些。但只是稍慢一些。我们不妨说，他已经逐渐成为一个有影响的人物，一位优秀著述的引导者，一个公众人物，一位杰出人士，最后还是“本国的头号公民”。

如果采用这些逐级排列的称谓不是凭借想象，那就似乎同样有理由说，他在 19 世纪 90 年代初期已经成为优秀著述的引导者，

90 年代末已经稳居杰出人士的地位，新世纪到来之际，更是赢得了广泛的敬仰和倾慕。这些在附录 G 里均有明确无误的记录，其中授予他的各项公众荣誉按年代顺序依次排列。由此我们可以看出，他在开启职业生涯之时，曾相继接受三所大学授予的荣誉学位，不过这些大学显然是在向哈佛表示敬意，而不是艾略特本人。但是自 1870 到 1902 年间，再没有类似的荣誉授予他。1902 年之后，类似的荣誉授予变得频繁起来。

为了正确理解艾略特如何开始被视为一名公众舆论的引导者，我们有必要提醒自己，他到底在多大范围内一直关注哈佛以外的各种事务。他在就职演说中声称，大学校长必须密切关注时代的进步，关注本地区社会和宗教习俗的逐渐变化，他必须努力从每一次关于教育、立法和社会学的真正讨论中获益。这一明智的见解表达了他本人的意愿，大学行政管理的日常事务没有妨碍他做到这一点。他在致力哈佛重建期间认真观察美国社会的各种现状，并且对这些现状进行了反复思考。[1] 每当他产生一种坚定的信念，便将其诉诸文字。常见的情形是，他表达的这些观点公众起初并不愿意接受。不过，逐渐变得越发明显的是，他的各种见解都是互相连贯，并且建立在一种易于理解的社会哲学基础之上的。

提醒我们注意这一点的最简单的方式，或许是浏览艾略特于 1897 年再版的一册名为《美国对文明的贡献》(*American*

1 管理系的门罗教授说，加尔维斯敦（美国德克萨斯州东南部港市——译注）开始进行美国首个建立市委员会的市政管理实验后不久，艾略特在哈佛庭院拦住他，问他对此有多少了解。门罗教授答道："很少，不过照我看，此举不会成功，也不会被效仿。"艾略特答道，在他看来，加尔维斯敦实验有望成功，他大胆地认为这项实验将被全国各地效仿，他相信该实验值得仔细研究。——很容易举出许多类似的事例，和这个例子一样，表明他在多大的社会背景下观察各种现象。

Contributions to Civilization）的文集，书中收录了许多文章和演讲稿。下列一组五个标题足以显示他社会哲学的某一方面：

《被遗忘的数百万》（1890）

《一个民主国家的家庭库存》（1890）

《有钱人目前的麻烦》（1893）

《幸福的生活》（1895）

《一个共和国里的平等》（1896）

这五篇文章全都是围绕同一个主题——民主秩序的公正和基本权利。它们关注大多数人的利益，详细论述了任何人都能汲取的幸福源泉。它们表达了艾略特的信念：道德本身应该自由地得以彰显，在一个民主国家，珍贵而有用的道德遗产能够并且已经代代相传。它们表明了艾略特如何高度评价冒险而果断的人生的快乐和价值，无论人们是在重大或是较小的阶段开展行动。这组文章似乎理应以《被遗忘的数百万》作为首篇。因为该文开宗明义地指出，消除人们关于现代文明的悲观心理的一剂良药，在于"仔细研究那些显示出最普通的生活方式的社会"，继而通过例证的方式，全景式再现了荒山岛上普通社群的财政、经济、政治、社会及美学特征。该组文章似乎以《约翰·吉利：缅因州的农夫和渔民》一文作为末篇，这篇写于1899年的文章未能来得及收入《美国对文明的贡献》一书。这篇长达30页、类似于说教的文章，讲的是《被遗忘的数百万》中的一个故事，一个艾略特非常熟悉的人长年生活在荒山岛旁的一个小岛上。除了邻居，没有人了解约翰·吉利其人，但是艾略特的文章广为流传，因为它塑造了吉利这一真实的人物形象，并且使之成为最受美国人推崇的品质的象征。这些文章布局合理，观察敏锐，说理透彻，语言简洁，语气平和，风格质朴而不失庄重，应该被奉为真正的经典。它们其实也是小小的艺术作品。艾略特认为，在他所有的著述中，《约翰·吉利》是有可能对后世产生持久影响的三篇文章之一。

不妨再看一下同卷文集中另一组文章的五个标题：

《美国民主的进程》（1888）

《市政府的一项补救措施》(1891)

《美利坚合众国何以能持久的几个原因》（1894）

《美国对人类文明的五大贡献》（1896）

《国际性仲裁》（1896）

然后看一下被收入 1898 年出版的《教育改革》（*Education Reform*）一书中（总共 18 篇）的部分标题：

《何为自由教育》（1884）

《教育中的自由》（1885）

《学校课程能够缩短并充实吗？》（1888）

《学校中统一性的利弊》（1892）

《民主社会中教育的功能》（1897）

到了 19 世纪 90 年代后期，已经不能把艾略特仅仅看成是一位大学校长，一位带有几分学究气、活动范围不出其专业领域的专业人才。他可能经常谈论教育方面的一些特定问题，这些无可否认是他关注的重点；但他显然也在很大范围内关心和思考未来一代代美国人的利益，他在构想那种未来时，考虑的不是金钱或贸易，而是品质以及培养勇气、才能和品位的机会。他一贯致力发现如何为持久的幸福奠定坚实的基础，反复提出培养青年各种能力的必要性，包括做出判断，准确观察之后开始进行推理，做出合理的比较、归类和推论，清晰地表达决策或结论的各种结果。所有这些都是在我们听说“动机”和“行为主义”之前，但是，艾略特显然并不畏惧推理在我们生活中发挥的重要作用。在观察和辨析的能力得到培养之前，推理的技巧并无多少作用。他不断要求人们利用五种官能的每一种，培养自己享受物质世界生活的技巧。尤其重要的是，他希望他们在尽量利用自己的社会本能培育一种虔敬意识的过程中，能够发现持久的幸福。

此时，艾略特已经因擅长题词而著称于世。这一事实在此值得注意，因为题词创作对作者的行文风格并无多少要求。许多要价低廉的撰写者掌握了必要的文字技巧，但是我们并不相信，他们能够准确认识即将受到尊崇的人物或事件本身具有哪些高贵而不朽的品质。我们也不相信，他们能够抽去这些品质的精髓，使其不会在偏见、常规和感伤情绪的遮蔽下渐渐不为人知。撰写过许多题词的作者，一定具有维持奥林匹克秩序所需的洞察力和判断力。

如果有人问，人们何以知道艾略特有撰写绝妙题词的本领；答案是，他在学位授予日为每一位由他本人授予荣誉学位的人亲拟的一段含意隽永的致辞，这些优雅、简洁而精确的话语全都非常贴切。[1]这些为数甚多的致辞一旦汇集成册，其特征立时显现。它们使人确信，面对眼前这位正在等着自己庄重而公正地授予其学位的人，艾略特试图用发自内心的语言表达此人值得敬重的品质。这一严谨的特点使题词本身显得既真诚又耐人寻味。例如，艾略特授予来自三个国家的大使荣誉学位时的题词。尽管是在不同的年份授予学位，但这些题词应该排列在一起。

朱利安·庞斯福特：首位普雷斯顿的庞斯福特男爵，英国

1 截至1896年，哈佛在授予学位时一直用拉丁语，并且在学位授予日之后公布英译文。

大使，英国杰出的代表，美国承袭了该国最好的血统、最有用的思维习惯，以及民众自由和公平的理想。（1900）

西奥多·冯·霍勒本：来自年轻且富有活力的德意志帝国的大使，代表一个古老的民族，其种族和制度与我们紧密相连——该民族众多的学者和大学在最近一百年来为知识界树立了榜样，提供了灵感。（1901）

吉恩·朱尔斯·朱赛朗：拥护共和政体、从年轻时任职至今的职业外交官，杰出的作家，常选择英国社会和文学史为其写作题材，驻华盛顿的法国大使，美国人民乐意向他并通过他，表达自己对智慧的法国人民的感激，无论他们是在君主、帝国还是在共和制度之下。（1907）

同样，他慎重地列举了向四位献身公共事业的美国人授予荣誉的理由，表明了他自由独特的见解：

西奥多·罗斯福：美国总统，从年轻时开始便是这个社会学界中的一员，如今正值盛年，是一位意志坚定、名副其实的绅士，一个民主国家的情操高尚的公仆。（1904）

亨利·卡伯特·洛奇：散文家，传记作家，法学家，37岁时成为国会议员，迄今已任马萨诸塞州联邦参议员达11年之久，献身于公共事业的长期远景依然对他很有吸引力。（1904）

（艾略特本来不建议向洛克授予荣誉学位，但管理委员会的其他成员投票通过了这一提议。这则题词的最后几个词带有“将来更加努力”的明显暗示。）

威廉·霍华德·塔夫脱[1]:法学教师，法官，菲律宾总督，陆军部部长，在履行这些伟大的职责期间始终目光敏锐，坚定，无私，公正，富有爱国情怀。(1905)

伊莱休·鲁特：律师，检察官，政治家，曾任陆军部长4年半，现已任国务卿2年，一位外交家，代表的不是一个朝代，或者一届内阁，而是一国的人民，是国家之间诚信和善意的使者。(1907)

有时碰到某人只有一事可提的情况，艾略特不会有意补充一些溢美之词：

约翰·考德曼·罗普斯：拿破仑传记的作者，滑铁卢事件的记录者，一位称职的军事史学家兼评论家。(1897)

但是当他说出“称职”一词时，台下听众忽然间断定，真正称职的史学家实属罕见，罗普斯则是他们其中之一。

艾略特至少在19世纪70年代就开始应邀撰写题词，而且写了不少，及至丹尼尔·伯纳姆后来邀请他为1893年芝加哥世界博览会水闸门上[2]的所有铭牌撰写题词。这些题词的原文参见附录E。读者查阅这些题词之前，不妨想一想任何人在构思一则题词时会遇到何等复杂的问题。他会碰到拼图一般复杂的问题。按照建筑师对纪念门的设计，一则题词预留给撰写者的行距通常是一英寸(2.54

1 威廉·霍华德·塔夫脱(William Howard Taft, 1857—1830)，美国第27任总统(1909—1913)，后任耶鲁大学教授，联邦最高法院首席法官(1921—1930)。——译注

2 这届世博会在芝加哥市郊密歇根湖畔举行，故有水闸。——译注

厘米）。既然行距有限，字母就必须清晰醒目，因此词的数量事先就得大致确定。此外，这些词必须能排列成题词本身所需的长行或短行。符合这些外形限制的苛刻要求之后，还得研究或探索题词的主题，如此撰写者才能正确理解纪念牌的意义。艾略特应邀为亚历山大·贝尔当年发明电话的位于塞勒姆市的桑德斯住宅撰写题词时，需要了解的不仅有贝尔发明电话的历史，还有贝尔与桑德斯住宅以及他家人的关系。他利用闲暇专心研究主题。后来他逐渐发现，当时依然健在的贝尔，特别喜欢找碴挑刺，必须设法得到他的首肯。艾略特在五年里陆续做了多次修改，撰写这则题词的工作才算最终告竣。

历史性题词中最常见的弊病——夸大其词，含有过多的感情色彩，不能挖掘并侧重于体现一种永远耐人寻味的本质特征。按照艾略特在这方面的理论，题词本身应该是一种严格意义上的特定表达，可能对一百年后人类的思想和心灵产生如同今天一样的吸引力。俾使其蕴含的一种意义，能够传诸后世，使后世因此或产生兴趣，或感到愉悦，或引起心灵的共鸣。读者可参阅附录 E 中艾略特运用其理论的两个实例，分别是他为内战中第一黑人军团的罗伯特·古尔德·肖上校撰写的题词，以及他为波士顿撤离纪念碑[1]撰写的题词。

谈到题词，已经偏离了（虽然没有转向一个毫不相干的主题）我们眼下关注的主题——性格，广大公众已经认识到的艾略特特有的性格。这方面仍然值得一提的，大概应该与其他一切联系起来，

1 负责竖立肖上校纪念碑的委员会本想修改艾略特的题词，将其中第三行的“遭到鄙视的”换成“黑人”一词，将第二节起首的“黑”换成“有色”。幸好艾略特没有迁就他们的意愿。

同时比其他一切重要。当我们听说一个人的名字——当然是指与我们同时代的人——我们想到的不是此人是谁这类干巴巴的原则问题，相反，我们想起或者想象的是某个实际存在的人身上体现出的一种鲜明个性，能够被人看见和听到，按照其自身的方式和程度，或多或少地引起人们的注意。现如今，艾略特幸运地在同时代人中显示了自己的鲜明形象。

这种形象，比方说，酷似某一种人，总是站在同一个讲台上，用同一种令人难忘的独特腔调和姿态讲话。他的外貌特征开始为人所熟知。凡是亲眼见到他本人的人，都不会忘记他那带有醒目瘢痕的面容，以及那副威严的仪表。更多的公众则是通过报道或图片得知他的长相。在他们看来，他无一例外地对外显露的左侧脸庞，确立了几乎如同定格在两分邮票上的华盛顿左侧脸颊一样永恒的视觉形象。他的嗓音，根据 C. T. 科普兰的描述，犹如发自经陈年波特酒滋润的心田，流露出比他的外表显示出的更多的感情，无论置身于何种场合，面对什么样的听众，声腔调门都能把握得恰到好处。无论是在小型会议上，还是在一个大厅里，艾略特的听众总会感到台上侃侃而谈的他，仿佛是在直接和自己交谈，这拉近了他与听众的距离。他的论证方式和说话方式十分协调。没有手势，没有借助任何一种演说技巧，反而有利于事实的阐述。艾略特在演讲中会以独出心裁的方式展开推理，试图用逻辑将人们置于困境。表达自己坚信的观点的能力，较之一番无懈可击的严密推论，更能有效对付人类偏见的冷酷壁垒。他的讲演通常像是一番低调陈述，表达得十分巧妙，仿佛是在逐个列举众多贴切的事实，而且时常暗示，仿佛带着几分勉强，他正在竭力抑制内心强烈的感情。

的确，艾略特的仪表风度造成的实际效果，是他与其他人关系中的一个重要因素，在晚年更是如此。这一点很难正确认识。如果对他本人缺乏了解，理解这一点的最佳方式是想到其他某个人——无论在哪种场合都坐在桌首的马基高（Macgregor）。这样一个人，当他参加某次社交聚会时，能够巧妙地改变屋里的气氛和每个人的话题，他的声音似乎有一种力量，依照他并未言明的意愿，控制在场的一两个人或是所有人的注意力。此人登上公共演讲台后，未及开口说话，台下的观众便开始凝神倾听。众所周知，有些人在法庭上或集会上以某种不可思议的方式让听众感受到他们内心的坚定信念，或是受到其热情的感染，这其中他们的仪表风度帮了大忙。但是关于这些人我们发现，阅读他们的文字，对于那些没有深受他们个人魅力感染的人，不会产生类似的效果。爱默生曾经这样说到钱宁："他从来不可能被人提到，他的眼神和声音不能被人牢记，他的讲道因为没有了这些而大打折扣。"乔治·华盛顿对他同时代人而言是巍然矗立的精神支柱，对后世却令人费解地毫无鼓舞作用，他在世时的影响，一定有一部分来自他当时拥有的精神力量。我们尝试着用力量、能量和经久难忘之类的词语，形容偶尔特别显著的个人影响的表现，只是这些词语全都苍白无力。诚如 J. J. 查普曼先生所言，这正是成就一位英雄的部分因素，而且，他补充道，是一种快乐的感觉。艾略特不知道别人所说的他的勇气是什么，但是别人听到他说话，就会平添几分勇气。艾略特能使别人自然摒弃浅薄的见解，树立坚定的信念。他自身的性格全力驱使他毫不犹豫地采取行动，别人的种种疑虑和犹豫在他面前会暂时消除。他有多余的精力——不是没有耐心，似乎对最后的结果过于自信，因此并不怎么计较时间。他的平静中因而透出几分威严，激励着人们对未来提出更高的要求，如同索取自身的权利一般。

为了不使那些从未见过艾略特的读者以为，这些只是一个毫无鉴别能力的崇拜者的凭空想象，现列举若干证据。不妨听听别人对他的议论：

听到他开始发言，在场的某个人暗自说道："这准是一位伟人的声音。"[1]

"这个令人敬畏的人物……我当时觉得，现在依然认为，我从来不曾见识过哪个比他更伟大的人。"[2]

"关于艾略特的一切都是极其重要的，他美妙低沉的嗓音，他和蔼的微笑，带着自信和沉着的惯常的微笑，令人难以忘怀。和他谈话时，你的心头仿佛漾起一股暖流……当你想到艾略特在波士顿的地位时，便会随之产生这样的一般印象——荣耀的光环似乎总是笼罩着他。他因被人们普遍尊奉为圣而不堪其扰。他确实是同时代人中的佼佼者。"[3]

"有一次我听林肯的演讲，坐的位置离他很近，用鱼竿就能碰到他，但它在我记忆里生动清晰的程度，尚不及艾略特和温德尔·菲利普就允许女性进入哈佛大学的问题开展的那场辩论。菲利普永远不会处在最佳状态，除非情绪被真正调动起来，就像当时那样。他讲完后我认为他被对手驳倒的可能性大概微乎其微。但我离开大厅时却觉得，我的偶像温德尔·菲利普连一分也没捞到，我相信在场的听众普遍都是这种印象，当然，情绪热烈的拥有选举权的团体除外。艾略特堪称绝妙的克制态度，没有手势或情绪的流露，仿佛只是在明确无误地逐一陈述有关事实。我当即对此人产生了一种浓厚的兴趣，这兴趣至今从未

---

1 Davis, Allen, in *The Public Speaking Review* for October, 1911.

2 Briggs, L. B. R., "As Seen by a Disciple"; in *Atlantic Monthly*, Nov., 1929.

3 Chapman, J. J., "President Eliot," in *Memories and Milestones*, p.185.

消减半分。”[1]

或者试着想象他在菲利普斯埃克塞特学院建校百年庆典上的情景，他在本·勃特勒州长之后发言。此后再过六天，众所周知，便是哈佛大学毕业典礼，届时勃特勒也将出席，哈佛可能不会授予他法学荣誉博士学位，而此前每一位马萨诸塞州长都曾获此殊荣。勃特勒也不是等闲之辈，他的风度气质能够感染整个法庭，无论置身怎样的场合，都会让人感受到他的存在。他报复心强，生性好斗，于是人们预计艾略特既然知道一周后哈佛将当众让他难堪，这次必将尽量避免与他直接照面。然而，勃特勒在埃克塞特学院校庆典礼上致辞，对机器时代大加赞美，接着又告诉全场听众，他们肯定情愿建造布鲁克林大桥，也不愿成为当代最伟大的诗人，言毕艾略特随即起身问道："是什么驱使蒸汽机运转？不是工程师，而是赋予万物生命的太阳，在它千百年的作用下，才有了锅炉中熊熊燃烧的煤炭。你们在座各位应该学习的究竟是什么？你们应该学习的东西将永远超越所有文学和所有科学，尽管科学可能变得威力无比。你们应该学习蕴藏于人类不朽的天性与情感中的基本能力；你们应该认识到，超越一切物质的是人——能够思考、充满激情和情感的人，富于才智和信仰宗教的人。富于知识的人们的能力之源正在于此，他们已经净化并强化了自己的思想和灵魂。相信我的话，宇宙中最有力量的不是机械或物质，而是希望、恐惧和爱。”[2] 这席话当时给人们留下了刻骨铭心的印象。

1　由约翰·布鲁克斯陈述。

2　参见艾略特校长的致辞：*Exercises at the Centennial Celebration of the Founding of Phillips Exeter Academy*, June 20 and 21, 1882(Exeter, N. H., 1884), pp. 64-65。

读者或者可以设想本人出席毕业典礼日校友聚餐会——1898年的夏天，正是美西战争期间。校友会主席查理·弗朗西斯·亚当斯先生在发言中声称，约计每月4千万美元的庞大军费开支，足以建设365所哈佛这样的大学，如果艾略特校长能深入阐述这一话题，他将非常高兴。艾略特答道："我无法确定，我是否能够按照亚当斯主席提出的思路说下去。的确，哈佛大学的紧急流动资金不超过两艘战舰的开销，但是我们能估算这些战舰可以为我们赢得什么吗？是查尔斯·萨姆纳[1]——他此时正从这个大厅另一侧的墙上俯视着我们——第一次做出此类比较，并且于1845年提出了这个刚刚被亚当斯主席采用的观点。但是16年后，我们开始了那场事关国家安危的殊死战争，亚当斯主席刚才已经对此做了生动的描述。1861年，拿我来说，就已认定查尔斯·萨姆纳的观点是极其有害的。最近10周以来，我一直在跟我们的学生谈论他们参与这次战争的事情。1861年，作为本校的一名助理教授，我跟许多参与内战的朋友和同事一起聊过战争问题。我想证明，尽管从起源和动机上看，这两种战争很难相提并论，但是如今激励着哈佛学子的这种精神依然如当年一样。受过良好教育的爱国青年并没有思考过，究竟是什么原因使自己的国家走向战争。就算他考虑过这个问题，也找不出答案。当我们回顾以前我们的国家卷入的两场战争时，难道不是已经清楚地看出，所有参战者根本无法想象战争会把他们引向何方？我认为我们卷入的战争皆是如此，独立战争当然也是如此。美墨战争实际产生的结果与其推动者的初衷几乎完全相反。当然，在目前的形势下，哈佛学子面临这样一个严肃的问题——'我们应

1　查尔斯·萨姆纳（Charles Sumner，1811—1874），美国参议员，曾任美国参议院外交委员会主席，坚决反对奴隶制。——译注

当应征入伍报效国家吗？’没有一个人，无论年长的还是年轻的，知道这场战争会即刻带给人们怎样的困难与危险。我们的学生仅仅出于一些最简单的原因纷纷奔赴前线。有的人说：‘政府需要20万人当兵。我是一个男人，我自愿去。’这已经成为一种普遍的心态。其他人参军入伍，则是出于各种不同的动机——一种通常的责任感；酷爱冒险；渴望见到新事物，渴望获得新的体验；渴望在新的艰难和危险的环境下考验自己，急于见识一个人是否能冷静地面对即将到来的死亡。更有一些人，他们应征入伍，甚至为国捐躯，并没有经过多少思考——仅仅是为了爱，恰似一位求爱者将一枝玫瑰扔在他心爱的姑娘脚旁。然而，尽管战争有时可能——在罕见的情况下——为文明做出比大学更多的贡献，大学必须在经历和平与战争的同时持续发展。哈佛大学已经经历了我们的人民在这个大陆参与的所有战争，而且在所有战争中挣得了一份殊勋。有时战争离哈佛很近——近在校门旁。我不知道活在世上的人中，是否有谁能向哈佛发表关于真正的爱国精神的一番高论。”[1] 那天下午在纪念厅出席毕业典礼的人们还记得这番话，都认为这是他们听过的最感人的演讲。形成他们这种印象的，不仅是演讲者巧妙得体的措辞。

虽有个人攀比之嫌，我们还是要回想毕业典礼日当天的桑德斯剧院的舞台，当时围坐着半圈学术权威和哈佛邀请的嘉宾——有些人披着色彩鲜艳的长袍，有些人身穿制服——前面是一小块空着的场地，荣誉学位的接受者在会场观众的注视下，依次来到这里，由校长向他们逐一发表简单的致辞。在艾略特担任校长的40年间，各种各样的人，面带羞涩的学者和仪表堂堂的公众人物，都曾先

1 *Harv. Grad. Mag.*, VII, pp.52-53 (1898).

后出现在那个位置上。提到克利夫兰、罗斯福和塔夫脱，人们心中立即就会出现气度不凡或是富有活力的人物形象；可是当艾略特向他们致辞时，他的气质风度似乎征服了全场听众。

最后，不妨参阅罗洛·瓦尔特·布朗先生援引的两段实录。它们揭示了艾略特的独特气质，我们此前一直试图比各种对他公众形象的描述更加真实而生动地表现出的，大概正是这种气质：

> ……他走路时那副腰板挺直、优雅从容的姿态，只需稍稍一瞥，便能看出此人绝非寻常之辈。我愿意付出我在剑桥花费的所有钱，单单为了看着艾略特校长走出昆西街上那座小小的红砖房。他在清晨的阳光下左顾右盼，脸上像孩子似的露出无比敬畏的神态，走向大学馆。正在拾烟蒂的那个黑人孩子跟他打招呼，他用略带顽皮却不失慈爱与尊严的口吻回礼，挺直腰板拾级而上，随后消失在这座建筑里……
>
> “我当时读二年级，”一位男士在毕业于哈佛学院20年之后说，“对于什么是恰当得体，我完全从一名二年级学生的角度来理解。无论谁给我多少钱，我都不会让人瞧见我腋下夹着一袋食物走过哈佛广场。那年夏假很长，我碰巧待在剑桥。有一天天气特别炎热，就要吃午餐的时候，我经过原先位于广场上的大型食品杂货站。我听到一个熟悉的声音，不禁抬眼望去。只见艾略特校长走出店门，胳膊下还夹着一只大西瓜。他朝昆西街的方向走去。我隔着一段距离尾随其后。直到离家还有一半路时，他把西瓜放靠在一棵榆树的根部，掏出手帕擦擦额头和脸颊。不过他没歇多久，显然他家里有人要吃这只西瓜。于是他又把西瓜抱到胸前，继续朝那栋房子走去。哈佛学院教给我的任何知识，都不及艾略特这段五分钟个人生活经历的一半。

因为他打消了我心里所有荒谬的想法——真是受益无穷！”[1]

于是，布朗先生补充说，人们开始用艾略特来衡量自己在日常生活中的举止是否得当。

1 Brown, Rollo Walter, *Lonely Americas*, pp.37-39. 经布朗先生同意，引文第一部分仅指涉所提及的当事人。

14

最后的任职岁月

1897—1909 年间论述不同问题的书信——重提三年制学位的问题——亨利亲王的来访——哈佛学院教学委员会的报告——劳资问题和法尼尔大厅会议——南方的黑人问题——辞去校长职务

H. P. 沃尔考特博士曾经报道过一次值得人们深思的谈话。它发生于一个男士餐饮俱乐部的一次会议期间，大约是在 19 世纪 90 年代。当时与会者正在议论美国总统内阁有些职务空缺需要填补，艾略特出人意料地声称，内阁有一个职务他倒是愿意出任。原来他说的是邮政管理局局长[1]。邓巴在餐后说道："这确实很适合艾略特。邮政管理局长需要处理繁难琐细的行政工作。它很重要，通常又不好做。艾略特会喜欢对付这种难题。"邓巴说得很对，只是有人可能会猜测，这一职务自有其他一些诱惑力。邮政事业与教育不无联系。它通常是政治赞助的得力工具，而艾略特又力主改革公共服务事业。在 19 世纪 90 年代乃至下一个十年期间，一个恪守他那些原则的人大概难有作为，纵然他能得到一位总统的倾力支持。但若设想他在克利夫兰或罗斯福内阁任邮政管理局长将会怎样，倒是一件有趣的事情。他大概会把大量精力和才智用于各项激进的改革。他与赞助商们的冲突有可能让人大开眼界。无论这种冲突怎样结束，都将引发一些充满政治意义的问题。

这次谈话还揭示了另一个问题：艾略特已经为哈佛大学做出重大贡献，他此时转而投身某项新的公共事业领域，是否能够创造出更加有益于同时代人的业绩。如果硬要这样提出问题，那就不可能找到答案，甚至可以不予考虑。然而，如果问题的提出并不意味着将哈佛大学与艾略特晚年的人生截然分开，回答它便无须仅凭猜测，因为事实本身似乎已经提供了某种答案。从 19 世纪 90 年代开始——硬要确定具体的日期实属荒唐——他确实更加关注哈

1 美国邮政管理局局长旧时是内阁成员。——译注

佛以外的许多事情。

的确，艾略特的活动似乎正在逐渐偏离哈佛这个中心，开始依托更广泛的基础。

这部传记的写作因而进入一个新的阶段。书中仍将频频提及哈佛，但是艾略特作为本书审视的对象，应当越发显得超脱，越发置身于哈佛的事务之外。迅速进入那些尚未考察的领域——这正是他哈佛校长任内头 25 年的工作重点——不再迫使我们感到它的总体趋势。我们一直注意观察的这个人物已经取得了一种显赫的地位，这种地位逐渐趋于稳定。与此同时，他的个人形象似乎日益高大而威严。

凑巧的是，适用于刻画一个处于显赫地位的权势人物的传记材料本身都已齐备。1869 年以来的主要资料来源于年度报告、董事会的各项表决结果、各类文稿，以及发言和报告。从 19 世纪 90 年代末期以来，存档的口授信函数量激增，亦有许多由其他人记录的逸闻与观感。因此，本书将采用许多涉及各种主题、彼此并无关联的事件与信函。读者也将理解，作者摘录的信函自此将成为本书的主体，之所以选择这些信函，并不是因为它们有助于提高艾略特的声望，或是表明他曾经招致误解，或是倾向于为某个争论已久的问题做出定论，而仅仅因为它们全是例证。

不会有谁反对我将艾略特在1897年写的一封信首先选录如下。此信写于查尔斯·艾略特去世三个月后，收信人是查尔斯年仅 7 岁的长女。

致孙女

1897 年 6 月 19 日

亲爱的鲁丝，昨天早晨 6 点到 7 点 50 分，我和你祖母骑自行车沿着你上学的路线到植物园，然后一路返回。这是一个美丽的夏日，晴朗，温暖，不时从北面吹来一阵阵微风。今天，我们已经在寂静而晴朗的早晨绕着清水塘骑了一圈。我们能够到这些好玩的地方，能够看见绿树、青草、灌木，深蓝色的湖水，淡蓝色的天空，听见鸟儿歌唱，难道不是很快乐吗？你当然应该高兴啰，因为我们不必坐在城市的大街上，那里到处都是房子和人行道。

6月20日，星期日。昨天下午4点45分，我和你祖母带着水罐和晚餐篮，开着车前往里维尔海滨。我们找到了一条路，比以往走过的任何一条路都更加令人心情舒畅。一小时又一刻后我们到达目的地。那里正在进行大规模的整修，但是今年夏天还不能为游客提供很好的度假环境。我们驱车驶过整条海滨路，接着在路北端吃晚餐。大海寂静无声，空气中散发着清香，然后我们顺着来时的路驱车回家，沿途遇到很多自行车。8点半到家时，弗朗西斯和多萝西娅·福特正跟哈利［福特］一起坐在门廊上。他们将在这里待到毕业日之后。请将附在信里的这张支票交给妈妈。今天早晨这里雨下得很大，不过我们下午大概又要开车外出了。佩吉还好。就像丹说的那样，她的脚跛了。

爱你的祖父

致H. H. 班克罗夫特夫人

1898年1月17日

尊敬的夫人，我说我们大多数的儿童故事都有一种不良倾向，罗宾汉的故事再清楚不过地解释了这话到底是什么意思。它把一个粗野的窃贼和强盗塑造成一个品质高尚的人物，过着丰富多彩、快乐无忧的生活，让这样的形象走进儿童幼稚的心灵。我记得自己小时候接触到的罗宾汉基本上是一个正面人物，虽然身上有少量恶习。

然而，虽说我觉得自己已经看出向每一代儿童提供的文学读物，通常会对他们造成怎样的危害，但我得承认我并不打算提出什么补救措施。为儿童创作好书，本身需要相当的才华，至少应当像创作广大儿童目前接触的读物一样，虽说这些神话传说、名人生平和音韵铿锵的歌谣在一定程度上误导了他们。

我倾向于认为，儿童一旦达到需要认识邪恶与错误行径的年龄，就应当让他们熟悉现实而不是想象中的此类行径。如果我们凭借现代科学的有利地位回顾前面几辈人的信仰，不是可以清楚看出，由于他们相信恶魔鬼怪、地狱之火、恶毒眼光[1]之类纯属想象的罪恶，致使人类的幸福严重受损？人类的想象，尤其是天资卓绝之辈的想象，大多用于各种各样的罪恶与恐怖。我们的孩子应当尽量了解现实中的罪恶，我们应当尽可能地不让他们接触那些纯属想象的罪恶。

你诚挚的……

以下是戴西写给他夫人的一封信的片断，有助于我们感受艾略特其乐融融的家庭气氛：

A. V. 戴西致戴西夫人

1898 年 10 月 19 日

……我们全部准备今天下午动身。我心里很不好受，因为

1　据迷信说法，此种眼光可使人倒霉或遭受伤害。——译注

跟艾略特夫妇待在一起，我感到舒适而幸福……我觉得我还没有恰当表达出轻松惬意而又忙碌的生活给我带来的愉悦。其中一件事……是你对家庭生活的强烈感受。艾略特总是喜欢让孙子孙女外甥侄女等等待在自己身边。他跟我很自然地聊起他早逝的儿子。他常常向客人讲述自己小孙女的一件件趣事，艾略特夫人告诉我说，他们生活中的一大乐事，是艾略特与他已故儿子的遗孀之间的关爱和亲情。[1]

美国各院校之间抢挖对方的教授时，不会总像艾略特和吉尔曼那样好言相商，互相尊重：

致 D. C. 吉尔曼

1899 年 2 月 6 日

尊敬的吉尔曼，除了这封信，我准备同时致函明顿·沃伦教授，邀请他担任哈佛大学的拉丁文教授，起始年薪为 4000 美元。我及时向你透露我的这一意向，以便你及早采取你认为约翰·霍普金斯大学在类似情况下出于自身利益需要采取的任何措施。我们的董事会聘请沃伦教授，是因为他们觉得他是充实我校拉丁语系师资的最佳人选。我不知道在目前的形势下，既然已经有其他学校向沃伦教授提供理想的职务，约翰·霍普金斯大学是否还有意挽留他继续工作。过去 25 年间，出于节省经费的考虑，我知道自己多少次情愿用一名助理教授取代一位教授。无论如何，你从哈佛董事会的这项决定中能够看出的，是

1 Rait, R,S., *Memorials off Albert Dicey* (London,1925), pp.152-153.

他们对你多年前选择沃伦教授作为贵校教师时表现出的识人之明的由衷钦佩……

致塞缪尔·L. 帕里希先生

1899年11月17日

你费心寄来的11月3号《论坛》的一份剪报已阅。我同意你的观点。第一，我们不能离开菲律宾；第二，我们不能期待菲律宾人建立一个民主政府；第三，我们不能在结束目前的战事时，给菲律宾人留下我们畏惧他们的印象。我跟你在这三点上看法相同。在我看来，我国高层和低层人士一年来热衷谈论的无条件投降、屈服和征服等，全都绝对错误，愚蠢透顶。此类说法正是那种我们永远不应容许自己嘴里说出的谬论。麦金莱总统[1]首先提出，并且依然坚持这类言论；正因如此，他将作为一个心胸狭隘的平庸人士被载入史册。

一个文明国家应该如何怎样采用明智的手段对付一个野蛮民族，我们面前自有许多优秀的范例。英国过去40年的整个殖民政策仅仅宣扬了一个道理，一个明确无误的道理——“允许野蛮民族的政府继续存在，尽你的最大能力跟他们打交道；尽可能少使用武力，并将其规模压缩到最低限度；保护野蛮民族的政府，并向其提供咨询，坚持稳步推行实际而非过于冒进的各项行政改革。”作为该政策成效甚佳的一个例证，不妨看一下人口略多于菲律宾群岛的海峡殖民地[2]，如何在若干名仅有少量

1 麦金莱（William Mckinley，1843—1901），美国第25任总统，于任上修订关税，提高税率，发动美西战争（1898）。——译注

2 英国过去在马六甲海峡沿岸的殖民地，包括新加坡、槟榔屿、马六甲和附近小岛。——译注

水兵护卫的军官的帮助下保持和平，同时逐渐走向文明。我应该批评的不只是麦金莱总统推行的国内政策，如果这确实属于本人的职责范围——过去一年的军事政策同样糟糕。武装部队突然占领地区之后几乎立即撤出，我不知道他还能想出什么比这更糟糕的政策。英国经历的不少情形都证明这项政策存在弊端，尤其是它在[19世纪]80年代对苏丹的占领。不过英国已经吸取了教训，眼下牢牢控制了它占领的所有殖民地。

我没有在公开场合说过这些事，因为我个人觉得，虽然我们非常不幸地由那些人处理东方事务，还是不宜削弱他们的权威。我们必须支持他们提出的各项措施，尽管这些措施显然十分愚蠢和荒谬。根本的问题是，目前没有办法改变我们的政府，或者改变现政府的思想。安德鲁·克拉克爵士[1]曾经称职而成功地当了两年海峡殖民地的总督——他日前在华盛顿访问，但是那里没有人愿意倾听他不得不说的真心话。这话是安德鲁爵士亲口告诉我的，否则我肯定会觉得不可思议。这正应了本杰明·富兰克林所说的一句老话："经验是一所宝贵的学校，但傻瓜却从中一无所得。"

你诚挚的……

在这方面我们也许应该注意到，艾略特虽然信奉自由主义，坚信明智的做法是让人民通过逐渐自主独立的实践知晓事理，但在征服国对落后民族负有的义务方面，并不持有一种极端"开明"的观点。这种认识上的前后矛盾，大概在一定程度上源于他对高

1　安德鲁·克拉克爵士（Sir Andrew Clark, 1824—1902），英国工程师、政治家和行政官员，在海峡殖民地总督任上签订了干涉马来半岛半岛各邦的《邦咯条约》。——译注

效行政管理的一种本能的尊重。因此，他对格莱斯顿[1]处理非洲及埃及事务的表现颇有微词，并且在1895年（3月30日）从埃及致信布莱斯，表示拥护英国公开宣称自己愿意继续留在埃及。“过去14年，一些英格兰人和苏格兰人在埃及的金融界、司法界和水利工程建设中取得了显著的成绩，尤其是在遭到法国竭力抵制和得不到国内有效支持的情况下。他们面临越来越多的困难，因为英国从未明确声称——我们将继续留在埃及。此外，受过教育的埃及年轻人的处境——不论种族或宗教——由于同样无法确定英国的控制能否持久而日益艰难。他们需要开创自己的事业。他们是否应该将自己所有的一切寄托于英国影响的延续？这对成长中的一代的许多人来说，是一个严酷的问题。如果有许多人竭力同时讨好双方，那可真是奇迹！我打心眼里同情这些在英国占领期间成年、同时受过正规教育的埃及人。……一个合法、文明的埃及政府，在埃及势必经历的摆脱不可理喻的土耳其人的过程中，将发挥重大的促进作用。”

致小艾略特·卡波特夫人

1900年1月30日

……说到妥协，我认为在关系到是非的原则上妥协永远没有好处可言，但在有关法律或规章的具体措施上妥协，反倒不失为明智之举，只要该措施对你有利，即便没有达到完全符合自己意愿的程度也不要紧。我在哈佛学院一直要求自己如此行事已达三十年之久。永远遵守一条原则，永不放弃这种原则，

1　格莱斯顿（W. E. Gladstone，1809—1898），英国自由党领袖，曾4次任首相，对外推行殖民扩张，出兵侵占埃及。——译注

我就得一步一步逐渐接近那个理想，否则我可能会追求一些长远的理想。

你诚挚的……

在1870至1900年间一起合作过的同事，以及在中年时期结交的朋友当中，查尔斯·F. 邓巴可能是艾略特觉得最贴心的知己。读者想必记得，邓巴曾于1876至1882年间任哈佛学院院长。在艾略特第二次婚姻之前的暑假期间，他们常常一起乘坐“阳光”号观光浏览。艾略特在东北港建造了一栋住宅后，邓巴随即在相距不足半英里的熊岛上建起自己的避暑别墅。他的逝世，使艾略特同时失去了一位顾问、邻居和假期的同伴。

致威廉·詹姆斯夫人

1900年2月6日

……邓巴教授的逝世，是哈佛大学的严重损失，也是我和我夫人个人蒙受的重大损失。我在1869年就对他的能力确信不疑，刚刚继任哈佛校长便竭力劝说他接受教授职务。他当时身体欠佳，时隔两年才来到剑桥。自1871年以来，他始终是一位价值难以估量的顾问和朋友。他的四个子女当中，似乎只有儿子威廉可能继续住在剑桥；他特别喜欢的两座住宅，大概也将转到陌生人的名下。家庭不再有世代相传的祖宅，这好像是美国城市或郊区生活造成的一种后果。这样做在过去不利于建立持久稳定的家庭……他在过去25年间一直如同我的兄弟，我将特别珍视他的建议，以及他虽然从不谈及却深厚无比的情谊……

查尔斯·邓巴，*1870*（左）与西奥多·莱曼，*1864*（右）

此信之后，可以恰到好处地补充从艾略特致威廉·邓巴先生的信中摘录的三句话，尽管它们写于20多年之后——1920年6月11日：

我和他彼此完全信任，我们的所有交往都是那样热忱友好。19世纪七八十年代，我和六七位同事一起致力将哈佛学院转变为哈佛大学，其中你父亲与我的观点和目的总是高度一致。他的过早逝世在我生活中留下了再也无法填补的空缺，现在我每次去熊岛，仍然要寻找他的踪影。

致詹姆斯·布莱斯

1900年2月11日

尊敬的布莱斯，本周星期日下午，我挤出一小时读了你的《南非印象》第三版的序言部分。这是一篇措辞温和而又巧妙的陈述。在一位事不关己的局外人看来，当时似乎有几个明显的原因，致使谈判陷入可悲的僵局。1. 英国的谈判代表的确无法看出德兰士瓦[1]人不愿屈服，这永远是一种危险的心理状态。2. 谈判期间双方仍在积极备战。此种情形之下，实力较弱的一方在道义上处于优势。3. 英国谈判代表在自己的主要意向被接受之后，又提出几个问题，从而使德兰士瓦人确信，一味妥协只会使对方得寸进尺。几年前我俩互相交换的对张伯伦[2]先生个人品

1 德兰士瓦共和国，又名南非共和国，1852年成立，1902年第二次布尔战争结束后，沦为英国殖民地。——译注

2 张伯伦（Joseph Chamberlain，1836—1914），英国政治家，曾任保守党政府殖民大臣（1895—1903），推行扩张政策，挑起南非战争。——译注

质的一些看法，此时又重新浮现在我的脑海里。4. 支持侵略扩张的报刊竭力煽动人们的战争狂热。

我们美国人正在继续注视这一本应避免的惨状，同时能够从中悟出一些有益的启示。两个互不相让的对手，其实经常可以互相获得一份新的尊重。我国内战中的北方和南方就是这样。现代武器已经使防御方相对于进攻方占有巨大优势，如果让全世界认识到这一点，可能有利于和平事业。战争的惨重代价将受到重新验证。所有新的军事装备都要耗费巨大代价，而且容易遭到摧毁。何况人的生命也比 [19 世纪]90 年代前宝贵。同样，尽管战争暂时能使任何民族变得极端残忍，但它有时的确能使某些新的文明力量有机会在一个古老的民族当中应运而生。布尔人[1]，如你所说，他们的历史可以追溯到 1650 年左右。

像你这样如实指出自由州[2]的英勇壮举是一件好事。这种壮举当然难能可贵。你说“命运的争论”这一说法无聊之极，对此我深有同感。此类流行语最近在我国已经多到令人厌恶的地步。

夫人嘱笔问候你和尊夫人，但愿这场战争没有伤及任何与你关系密切的人。

你诚挚的……

一些人的推荐信常常带有编造的成分，以便为自己留下余地，而不是为了向读信人说明真相——故而容易误导读信人——致使人

1　南非荷兰移民的后裔。——译注

2　指美国南北战争前已经禁奴的州。——译注

们倾向于说艾略特从来不写“推荐信”。不断有人请他就这一那一职务的候选人的能力品质提出参考意见，他总是认真细致地做出答复。1900 年 4 月，时任美国首任菲律宾总督的塔夫脱大法官，正在物色一位菲律宾教育署长的适当人选。

致 W. H. 塔夫脱大法官

1900 年 4 月 6 日

你 4 月 2 日的来信我已及时收到。照我看，A 先生能够组建一个教育署，起草一份教育法，同时为自下而上各级学校的发展做好准备。然而，教育法规包含的许多规定，往往超出了一位校长的职责范围。例如，古巴教育法规定了任命校董事会的具体步骤，以及古巴所有教师的薪酬标准。这些都是关系到公共政策的重大问题。

你向我了解 B 先生的情况，我经常碰到他，一般也愿意听他说话。他性格粗犷，看上去比他 48 岁的实际年龄大出许多——精力充沛，喜欢直言不讳，有些争强好胜。他举止有些粗鲁，但不会因此招致跟他相知甚深的人们的憎厌。像他这号人，坐在椅子上时，不是让四只椅脚全部着地，而是要椅背后倾抵住墙，自己双脚搭在座椅横档上，才会觉得舒服。这不是想当然的描写，而是我目睹的一个事实。我很难想象他能赢得法国人、西班牙人或意大利人的好感。然而，作为被政府任命的公共教育局局长，他在 ×× 却颇受当地选民的拥戴，于是他在 ×× 任学校督导，尽管我相信他在那里只待了两年。自从他主政 ×× 州立大学以来，一直在加快该校的建设。

我个人在 A 和 B 的取舍上不该有半点犹豫。作为我以前的同事或下属，我很喜欢A，至于B，我绝对不愿考虑。话虽如此，我对B仍怀有极大的敬意，喜欢在教育会议上遇见他。我认为你们如果接受B，不可能是一项慎重的决定，除非你已经有机会见过他本人。

你当然知道，此信仅供你本人参考。我深感你必须做出的这一决定关系重大，因此只能如实说出自己心里的想法。

祝你的远涉重洋之旅平安顺利，祝你胜任责任重大的现职。谨此。

你诚挚的……

致查尔斯·F. 瑟温先生

1900年5月11日

尊敬的瑟温先生，你的大作即将出版，如蒙题词相赠，我将不胜荣幸。近些年来我时常读到你关于大学问题的文章，发现我和你的观点基本一致。然而，单凭这种一致，根本不需要接受别人惠赐的一部作品。我情愿作者题赠的一本书，能够对我的所有观点提出有力质疑。谨此

你诚挚的……

自从[19世纪]80年代开始，屡屡有人提出缩短哈佛学院学制的建议，三年学时是否足够，遂成为旷日持久的讨论话题。法学院和医学院的教授会始终坚持认为，学生应该早些开始专业学习，艾略特呢，我们此前已经知道，也持相同的观点。分别采取的若干措施加在一起，开通了一条可供选择的三年获得学位的路径。这些措施使学生在高中阶段更容易预先考虑大学课程，从而在进入大

学以后开始获得相应课程的学分，更容易以较快的速度修完学士学位所需的所有课程，更容易为自己在暑期学校的学业获得学分。结果，三年结束时达到学位所需的所有条件的本科生人数呈逐渐上升之势，而校方并没有提出这样的时间要求。

致爱德温·H. 豪尔教授

1900 年 6 月 15 日

我同意将文科学士所需的在校学习时间从四年压缩到三年，但坚决反对任何进一步的缩减。哈泼教授今年 3 月跟我说起他的两年制方案时，我随即答道，我认为这似乎是扼杀文科学士学位的一条途径。我要求将学时缩减到三年，心里想到的一个主要理由是，我认为如此我们便能在美国保留文科学士学位。英国保留了需要三年在校学习的学位制，而德国已经放弃了这种学位，法国则仅向男生授予这种学位。我根本不会要求取消文科学士学位，以及与之相应的文化通识阶段。

关于我在鲍登的发言，我当时的意思不过是：一个年轻人达到 21 岁的年龄，并且已经完成小学以上长达十年的课程学习以后，即刻开始自己的专业训练，或者外出就业，无论从哪个意义上来说，都比继续留在我们所说的学院更有利于他本人。我认为本阶段如此度过的一年，比在学院度过的一年更有利于年轻人的发展。我有时利用这一观点回应另一种观点：一个年轻人真正受到的所有教育是他的大学教育，一旦他进入专业学院或开始自己的职业生涯，他便犹如进入一片无法提供正常教育的荒漠。上述观点我绝对不能容忍。在我看来，它与儿时乃是人生最幸福的阶段的普遍看法如出一辙。

你诚挚的……

以下是艾略特写给自己10岁孙女的信，信中所描述的古巴教师的暑期学校是一个绝佳例证，它表明艾略特既能迅速觉察到那种提供国际协助的机会，又善于最大限度地挖掘哈佛大学的各种资源。由于要为伦纳德·伍德将军[1]的临时政府用船运到剑桥的1250名古巴教师特设一个夏季学期，哈佛学院在正常的学期之外还得额外承受暑天工作的沉重负担，对于校长和其他教师都是如此。好在宿舍和教室都是现成的，还可募集一笔专项基金，学院也能说服足够的教师留在剑桥。艾略特没有顾惜自己和学院的教师，不过他觉得这是他人生中最有趣、最快慰的一段经历。第二年夏天，哈佛又为一批波多黎各教师开办了暑期学校。

致孙女鲁丝·艾略特

1900年7月7日

亲爱的鲁丝，你在7月1日来信中告诉我们的，正是我们想要知道的事情——关于妈妈，几个孩子，奶牛，以及彼得[猎狐梗]与花白旱獭的几次争斗。我同样很高兴听到野蔷薇正含苞待放，你们已经开始在田里除草。

我们这里刮过几次大风——先是西北风，接着是西南风——幸好风都是从西边刮来，不会给那些由海路而来的古巴人造成阻力，五艘海轮的航行都很顺利。他们当中只有极少数人晕船，一路的交通当然都由陆军部做出了很好的安排。我们这里大约有40名本科生和研究生负责将他们和行李接到剑桥，

1　伦纳德·伍德将军（Leonard Wood，1860—1927），美国将领，曾参加美西战争，后任古巴总督、菲律宾群岛总督。——译注

再分别送到各自的宿舍楼和房间。第一批人于星期六到达，最后一批人于星期三到达。截至星期三夜里10点，每个古巴人都在剑桥安顿下来，他们大多数人都已经在这里待了两到三天。他们看上去都是清清爽爽，从不把吃剩的食物扔在地板上，也不会穿着鞋子上床，并且像美国人那样经常洗澡。不过他们有一些奇怪的习惯，比如，每当男人想在学院宿舍里睡觉时，他们都要关上所有的窗户，锁好房门，拿下床上的毯子，几乎光着身子躺在顶层的被单上。他们不像你那样钻进被单里。听人说，他们在古巴常常躺在麻布做的吊床上，不铺任何褥垫或床单，因为那里的天气特别炎热。他们在街上全都走得特别慢。如果哪个古巴人陪着我走过哈佛庭院，他得急匆匆地赶路，大大超出他的正常速度。女人的模样普遍比男人好看得多，岁数也明显大于男人。那些男人，或者说小伙子，都是在年纪轻轻的时候就开始抽烟，这妨碍了他们的正常发育。他们正在逐渐习惯于准时赴约。刚才有一个游览团在2点35分准时从弗格博物馆动身前往比弗布鲁克。2点45分，出现了两名想去比弗布鲁克的女教师。但是我们的代理人曼先生只能说她们来得太晚，汽车已经开走10分钟了。两人十分失望，差点哭出声来。昨晚他们在体操房举办了一场舞会，效果和我在班级日看到的其他舞会一样好，只是他们身上的服装有点过于廉价……

我们家里住进了弗莱校长、哈瓦那的梅诺卡尔医生、在哈瓦那当教师的苏亚雷斯夫人，还有关塔那摩的布鲁克夫人。布鲁克夫人有一个英国名字，不过她其实是一个古巴女人，嫁给了一个英国人。她14岁结婚，有一个看起来足有40岁的儿子，但她只比你祖母大一岁。她好像要比实际年龄大15岁左右，可是她非常活泼、有趣。有时两位男士要到夜里十一二点才回来，因此我只得晚睡早起。

今天我们走廊上的温度计达到93华氏度[1]，这是我们有生以来最热的一天……

爱你的祖父

查尔斯·W. 艾略特

致丹尼尔·考伊特·吉尔曼

百慕大，1901年1月17日

……临近退休时的感觉如何？今年夏天在荒山岛，你得跟我说说。目前我在这方面尚无考虑，但一旦开始感到身体衰弱，我将立即停止工作。时至今日，我仍然身体强健。我来到这里，不是为了调养身体，而是为了做一项我在剑桥无法完成的工作。我正在做这项工作。

你应当怀着安详而又满足的心情回顾你在约翰·霍普金斯取得的成就。你成功进行了一项全新的创造性事业，产生了广泛的影响。这个国家没有哪一所大学不曾极大地受益于你在巴尔的摩所做的一切。我心里非常清楚，倘若不是你在研究生教育的基础上极为明智而有效地建设一所大学，我们在哈佛发展自己的研究生院——在1872—1876年间尚处于幼稚时期——将会变得困难重重。还有你们的医学院，对美国医学教育的改革产生了真正的激励作用。

你的继任者应当是一个颇有见识、情操高尚的年轻人。至于推选吉尔曼夫人的继任者，应当是刻不容缓。

1 约合摄氏34度。——译注

这个岛屿是我到过的最佳冬季度假胜地——风景美丽，气候温和，冷热适宜，有益于健康，在许多方面令人舒适——也很偏僻、安谧。

你诚挚的……

“在剑桥无法完成的工作”，指的是编讫他儿子查尔斯的一本纪念册。他将此书定名为《园林建筑师查尔斯·艾略特》，副标题是“一位热爱自然和人类的人士，通过自学逐步掌握一门新的职业技能，愉快地以此为业，从中获益良多”。他本人的名字没有出现在署名页上，他总是将该书称为“查尔斯的书”。该书实际上主要是由他儿子的日记和专业文章组成。其中必须由他这个父亲撰写的后记部分，将被收入尼尔森校长主编的文集，冠以《查尔斯·艾略特其人》的标题。“查尔斯的书”可能将具有经久不衰的价值，尽管对普通读者来说也许并非如此，因为除了末尾若干页还能引起他们的兴趣，它毕竟不是一本文艺读物。然而，它记录了这位年轻人从事一门新兴职业的辉煌经历，特别富有教益，而且书中大量文献资料的编排和解释，全都凭依编者的独到见解和艺术匠心。

艾略特仍然习惯于承担自己办公室的工作，同时处理其他事务。别人给予的协助十分有限，只稍稍超出一名速记员的日常工作量。他的那些所谓秘书，如果说有，也只是历届一些勤工俭学的学生，不能整天为他服务，直到1890年代后期，他才开始与教务长办公室合用一名速记员。[1]1901年，杰罗姆·D.格林先生（哈

1　有一次，教授会经过讨论认为，应该向学院的若干行政领导提供更多的文秘助理工作。“显然你们有这方面的需要，”艾略特说，“那就最好提供这种服务。但是你们将发现，速记员不可能节省你们的时间，你们要写的信只会更多，而且写得更差。”

佛，1896）被任命为“校长秘书”。起初分配给他的任务很少，他只得设法找些工作来做，以使自己处于忙碌状态。但没过多久，两人之间就形成了一种高度的默契。格林先生完全摸透了校长的看法和思维方式，能够代他撰写信函，而且达到了可以乱真的程度。他渐渐成为一名助理和主管，而不是一名单纯的秘书。仅仅两三年的时间，艾略特发现——用他自己的话说，这位助理帮他节省了一半的时间。1905 年格林先生改任校董事会秘书，他以这种身份继续在校行政管理部门担任艾略特的得力助手。如果格林先生能够接替艾略特任哈佛校长，肯定符合他的心愿。他们之间产生了一种亲如父子般的关系。

致 L. B. R. 布里格斯院长

1901 年 3 月 13 日

……温德尔的新书［《美国文学史》］精彩纷呈，颇有价值。书中反复提及的两点引起我的思考：他指出道德的纯洁——国家或个人的——往往是在一段经历受到并非出自本意的限制时产生，或者是这种受到限制的经历的最终结果。他似乎认为，国家或个人的生活越丰富、越充实，就越不可能纯洁。我认为这种观点似乎有悖真理，只要丰富、充实、深厚和复杂之类的词语被赋予任何恰当的意义。如果他的观点正确，勇敢的国家或个人就不会说——让我的生活丰富、充实，多姿多彩。我信奉伏尔泰而不是霍姆斯博士的学说。

他详述美国文人的出生或家庭的方式，在我看来，也同样是一个令人遗憾的话题，因为这表明他没有留心观察美国人多么迅速地形成了自己的风俗习惯、思维方式和语言风格，以及“女士们、先生们”中间普遍流露出的感情。工匠、农民和店主的子女，不仅具有“出身高贵”的人士的生理特征，而且也有他们最优秀的心理和道德素质。温德尔频频论及出生与血统这一话题，在一个美国人看来似乎过于势利，将使许多人低估他的眼力和品味。

致乔治·弗瑞斯比耶·霍尔参议员

1901 年 8 月 30 日

……我和你同样认为，将希腊语和拉丁语翻译成英语，对有志于成为演说家的人来说是一种很好的训练，但我不相信这是最好的训练。一些英语演说家当年除了拉丁语和希腊语，没有受过其他任何一种教育，若是仅仅以他们为例，也无法使我相信这是最好的训练。我一向觉得，一位演讲者说什么，远比他怎样说重要。依我看，如今理性思维和丰富例证的源泉也远比希腊与拉丁文学宽广、丰富。如果你我二人需要在英语《圣经》和希腊、拉丁语古典作品的全面知识之间做出选择，我俩难道不是都会选择《圣经》，作为演说者的思想、情操和修辞艺术的源泉吗？在我看来，一个莎士比亚对演讲术的滋养，胜过所有的希腊和拉丁文学作品。

我不得不特别强调演讲能力的一个重要方面，因为据我观察它被许多人忽视——我指的是说服力。根据我个人的看法，说服力与演讲者的智力素质和心理素质全都密切相关。你兄弟不是曾经说过，沃什伯恩州长与他一样都有一种使陪审团误解某起案件的非凡本领？亨利·P. 沃尔考特博士，马萨诸塞卫生委员会主席，曾多次与我儿子查尔斯一起出席在查尔斯河流域许多城镇举行的会议，商讨如何加强对查尔斯河堤岸及谷地的改造。两人都关注这一议题，沃尔考特博士是从公共卫生的角度，查尔斯则是从建筑景观的角度。查尔斯去世以后，沃尔考特博士告诉我说，查尔斯是他见识过的最有说服力的演讲者。也就是说，他能说服各类人士接受他对正在热议的问题的看法。查尔斯并没有掌握什么特别的演讲术。他的语言质朴、坦率，非常得体，他对议题显然十分熟悉，完全做到客观公正，观点虽然犀利，但不会激怒别人。他曾经翻译过一些涉及自己专业的外文资料，包括拉丁语和希腊语，但其中大多数还是法语和德语资料。我在沃尔考特博士的陈述中发现了一个普遍事实：演讲者的心理素质对于他能否取得成功至关重要，而且我还要补充说，他的身体素质同样重要，因为它直接体现了演讲者本人的心理素质。

说到演讲术，我认为约翰·布莱特[1]和亚伯拉罕·林肯二人堪称典范，对我们颇有启迪。他们似乎都是我那个时代的最优秀的演说家，虽然并没有受到传统的演讲训练。他们都曾对三四本英语名著反复研读，了然于胸，这种对自己母语一流作品透彻的领悟，比起任何一种做法，都更有利于培养真正的演讲能力。我完全同意你的看法，"能言善辩的最佳范例，就我所知，存在于《圣经》、莎士比亚和弥尔顿的作品中"。

在知识积累的其他领域，我恐怕不能提倡将拉丁语和希腊语的学习作为最佳训练手段。彭斯写出许多感人肺腑的诗歌，达尔文、赫胥黎和阿萨·格雷的绝佳文章令人叹服不已，可惜他们没有什么古典文学的基础。或许基本的事实是，一个天分极高的人，几乎任何一种训练都能奏效，而任何一种训练，都不能弥补天赋的欠缺。

你诚挚的……

1　约翰·布莱特（John Bright，1811—1889），英国议会议员、演说家，主张自由贸易和议会改革，反对英国参加克里米亚战争。——译注

1902 年，普鲁士的亨利亲王访问哈佛大学。虽然官方没有公布亲王此行的目的，但人们知道他将向哈佛大学新落成的日耳曼博物馆捐赠皇家收藏的艺术品，而且他还带来了他皇帝兄长赠送的礼品。亲王担负的这一使命，是德国皇帝、冯·霍勒本大使和某些德裔美籍人士共同做出的一次努力，以期赢得美国民众对德国及其统治者的更多好感。艾略特对即将举行的那些仪式毫无兴趣，但又知道自己没有理由逃避。哈佛董事会经过投票，决定授予亲王荣誉学位，人们预计校长届时将会说一些恭维皇帝的话，后来 A. S. 希尔教授说得十分贴切，"他当时态度冷漠"。

3 月 6 日下午 1 点，亲王一行从波士顿启程前往剑桥。12 辆马车载着亨利亲王、哈佛校董事会的两位成员、德国大使、海军部长和其他一些政府官员。马萨诸塞民团的两支队伍紧随其后，其中两三名士兵在试图赶上前面的车队时不慎落马——但愿亨利亲王没有看见这一幕。此时全体与会者已经聚集在桑德斯剧院，亲王和他的陪同人员在主席台上就座，他们身旁是学术界的一些知名人士。随后校长带着一副比场上任何人威严两倍的派头开始致辞。[1]

"今天这个场合堪称绝无仅有。哈佛大学有史以来曾两度专门召开学术会议，向美国总统授予荣誉学位，由此推动了全国的进步。但是这所民主的大学从未召集过今天这种会议，单单为了向一位外国亲王表达敬意。这个学术团体采取这种史无前例的行动，必然出于某些重要的原因。这些原因如下。"接着他依次提到从英国延续到新英格兰的日耳曼习俗及制度；哈佛大学的清教渊源如何令

1 *Harv. Grad. Mag.*, June, 1902, p. 566 et seq.

这所大学倍加尊崇以往那些信奉新教教义的德国英雄；马萨诸塞清教政府如何忧心忡忡地关注三十年战争[1]变化莫测的战局；美国人心目中日耳曼民族的价值；美国的大学受惠于德国的高等学府；美国支持德国联邦的统一。

“我们今天在这里十分荣幸地欢迎，”他最后说，“伟大德国的一位杰出代表，他的身份、职业和性格都值得敬重。然而我们从他身上看到的，并不仅仅是代表一个卓越民族和一位帝国君主的资格。[现场的观众觉得艾略特在这里明显停顿了一下。] 大学能够回忆多年以前的往事。40 年前，美国联邦处在万分危急之中，成千上万的优秀青年为之流血牺牲。根据一则可靠的报道，在一个非常关键的时刻，英国女王对首相说：‘阁下，你应该明白，我绝不会签署一份意味着与美国交战的文件。’那位杰出女性的孙子此时正和我们一起坐在这里。”

在场的观众倒吸了一口气，凯撒[2]的弟弟想必也在怀疑自己的耳朵是否听错了。但是，无论怎样困惑，他还是以维多利亚女王孙子的名义起身接受了荣誉法学博士学位，没有流露自己内心的情绪。

当天下午，日耳曼博物馆协会在芒斯特伯格教授的官邸举行招待会，同时公布德国皇帝赠予的礼物。在场的若干位女士是一些哈佛大学教授的夫人，她们事先已经得到校长的指示，到时不是由别人将她们逐一引荐给亲王，而是先等别人向她们介绍亲王。于是她们自动站成一列，亨利亲王在专人引导下经过队列时被依次介绍给每一位女士。这可真是天大的面子，只是她们似乎不知

1 指 1618 至 1648 年间在欧洲以德意志为主要战场的国际性战争。——译注

2 即当时的德国皇帝。——译注

道该说些什么。接着是主宾讲话。艾略特再次谈起我们已经从德意志历史中继承的自由遗产。

事实上，他对此类场合一般很少重视，除非他能从中发现一个机会，或是可以让哈佛大学以其尊严博得世人的青睐，或是可以重申他恪守的若干原则。他认为在任何情况下授予荣誉学位都很有意义，大概是因为每逢这种场合，他都有机会明确或含蓄地表达哈佛或他本人的一些信仰。让他本人被动地接受这些荣誉，对他来说实在没有什么意义。另一事件与刚才提到的这件事自然有关，也能证明这一点。

1909 年 5 月，碰巧有一个自称为国际俱乐部的本科学生会举办年度宴会，学生会主席 H. V. 卡尔滕伯恩先生邀请德国大使和日本大使出席。德国正好利用这次机会向艾略特颁发普鲁士国王的皇家勋章。克劳福德·托伊夫人在写给詹姆斯·福特·罗德斯夫人的信中叙述了当时的情景：

> 1909 年 5 月 29 日
>
> ……这使我想起两周前哈佛国际俱乐部晚宴上的一件事，它激起了德国学界和政界一些高级官员的义愤。此事是俱乐部主席和晚宴主持人冯·卡尔滕伯恩亲口告诉我的。他已经安排德国大使在艾略特之前发言，到时将由大使通知艾略特校长（你不觉得他是一个举足轻重的大人物吗？），仁慈的德国皇帝已经授予他“令人羡慕不已的金鹰纹饰勋章”。接着齐唱《美丽哈佛》，随后散场！冯·伯恩斯托夫男爵（如此英俊、颇有贵族气质的一位男士）发完言入座之后，轮到艾略特校长发言。他主要谈的是教育，他滔滔不绝地说着，详细阐述自己的理论——持续

了 20 分钟，直到言毕落座，始终对德国勋章只字未提。人们已经起立合唱《美丽哈佛》，冯·卡尔滕伯恩从自己的座位上走过来，照着艾略特的后背“捣了一拳”，但他欢快地唱着校歌，对此并不在意。又挨了一拳后，他才回过神来，皱了皱眉。“艾略特校长，”冯·卡尔滕伯恩说，“您还没有为勋章向大使致谢呢。”艾略特茫然地瞅着对方，然后说：“这事我全给忘了——你得再让我发言。”于是冯·卡尔滕伯恩大声招呼正在退场的人们赶紧归位，宣布艾略特校长还有几句话要说。——这件事就此了结。法罗博士昨天说，一些思想偏激的德国人坚称这是蓄意侮辱，而态度比较温和的人们只是感到委屈，因为艾略特校长完全不把它当回事,居然会给忘了。可是上帝保佑你！他在意吗？一点也不。在欧文小姐的招待会上，他身佩法国国立学院勋章和日本勋章（硕大无比！）上的一枚小圆牌，却不见“令人无比羡慕的”德国勋章。“你为什么只佩戴这枚法国勋章呢？”我听见有人问他。“因为法国是一个共和国。”他的回答十分简洁。德国勋章是在那天下午送达他本人的……不过——你和罗德斯先生是否认为艾略特校长会成为一位称职的驻英大使？洛威尔先生告诉我说，法国勋章的价值高于其他任何国家的勋章……

塔夫脱总统最近提议艾略特任美国驻英大使，但是被他谢绝了。

致某牧师

1902 年 9 月 12 日

亲爱的先生，我觉得你的主日学校联盟与基督教青年会可能不符合我的基本信仰和做法。比如说，我经常为罗马天主教会的工作捐款，在这个我经常来此度夏的小城，我也曾向浸礼会教友协会捐款，最近还向新成立的公理会教会捐款。为了解释我的矛盾感觉，大概可以找出以下根据：天主教会没有声称要联合几个教派——它只是教会，并无其他。基督教青年会和你的主日学校联盟声称自己不属于任何教派，却把唯一神派和普救派的教徒排除在外。这大概能够解释我为什么不愿捐助这两个组织了吧，我竭力主张多教派共存的教育，并不反对赞助各教派教会的工作。我和你同样为教派之间的界限日趋模糊而高兴，我和你同样认为眼下要做的主要工作，是原原本本地传授基督教义，不要添枝加叶。

但在这样做的同时，我相信福音教会和非福音教会之间的差别应该不复存在。

你诚挚的……

艾略特在下列信中所言的起因是：文理系任命了一个报告哈佛学院教学改进工作的委员会[1]。该委员会进行了详尽的调查，其间他们查阅了院长办公室的教学档案，向教师了解学生完成的阅读量和学习任务，安排1757名学生回答了调查问卷。通过问卷答案确定的种种事实促使委员会得出结论，学院学生平均完成的学业“少到令人羞愧的地步”。

1　该委员会的成员有L. B. R. 布里格斯、W. E. 拜尔利、A.L. 洛威尔、M. H. 摩根、B. S. 伍德沃斯、R. 科布、O. M. W. 斯普瑞格、C. H. 格兰金特。

致 L. B. R. 布里格斯教授

1903 年 7 月 31 日

……我特别愿意和你讨论这份关于改进教学的报告。调查中最让我感兴趣的一点是：如何才能提高一般学生的学业标准？这是我们在哈佛学院面临的主要困难。听到学生说他们每天只有两个钟头的学习时间，我感到非常惊讶。他们指的是正常听课以外的两小时。不过，最气人的话竟然出自一些高才生之口。他们声称每天只要学习两小时，甚至更少的时间，就能保持上游水平。可惜我没有什么机会进行类似的调查，希望你们这个委员会能够提供有关这一问题的大量事实。

学生是否必然会对主要课程的助教和年轻讲师给予较低的评价？我们有可能大幅度提高这些助教的素质或水准吗？对于一个大男人来说，这不是理想的工作，实际上对于任何一个在这一行干得太久的人都是如此。这些助教显然应该是一个可以随时调换的群体，除非我们得出结论说，最好有一批终生干这种苦差事的人，比如 X。这后一种方案特别令我反感……

哈佛教授会一向认为，为了通过各门考试，一名学生除正常听课以外，文科学士学位总共有 18 门必修课程，他平均每周每门课约需学习 6 小时。1902—1903 学年的委员会没有质疑这一看法的准确性，但指出学生平均每周每门课的学时大约少于 3.5 小时，一些重要的入门课程没有超过 2.5 小时。许多获得高分的学生实际听课的时间似乎只及他们“学习时间”的一半。该报告提供的统计数据证明，教授会想当然的假设并不符合事实。委员会报告中“教得太多,学得太少”以及本科“学习精力和自立精神”不足的提法，是对现行体制的尖锐批评。

在这一点上，该报告直接涉及有关将在校学习时间从四年缩减到三年的建议的讨论。特别有利于艾略特和其他拥护三年制的人们的一种看法是，学生能够在三年时间里完成现行四年学制规定的所有学业。1902—1903 学年委员会的报告对此做出的实际回应却是，这仅仅是因为本科生的学习过于浅薄。委员会明确表示，“一个每周都处于忙碌状态的年轻人，不可能将平均每周六天的时间有效用于学习”，并且得出结论说，如果校方采纳三年学制的建议，将很难提高哈佛学院的教学质量。

近十年来，艾略特提倡的三年学制似乎一直都有机会得到批准。学院教授会经表决以微弱优势通过该议案——只是艾略特不想利用这过于微弱的优势。另一方面，监事会却不断将其否决，尽管也是以微弱的优势。[1] 如果以今天的眼光审视双方较量的这段历史，1902—1903 学年委员会显然给予这项议案致命的一击。此后再也没有出现过该议案几乎获得批准的情况，而且，自从旨在充实本科生每门课程学习的各项新规实施以来，每年选修六门课程、三年结束时申请文科学士学位的人数开始呈下降之势。

然而，艾略特照样坚信哈佛确有必要让学生及早毕业，融入社会生活，照样坚持他自从 [19 世纪]80 年代以来一直提倡的改革主张，因此他没有放弃自己的立场。这是他已经推行但没能成功实施的唯一一项主要的改革。在上一份年度报告中，他回顾了这段历史，在承认 1902—1903 学年委员会特别强调的若干事实的同时，再次呼吁及早采取这项措施：“对于许多在哈佛学院庸碌懒散地度过四

---

1 教授会的年轻成员大多反对该议案。

年时光的年轻人来说，目前的学业标准低到着实可悲的地步，换句话说，学院本身制定的学业合格的标准实在太低，很难说它需要学生付出任何真正意义上的努力……采取标准的三年学制，同时对第一学位各门课程的考试要求没有任何降低，必然能够提高学生在校期间的学业标准。”[1]

一个年轻人应该在哈佛学习几年，才能获得已经成为开明教育标志的学位，在就此开展的辩论中，以及在围绕本科生学习质量而进行的一次次讨论中，艾略特似乎因为内心的困惑而无法看出，这一问题的解决，既不能单靠校方就学生的毕业年龄做出最终规定，也不能依凭一名学生一年能通过几门课程的有关证据。问题的关键在于本科生的本质。如何认识这一本质，正成为必须首先解决的问题。

艾略特清楚地认识到即将进入哈佛校门的学生自身存在的各种缺陷，就像任何人期待他能够做到的那样。“一个美国富家子弟的显著特征是，”他在给一位中学校长的信中写道，“从事智力活动的能力和品味尚未得到培养，习惯于思考的问题过于琐屑，使用的词汇过于简单，在历史、文学和科学问题上缺乏自己的见解和分寸感。30 年来，我们一直在逐渐减少他在校学习的时间，增加他的娱乐消遣活动，向他提供越来越多的照料和保护［在家里和学校］。我们减少对他脑力劳动的要求，是否有望革除迄今产生的各种弊端？”

这种观点本身似乎是在怀疑，我们能否期待这样一名学生从进

---

1 *Ann Rep.*, 1907-08, p.18.

校的那一刻起就能有效利用完全的自由。这似乎需要发现一些能够激发并增强本科生学术志向的途径——或许是发现介于现有院校完全的自由与一所军事学院严明的纪律之间的某种途径，抑或是创造出某种有别于二者的方法。不过这样做需要想象，而艾略特似乎已经停止了想象。他不断重申自己的主张：要求本科生一年选修六门课程，就能迫使他们努力学习。他一再重提他已经提了40年的两个看法：唤起个人学习热情的最佳途径，莫过于允许他通过反复尝试发现自己感兴趣的东西；与其束缚所有学生的积极性，不如听任一部分学生虚度光阴。他似乎没有想到，这两种观点之间存在着一定的矛盾。

致亨利·S. 普利切特博士

1907年7月13日

……你显然读过许多试图区分严格意义上的学院工作和大学工作的文章。在我看来，除了学生年龄和进度上的固有差异，两者之间其实没有区别。但我发现许多美国家长和教师认为，为18至21岁和21至25岁的青年分别制定的准则，应该有一种很大的区别。哈佛为这两个年龄段的学生制定的准则虽有一些差异，但不是根本或实质性的差异。我认为一个年轻人实际上通常在18岁形成自己的性格，如果他在那时还不能适应自由，他大概永远无法适应自由。然而，我发现许多品质优良的美国人往往低估一个18岁青年的能力与性格。这些人很想让所有18至22岁的学生遵循一套西点军校式的制度。我认为这样的制度只适合那些准备投身于特殊军事生活的年轻人，这样的

生活绝对只有最低限度的自由……[1]

致查尔斯·弗朗西斯·亚当斯

1904 年 6 月 9 日

这场讨论开始时，你说要提高哈佛学院的学费，你想让哈佛向有钱或有才的年轻人开放。我想，我们之间的区别正是在于这种非此即彼的选择。我想让哈佛公平地向年轻人敞开大门，无论他们钱多钱少还是没钱，只要他们有才。我和你同样不关心那些不能适应学习生活的年轻人，他们不配进入大学深造，无论他们的父母是否有钱。我倾向于认为你比我更能宽容富家子弟的愚蠢表现。我关心的是那些家境贫寒的子弟，哈佛的学费是 150 还是 225 美元，对于他们的家庭有很大影响。你似乎并不关心为数甚多的这类学生。在我看来，他们构成了哈佛学院最优秀的群体。

1 讨论艾略特与"选课制"的人们务必牢记，在美国高校经历了几次重大变革的半个世纪里，这一名称已经改变了其原有的意思。艾略特坚持的并不是该名称如今普遍表达的意义，而是它起初对自己意味着的三个原则：实用原则、教学原则和道德原则。选课制在早年只是一条实用途径，以便将新的学科和知识及时引入学院，增加教师数量，同时将学院扩大为一所大学。选课制符合某种教学原则，因为它能激发教师的积极性，能使学生通过学习自己选修的课培养独特的禀赋，形成自己的志向；选课制还使教育更加贴近每一代人的新生活。艾略特推崇选课制，因为他深信，作为一种道德训练的途径，选课制能够引导学生逐渐学会自立。人们可以批评如今所说的选修制的种种缺点，但谁都不会任由旁人将其称为艾略特这些信条的对立面。

终于，高等院校可供学生选修的课程数量开始多到惊人的地步。这种情况不仅发生在哈佛，也同样出现在其他一些接受捐赠基金的院校，尤其是那些声称已经认可"选课制"这一说法的院校，因为它们试图满足各种职业需求。不少此类院校开设了本校教师无法讲授的一些课程。另外出现的一种现象是，现今进入美国大学的学生，再也不是大多数都来自具有一种特定文化背景的家庭。他们在家里并没有为选择自己的课程做好充分准备，入学后也很少得到父母的建议。于是，后期的讨论不是针对艾略特起初为之辩护的基本提议，而是针对行政管理方面的一些顽症，或是关于教学方法的若干问题。

我进而想到，学院有别于现实世界的很重要的一点是，在学院里，一个人的天赋和能力处在发现和培养阶段，而在外部世界，天赋和能力得到充分发挥，能够公正地任由它们显示其对于环境的适应性。因此，名为“适者生存”的测验，更适宜在学生毕业之后的现实生活中进行，而不是在学院期间，只有凭借他们自身的条件和优势，才能达到理想的效果。

你说哈佛目前的政策，是利用一种温和的手段促使那些命运与性格迥异的人们达到平等，此话我不能苟同。相反，哈佛准则的核心是发掘并培养每个人的天赋与能力。学院充分认识到，一份小小的天赋，只要确实异乎寻常，便能赋予它的拥有者与其并不相称的巨大优势。因此，它根本没有追求平等，而是致力造成极大的差异，忽视由此产生的种种不平等现象。

最后一点，我从未在哈佛学院见过哪个学生，让我想郑重其事地建议他去其他哪个学校接受成本低廉的教育。蠢学生只要待在哈佛，也保准比待在其他任何地方有出息。

你诚挚的……

正是在这一时期，艾略特开始对劳资关系产生极大的兴趣。当地几家工会与他略有所知的几项建筑工程有关的种种行为，激起了他的愤慨。他开始就劳资关系问题表达自己的见解，后来对这一问题有了非常深刻透彻的认识。他开始掌握更多的情况，并且在自己的余生继续搜集资料，继续探讨。只是他讨论的这一问题实在太大，在此只能向读者提供几条基本线索，如欲了解更多情况，可参阅附录I列出的有关文章。

艾略特看待整个问题，主要是出于一个人对民主利益的考虑，而不是对劳方或资方意愿的关注。他声称："从日常工作中得到满足，是工业化民主社会一个最基本的目标。如果人们不能习以为常地普遍获得这种满足，民主社会的愿望和理想便不可能实现。因此，工作的乐趣应该是行业讨论的普遍主题，因为它既是动机、向导，又是目标。"这是他写于 1904 年的文章《工作的乐趣》的头两句。该文充分体现了他的思想，只有认真研读，我们才能真正理解他就此发表的其他任何言论。

鉴于艾略特关注的重点既不是产量的提高——这是促使许多雇主参与讨论的动机——也不是工资的增加与工时的减少，他早期的言论似乎更加趋于理性而不是贴近实际。这些言论主要涉及"工作带来的满足"，仿佛他只能将工作想象成任何一个思维正常的人唯一幸福的源泉。他避而不谈这一事实：人们不可能从徒劳无益的工作中得到满足，因为工资不足以维持生计，或是他们觉得雇主没有公平地计算工资。至于这场或那场有关工资、工时或利润的争论有何价值，他很少发表自己的见解。但是随着时间的推移，他越来越深刻地认识到动机问题，几年之后，他的兴趣开始集中于分红制，遂将大量时间用于研究旨在建立雇主与雇员之间真正伙伴关系的各种尝试。

我宁愿相信，他在这一问题的讨论中真正发挥的作用，倒不在于他提出了多少正确的观点，因为他说的话以前经常有人说过，只是很少说得像他这样简洁明了。他的主要作用在于：他在世时通过个人示范不断表明，人们可以不怀偏见心平气和地讨论这一问题。我们应该记得，战前人们讨论劳资问题时，远不如最近 12 年这样理智和宽容。那是龚帕斯和德布兹[1]得势的年代，当时罗斯福要求解散托拉斯，第一次干预了一场煤矿工人罢工。雇主们不仅拒绝承认工会，而且不愿与主管他们的官员见面和会谈。很少有人能像艾略特那样代表饱受苦难的民众发表感人肺腑的演说。他出席了1904年在法尼尔厅[2]召开的一次会议，他的地位、声望，尤其是他令人倾慕的风度本身具有的意义，远远超出了他当时说的任何一句话。此前他一直严厉批评一些工会，而波士顿中央工会却邀请他在2月7日星期日下午的这次会议上致辞。艾略特当即接受了这一带有挑战意味的邀请，他无须担心，当然他本来也不担心自己的观点会激怒在场的听众；这样的会议犹如一次“推心置腹的谈话”。

聚集在大厅里的听众足有两千人，其中多为工会代表和成员，部分听众被挤到外面的大街上。艾略特宣读了他事先精心准备的发言稿，然后现场答问近一小时。这次会议在新闻界引起极大的反响，劳方也十分满意，想不到这样一位公认的资产雄厚的社会人物，居然同意按照他们提出的条件与他们公开对话。他出言坦率，性情温和，使人感到特别愉快。事实上，公道地说，他那天下午赢得听众由衷的敬佩与感激，不是因为他用词考究，而是因为他

1　两人均为美国劳工领袖。——译注

2　彼得·法尼尔（Peter Faneuil，1700—1743），美国富商，在波士顿建法尼尔厅，用作商场和会议厅，成为美国革命前的反英集会场所，故该大厅有“自由摇篮”之称。——译注

借助有力的论证，强烈呼吁人们公开探讨问题。[1]

西奥多·罗斯福是校际体育竞赛的坚定支持者。读者大概记得，他在谈到那些批评橄榄球运动的人时，仿佛觉得他们是一帮生硬刻板的伪君子。他在主政白宫期间密切关注哈佛各项运动的赛况，如果某一桩运动员动作野蛮的事件激起双方辩论，他往往可能参与其中，即便不是公开，也会私下参与。正是类似的一桩事件，促使艾略特写了以下这封信。

1905 年 12 月 12 日

尊敬的总统先生，我已经看过 X 先生给您写的信，此信极

1　此前不久他曾在某个场合说，一个"拒绝参加罢工的人"也许是一位当代英雄。在法尼尔厅，有人问他是否仍持这一观点，他答道："依我看世上有两种拒绝参加罢工的人。一种是我们最近经常提到的破坏罢工的人。我知道破坏罢工的人不属于正在罢工的工会，对工作一无所知，没有任何工作技能。老板雇用他，只是让他露露脸，临时占据或者看管遭到工人遗弃的工厂……这样的人能是一个英雄吗？这样的人能受到我们推崇的高尚动机的支配吗？嗯，他不可能受到我们极为推崇的动机的支配；但他愿意冒着生命危险履行一份合同。他的确是在冒生命的危险。他是一名雇佣兵，他在受雇于人的这份职业中表现出勇气和忠诚。他也许是英雄。他可能是那号卑劣的英雄。（笑声）

"不过，兄弟们，世界上特别壮观特别感人的一座纪念碑是卢塞恩（瑞士中部城市。——译注）的狮子，由天才的托瓦尔森（Thorvaldsen，1770？—1844，丹麦雕刻家，作品多取材于历史人物或宗教神话，主要作品有雕像《赫柏》等。——译注）雕刻的一尊石狮像，这头狮子被一柄长矛刺穿身体，奄奄待毙……这座纪念碑表明了什么呢？为了纪念一队瑞士雇佣兵，他们在法国革命爆发之初暴民洗劫王宫时为保护路易十六而捐躯。先生们，历史告诉我们，一名雇佣兵仍能成为英雄；难道你否认那个受人雇佣奉命破坏一场罢工的人，可能是他自己心目中的英雄，因为他冒着生命危险履行一份合同。

"但是还有另一种拒绝罢工的人——有专业技能的人，真正属于某一行业的人。那么，难道他不能成为英雄吗？大概你们已经注意到，历史上那些被世人视为英雄的人物，并不总是受到同时代人的欢迎。他们并不讨人喜欢。他们遭受了许多激烈的反对和批评。英雄大抵都是逆时代潮流而动的人物。他们反对本阶级的主流观点。爱默生说：'无论谁想成为一个真正的人，都不应墨守成规。'一个不遵照本阶级规则、不恪守时代精神的人。但他不应仅仅是一个不墨守成规的人。我说拒绝罢工的人成了当下的英雄人物，指的是那种冒着自己生命的危险拒绝罢工的人，他不仅拿自己的生命冒险，而且还拿自己的生计以及家人的享乐与幸福冒险。他在工会组织的所有罢工斗争中全都这样做，我相信在座的各位先生不会否认，拒绝罢工的人能成为一种英雄。"

有特点，尤其是描写对方如何攻击Z的两句："另一个人用双手朝他的脸猛地一推。没有击打，甚至没有'直臂阻挡'，而且手掌是张开的。"你可以看出这一推造成Z的鼻梁骨断裂，致使他当场晕了过去。成百上千的人认为这一推只是双手张开朝对方的一记重击——这一击，按照拳击比赛规则，便是犯规。其实，橄榄球比赛的许多规则都需要改革，包括X先生的所作所为——也就是说，需要完全禁止。多年来他身为裁判却拒不服从规则，而且总是有人为他违反规则的行为做出看似合理的种种解释。我将把他写给你的这封信的抄件分别送给戴纳、里德和赛耶三位先生一阅。

随信附上你寄来的索耶先生的信，我只能说，此信再好不过地揭示了橄榄球运动的一大弊端。赛场上双方观众在感情上总是一味偏袒自己支持的球队。他们从来不会对同样的行为和事件持相同观点，致使各个院校之间不断相互指责，伤了彼此的和气。

凡是涉及欺骗、粗暴或争吵的问题，我从不认为哈佛比其他院校更有权为自己开脱，无论是在队员或校友之间。

我们也曾助长橄榄球比赛的一些弊病。如果我们能在废除或改革比赛方面多尽些责任，我将感到欣慰，可我担心我们很难做到这一点。我们自己有很多意见分歧。我个人认为，为了摆脱现行的竞赛规则委员会，及时设计出一项合理可行的比赛，并且在个别学院现场示范，校际橄榄球比赛应该暂停一段时间。但我认为本人的这一意见很难得到一定数量的毕业生的支持。在我看来，球员自己开始无可辩驳地证明橄榄球比赛如何不讲道德，毫无乐趣可言，才是这项运动最有希望的征兆。外科医生此前满足于给受伤的球员上麻药，为他们缝合伤口，现在开始证明人的身躯很难忍受球场上的碰撞，证明由此造成的伤害实在过多且过于严重。

我目前不可能去华盛顿。眼下这里事情很多。我完全赞同你的看法，橄榄球运动造成的伤害并不是我们反对它的主要理由，尽管这种伤害次数之多、程度之严重完全不合常理。我也同意你的另一种观点，美国的年轻人应该能够本着诚实友善的精神进行常规比赛，可是过去这么多年，我一次次看着校际橄榄球赛在不正常的氛围里举行，感到很没面子。

有位父亲听说自己的儿子奉命击倒对方球员，此事并不涉及哈佛参与的任何一场比赛。我会尽量将记叙此事的信的抄件寄给你一阅，但也许做不到，因为我记不清这封信是谁写的了。

我们这里的人特别一致地认为，目前的橄榄球比赛不宜作为大学的一项体育活动。最近一个月，我没有听到任何反对这一意见的声音。哈佛与宾夕法尼亚及 11 月 25 日与耶鲁比赛完之后，我们这里的情绪都极其狂热，但是现在热度已然消退。一般说来，公众在意的似乎是死伤人数，而不是比赛中屡见不鲜的舞弊行为。

顺致崇高的敬意。

您诚挚的……

犹如打火石和薄钢板搁在一起，艾略特和罗斯福在一起兴许能够自然擦出火花，然而，不知幸还是不幸，两人在一起时并没有多少心灵的默契。不妨听艾略特叙述他俩在 1905 年的一次会面。[1]

"那年适逢他那届毕业 25 周年纪念，鉴于他是总统，我邀请他住在我家。6 月一个很暖和的日子，他一大早便来到我家。我把他领到他的房间，刚进门，他便扯下身上的外套，双手一卷，用力扔到床那头，把一只枕头也带落到地上。紧接着，他从裤兜里掏出一把大号手枪，砰的一下重重掼在梳妆台上。片刻之后，他匆匆奔到楼下，像是为了保命一般。这时我正好站在楼梯底部，便赶紧问：'嗯，你要和我一起吃早餐吗？''哦，不，'他答道，'我已经答应跟劳伦斯主教一起用早餐了——天哪（用右手拍拍腰部）我把枪给忘了！'他现在明明知道在马萨诸塞携带那把手枪是违法的，偏偏还是把它带在身上。目无法纪，真是目无法纪！"然而，两人无疑都很喜欢与对方相见。他俩喜欢互相打趣。我找到一封艾略特写给罗斯福的信，他在信中提到苏丹王和凯撒大帝，自称"您的同事苏丹王"以及"您那爱传话的表亲威廉皇帝"。[2] 他难得在信中这样揶揄调侃，以求博人一乐。

以下这封信是写给校董事会的一位成员——董事会当时主要负责推选一位医学院院长。

致亨利·L. 希金森

1907 年 7 月 9 日

……的确，正如弗雷德·沙拉克对你所说，某某博士熟知医学院院长的职责，就像他最近做过此类工作一样，他能完全

---

1 此则备忘录由 G. G. 沃尔金斯先生提供，报道准确性较高。

2 查尔斯·艾略特致西奥多·罗斯福，1905 年 7 月 19 日。

胜任院长一职。然而，我根本不想让他出任医学院院长。通过任命一位新院长并且让他挑选一名新秘书，我们可以趁机重新宣布我们对该院的新要求。我们心目中理想的一所学院，不仅致力培养现有实用领域中博学、技术娴熟的专业人才，而且期待进步，希望能有新的发现。我们想让医学院的整体环境和精神充满希望，以利于预防医学的发展和内外科的新发现。为了达到这一目标，医学院的行政管理人员应该赞同所有的实验室研究，同时愿意将实验室研究、临床研究与临床实践融为一体。

为了得到此类人才，我想我们物色的院长和秘书，其主要兴趣应该在于医药领域的进步，而不是谨慎应用现在理应掌握的知识。两人的年龄应当尽可能在 40 岁以下。由此看来，任命某某博士为医学院院长，即便人们认为其任期仅有几年，也将显得毫无意义。就我个人而言，我不会满足于我们无法前进的状况。

致亨利·L. 希金森

东北港，1907 年 7 月 19 日

……我在这里的工作很有限，日常的消遣倒是着实不少。比如，今天——现在是下午 5 点——早餐前我骑行 5 英里；11 点 15 分至午后 1 点 15 分，我在和煦的微风中乘船航行了 9 英里；下午 2 到 3 点，我驾驶着一辆轻型汽车行驶了 6 英里，送一位朋友前去码头搭乘驶往波士顿的汽船。我今天只做了一点工作：读几封今天刚到的信，口授了几封信，和萨比恩院长交谈一两个小时，他今天过来跟我一起讨论我们共同关心的一些问题……

尽管艾略特对自己当天户外活动的描述，给希金森少校留下了 73 岁老人体力充沛的真实印象，但此处似乎有必要指出，他早在 10 年前就已经放弃了骑马这一日常锻炼的方式。他之所以这样做，大概主要因为夫人不骑马，但愿意跟他一起骑车，一起步行。他身体健康，能力极强，部分原因在于他能在需要休息的任何时候立即休息，并且节制饮食，坚持日常锻炼。他几乎在任何地方都能打盹——能够仰靠着办公椅，双脚搁在另一张椅子上，嘱咐秘书 10 分钟后叫醒他，言毕随即入睡。夜晚的辩论无论怎样激烈，怎样令人厌烦，都无法阻止他像玩累了的孩子那样脑袋刚刚落枕便酣然入眠。"我听说，"他对一位患有精神衰弱的讲师说，"你身体欠佳。我听说你无法入睡。"接着，他仿佛觉得自己是在打听一件有悖常理的事——"你是醒着躺在床上吗？"——"是的，的确是，"这个可怜的人答道，"你从没这样过吗？"——"从来不会超过 10 分钟。"的确，艾略特似乎特别感到庆幸，因为他从未体验过神经衰弱的滋味，不了解这种病最常见的症状。一次，速记员请求艾略特准许她下午休息，因为她头痛得厉害，无法理解他口授的内容。他让速记员回答一个问题再走——既然她现在头痛，能否告诉他头痛到底是什么感觉，"因为他此生从未有过一次头痛"。

哈兹里特[1]在一篇题为《生活准则，或给一名学生的忠告》随笔中写道："关于你的学习和学校活动，我希望你学习拉丁语、法语和舞蹈。我之所以特别强调舞蹈，既因为它很容易遭到轻视，又因为它对你的事业成功影响最大。几乎每件事都取决于第一印象，

1 威廉·哈兹里特（William Hazlitt，1778—1830），英国作家、评论家，著有《席间杂谈》（*Table Talk*）等。——译注

而第一印象（除了并不受我们控制的相貌）主要取决于衣着和谈吐，这两者是我们每个人稍加注意都能控制的，是我们在跟旁人打交道时不断需要的小小的本钱……”[1]这准是查尔斯·弗朗西斯·亚当斯抄录给艾略特的一段话，由此得到了他的如下答复。

致查尔斯·弗朗西斯·亚当斯

1907年10月21日

……在我看来，哈兹里特关于舞蹈的一段议论颇有见地，尤其是他用“是我们在跟旁人打交道时不断需要的小小的本钱”归纳自己对舞蹈的看法。我经常说，如果必须由我确定哈佛的一门必修课，我将尽可能选择舞蹈课。西点军校在这方面十分明智，我倾向于认为安纳波利斯[2]也已经有同样的政策……

致詹姆斯·F. 斯托若

1907年11月14日

随信附上一份修改过的科林斯市长[3]纪念碑题词。按照委员会的意愿，我删除了他是一名工联主义者的说法，但我不能接受将“室内装潢工”改为“自食其力者”的建议。他比从15到23岁干活的那些人多挣了许多年的工资，这8年他一直是室内

1　Hazlitt, *Table Talk*, Eassy XVI.

2　此处指美国海军军官学院。——译注

3　巴特里克·A. 科林斯纪念碑碑文如下：“出生于爱尔兰，终生热爱自己的祖国，早年在美国接受教育，从事过多种职业，15—23岁为室内装潢工；18岁成为工联主义者；27岁获哈佛法学学士学位；从1871年起任律师；1868—1872年任马萨诸塞州议员；1883—1889年任美国国会议员；1893—1897年任美国驻伦敦总领事；1902—1905年任波士顿市市长；是一个诚实、慷慨、乐于助人的人。”

装潢工，后期还兼任装潢工人的领班。再者，“自食其力者”的语义过于宽泛，而室内装潢工的语义比较具体，表明他有一门很好的手艺。自食其力者也许指的是一名普通劳动者，或是一机械化程度很高的常规企业里的一名操作工。我很不情愿地删除了他是一名工联主义者的说法，因为科林斯市长在他的简历中不仅说明他年轻时就是一名工联主义者，而且声称他在合乎条件的情况下一直留在自己的工会里，还参加了两次罢工，反对雇佣他为领班的那几家公司。他显然以自己是工联主义者为荣，我发现这是他职业生涯的一大特色。之所以将科林斯市长纪念碑建在波士顿，是因为他作为一个外来移民，身处极其卑微的环境，凭借自己从事的职业和工作，经历了许多阶段，终于提高了自己的地位，担任重要的公职。他的工联主义标志着他年轻时的一个阶段，但在后来相继担任国会议员、驻伦敦总领事乃至波士顿市长的阶段，他依然信仰工联主义。

你诚挚的……

致乔治·威格尔斯沃斯先生

1908年11月12日

我发现自己很想有机会与你洽商向学院教堂捐赠的事宜，此事你已跟我说过不止一次。……哈佛大学的最大特色，便是正常进行各种宗教仪式。哈佛大学充分体现了它对各种观点的包容，对理想的忠诚以及对个人自由的尊重。它有力驳斥了国内新福音教徒中盛行的哈佛没有宗教信仰的论调。哈佛只有遵循它效法基督及其教义的传统，才能在现代的环境中得到发展。

我非常渴望见到这座教堂完全摆脱有害舆论的暂时侵扰，完全不顾能够想象出的哈佛董事会和监事会对宗教仪式的普遍轻视。听你说教堂有望获得这笔捐款，我真是打心眼里高兴，越想这事，就越希望能在我辞职之前看到有关捐赠事宜的最终落实……

1909年春，艾略特在辞任校长职务前不久去南方数州旅行，访问了他此前从未到过的几个城市。所到之处，他都要出席专门为他举行的会议。他多次发表事先几乎没有任何准备的演讲，其中关于黑人问题的几次演讲，在报刊上都没有受到好评。一位男士曾致信艾略特，询问他当时的一些话应该怎样理解，他在以下两封回信中做出了简明而又恰当的解答。

1909年4月30日

尊敬的先生，我最近在南方数州旅行期间发表了应该公平对待有色人种的观点，主要如下——

白人和黑人最好能够和睦相处，但应分离开来，遵守同等的法律，同等适用于教育、财产、就业、个人和宗教自由及人身安全的法律。隔离有色人种，按照我的理解，意味着他们应该有权从事各种工作和职业，无论是劳工、农民和技工，还是建筑师、银行职员、律师、医师、牧师和教师，他们都应占有适当的比例。

至于选举权，在我看来要求选举人应当有一定的教育资质是合理的，缴纳人头税也应是取得投票资格的先决条件，但适用于黑人的前提条件也应同样适用于白人。我认为政治平等与所谓社会平等毫无关系，只是南方的白人并不赞同这种观点。他们认为政治平等可能导致社会成分的混杂，黑人将因而坚决要求获得与白人进行社会交往的权利。就我所知，南方白人中存在的这种看法，在民众普遍拥有选举权的任何国家，或是某个国家的某一地区，都不会有任何市场。我为这种看法能在南方的白人中间大行其道感到遗憾。

我在南方旅行期间，发现了许多证据，表明黑人的现实处境得到了改善，表明他们更加善于利用自由的权利，更加理解自由人的义务与责任。话虽如此，我认为还需要花费四五代人的时间才能让广大黑人明白，文明的基础，是愿意每周辛勤工作六天，并且时刻注意节俭。指望不久前还是未开化的奴隶的这些人在 40 年间全都具备文明人的德行，在我看来是完全不合情理的。尚未开化的人既不会节俭度日，也不会习惯于辛勤工作；对于奴隶来说，劳动是灾祸，节俭是愚蠢可笑的习惯。

至于白人和黑人的通婚，所有的确凿证据都似乎表明它是不可取的。

最后一点，黑人对于南方各州的工业发展显然不可或缺，因此他们势必会分享目前这一地区正在大量增长的财富。

另外，我的上述观点并不是最近才成形，它们针对的是全国的情况，而不仅仅只是南方各州。

1909 年 5 月 5 日

尊敬的先生，针对你 5 月 1 日来信中提出的一些具体问题，我现在答复如下：1. 我不赞成将黑人排除于图书馆或公园之外。在黑人比例偏高的城市，也许更适合在图书馆提供黑人专用的书桌。2. 理论上我并不反对南方的汽车隔离法，只要能为黑人和白人提供同样舒适的座位；但是最近在南方旅行期间，我亲眼看到汽车上没有向黑人提供同样舒适座位的一些事例，尤其是票价较贵的座位。3. 鉴于南方白人的舆情，我赞成禁止黑人和白人通婚的法律。4. 完全隔离黑人，无论是在北方各州，或是在黑人比例较小的任何地方，似乎都没有必要。例如，在波士顿和剑桥的公立学校就无此必要。不过，如果北部任何一个州的黑人比例显著提高，我将赞成在该州专门开设黑人子弟学校。至于应该怎样最恰当地对待那些从非洲移居或被贩卖到美国的第四代、第五代黑人，我赞成将这个难题留给一百年以后的人们解决。

你最诚挚的……

1908 年 10 月 26 日，艾略特向哈佛董事会申请辞去校长职务。据说他没有征求任何人的意见便决定尽早退休。他希望辞职生效的时间不迟于 1909 年 5 月 19 日，即他当选哈佛校长 40 周年纪念日。两天后，一场原先在哈佛联盟召开的学生集会临时休会，学生们穿过昆西街，站在校长宅邸门口大声欢呼，直到他出现在自家门廊上并向来者发表讲话：

这真是让我喜出望外，非常感谢诸位的到来。昨天有人请我谈谈辞职的原因，我当时没有答应。今晚我愿意就此对你们说几句。

我听到了人们对我为何辞职做出的一些猜测。我现在没病，没有疲劳过度，我觉得自己很健康。我的各项官能和身体状况依然较好——我很高兴这样说。我在此时递交辞呈，就是为了赶在这种良好状态结束之前离任。一个人到了 74 岁的高龄，就应及时抽身而退，安心休息。拉格比的阿诺德博士过去常说，只要一个人不能一步跨上两级台阶，他就不宜继续担任一所公立学校的校长。我现在依然能够一步跨两级台阶。

我不希望人们带着遗憾说起我即将生效的辞职。发现这种情绪确实令我感动，可我觉得我的辞职也会令人充满期待和希望。我们都应开始物色一位年轻有为、富有活力的人担任这一职务。他能够被发现；我们将找到他。我们需要这样一个人，他将以充沛的精力履行这一特别辛苦、特别有影响力的职务，使这所大学达到比目前更高的地位——它作为美国首屈一指的大学已有270年之久。

我终生从事的这份职业带给我许多快乐，可惜它很快就要结束了。我任校长已有40年，持续时间之长，在世界上堪称绝无仅有。这所大学已经发展到相当大的规模。眼下我们大家的共同任务，是找到一位能够使它规模更大、实力更强的人士。晚安。[1]

除了以上这番话，还应补充两封信。艾略特在寄出第一封信之前，A. 劳伦斯·洛威尔先生已经当选为哈佛校长，将于5月19日接替艾略特的职位。

致爱德华·埃弗雷特·黑尔

1909年2月4日

你来信祝贺我即将获得自由，信中所言颇有见地，令人愉快。洛威尔先生是再适合不过的人选，因为他已经证明自己兼有学者、教师、作者和管理者的综合能力。

我认为下列各项体现了我40年工作的最好成果：

Ⅰ. 重组医学院，使其得到充足的资助；

Ⅱ. 在兰德尔的主持下重组法学院；

Ⅲ. 在科学基础上重建神学院，使该院聘用的教师中有若

---

1 *Science*,New Series,XXVIII, No.725, p.724, reprinting the report by the *Boston Transcript*.

干位不同教派的教徒；

Ⅳ.建立自愿基础之上、由代表不同教派的牧师会主持的宗教仪式制度；

Ⅴ.牙医学院除外的所有专业学院，均将以前的学位作为入学的前提条件，而牙医学院也在朝这一目标努力；

Ⅵ.将整个大学按照各个院部实施统一管理——一个本科生部和多个研究生院；

Ⅶ.完善选课制这一制度；

Ⅷ.在国家财力显著提升的一个阶段，由于公众对哈佛大学的财政和教育管理较有信心，致使学校得到的资助和学生数量均有所增长；

Ⅸ.学校聘用的教师的学术水平明显提高。

我相信这些都是我亲眼见证的主要成就。当然你知道这些一向都是大家共同的工作，而不是一个人的工作。

顺致崇高的敬意。

你诚挚的……

致罗德斯·福特·詹姆斯

1909年1月22日

……然而，你的来信中有一句话，没有你平时说的那样准确——这句话我曾经要求全校师生和我的办公室予以格外重视。我深深地感到，事实上，我也知道，过去40年这里所做的工作是集体工作，不是个人工作；我特别希望大家清楚地理解这一点，否则，有些人可能会依据我明显的成就做出若干有害的推论——主张个人专权。纵观我整个的职业生涯，这样的推论是根本站不住脚的。这是一个“团队合作”的有力例证——只有团队才会数量众多，各种各样，并且不断变换，而所有团队共同拥有一位领头人……

的确真的是团队合作，但是每个人都能体会到艾略特的继任者说过的话："他的主人翁精神已经深深感染了哈佛的每一个部门，他的各种观点已经融入哈佛的生命，被视为其天经地义的一部分。"

说到这里，不妨请出别人——借用两个人的话，因为他们完全有资格评价艾略特的工作。我引用的他们的话，不是说于艾略特的有生之年，而是在他逝世以后。第一位，是已故耶鲁大学校长哈德利："相较于其他任何人——我几乎想说'相较于其他所有人'——美国更应感谢艾略特，因为它的高等教育永远不再是一项独立的事业，像'结约之柜'[1]那样神圣不可触摸，而是整个国家正常生活的一部分。"[2]第二位是西储大学校长 C. F. 查尔斯。他说，正是艾略特"解放了高等教育……贺拉斯·曼在 18 世纪初期和中叶的几十年间，逐渐提高了公立学校的地位，使其在马萨诸塞州乃至美国都产生了重要影响。艾略特同样提高了大学的地位……艾略特，代表和体现了大学本身的教育，以及通过大学接受的教育，同时也代表民众，促使高等教育成为一种共同的权利，一股共同的力量，一项共同的成就。大学教育受到限制、束缚和禁锢的时代随之结束。它已成为社会各阶层、各州，乃至各社会团体享有的基本权利"。[3]

---

1 《圣经》故事中犹太人存放刻有十诫的两块石板的圣柜。——译注

2 In the Eliot Memorial Issue of the *Harvard Crimson*,Dee. 15,1926.

3 C. F. Thwing,reported in the *Harvard Bulletin*,March 31,1927.

15
退休生活

荣誉退休校长——与邻居和孙辈的关系——退休后与哈佛的关系——艾略特与慈善基金会和改革协会的联系——公众的顾问——五英尺书架——“未来的宗教”——和平基金会的东方之旅——涉及各种话题的信件

艾略特从校长任上退休以后，随即搬出昆西街的校长宅邸，买了一栋占地 1 英亩的房屋。这座房屋位于普雷多街和明池大道的交会处，距哈佛庭院 1.5 英里。艾略特将它作为自己在剑桥安度晚年的住所。这是一座两层半的砖木建筑，虽然建于 18 世纪初，但是造型简单结构合理，主人很快将它重新装修和油漆，使其符合自己的要求和品位。走上一小截楼梯，是一间很大的书房。整座住宅长长的南面，包括书房两扇几乎从天花板一直到地板的法式落地窗，正对着一片草坪，以及几株榆树和苹果树，过去便是布拉特尔街对面的洛威尔纪念公园。

艾略特的新居很快成为社交场所，它比当年处于社交活动全盛时期的昆西街的校长府邸更加舒适和友善。艾略特再也没有理由保留一丁点他以往那种船长似的矜持，以提防学院里的其他人。他的行为举止开始明显透出一种新的热诚，他显然很想保持与邻居的自然交往。他喜欢聚会，无论是在家里或是出门在外，策划失败的还是气氛欢快的。他的夫人可能会抱怨这些聚会好不烦人，但他不会。诚然，和他交谈的人通常口才极佳，但即便聊的是浅显的话题，也照样能让他兴致盎然。他向谈话者接连提问，以此打探他们的近况，并从自己庞大的记忆库里捞起几则陈年旧闻，勾起他们对往事的回忆。他还会就如何居家度日提出一点明智的建议，对每个人都会露出愉快而慈祥的笑容。

夏天的时候，他在东北港的家里全是客人和一些比较年轻的亲戚。他的儿子塞缪尔有四个儿子三个女儿，1910 年，他们当中最小的 3 岁，最大的 17 岁，一家人已经在附近建造了一座度假别墅。另外也给查尔斯·艾略特夫人和她的四个女儿造了一座度假别墅。

艾略特恳切地希望孙子孙女每年来这里过暑假，学习游泳、航海、骑马，在山林里寻幽探胜，如同他当年在纳罕那样。他现在依然酷爱驾船出海。他虽已年近九旬，还是想试试自己船上刚安装上的马可尼帆使用效果如何。

他和孙辈的关系特别随意自由，不受任何拘束。愉快的情绪能博得年轻人的好感，沮丧的情绪势必招致他们的厌恶。他在家里总是一副开朗知足的神态，喜欢听笑话，尽管他自己不会讲笑话；喜欢看到别人听完笑话之后开怀大笑，即便有时不明白他们因何而笑。他喜欢做自己最擅长的事——冷不丁冒出一句犀利的评论，令人为之骇然，或是说到最后貌似庄重地对某件琐屑小事做出准确的评判，令人忍俊不禁。[1]他能非常得体地向年轻人提出一些建议，另外又不把自己的意志强加给他们。比如，他反对吸烟，而且很不喜欢看见女性吸烟；但他的一个孙女，现在是他的秘书，住在他家里，平时就在自己的房间里吸烟。孙女抽烟当然没有瞒着祖父，知道他一向直言不讳，现在忍着不吭声，只是为了照顾她的情绪。

1　例如，（说到一桩 25 岁男人与 55 岁女人的婚姻，）“真不幸，她还年轻，不会死去。”（对洗衣女人说，）“不用担心那件被你扯坏的衬衫。它已经很旧了，我看其他几件质地相同的衬衫比它还柔软。”（说到一位女士，打了电话要人搬走一块与她有着某种感情联系的石头，）“但愿她好好保管那块她感情上特别依恋的石头。这种依恋似乎给她生活增添了许多乐趣。”艾略特不懂幽默的时候也同样有趣，很讨别人喜欢，因为他意识到自己对此并不介意。因此，一次他告诉格林先生自己用的是吉利牌安全剃须刀，两人之间发生了下面一段对话：“艾略特先生，你怎么处理旧刀片？”“那些刀片太难处理了。”“欧文·考勃说他以前一直不知道该把刀片放在哪里，直到他去了科罗拉多大峡谷，才意识到那是放置废旧刀片的地方。”艾略特脸上隐约露出一丝笑容，少顷，他说：“实际上，它是最不合适的地方。”一天早晨，艾略特走进办公室，对格林先生说，一个他俩都认为有点神经质的学生凌晨 2 点打电话到他家里，报告说自己刚刚产生了一阵幻觉，有人向他保证说总统准备接受耶稣基督作为自己的救世主。“那你怎么跟他说的，艾略特先生？”“我告诉他，准是有人向他传错了话。”虽然没有察觉对方话里的幽默，这样的回答仍然堪称机智。

剑桥市的府邸，*1910—1926*

东北港口的度假别墅

艾略特一个长期为一些麻烦伤透了脑筋的外甥女告诉我，舅舅是她世上最信任的人，也是她经常登门请教的人。艾略特的兴趣和热情似乎永不衰竭。他凝神倾听，提出建议；她离开后没有按照舅舅的建议行事，于是又带着新的难题再次登门。但他不会说“我早就说过”之类的话，不会有任何责备，而是带着未尝稍减的善意帮忙分析新情况。实际上，他一生中用了大量的时间照顾别人，如果身边没有人让他费心牵挂，他立刻就会变得闷闷不乐。[1]

在东北港，人们只要找到聚会的任何理由，或是哪个外孙想要外出野餐，总是觉得应该向祖父求助，觉得他会热心操办剩下的事情。某个小家伙什么时候还在向他虚心求教，没多久又可能挑起一场和他的辩论。家庭聚会上孩子也会站出来，模仿校长的语气和神态发表演讲。或是几个孩子一起合唱，“为哈佛欢呼三次，为耶鲁欢呼一次”，在一阵爽朗的笑声中结束表演。艾略特总是愉快地笑着说：“很显然，这首粗俗的歌曲经过我的修改，变得有趣多了。”

青春！青春，这些犹如当年自己的年轻人的青春。青春，充满了他以往生活的每一天，但常常只是消磨在官场上生硬刻板的人事关系中，现在终于伴随着他，热诚，轻松，风趣，亲密，心有灵犀！这让他感到莫大的幸福。

在剑桥，艾略特和夫人早餐前骑自行车的习惯已持续数年之久，但他独自出行时一般还是开车。他常常驱车驶过他儿子查尔

1　在东北港，艾略特习惯于日常购物和料理其他许多家务。早年他为卡夫岛宿营地储存物品，或者刚搬进的新居需要船运马驮日用品时，他就自然养成了这种习惯。后来，为了陪同夫人外出旅游，他继续保持了这种习惯。艾略特处理家务事，如同他处理多种繁杂琐事一样轻松自如。

斯耗费大量心血设计的园林系统的公路。他喜欢沿途见到那些散步的人，小径上骑马的人，一辆辆马车以及其他满载乘客的车辆，他一遍遍不厌其烦地思考，在如此美妙怡人的环境下进行一些娱乐消遣，会对成人和儿童产生多么有益的作用。他有时也会沿着海滨路行驶，把车开到里维尔度假，这也是都市园林系统的一条路线。聚集的人越多，他的兴致就越高。某个星期日，他会让自己的车载着沃尔考特博士，去米尔顿与他的孙女鲁丝和其丈夫孩子共进午餐。有一天，他来到沃尔瑟姆，只见地面干燥，草坪变得硬邦邦的。“我说，”亚瑟·莱曼女士提议道，“你干吗不让司机载着你驶过漂亮古树中的那片草地？你跟我说小时候你常在树下玩耍。”“不是漂亮的树，”老人答道，“是高贵的树。”他的嗓音中透出几分深挚的敬意，令人想起这些树在往昔所有的成长岁月里怎样保持了自己的尊严，又是怎样慷慨地用绿荫遮蔽了大地。他继续步行，他的车则蜿蜒行驶在古树下面，直到渐渐消失在草坪尽头另外几棵古树之后的一条林荫道上。

艾略特不可能将自己与哈佛大学截然分隔开来，退休之后他继续生活在剑桥。生活在这样一个地方，他与哈佛的关系就势必会因考虑到他的继任者而受到影响。他成了“荣誉退休校长”，大多数人仍然称他“艾略特校长”。他同意人们推选他为哈佛监事会成员，任期六年。在他担任校长的最初几年里，前任校长沃克一直任监事，并在监事会给予了他有力的支持。他相信，自己同样也会帮助继任者，而不是让他为难。但如今的环境发生了变化。我们在此无意权衡他与洛威尔校长各自政策的优劣得失，只需知道两者之间存在分歧，知道艾略特本人所持的态度。

洛威尔校长在就职演说中对哈佛大学及其几个研究生院只字

不提，通篇谈的都是哈佛学院，似乎发出了哈佛转变方向的信号。艾略特认为，他对哈佛大学各院系一视同仁，像是一位并不特别宠爱哪个孩子的父亲；人们对于他在行政管理方面最多的批评却是，他更多想到的是大学而不是学院。1869 年，美国还没有大学；他致力创建一所大学，然后取得了成功。但在这一过程中，他允许哈佛学院在履行自身职责时一再偏离正道。造成这种情况的一部分原因在于艾略特性格所限，他不能正确评价一所美国学院里本科生自身的种种缺陷，他们是尚显稚嫩的社会群体；另一部分原因在于，他认为学院应该为像他本人那样理智、认真和谨慎的年轻人开办——这样的年轻人常常出现在他的想象中，现实中却是寥寥无几。这样解释他对学院的态度，本身没有考虑许多因素，因为哈佛学院的种种缺陷，无论人们对其做出多么温和或是多么严厉的评论，都与美国其他学院的缺陷基本相同，这些学院由个性迥异的人掌管，没有因为哪所大学而牺牲自己。

我们只需要了解几个新的说法，艾略特与其继任者在治校理念上的分歧便可略见一斑。洛威尔校长在他就职演说的第二句话中，声称本科生“全都被囚禁在自己学术事业的牢笼之中”。他这样直接涉及人们对选课制的一种主要批评，使用的词语也绝不可能出自艾略特之口。他说学院生活已经开始呈现一种与学术和社会相脱离的明显趋势。艾略特从未谈论过“学院生活”，我们有可能怀疑，在他多达 40 份、每份 40 页的年度报告中，他使用的“社会”一词，是否带有洛威尔校长补充说到学院任务时使用该词的含意。洛威尔当时说，学院的任务必须是“创造一种学术和社会相结合的氛围，至少是在广大学生中间，并且为他们所有人确定接触的目标”。“难道我们不能感到，”他继续问道，“我们挽救学院的最重要措施，不是缩短学制，而是确保其值得我们挽救吗？”这个问题等于是在明确宣布，我们今后不再将哈佛的文科课程压缩到三年以内。不过说话人还有别的意图。挽救学院和“让它值得挽救”，显然是在用一种修辞手段掩饰自己对前任的批评。

新任校长用清晰有力的语言公布自己的工作目标，这不仅是可行的，而且也是一种权宜之计。艾略特早在 40 年前也曾这样做过。他可能也会坚称自己的继任者应该有魄力有主见，应该有机会将自己的想法付诸实践。然而，在一般情况下，新任校长施行的背离以往政策的几项措施，在前任看来几乎全都无足称道。实际上，它们几乎不可能受到前任的称许。一份新的工作计划的各项细则，很可能像是一张设计总图的各个部分，直到整张拼图的完成，才能被一位真正的行家看懂。艾略特着手创办一所大学之后的 15 到 20 年间，人们评判他那几项单独的计划，一般都是按照传统标准，而不是参考他新的工作总纲，而他本人已经不再遵守传统标准。洛威尔校长用近 20 年的时间才将他工作总纲的各项细则拼凑完整，使之易于理解。

哈佛学院在洛威尔校长的指导下采取了第一个步骤，要求每个学生集中一个方向选择五分之二的课程，这时艾略特及早利用一个机会，消除人们心中产生的他这位选课制的一贯倡导者有可能反对这一变革的任何疑虑。但他并不承认这种改革实有必要，只是解释说，这不是对他政策的急剧逆转。他在哈佛俱乐部新英格兰联合会的一次会议上说：“我发现，很多哈佛毕业生都觉得新任校领导正在偷换选课制的概念。我自然关心学院教授会通过并经过董事会批准的各项决议及表决结果。但我并没有对这些显然是新政策的有关问题感到丝毫不安。

“我相信，且一贯相信，只有一种方法能让年轻人学会自我管理，那就是放手让他们尝试——这是唯一的方法。现在，我们已经

有了适合的年龄 [标准]，我一向认为 18 岁是开始这种尝试的最佳年龄。但仔细看过他们用如此诱人的字眼向你们描述的各项新措施之后，我得出结论，任何一个进入哈佛学院的年轻人，如果在这套所谓新规下不能发现他所需的选择课程的所有自由，他的智力便不配接受学院教育。

“新规定没有对好学生做出任何不合理的限制。学院已经明确表示，他们将针对这些规则确定一些最宽松的例外——我认为他们用的是‘宽松’一词。任何一位有一定理解能力的年轻人都可以从中找到许多自由，我完全相信，哈佛的所有本科生都将发现这些自由。他们善于发现这些自由。

“但是，先生们，无论谁，只要最近四个月在剑桥住过几天都会觉得，人们在谈到未来的大学生时，比以往几年更可能使用一个普通的小词。这个小词是‘必须’。现在，我同样完全相信，来到哈佛学院的莘莘学子能够带着明显谦卑的神态接受这个词，但又不会任由它对个人产生任何不利影响。事实上，哈佛学院的全部精神气质，从它创立之初就体现在‘自由’一词中。这也是学院从一开始便代表的精神。在这个国家，在宗教界，在国家企业和各大行业，‘自由’已成为一个口号，并将长期如此。”[1] 除此之外，显然，他无法采纳他的继任者的观点。他既不赞同洛威尔校长让所有一年级学生共住于新生宿舍的政策，也不接受所谓的导师制。

仍在学校任职的一些以往的同事，或对正在实施的改革措施持怀疑态度，或对自己的待遇感到不满，都来向他倾诉苦衷，寻求慰藉。他人在剑桥，容易接近，因此无法回避人们的求助，但这也

1 *Harv. Grad. Mag.*, XVIII, pp.583-84. (March, 1910.)

可能导致令人尴尬的后果。他只能抱着同情的态度倾听他们的心声，而且这些来访者的话自然会对他有所触动。只要他愿意，他很容易成为不满和反对洛威尔校长政策的代表人物，尤其是1910至1916年他在哈佛监事会任职期间。但是他绝对不希望发生这样的事。所以，尽管他在以往的辩论中屡占上风，监事会又向他提供了发挥辩才的场所，他还是尽量克制自己，不再以近乎昔日那样凌厉和执着的作风坚持己见。一般来说，他满足于向监事会提供一些资料供其参考，这些旁人无法全面提供的资料涉及哈佛大学早期的历史。当他同意继任者的观点时,他设法让人知道这一事实；如果他对继任者的观点持有异议，他会避免做出任何公开的表态。

与此同时，他对其他一些机构的事务表现出浓厚的兴趣，与其有关的工作让他无法抑制自己的热情。其中包括:普通教育董事会、国际卫生委员会、洛克菲勒基金会、卡内基国际和平基金会。他于1908年加入普通教育董事会，自1913年国际卫生委员会成立之初便供职于该机构，1917年1月又当选为洛克菲勒基金会的董事。1917年下半年，他辞去了他在洛克菲勒基金会董事会的所有职务，以及他帮助成立的政府研究所的董事一职，因为这需要他远赴纽约和华盛顿参加这些董事会的会议，他已经吃不消长途旅行带来的疲劳。从卡内基国际和平基金会成立伊始（1910）至1919年，他一直任董事，并曾代表该机构考察许多国家，这次旅行的有关情况将在后面的章节进行介绍。[1]

他继续任波士顿美术博物馆的董事直至去世。他是1870年该

1　自卡内基教学促进基金会1905年成立至1909年，艾略特一直任该机构的董事会主席。当他辞去哈佛大学校长职务时，他自动成为该基金会养老金的一名受益人。考虑到任职的合理性，他已经不适宜继续保留在该机构的职务，因而主动辞职。

博物馆成立之时的创办人之一，而且，作为哈佛大学的官方代表，他在哈佛大学校长任内始终是该博物馆的董事。1908 至 1925 年，他是博物馆的教育特别咨询委员会主席。他去世后，一篇发表在博物馆期刊的述评称，“他利用每一个机会提问，这是他了解情况的特别方式。他也随时准备向我们提出建议，提供他宝贵的经验和意见。他对人事和原则有非凡的见识，于是他频繁接受各种咨询，他不停地回答各种问题，若有特殊需要，他还临时在一些专门委员会工作。”[1]

他是唯一神论的一位“杰出的平信徒”[2]，1911 至 1913 年，他担任唯一神教派全体会议主席。

他特别重视预防医学和公共卫生运动，这一点可以从他积极参加两个年轻机构的工作体现出来，这两个机构分别是全国精神卫生委员会和美国社会卫生协会。早在创建精神卫生委员会的初期阶段，克利福德 · C. 比尔斯先生便将艾略特视为自己可以依赖的挚友。1913 年，艾略特当选为委员会副主席，他担任此职直至去世。他对社会卫生协会表现出非同寻常的关注。该机构是由全国

1　这篇述评继续写道：“艾略特博士为博物馆做出了不少工作，他率先提议建立一个艺术专业学生教育与培养的正确合理的体系……他不是音乐家，虽然他酷爱音乐；他对绘画和工艺设计知之甚少，但他是首位提出为大学本科生开设音乐理论和绘画与设计实践课程的大学校长。笔者记得 20 年前与赫尔伯特教授曾受艾略特校长委派，出席一次有许多大学校长参与的讨论会。作为哈佛大学校长的代表，我们提议将音乐、绘画与设计纳入本科生课程表。我们当时的表现堪称出色，可惜没能奏效。一位颇有名望的校长说，那些对音乐感兴趣的人应该去音乐学院，那些对绘画和设计感兴趣的人应该去艺术学院，他们既然有这些兴趣，就不该上大学，从而结束了这次讨论。后来艾略特校长听我们说他的提案未获通过，并没有显示出丝毫烦恼，只是说：‘要让一个新的方案被人接受并付诸实施，至少需要 30 年。我们必须继续争取。我们终究成功。’30 年还没有到，但是这一方案已经被广泛接受，不仅在哈佛，而且在其他院校和学术机构，不用多久我们将会看到它在各地得到实施。”

2　平信徒，指未受神职的一般信徒。——译注

失眠症协会与普林斯·A. 莫罗博士的性卫生联合会合并重组的产物。艾略特此前已经认识到他这项开创性工作的重要意义——促使人们意识到性卫生与私人卫生和道德品质的关系。传统观点将谈论性病视为绝对禁忌，从而给性病的治疗和预防造成了极大困难，艾略特对此非常反感。于是他远赴布法罗参加了这两个协会合并的会议，接着又主持了新协会的组建工作，以及选择新协会理事这项困难但成功的工作。他还欣然接受了新协会首届主席的职务，对该协会的工作给予全力支持。他的建议为协会迅速推进的教育运动的平稳发展起到了很大作用。美国参加第一次世界大战之后发生的两件事情，促使艾略特更加关注公共卫生事业，同时使协会受到公众道义上的支持。许多证据显示，随着义务兵役法案的实施，性病在社会上迅速蔓延，引起了公众对这种所谓社会弊端的严重性的密切关注。当首批应征入伍的士兵在兵营集中受训时，幸好美国社会卫生协会已经能够对这种保护工作提供人员服务和技术指导，并做出了宝贵的贡献。每个人都认为这些士兵应该受到保护，使其免受妓女和皮条客的引诱。该协会在战时和战后的各项活动都取得了有益的成果。1915 年，艾略特辞去社会卫生协会主席的职务，但仍担任该协会的名誉主席直至去世。

公共服务改革是这位醉心于改革的人士早期最喜欢考虑的一项议题。读者想必记得，1874 年他在英国期间曾经访问了若干政府部门，以期考察英国公共服务事业的现状。公共服务业的改革当时在美国只是刚刚起步，直到 1881 年才成立了国家公共服务业改革联合会。1902 年艾略特出任联合会副主席，直到 1908 年决定辞去哈佛大学校长职务后，才允许自己被推选为委员会主席。他任此职至 1913 年，联合会工作的相关信函档案表明，他并不只是一个挂名的主席，而是随时处于临阵待命状态，经常应各种要求起草信函和决议草案。塔夫脱执政期间，邮政局督察员的任命突然出人意料地与考绩制[1]脱钩，艾略特与 R. H. 达纳先生当即同赴华盛顿，与总统和参众两院的几位议员进行会晤。他在为公共服务业改革辩护时尖锐指出，慈善事业如果在政党分肥制下开展工作，就无法实现自己的初衷。他曾说，“废除政党分肥制是改革的重中之重”。

以上是他积极参与其工作的几个重要机构，此外他还与其他许多机构发生一定程度的联系。我眼前有一份他冠名参与的各种联合会、协会以及临时或永久的委员会的名单，足有 200 多项。从 1910 到 1918 年，他在一定程度上给予支持的机构显然不少于这个数目。他与每个此类组织都有书信来往，还为其中一些组织撰写发言稿和可供发表的报告或说明。倘若有人问他为何乐于耗费自己如此之多的精力，鼓励人们多方面利用自己的善意，他会回答说，他从帮助这么多造福于人的事业中得到了极大的满足。[2]如果人们正在开展一场他认为很重要的辩论，他也喜欢发表自己的意见，无论这对辩论本身能有多少影响，因为他相信他在自己的余生最能做好的事，莫过于帮助公众认识到哪些工作需要完成，并且尽己所能促使这些工作及早完成。

新闻界对发表他的各种观点表现出经久不衰的热情。某位编辑郑重其事地向他提出的问题浅薄无聊到了极点——“生和死对你来说意味着什么？——请用两句话回答。”“我们在 unique（独特的）

1　指以考试成绩作为录用或提拔文职人员依据的制度。——译注

2　另一份名单显示，他对一些正规慈善组织和活动的捐款至少占他有限的工资收入的十分之一以上。哈佛大学的教职员、学生及其他人生活遇到困难时，他经常匿名接济他们，因此这方面没有留下什么记录。

之前该用 a 还是 an？”“理想家庭有哪些要素？”艾略特似乎尽力回答了每一个问题，像是一位正直无私的圣人。

事实上，民众普遍期待杰出的公众人物重新表述一些耳熟能详的真理，他如今已经在这方面提供了一个典范。那些已无任何新意的真理必须被重复，经过知名人士之口一次次地流传。我们不会听任那些无名之辈做这些，如果他们这样做了，也会被我们斥之为自命不凡、令人厌烦的家伙。但墨索里尼即便说出的都是陈词滥调，意大利法西斯也会觉得深受鼓舞；如果西奥多·罗斯福凭借自己的人格魅力和十诫[1]创建了新的政党，半数国民都会发现他的竞选纲领不仅有趣，而且振奋人心。A. V. G. 艾伦说，人们在波士顿对菲利普斯·布鲁克斯的好感曾一度达到相当高的程度，以至于一些寻常之极的宗教思想或观点，一经他说出，便得到热烈的反应，仿佛这些是前人从未说过的真理，仿佛这些话之所以成为真理，完全有赖于他的个人权威。成为这种大众心理法则的工具，对于一个人的名声来说也许不是好事，因为后人评价他时，仅仅依凭如实记录的他本人的言论，并没有带着对他丰富经验无比信任的心理，而正是这种信任，在他同时代人看来，赋予他的格言警语一种超越其他所有权威的分量。即便哪位读者仍能记得自己初次接触艾略特的一句隽语时如何感受到他的独特魅力，就算他现在有意通读一册《艾略特妙语集》，也会很快打消此念，因为他发现该书内容庞杂，虽然作者见解高明，但过于单调重复，缺乏新意。但是，如果他的目光能够洞察这种个人影响的现象，他不会觉得艾略特的地位会因此受到削弱。应当有人向当今社会灌输古老朴素的真理，

1　犹太教、基督教的戒条。——译注

这对社会的健康发展至关重要。称职的牧师在本教区主持的礼拜，受人尊敬的传道士向本教区全体教徒的布道，都是方式之一。

因此，谈到艾略特与公共事务的关系，我们有理由说，他在一生中最后几年担任的职务，犹如一位备受尊崇的时事评论家，定期为半月刊或月刊杂志撰稿。在这几年里，他发表演讲与撰写的文章同样频繁，但是他的所有演讲词全都见诸报端。他从不试图利用自己与公共问题的关系谋利，只是将自己该说的话发表在无论什么报刊上，只要他认为这种报刊能够让最适合或最大量的读者读到,而不是发表在能给他带来大笔稿费或版税的报刊上。于是，几乎每个月，他都会针对时下热议的话题产生一两个见解，或是以演讲的形式，或是形诸文字发表在《大西洋月刊》上，或是撰写一篇述评供其他报纸刊登。这方面的内容将在本书后面的书信和说明中有所涉及。总之，除了讨论多年的教育问题，这类演讲和文章更多涉及他长期研究的五个问题：公共事业改革；市政府；所谓保护运动，包括社会卫生与保护自然资源和娱乐场地；他所说的“劳资双方的尖锐冲突”；人类智慧能够对付的最棘手的难题，即世界各国的和平事业。

他还用一年多的时间忙于一项罕见而独特的事业。

艾略特宣布辞职几周之后，科利尔出版社的诺曼·哈普古德和威廉·帕顿找到他，提议由他主编一套世界上最好的文库。艾略特此前曾在一次向部分普通工人发表的讲话中说，一只五英尺书架上摆放的书籍，足以替代一个人年轻时正常接受的几年文科教育，只要他能专心阅读这些书籍，即便每天只读 15 分钟。帕顿先生向他重提这番话，哈普古德先生答应聘用任何一位他看中的助手。他们还告诉艾略特，科利尔在权威出版社的通常销售渠道之外，目前单是通过征订就已经有几百万册书籍在发行，从而激发了他的想象。

他们计划让好书走进无数的家庭。显然，两人初次与艾略特晤谈，便使他欣然接受了这个建议。帕顿先生提议将这套文库冠名为“哈佛经典”，或“艾略特校长的五英尺书架”。

艾略特请求 W. A. 尼尔森教授（现任史密斯学院院长，当时人在哈佛）帮助他，随即得到尼尔森愿意合作的确切承诺。在确认哈佛校长与董事会对他提议的丛书名称均无异议后，他同意实施该项计划。

几周后，他在亚特兰大的一场演讲中透露消息说，他大概即将着手挑选一批能够摆满一只五英尺书架的书籍，这批书我们每天只需阅读 15 分钟，经过长期积累，将相当于接受完整的文科教育。

此话随即激起一股公开讨论的热潮，其持续时间之长，超出了任何人的想象。一方面，艾略特已经公开承诺要提供满满一书架的图书，另一方面，这样做又是困难无比，两者似乎成了报刊专栏和公开信作者关注的焦点。“如果不刊登一篇议论艾略特博士的书的文章，”帕顿先生说，“一份报纸的周日增刊或书评专栏就是不完整的。即使通篇没有提到书架上到底是什么书，稿件还是照登不误。”

依照“书架”划分的 50 卷编辑工作启动之后，尼尔森教授惊讶地发现出版商希望他们保持平均每月三四卷的进度，而艾略特此时尚未形成明确的思路。帕顿先生已经拟定了两卷的目录，最终得到艾略特的首肯，并被收入该系列丛书。其中一卷的书目包括《约翰·伍尔曼[1]日记》，它经常被人认为应该出自艾略特本人的选择。按照他的设想，该卷应该呈现和解释世界历史的各个时期和发展，

1　约翰·伍尔曼（John Woolman，1720—1772），致力废奴运动的美国贵格会信徒。——译注

而不是最佳散文诗歌的荟萃。工作时，尼尔森教授摊开大幅纸张，在左侧空白处的一栏依次列出各个世纪，接着在其他各栏依次填上文体类别、国家、事件、重大发现、主题等等，然后将这些纸上填写的内容仔细琢磨一番。“整个15世纪，书架上没有它的代表作。”“这边是文艺复兴时期，该选什么作品来说明它呢？”“民间文学、宗教作品与戏剧该如何处理呢？”有时艾略特立即知道自己该怎么做，有时他和尼尔森教授不得不寻求他人的建议和帮助，因而不可能说出究竟是谁具体提了哪些建议。最后一卷的简介部分，概述了编者的总体构想；该卷还含有“读者指南”。

艾略特在简介中写道：“我选编《哈佛经典》，旨在为认真、执着的读者提供文学养分，他们可以从中大致了解人类从遥远的古代直至19世纪末观察、记录、发明以及想象的过程。在这总共50卷约22 000页的篇幅内，我试图为读者提供获取古代和现代知识的手段，这种手段对于一个具有20世纪思想的文化人是不可或缺的。一个文化人最值得拥有的是开明的理念和思维方式，此外，他还应该认识人类从蛮荒一直发展到文明的迂回曲折的历史进程中逐渐积累起来的巨大宝库，接触其中文字记载的大量发现、经验和反思。我提议从这座宝库中编选一套丛书，俾便任何一个抱有求知热望的美国家庭使用，即使他们早年没有多少教育机会。因此，我们编选《哈佛经典》的目的，明显有别于许多旨在遴选世界上五十或一百部最佳作品的丛书。我们的目的，正是为了向那些眼力不凡的读者提供一份世界思想潮流的丰富而独特的文字记录，以使他们的心灵得到充实、滋养和升华。除极少数特殊情况外，几乎所有收入该系列丛书的作品都是完整的——整本书，整个故事，整篇文献，整篇散文，整首诗歌——其中若干卷由许多篇幅短小但未经删节的作品组成。”

丛书目录甫一成形，出版商就发现自己面临众多竞争对手程度不等的非法翻印行径。其他一些出版社则匆忙推出一些预计将被列入“五英尺书架”系列作品的廉价版本，将其标榜为“由艾略特校长推荐”。一位出版商宣布出版一套经过改进、价格低廉的简缩版丛书，立即招致了争议和诉讼。科利尔公司交给一位推销人员一份顺序完全打乱的不完整的目录，旁人无法看出头绪，而他在老板指点下已经洞悉其中的奥秘，能够拿着它口授全部内容。推销员刚刚掌握的这套障眼术不到 48 小时就被人窃取，消息登在报纸上。结果，嘲讽和批评的浪潮立即涌向各大报社。帕顿先生说，有一天，一名职员向他报告说，他已经在自己的剪贴簿上粘贴了 31 700 多则报纸上的书评或简讯，没有一则是由科利尔公司供稿或出资刊登的。

艾略特镇静自若。他当然不希望发生这么荒唐的事情，但如果他的推荐足以使一些好书或某篇好文章再度风靡一时，那倒也挺合他的心意。他一向以传播知识和思想为己任。当帕顿先生问他是否介意这一切，“他眼里闪烁着愉快的光辉，嘴角微微一努，答道，‘我想这是很好的宣传’”。

选编希腊、罗马和东方文学作品时，艾略特虚心请教有关专家，特别尊重他们的意见。在自己熟悉的领域，他往往不依惯例，而是选择一些有趣的作品。选择之难，自然是此项工程最令人头疼的问题。例如，哪里可以找到一部合适的加尔文主义的代表作呢？加尔文卷帙浩繁的《基督教原理》显然不宜重版。不过艾略特一向喜欢追溯本源，采用一部自成一体的完整作品。他最终决定，将加尔文《基督教原理》的序言，以及诺克斯《苏格兰宗教改革史》的前言，作为体现加尔文主义的代表作。也许正是由于这个缘故，艾略特建议编一卷《名著序言集》。某些划时代的作品因为篇幅太长不能全文转载，但需通过作者本人的语言予以介绍，此时不妨用他们撰写的序言代替。有鉴于此，艾略特最终编纂了该系列丛书中饶有趣味的一卷。哥白尼为他的《天体运行论》撰写的序言、约翰逊为他《英语辞典》撰写的序言，都将被收入该卷。哥白尼的序言此前似乎未被译成英文，因此还得专门翻译。

艾略特收入这套丛书的一些作品，充分体现了他重视文明发展和人类思想历史的意图——圣·奥古斯丁《忏悔录》的全文，达尔文的《物种起源》，亚当·斯密的《国富论》，两部世界级宗教作品。曼佐尼的小说和达纳的《两年水手生涯》各占一整卷，似乎明显反映出他年轻时的爱好。爱默生的随笔也占据了一整卷。[1]

在诗歌方面，他打算将约翰·弥尔顿和罗伯特·彭斯的诗歌悉数收入丛书。他在简介中写道："丛书收入了约翰·弥尔顿和罗伯特·彭斯的所有诗歌，因为这两位风格迥异的诗人的作品，蕴含了社会、宗教和政治学说，它们对于现代民主社会至关重要。弥尔顿是倡导公民和宗教自由、恪守清教主义的伟大英国诗人，彭斯是伟大的民主诗人。两位诗人的作品涉及自由政府、教育和民主社会机制的基本原则，将作为该丛书中有关主题的大量优秀作品的阅读指南。"

除了两位诗人的全部作品和几位伟大诗人的部分经典作

1　在东北港家里和剑桥家里的藏书中，艾略特各置有一套爱默生作品全集。他熟谙爱默生的随笔，如同熟谙《圣经》一般。有人说，艾略特没有通常意义上的那种文学品味，这话说对了一半。但他利用书籍，喜爱书籍，并非为了书籍本身的缘故；他广泛涉猎经典作品，也没有带着一名文学鉴赏家的喜悦。他在这方面得益于自己向人求教的本领，得益于不同知识领域许多专家的帮助，他们总是乐于为他提供各种资料和参考意见。他有非凡的记忆力，因而逐渐积累了有关历史和世界思想的许多知识，容量之大，堪与被公认为具有"文学品位"的少数几个人媲美。

品——荷马、维吉尔、但丁、莎士比亚和歌德，选择众多英语短诗本来需要耗费大量时日，好在艾略特对《英诗金库》(Golden Treasury）评价很高，于是他将《英诗金库》的所有诗，外加两倍于此、多少基于尼尔森教授选择的其他诗，统统纳入丛书。艾略特的有些偏见根深蒂固。讨论卢梭的作品时，他肯定谈到了卢梭遗弃自己孩子的可耻行为；但他最终接受了卢梭关于人类不平等原因的论述，将其《爱弥儿》中的《一个萨瓦省牧师的信仰告白》收入丛书。

最后一卷使该丛书比多数精心编纂的文库更加实用，因为该卷的许多章节为读者提供了阅读指南，而读者阅读“五英尺书架”的书，往往出于各自不同的目的。例如，有的是为了思考文明史，有的是为了研究戏剧、传记和书信，有的则是特别热衷于宗教、哲学、政治或航海及旅行。[1]

虽然在简介中对所有帮助他的人逐一致谢，艾略特还是恰当地为选入该丛书的所有篇目承担全部责任。

笑谈编辑“五英尺书架”过程中发生的种种趣事，倒是再容易不过，但当50卷的编辑工作全部告竣，投放市场之后的效果证明，这套巧妙策划的丛书很好地满足了广大读者的需求。丛书出版15年之后，销售量仍然很大。根据出版商的计算，该丛书已经销售了35万套，总共1750万卷。没有人预料或奢望《哈佛经典》丛书能达到如此之大的销售规模。艾略特编辑这套丛书时，抱着促进教育这一无私的初衷，因此并不指望获得与实际销售利润相符的经济报酬。尽管如此,他对这套丛书的成功发行仍然由衷地感到欣慰。

1　“五英尺书架”丛书各卷作品的标题参见附录F。

芬利·彼得·邓恩[1]当时正以“杜利先生”的笔名主持某报幽默随笔专栏，他赶紧抓住“五英尺书架”，作为他书籍系列随笔的一条线索。芬利将最近辞任校长一职的艾略特描绘成为刚刚进入“某所一流著名大学”的新生，他说：“在我看来，查尔斯是一个正常而又健康的男青年。他所做的正是进入我校的所有新生都在做的事情。他告诉人们应该读哪些书，他还创建了一种新的宗教。每一个循规蹈矩的孩子，都应按照他的意愿，得到他的体系中的这两样东西。”[2]

这种被“杜利先生”说成是由艾略特创建的“新”宗教，由作者在《未来的宗教》一文中做出详细介绍，该文在1909年7月的宗教暑期学校宣读。其时，这篇正在广泛流传的文章已被艾略特收入他题为《绵延不绝的人生幸福》一书中。[3]这是他对自己宗教观的最完整的陈述，因此有必要加以总结。

“未来的宗教，将不再基于权威，无论是宗教还是世俗的权威。逐渐摆脱对绝对权威的依赖，是现代世界最有意义的一种现象。”它将不再崇拜光、火、暴风雨这些大自然原始力量的化身。“未来宗教中将没有对祖先、教师或统治者的崇拜，无论直接或间接的崇拜；无论哪个部落和种族都没有神，也没有守护神；不会将任何人等同于永恒神祇，无论他的身份多么高贵。”宗教人士将不再考虑他自己的利益和安全，他的初衷将不再是个人利益或个人安

1 芬利·彼得·邓恩（Finley Peter Dunne，1867—1936），美国报人和幽默作家，曾给《芝加哥晚邮报》写小品文，出版小品文集《杜利先生在和平与战争中》等8卷。——译注

2 “Mr. Dooley Says,” pp.134-35. (*Scribner*’*s*, 1910.)

3 See also in Neilson, p.576.

全，无论今生或来世，而是考虑对他人的帮助以及人类共同的利益。新宗教不会开导人们说人性有可能突然改变。它不会抚慰人们，也不会为人们做出牺牲或补偿。它将不再带有悲观、禁欲或憎恶的性质，将更多关注欢乐和生命，而不是悲伤和死亡。他将是纯粹的唯一神教，它不会使那种被赋予人形的上帝的古老化身历久永存。它将有关上帝的传统观与有关生命力的生物学原理共同融入其中，因为它认为宇宙充满无限的精神，并将毫无保留地真正接受圣保罗的话。"我们生活、动作、存留，都在乎他。"[1] "它将是一种人人皆为圣贤的宗教。它将珍视人类善行和美德的所有故事。它将敬慕那些发现、教授和倡导自由正义与纯洁以及为之献身的人士。它将尊崇所有坚强而可爱的人们——在他们身上可以看见无可估量的、如同他们极力崇拜的上帝一样的品质。"

对于这个饱受蹂躏的可怜的世界，宗教过去曾经为它带来将来救赎的若干希望。未来的宗教能否承诺救赎这个世界的种种弊病，能否承诺助人渡过近在眼前的苦厄？

艾略特的回答是，对超自然现象弃置不理。"这并不意味着生命将失去神秘和神奇，也不意味着自然法则的应用范围已经最终得到确定；而是意味着这种宗教如同其他宗教一样，应该在迄今已确定的范围内遵守自然法则。"它不应乞灵于巫术、魔法或故弄玄虚的仪式。"宗教的圣礼不应利用巫术破坏自然法则，而应借助肉眼可见的形式体现物质世界的精神美质或神圣习俗。"牧师特别热衷于宗教思想，拥有关于各种信仰专题的非凡的演讲才能，通过培训掌握了提高人类社会及工业环境的最佳方法。"人类公正与自由的到来，"艾略特说，"已经延迟了几个世纪。"由于教会就来

1　语出《圣经·新约》的《使徒行传》17:28。——译注

世救赎做出的承诺收效甚微，未来的宗教将从另一角度——“抑制和预防”——接触社会弊病这一专题。“新宗教将推崇与赞美上帝的爱和怜悯，不会贸然陈述公正的上帝可能或不可能要求他自己或他的子民做些什么。”如果有人问这种宗教会给遭受苦难的人类带来怎样的慰藉，艾略特会答道，“受难者得到慰藉，常常是在他对别人做出善举之时，而不是他以前面临灾厄需要慰藉之时”；是因为他比以前更加明智和友善而得到的慰藉。这些慰藉正是“耶稣归纳的十诫，对上帝的爱和人类之中兄弟般的情谊”。“世上的工作总得去做；有待回答的一个重大问题是，到底是愉快地做还是痛苦地做呢？今天许多人都是在痛苦地工作。”新宗教将努力减少人类这种不必要的大量的痛苦，主要通过增进人们之间的善意达到这一目的。同样，“未来宗教将具有普遍性，能够适应人类迅速增长的知识，及其控制自然的能力。由于儿童的宗教势必迥异于成人的宗教，而且需要随着儿童一起成长，因此，如果一个种族的能力正在迅速增长，它的宗教就必须适应其自身的发展”。

最后，未来的宗教“不仅将与现代社会的大规模运动相协调——民主，个人主义，社会理想主义，对教育的热衷，执着研究的精神，欢迎新事物的趋势，预防医学的新生力量，工商业伦理道德的提高——而且将符合福音书中耶稣本人亲自传授的教义。因此，耶稣给予人类的启示将比以往更加显得奇妙”。

以上节选的内容，是《未来的宗教》一文的结论。该文论证兼说理，利用历史证据支撑自己的观点。这些历史证据表明，文明人已经在思想上愈发趋向于利用民主方式，接受科学的观点，努力促进人类进步，重视基督教义宣扬的人类友爱的价值。

除了编辑“五英尺书架”这一暂时性的工作，艾略特主要以顾问的身份提供参考和建议。处理信函比以往更加耗时费力，但他从无怨言，而且乐此不疲。因此，我们最好将眼光再次转向他的信函档案。

收到的每一封信件他都认真阅读，思考其中的问题，对于那些旁人收到准会弃置不理的信件，他也照样回复。如果对方向他请教问题，他在回复时更是动足了脑筋。他口授回信——实际上，如今他口授几乎所有的回信——早已习惯于简洁而有序地表达自己的想法，难得发现自己有什么口误需要纠正。尽管他的秘书打字的准确性极高，但每封信还是需经他过目之后他才会签名。

以下第一封信是艾略特从东北港寄给他的四个孙儿的，此前这四个孩子已经由他们的母亲查尔斯·艾略特夫人带到欧洲。其次是艾略特对某位工联主义者复信的节录，此人在来信中对他的言论提出异议。随后几封信无须任何解释。

1910年6月27日

亲爱的孩子们——你们四个：

我们非常想念你们，但是更希望听说你们生活愉快，学习进步。有些乐趣能够通过重复练习不断增长，比如音乐、风景画和其他艺术的乐趣，这自然再好不过。学习知识本身是一种乐趣；但如果你在获得知识的同时，能够逐渐变得有益于或者有助于他人，你将终生获得一种幸福的源泉……你们无法想象这里有多美。记忆中的一幅幅画面总归不如实际的风景那样美丽。我和你们祖母第一次欣赏这些美景是在30年前，自那时起，我们每年夏天都会来这里，除了一年（1887年）以外。每次都有惊喜，美丽的大地、海洋和树林总是让我们感到清新和愉悦……眼下我们正准备乘坐小型客车前往索姆斯维尔，还要带上博尔，相信我们一定会度过一个愉快的下午。虽然我们年纪大了，却依旧恩爱如初。希望你们也将有同样的经历。这是人生的一大乐事。儿孙们的相继出现让我们倍感欣慰，回忆各种普普通通的经历，某些悲伤但多数愉快的经历，都让我们的满足达到了极致。这是爱的自然结果。尽情享受美食、美酒、运动、闲暇，以及所有美好的事物，同时务必切记，思考、工作和爱，才是持久幸福的真正源泉。

祖父

致某某

1910 年 11 月 7 日

尊敬的先生，刚刚收到你 11 月 2 日一封很好的来信。我难得收到一封写得这么好的来信，或者说这封信在表述争议话题时分寸把握得恰到好处。你对我有关工联主义观点的理解，主要依据你碰巧看到的报上摘录的这些文章，你大概将发现我的观点的确比你现在认为的更加合理，只要你愿意通读纽约乔治·P. 普特南之子公司最近出版的一本小书，名为《民主社会中工联主义和资本主义的未来》。你将在那本书中发现，我认识到工会造成的利弊得失，并清楚地看出资本主义的各种弊端。我反对工联主义和资本主义，并非基于道德、物质或工业的考虑……

你对我关于公共服务改革的见解持怀疑态度，倒也在情理之中，因为你不赞同我关于工联主义的观点。我们所有人都以这种方式论证他人的观点或主张。然而，我敢认为，考绩制涉及政府任命，明显有别于政治分肥制，它理应得到每一位明智的工联主义者的支持。国家、州、市各级所有政府的高效管理，

艾略特及其孙子，*1960*

符合每一位公民的利益，无论贫穷富有、雇主还是员工、本国人还是外国人；只有用考绩制度代替赞助制度，政府的管理才有效率可言。

你诚挚的……

一位年轻人曾致函艾略特，就一场关于语言的价值的讨论向他提出若干问题，对此艾略特答复如下：

1911 年 1 月 3 日

尊敬的先生，12 月 29 日的来信收悉，兹答复如下：在我看来，我之所以拥有这些使用英语的能力，主要得益于以下几方面：1. 早年对拉丁语的学习；2. 年轻时形成的背诵大量种类繁多的优秀英语散文和诗歌的习惯；3. 阅读和聆听英语《圣经》的习惯；4. 成年之初写作化学研究论文和编撰化学教材的经历，当时我得确保自己所写的每一个句子都不易招致任何误解;5. 中年时期不断参与有关教育问题的讨论，其间但愿能够说服一些人士和机构按照我的观点采取行动，只是他们无意这样做。

就我所知，研究现代语言对于我的英语应用能力并无助益。另一方面，我所研究的数学和自然科学，虽然没有直接提高我的英语水平，却很有可能为我制定了一套准确使用词汇的标准，促使我慎重对待自己依据已知现象做出的推论。换言之，我认为我获得了只有通过科学研究才能取得的优势——练习如何恰当利用极为有限的条件进行推论。确定事实时失之草率，做出推论时有欠准确，是我在那些没有接受过任何科学训练的作者作品中最常见到的两个缺陷。

根据我的记忆，我从未接受过“口才、辩论和公开演讲技巧”

方面的任何专门培训，虽然早年我就读于波士顿公共拉丁语学校期间，所有学生均需偶尔当众朗诵。

就我所知，语言表达的“丰富”部分源于天赋，部分源于情势所迫之下进行的练习。

恕我冒昧表达这一愿望：威斯康星大学教育系将认识到，任何学科教育都没有通用或普遍的价值，而只有因人而异的各种价值。一门学科对某个学生的价值也许无可限量，而对另一个学生来说则可能没有任何价值；普遍的教育价值不仅毫无意义，而且容易引起误解。

你诚挚的……

收到以下这封信的福布斯先生在 1911 年是菲律宾总督：

致 W. 卡梅伦·福布斯总督，

1911 年 7 月 20 日

……你认为基于独立经济条件的个人独立，是政治独立的必要前提，对此我完全赞同。最近我在法尼尔厅为波士顿市发表了 7 月 4 日演讲，我在演讲中坚称我国人民 1776 年取得的政治独立，正是社会生活和职业生活的方式完全独立的必然结果，这种独立的生活方式，从最早定居于大西洋海岸的先民到他们的后裔，相沿至今已有 200 多年。我继而指出，政治独立本身的价值极为有限，除非辅之以相当程度的职业独立。一旦拿到印刷成册的演讲稿全文，定当奉寄一份。

一个落后民族在一位实权人物的统治下逐渐受到教化，这方面令人费解的问题是，先进民族实施的统治没有自然的时间限制；落后民族只要愿意服从先进民族的统治，就将继续依附该民族……

倘若我处于你的位置，我将主要致力提高菲律宾人的挣钱能力，他们可以务农，也可以从事各种普通职业，诸如木工、泥瓦匠、铁匠、印刷匠、车夫、面包师、油漆匠、渔民等。正是通过这些职业，美国殖民者在 1620 到 1776 年间为他们的政治自由奠定了坚实的基础。你是否可能在菲律宾效仿美国农业部和基础教育委员会（洛克菲勒教育基金会）过去五六年在南部各州实施的巡回农业教育？也就是通过不拘形式的讲座、展览、实践课程，以及由个体农民经营的示范农庄等形式，对农民进行培训。自内战以来，美国一直在开展这些行之有效的工作，以提高南方各州黑人和贫苦白人的素质。这种教育灌输和培养了个人独立的精神，并且形成了有利于个体独立的邻里合作形式。民众中支持美国政府的中坚力量是农民、渔民和技术工人。依我看，19 世纪的统治阶级绝对不会干这种事情。工联主义者或资本家联盟也不会干这种事——尽管二者加在一起能够产生巨大的物质财富……

艾略特在 1911 年春天某时关于林肯的谈话没有留下文字记录。但他曾给两位对此持有异议的人士分别致信，我们从中能够推测他当时讲话的主要内容。

1911 年 4 月 11 日

尊敬的先生，4 月 10 日的来信收悉。21 世纪的史学家必将指出，林肯经过历练，出色地履行了自己的职责；而且他为人诚实，因为他说的是心里话，平时按照自己的标准行事。但随着战争的持续，他为政治诚实确定了越来越高的标准。然而，他后来借政府高级职务的委任，作为回报朋友、力排众议和影响立法的手段。我认为史学家们在条件成熟、为他如实立传之时，既不会遗忘他非凡的功绩，也不会忽视他的缺点。因此，我觉得，他无法站在堪与华盛顿比肩的高度。他在智力上远胜于华盛顿。他广泛同情民众，人生经历带有更多的悲剧色彩，因而越发引起同时代及后世人们的兴趣。但他的品行不及华盛顿。他出身卑微，信仰自由，聪明而仁慈，肩负重任，最后死于非命，这些将使他永远受到自由民众的爱戴。然而，"思想开明，灵魂高贵者，唯一人而已，他就是我们及所有人的华盛顿"。

你诚挚的……

1911 年 4 月 13 日

尊敬的女士，我曾说林肯总统在他第一届总统任期之初，就对内阁中最重要的职位做出了一项令人震惊的任命，我指的是，他任命西蒙·卡梅伦为战争部部长。卡梅伦腐败透顶，他在陆军部独断专行，恣意胡为，林肯总统 10 个月之后便将他解职。我指的只是西蒙·卡梅伦，没有其他人。

揭示有关林肯的真相，不应该令你或其他任何人感到沮丧。他在智力和道德上逐渐胜任自己的工作，他的功绩将永远被世人铭记。但无法改变的事实是，他将所有的官职视为获胜政党的战利品，出于政治原因，他任命了许多并不称职的军官，拖延了战争结束的时间，造成大量的人员伤亡。这些都是已经并将继续载入史书的事实。尽管如此，林肯将是未来所有时代自由和民主的象征，这是他当之无愧的不朽殊荣。

随信所附的报告文字上有欠准确，但较好体现了我发言的主要精神。

你诚挚的……

致 A. V. 黛西，

1911 年 10 月 2 日

亲爱的黛西，收到你 9 月 19 日的来信时，我正准备从荒山岛搬到剑桥。

我强烈地感到，政府为公众利益势必不断增加其自身的行为，虽然，这种行为严重妨碍了个人的自由和主动性——尽管它在很多方面促进了个人及公众的利益。政府在与预防医学有关的所有事务中采取的行动，有力证明了它实施干预的必要性。个人不可能有效保护自己免遭传染性疾病或害虫的侵袭。只有政府的集中力量才能提供公众所需的保护。不过，你认为欧洲国家主要依赖政府行为而不是民众联合的力量，从而损害了公益精神和个人的积极性，对此我深有同感。

你认为国家干预大多有赖于社会各阶层最近感受到的人道精神，而且值得所有人称道，我也赞同这种观点。国家干预同样有赖于应用科学的新成就，这些成就使政府、公司和个人利用许多方式增进人类的福祉，而这在 50 年前是不可能做到的。

出于出国观光、考察民情的目的，同时也希望与国外同行互相交流教育、预防性医学、宗教、国家关系等方面的一些有益见解，我和夫人将在一个月之内启程前往印度，准备看看几个东方国家。露丝将与我们同行，她是一位一流的旅行家，总是能给我们一些安慰和帮助。她此时在慕尼黑，11 月 16 日将在热那亚与我们会合，与我们一起去锡兰和印度。我和夫人时常觉得此次出行似乎有些轻率，但经过慎重考虑，又找不出任何适当的理由取消这次旅行计划。我们两人的眼睛耳朵都还管用，手脚也还利索。如果你有哪个以前的学生在英国的任何一个附属国身居要职，请寄给我一份写给他的介绍信。我 11 月 5 日离开剑桥。

你诚挚的……

上面提到的旅行，是艾略特代表卡内基国际和平基金会进行的一次出国考察。基金会意识到，它的阶段工作之一，是通过德高望重的代表人物促进国际间的参观访问。这种访问具有双重的教育作用。首先，访问者在他到访的国家发表演讲，给当地民众带来他所代表的国家历史、文化和思想观点等方面的知识。其次，这些访问者也将有关外国民族的大量资料带回国内，借助各种访谈、演讲，报刊上撰文以及出版专著，不时向本国同胞做出介绍。[1]

基金会起初建议艾略特只对日本进行一次“友好访问”；但他经过慎重考虑之后坚持认为，鉴于他本人以往从未去过东方国家，最好还是先访问一些英国的附属国，然后访问菲律宾和中国。基金会迅速同意了这一意见，同时希望他向各位董事出具一份报告，说明“亚洲国家能够计划开展、基金会能够为这些国家计划开展哪些恰当而有益的活动，以推动和平与国际友好事业的发展”。

本着上述意图，一行人于 1911 年 11 月 7 日启程前往瑟堡[2]，包括艾略特夫妇，儿子查尔斯的长女露丝，以及作为艾略特随行秘书的罗杰·皮尔斯先生。艾略特计划直抵锡兰，再由此相继前往印度、爪哇、菲律宾、中国、日本及夏威夷。他们费了不少心思，以确保此行不带有任何外交或官方色彩。

1 参见卡内基国际和平基金会 1913—1914 年年鉴。

2 法国西北部港市。——译注

然而，这份考察东方国家的计划在最初几个月几乎没有任何进展，因为艾略特到达锡兰不久便得了急性阑尾炎。1 月 9 日，他在康提国家医院[1]接受了手术。这场病使整个行程耽误了 3 个月，迫使他放弃访问印度、爪哇和菲律宾的计划，直接前往中国和日本。

很难说出还有哪个美国人，能像艾略特那样，在中国和日本受到如此热诚的欢迎，无论他希望说什么，人们都愿意洗耳恭听。中国民主革命的许多年轻骨干都曾在西方国家留学，其中几人曾就读于哈佛大学。所有去过美国的人都因为艾略特的知名度了解此人，知道他超然于外交和政治纷争之外，将其视为声名显赫的人物，认为应当高度评价他的此次访问。当时日本在哈佛等美国大学的学生比中国的留美学生更多。

我们希望他能如实告知，他对在此期间会见的一些人士有何看法，比如说，曾经接见他的孙中山，给他留下了怎样的印象。无论谁遇到这么多有趣的人物，大概都不会如此令人遗憾地忘记留下一些详细记录。艾略特在信中提到孙中山时只是一笔带过，说孙中山强调“中国在列强面前软弱无助”。他信中能勉强算作人物刻画的只有两句话，涉及袁世凯，此人原是清朝政府的重臣，后来当上了中华民国大总统。“袁世凯是个有趣的能人，颇有个人魅

1　“12 月 8 日，星期五，这位英国的（？）医生对我说：‘我请了锡兰最好的外科医生作为顾问，他是黑人。你不会介意的，是吧？’我说：‘不会，我只要手术顺利。’于是，保罗医生，科伦坡医院外科主治医生，泰米尔人，而且显然是黑人，第二天上午为我割除了阑尾……”（摘自 1912 年 1 月 25 日给 H. P. 沃尔考特博士的一封信。）随着麻醉剂药效渐渐消退，艾略特突然气愤地嚷道：“我要毁了你们的杂烩汤！毁了你们的杂烩汤！”嚷了一遍又一遍。事后别人谈起他当时的情景，他解释说，他依稀觉得自己又一次回到纳罕的童年时代，一次外出野餐，他们不让他靠近火堆和杂烩汤，他便向他们扔石头。（见第一章第 20 页）人们不禁纳闷，不知相距 70 年之久的两个时刻，到底激发了他怎样的联想——70 年间，他是否曾无法抗拒别人的意志？抑或曾意识到丧失了自制力？

力，健康情况也比我想象的要好。他食量很大，不做运动，很少出门，因为他每次出门步行或乘车，都需要重兵保护，以防不测。”查尔斯·R. 克兰曾向艾略特询问袁世凯的有关情况，他答道：“此人手握实权却不理国事。他从不运动。他整天坐着，脖颈上的肉堆得老厚。总有一天他会暴病而亡。”他说这话是在1916年春天。3个月后，袁世凯果然暴病而亡。

艾略特将此次访问的报告以《通往和平之路》[1]为题发表。文章不长，几乎通篇都是泛泛的观感和个人的建议。通过摘录如下一封信，不难看出报告的主要内容。他得出的一个结论是，亚洲习惯于根据一般原则分析问题，不善于根据详细调查的事实进行归纳推理，故而一直停滞不前。他建议通过教育革除这一弊端。

中华民国总理唐绍仪在与艾略特晤谈时坦承，他在物色外国顾问的同时很难不使中国受到西方列强外交部门的操纵，为此伤透了脑筋。艾略特此次中国之行以及与唐绍仪会谈的一个直接成果，便是中国政府采纳了艾略特的建议，恳请卡内基和平基金会任命一名合适的学者担任中国的宪法及行政法顾问。基金会应其所请，派遣法学博士弗兰克·J. 古德诺前往中国。

归国途中，艾略特一行在夏威夷停留数日后，于1912年8月10日抵达波士顿。

艾略特代表和平基金会进行的这次出国旅行，显然使他更加热衷于国际和平事业。

---

1 *Publication No.1, of the Division of Intercourse and Education of the Carnegie Endowment for International Peace.* (Washington, 1913.) 初版5000册，再版25000册。1915年，艾略特摘录其中一部分再版，这本小书即冠名《通往和平之路》（*The Road Toward Peace*）。

致尼古拉斯·莫里·勃特勒博士，

康提，1912 年 3 月 8 日

尊敬的勃特勒先生，我到这里后不久突然得了阑尾炎，好在现在已经痊愈。我很想进行适量的工作和运动，只是现在干什么都不能冒失，三个机灵的同伴把我盯得紧紧的。过去一个月，我们在这个美丽的岛上到处游览，欣赏这里的各种景色，感受这里多变的气候。下周星期日（3 月 10 日），我们将从科伦坡前往新加坡和香港。在离开这些目前由英国控制的东方国家和地区之前，我想简略地谈谈我从来到这个英国直辖殖民地起脑中一直思考的几点想法，同时向卡内基国际基金会提出一项工作建议。这些想法绝不是现在才有，但是我能确定，我建议的这项工作至今尚未开展——至少是没有按照我建议的那种方式开展。

I. 英国强权下的和平实际上结束了各种种族冲突和宗教冲突，这些冲突曾时常使现今英国影响所及的一些国家陷入孤立。局部地区仍会爆发由种族仇视或宗教狂热引起的小规模冲突，不过这些冲突只是普遍安宁的局势下无关紧要的个别现象。与 19 世纪欧洲国家之间开展的军事活动相比，英国为取得并维持对大量人口的影响而开展的军事行动是小规模的。因此英国强权下的和平是对世界和平事业做出的重要贡献。

II. 过去 50 年间，国际战争的起因已经发生了变化。宗教战争、改朝换代和支持暴君统治的战争已经不可能出现。将来引发战争的因素可能是，随着国与国之间工商业利益发生冲突，随着国与国之间竞相进入新型市场，争夺投资盈利的新机会，竞相扩大劳动力迁移的范围，造成国民普遍的猜忌、厌恶和疑虑，并进而借助极端手段表达这些情绪。

III. 如果将来最可能引发战争的因素，是竞争性经济与商业环境催生的国家或种族的心理状态，而每一个朝气蓬勃的民族都渴望掌握自己的命运，同时赢得自己的世界地位，感受到这样一种普遍的风潮，西方列强则竞相开展贸易扩张，开拓有效利用资本和人才的新领域，在这样的时代又该如何维持英国强权之下的世界和平呢？只有在英国控制之下，稳定而有效地增进亚洲各民族的经济利益和自尊意识。

IV. 除了某些特殊情况，英国目前的政策似乎明智地偏向于增进亚洲各民族的物质利益，而不是均衡照顾各个殖民地自己的利益。在培养他们的自尊连同与此有关的自制这一优点时，英国的政策未能完全奏效。但在这方面种种迹象表明，人们对英国政府和人民的普遍看法均有所改善。英国开拓殖民地的主要目标是扩展英国贸易，增加英国财富；但现在人们普遍认为，只有提高被殖民人民的知识、技术和财富，提高他们的生活水平，帮助他们消除源于迷信的恐惧心理，摆脱社会负担，克服工作中的障碍，形成新的需求和志向，才能更好地实现这些目标。

V. 实现这些目标的主要方式有：1. 初级和高等教育，尤其是年轻人的基础职业教育，以及对农民开展主要农作物最佳种植方法的培训（将美国农业部与南方基础教育署实行的农业教育相比）；2. 预防性医疗和高效的公共卫生组织，旨在消除病痛，预防病疫，提高产业效率；3. 关于流动性劳力、保障大规模企业及提供足量可靠劳力的合理法规；4. 联合与合并的自由，对工商、教育、宗教、慈善等目标负有有限的责任；5. 根据公法纳税，由领取薪资的公职人员收税；6. 能赢得公众信任的法院。

VI . 这些措施旨在增进任何长期处于专制统治下的民众的利益与幸福，因而得到普遍认可。说到它们，我发现英国的各个附属国，在现行法律下立法和司法实践方面存在诸多差异，包括印度、锡兰、缅甸、海峡殖民地和马来联邦。此外，任何此类附属国的立法和司法实践，很容易受到其他附属国所采取的成功措施的影响，尤其是在教育、预防医疗、劳动力立法几个方面。然而，这五个国家在上述六个方面均未有当前立法及司法实践的简要对比报告。

因此，我建议，卡内基国际和平基金会可以做一项有益而恰当的工作，即委托一位专业人士起草一份对比报告，将其公开发表，周知公法学家及英国殖民地的行政官员，通过仿效和竞争，促进上述国家以及出现类似问题的国家（例如菲律宾）政府行政工作的顺利开展……

下面一封信又回到美国大学管理的问题：

致弗朗西斯·格林伍德·皮博迪博士

康提，1912 年 2 月 12 日

尊敬的弗兰克，……你寄来的帕顿发表于《科学》的一文[1]中最后三页的主张很好，而且为人所知，但并不适用于哈佛。该文前几页的内容显示，他并没有吸收哈佛和耶鲁 1847 年以来的校史，也没有参考最近出版的题为《大学管理》的哈佛一项小型研究的成果。他认为，美国高等院校中有一套普遍的“现行管理体制”，这实在是大错特错。例如，哈佛大学与哥伦比

1 Stewart Paton : “University Administration and University Ideals”, *Science,N.S.*, xxxiv, p.693(1911).

亚大学、耶鲁大学与普林斯顿大学在管理上存在很大差异。他认为一所大学的董事会和教授会可能而且应该制定并宣布一项“大学发展的政策”，或不妨称之为“总体规划”的东西，这说明他没有理解富有进取精神的美国大学的发展模式。哈佛本身再好不过地体现了它发展的唯一可行的真正途径，体现了它如何满足已知的公众需求。理学院（1846—1847）发端于新英格兰新的产业需求；医学院实施改革 (1871)，是因为有关人士觉察到医疗业可能出现的一些新情况；神学院实行改革，是因为人们坚信哈佛大学的神学系应当要么撤销，要么不带任何教派色彩，人们经过很长时间才逐渐形成了这一信念；开设建筑学课程，是因为建筑业对于受过文科教育的美国人来说已经成为一门理想而实用的职业。为了满足社会在音乐、历史、经济、政府、森林、生物、建筑及比较宗教等方面的需要，哈佛大学做出了相应的专业拓展。没有人能“规划”这些接连出现的新兴学科，并且宣布与此有关的政策。一所富有活力的美国大学的发展方向，取决于我们民主社会的新需求，而看出并理解这些需求的，正是活力迸发的管理机构中那些深谋远虑的人士。这种发展不是主动，而是顺势而为的结果。[1]甚至在校园和建筑物的布局设计方面，哈佛和任何一所新兴大学都不可能制定一份供未来若干年实施的总体方案。我在任时曾由三位资深建筑

1 除了列举的这些事例，艾略特可能还会补充工商管理研究生院的情况，该院始创于他校长任上，一方面是因为西班牙战争结束后，人们认为美国年轻人需要接受海外殖民地管理和外贸方面的培训，另一方面则是因为，艾略特和其他人为即将进入工商领域的哈佛学院毕业生人数之多、比例之大深受触动。如果他提到教育研究生院，他可能指的是一所在始创阶段受惠于他最多的学院，因而并不是他用以批评帕顿文章的最适合的例证。

学家为哈佛在剑桥的学区制定了三套设计方案，但董事会发现他们不可能遵循其中任何一套方案，只能采取折中方案。仅仅时隔几年，一些难以想象的需要、新型资源，以及公众品味发生的变化，将使任何这样一套方案过时，只能保留其最基础的部分。帕顿博士文章中的不少说法都很有道理，但他的主要建议是不恰当的……

致 A.T. 莱曼

1912 年 5 月 10 日

……我对你关于劳伦斯大罢工[1]的叙述很感兴趣。这次罢工始于针对人身和财产的暴力行为，它受到企业之外的无政府主义者、哲学社会主义者和社会慈善家的支持；财产由国家负责保护，但最后生产商们纷纷破产，罢工者的大多数条件都得到满足。很快他们就会故伎重演，不是在同样的企业或城市，而是在其他什么地方的纺织业。他们为什么不罢工呢？他们罢工的理由很充分。在他们看来，劳伦斯大罢工的成果很值得罢工者暂时蒙受一些痛苦和损失。支持者告诉他们，他们遭到如此残酷的压迫，从而煽动他们制造暴乱；另一方面，企业主和经理也会做出一些让步，致使人们相信企业一直需要向操作工人支付较高的工资……我认为只有两剂药方，可以消除所有采用工厂体制和现代运输方式的国家目前发生的劳资冲突：一是加拿大工业纠纷调查法案（两年前遭到马萨诸塞州劳资双方的一致反对），二是在采煤和运输企业征募男女工人，解决他们的生

1　指 1912 年美国马萨诸塞纺织工人进行的一次大罢工。——译注

活基本需求，参照征募陆军或海军的一些条件，但标准不用那么严格。

绝不允许出现罢工、怠工和工会标志。

这种征募工人的方法适合从铁路部门开始试行……

总统竞选也是艾略特持久关注的事件。1884 至 1916 年间，每次竞选之前，他都会“公开”声明自己的立场。下面一封信写于行驶在太平洋的一艘蒸汽客轮上，表明他虽然人在东方，却已经开始考虑自己在 1912 年该如何投票选举了。

致莱斯利·霍普金森小姐

1912 年 8 月 1 日

亲爱的莱斯利，……承蒙你的帮助，我最近一直在阅读政党代表大会的决议和有关评论。我认为目前的讨论非常有益，我们可以期待，这场讨论将使公共服务改革在更大的范围内展开，致使执政党再也不能利用政府官员，操纵他们赖以延长自己政权的各个核心组织、委员会和政党代表大会。罗斯福说政党的领导核心已经剥夺了原本属于人民的权力，这话不无道理；只是他不该那么偏激，不该试图让人们以为塔夫脱的核心组织会有一些比往届政府更加拙劣的伎俩。以前没有谁比罗斯福更肆无忌惮地、更有效地利用政府官员和卸任政府官员，以控制委员会和政党代表大会。这在共和党内已经形成了沿袭多年的惯例；民主党无论何时执政也是同样糟糕。罗斯福无论何时需要也都同样沿袭这一惯例。至此，我觉得本人反对罗斯福成为总统候选人有下列理由：1. 他对仲裁条约的抵制是无理且有害的；2. 过去一年他那样对待塔夫脱，实在有失君子风度；3. 他不能按照他宣称的理由分裂共和党，因为他现在强烈谴责的错误行径，正是他以往一直积极参与的；4. 他对本届总统选举风气败坏的现状负有责任；5. 他过于自我，过于自信，加上强烈的个人权欲，使他无法形成正确的见解，甚至不能恰当地表现善意。

如果我以上所言有哪点不对，请写信给阿斯提库转告我。我们即将平安到家，感觉离家很近了——再有 10 天就将抵达波士顿。代我们向你母亲问好。

你诚挚的 C. W. E.

正如人们通过上面这封信估计的一样，艾略特在 11 月最终把票投给威尔逊。选举前，艾略特还在《纽约时报》（1912 年 9 月 24 日）上发表了一封公开信，表示支持威尔逊。虽然艾略特只是民主党的众多支持者之一，威尔逊对他们来说也并没什么个人魅力，[1] 他与威尔逊在教育工作方面建立的关系还算融洽，而且他觉得自己衷心拥护威尔逊的主要政策。当选总统威尔逊正式就职之前，艾略特应其所邀与他在纽约见面。威尔逊邀请艾略特出任美国驻日大使。

致伍德罗·威尔逊

1913 年 1 月 27 日

尊敬的威尔逊州长，关于上周五下午您对我的提议，我已经征求了我夫人、儿子和依然健在的姐姐（现已 85 岁）的意见，他们一致反对，并且列举了几点理由，使我相信我不该在偌大年纪接受你托付的这项重要工作。他们深知这一工作无上光荣，

1 See "The Voter's Choice in the Coming Elections," *Atlantic Monthly*, Oct.,1920.

而且可能很有价值；但他们坚持认为，我在国内有大量此类工作要做，国内是我最好、最合适的工作地点。我觉得他们的话很有道理，因此接受了他们的意见，同时怀着敬意谢绝您的邀请，但很感谢您在诚邀我出任此职时表现出的信任。

除了上面提到的人，这件事我没向别人说起；我和他们都不会重提此事。

顺致崇高的敬意。

您诚挚的……

3月19日正式就职之后，威尔逊总统致电艾略特："冒昧请问您是否有意出任驻英大使，倘蒙应允，我将深感欣慰。"出任驻英大使，艾略特就无须待在离美国那样遥远的东京，而且环境也比较舒适。但塔夫脱总统此前请他出任此职，已经被他婉拒，并在以下一封信中列出具体原因。但是现在又多出新任国务秘书这样无法绕开的人为障碍，因为布莱恩·艾略特先生根本感觉不到别人的尊重，若是在此人手下工作，只会令他厌恶之极。于是他回电称，"衷心感谢您的信任，但我仍然认为，本人在有生之年以从事熟悉领域的工作为好"。

致理查德·亨利·杰西校长

1913年3月28日

尊敬的杰西博士，连续两任分属不同政党的总统均请我出任驻英大使[1]，堪称极大的荣幸；我认为这也从另一个侧面表明，

1 查尔斯·艾略特致A. W. 朗，1916年4月10日。Eliot quotes Rhodes- "A unique case."

在过去许多年里，美国的思想家们没有在哪个真正重大的问题上分为民主党和共和党两大派别。或许正因如此，罗斯福先生才认为有必要针对若干新的，或刚刚引入的问题成立一个新党。

我谢绝大使一职，并非因为我老了或是缺钱。我敢说我可以胜任这份工作，同时可以保有一所舒适的住宅，并且能以朴实而得体的方式殷勤款待宾客。不过我早在四年前就已认定，外交生涯无论对我还是我夫人来说，都没有任何吸引力。一位现代外交官如今上班时间一直坐在电话机旁，我的思维习惯很不适应这种工作方式。有鉴于此，我告诉威尔逊先生，我觉得较之于出国任职，自己在国内熟悉的领域工作更能发挥作用。

谢谢你的美意，我将由衷地回报你的美意。

你诚挚的……

致杰罗姆·D. 格林

1913 年 4 月 3 日

我始终无法对庆祝英语民族缔结和平条约一百周年的提议产生兴趣。首先，《根特条约》[1]的签署不是一件值得庆祝的事。重要的是关于五大湖地区军舰通行的《1817 年公约》。其次，人们提出的几个庆祝方式在我看来都不理想。我们为什么要花那么多钱在华盛顿竖立一座维多利亚女王的雕像，在威斯敏斯特教堂竖立一座乔治·华盛顿的雕像？这两个人与《根特条约》和《1817 年公约》没有任何关系。庆祝英国和美国之间百年和平的正确方式，是取消美国船只在巴拿马运河的豁免关税政策，

1　为结束英美战争（1812—1814）而缔结的条约，1814 年 12 月 24 日在比利时西北部的根特市签订。——译注

并与英国及其他几个国家达成关于维护永久公正仲裁法院的协议。除非我们做到这两点，否则我反对将任何一笔资金用于庆祝《根特条约》的签署。实际上，我认为，目前有英国参与的任何庆祝活动都是不恰当的，除非它已经不再反对私人财物在海上免遭劫掠的条款。

那笔10万美元的先期行政经费更坚定了我反对整个活动的立场，尽管那些“令人生畏”的人物竭力促成此事。我觉得1917年很适合我们在华盛顿和布法罗召开公众集会，庆祝《1817年公约》的签订。

你诚挚的……

致A. V. 戴西

1913年10月21日

尊敬的戴西，收到你10月8日的来信，获悉你正在为你《法律与舆论》的再版写一篇恰如其分的序言，心里甚感欣慰。20世纪初以来，法律与舆论发生了如你所说的极大变化，并且全都带有激进倾向。在这个国家，公众舆论确实发生了赞同集体行动的奇特变化，而且立法的变化似乎大于舆论的变化。我国的立法机关一直采用考虑欠周的规则；你们国家的议会在同一方向上始终比我们的任何一个立法机关都要冒进。在我们两个国家，工业战争都是政府和整个社会面临的最严峻的问题。在我看来，工资制度虽然较之奴隶制有了巨大的进步，但是它的作用已经达到了极限；现在必须设计出工资制度以外的某种补贴制度。

过去两三年，我对各种已经投入使用的分红制[1]一直颇感兴趣。这方面已经做过许多尝试，其正反两面的结果都很有参考价值。我们已经证明，这个国家的任何一套分红计划，如果主张损失同样均摊，或基于员工购买其所在公司的股票，都将无法奏效。我们已经知道，即使是完善的养老金制度也不能阻止罢工和随之而来的暴乱。基础教育的普及似乎无助于企业稳定，而是恰恰相反。以我所见，解决这个问题的唯一方法，是务必使熟练技工和一般工匠同样具有那种激励企业主和投资者的动机，在热情高涨、辛勤工作和避免资源浪费的前提下期待利润持续增长。最近我介绍了剑桥一家小型的私有企业实施的分红计划，该计划连续 12 年实际产生了理论上有望产生的效果。我将随信寄上一份我的这篇文章[2]。

你说你现在觉得物理学和医学是最重要、最有趣的学科，我对这话很感兴趣。我相信你和布莱斯同样特别讨厌赫伯特·斯宾塞及其所有作品，但是你此刻正明显流露出一种斯宾塞式的情绪。我曾经长期处于你目前的这种心理状态，如今回顾我在哈佛校长任上的工作，如何在其他一些志同道合人士的协助下，极大地改进医学教育，心里感到莫大的快慰。过去四年里，即我辞职以来的四年里，我一再向各个教师协会和教师俱乐部声称，语言哲学，“乃至那些传统学科”，现在不应在教育领域占有它们长期占据的地位。

你说现在连本瑟姆都无法相信，立法是一个愿意在有生之年有所作为的人致力研究的问题。目前在这个国家尤其如此。

1　一种将部分利润按服务年限、工资比例等分配给职工的方法。——译注

2　“Successful Profit-Sharing.” *System*, Aug., 1913, pp.139-45.

政治工作已经落后于目前人们深入的思考达25年甚或50年之久。那些早在40年前就已被政治经济学家充分思考过的关税问题，我们的国会不久前才围绕它们开展了一场大规模的较量。此时国会又在集中讨论一项有可能置金融原则于不顾的货币法案，而这些金融原则已经通过几个欧洲国家和加拿大的实践确立达30年之久。美国的立法肯定是过时的、落后的、模仿他国的产物；此外，无论是在英国还是在美国，实际立法的都必须是一个政党，而政党行动迟缓，往往需要做出许多妥协，令政治哲学家或严肃的学者无比沮丧和失望。

布莱斯显然正在国内继续他那通常相当活跃的生活，他一直在外旅行，一直在报告旅行中的种种见闻，历时之长，如果要他独坐书斋，默默地长期从事一项工作，他大概不会觉得其中有何乐趣，甚至认为根本不可行。不过另一方面，他既然有特别好的户外生活习惯和兴趣，或许也擅长于持续很久的体力劳动。你我都希望他会抽出时间整理他逐渐积累的关于世界民主国家的知识。为此目的，他将不需要公开的身份，甚或人们目前的赏识……

你诚挚的……

致A. T. 莱曼

1913年10月23日

尊敬的亚瑟，西普莱克斯电话电报公司分红制的一大优点是，无论利润是多是少，它都能成功实施。当然，在公司没有盈利的情况下，任何分红计划都应停止实施。许多分红制的试验以失败告终，是因为企业主企图让他们的成员既分享利润，又分担损失。

西普莱克斯试验令人感兴趣的另一点是，该公司的员工来自许多不同的民族，其中大多是波兰人、立陶宛人、意大利南部人、叙利亚人和希腊人。分红的方法对于这些民族的员工，同样行之有效。

第三，该公司的员工，如同棉纺厂的员工一样流动性较大。去年只有五分之三的员工参与分红。其余人员则因工作年限不足不能参与分红。这一制度的另一大优点是，参与分红者对于那些不参与分红的工人能否足量而认真地完成一天的工作特别重视。

迄今做出的许多分红试验由于以下三个原因归于失败:1. 企业主试图让其员工既分享利润又分担损失；2. 分成者的红利没有达到其全年工资的一定比例。这一份额应该达到年平均工资的七分之一到六分之一；3. 经常有人尝试着让操作工以持股而非领取现金的方式参与分红。所有这些尝试都应该是失败的，因为它们没有建立在人性的坚实基础上。

我觉得你信中的最后一段未免过于绝望。目前的工资制度能否促成工业和平，眼下尚不得而知。现在劳资双方都有健全的组织，而且不断发生冲突。通过妥协折中，劳方最后提出的条件几乎总能得到一点满足，从而实现停战。但是现有的工资制度无法带来和平，如果给予民主，仍将不得安宁。因此，实有必要在所有的工矿和运输企业中找到某种新方法，作为对现有工资制度的补充。马萨诸塞一家管理有方的棉纺厂，照我看就很适合开展一次高级试验。马萨诸塞的一家有轨电车公司也是这样。

格蕾丝在一两天前给我读了她父亲一封来信的部分内容。这封信写于19世纪30年代，当时她父亲是一名年轻的律师，刚刚搬到洛威尔不久。他描写了当时工厂年轻女工的工作情景，她们经常从凌晨5点工作到晚上7点，中途只能休息一小时。他指出如此辛苦的劳作对年轻女工的身心是何等严重的摧残。这是露西·拉科姆时间。我最近在日本看到了几乎相同的情景，许多工厂昼夜不停地开工，每天两班倒，每班12个小时。

在过去80年间，棉纺企业的管理已经取得了很大的进步，我们因此有理由希望有关方面能进一步改善企业管理，直到发现现行工资制度的必要补充。

你诚挚的………

读者不难看出，以下这封信是艾略特对他人祝贺他八十寿辰的答谢。

致詹姆斯·福特·罗德斯

1914年3月25日

回顾80年的人生岁月，我感到欣慰，虽然我和家人经历了许多考验和忧患。我对未来并没有多少考虑，唯愿生命随着工作能力的丧失而结束。回首往事，我发现我以往大多数时候都在忙于工作。既不悔恨过去，也不惧怕将来，而是争取在有限的光阴里实现那些经常短暂、有时长久的一个个目标。

你的一些人生经历告诉我，就其对后世的影响而言，活到高龄绝对是一件好事。你提到的几个人没有一个活到老年。人们更愿意倾听一位老人的高论，只要他有话要说，而不是一个年轻人的话语，虽然他的口头和笔头功夫并不亚于老人。一个老人往往与世无争，由于这个缘故，他很容易被视为一位不抱偏见的顾问。

据我所知，我具有的这种表达能力，正是我一遍遍试着用简练的语言按照逻辑顺序表达自己思想的结果。身为哈佛大学校长，我常常借工作之便，认真辨析和阐述我接触的别人语言文字的实质内容，这是极好的训练。至于“风格”，我认为大多数英语文学的教师和批评家都会对你说，我没有风格。不过我想他们也会说，我的语言没有晦涩难懂和矫揉造作的毛病。

你 3 月 19 日的来信令人愉快，原谅我在这封回信中谈的尽是我自己。你的信让我不禁想起我以往的各种幸事、目的和行为，幸运的是，我难得有暇陷入这种思索。

你诚挚的……

致查尔斯·弗兰西斯·亚当斯

1914 年 4 月 26 日

尊敬的亚当斯先生，我及时收到你 3 月 26 日的来信，但信中讨论的问题事关重大，故我迟迟没有答复，况且此信的语气过于伤感，我发现很难追寻你的思路。一年多前，你在哥伦比亚和南卡罗来纳发表的演讲触痛了我的心灵，因为其中透出了深深的惆怅，即便说不上沮丧。[1] 你我年龄相仿，人生开始时，对于自由和民主的看法大致相同。只是你已发现自己有理由摒弃我们青春年代的原则和信条，而我却没有。就我所知，我如今的基本信仰与 20 岁时大致相同，不过我觉得我如今信仰的基础比当年更加牢固。我在这方面似乎比你幸运——幸运一词也许并不贴切。你改变信仰，是你人生经历的一个结果，我的信

1 *'Tis Sixty Years Since*. Macmillan Co., New York, 1913.

仰至今不变，是我人生阅历的一个结果。

我同意你关于工会影响的看法。大大小小的工会摧残个性，限制自由；此外，它们使一个人不可能，或很难尽其所能做好日常工作；它们剥夺了其所有成员通过尽量做好工作所得到的快乐。然而,我不同意你的工会必须对“失业大军”负责的说法。照我看，从来不曾有过这样的失业大军，除了偶尔在经济萧条时期出现，但即便在那时，失业大军的主要成员也是残疾和无能的人，以及自甘堕落的人。

我不同意你将立法提案权、公民复决权和公民罢免权一起列为包治社会弊病的良药。在我看来，公民复决权在大多数情况下有害，在少数情况下有一些积极作用。立法提案权甚少使用，因而并不重要；至于公民罢免权，尤其是对法官的罢免，似乎只是多少有些积极意义的恶作剧。事实上，我认为工会并没有催生这些权利，工会也不应为此负责。至少在瑞士或俄勒冈是这样。

说到工会运动的总体影响，有人认为现在的工会运动功利、自私、狭隘,对此我深有同感。但是,如果回顾19世纪的前75年,我们会发现，这些工会的工作大多是勇敢而无私的，并且对工人阶级极为有利。他们坚决抵制当时工厂制度下恶劣的工作条件，自己为此付出了很大的代价，却为整个社会造成了良好的效果。在我看来，工联主义并非与共和制度的延续格格不入，但它势必阻碍工业效率的提高，阻碍工人阶级理智地追求幸福。

你以赞许的口吻说到我在这个“最费力不讨好的公共教育机构”已经做的工作。我为抵制工联主义做了不少的工作，目前仍在这么做，但不是按照你对这一问题的看法。因为我认为目前的工会会员准则可以适当修改，而且这些准则确实正在修改完善。我找到了一种解决劳资纠纷的方法，这种方法就是分红制或合作管理。

大概由于我的身体仍然允许我从事脑力劳动和很多消耗体力的娱乐活动，我没有感到你所说的那种疲倦；或许我明天就会感到疲倦，因为健康和精力随时都有可能突然垮掉。在那一天到来之前,但愿自己能够一直苦中寻乐。总之,尽管你提出“人生为何充满了痛苦？”这个问题，我仍倾向于认为你还是喜欢工作，喜欢面对冲突。希望你是这样。

你忠实的……

这两位急公好义的爱国人士的观点存在很大的分歧。事实上，他们常常持截然相反的立场，致使两人见面时经常发生激烈的冲突，看不到愉快的情景。诸如监事会会议之类的一些场合，他们会表现出几分热情和欢乐，当然只是为了掩人耳目。人们觉得，两人似乎都很喜欢而不是讨厌这样的机会，任由自己在好斗本能的驱使下，去跟一个如此强悍而又投缘的对手较量。亚当斯竭力挑逗艾略特，他好发一些悖论，也喜欢提出耸人听闻的假设，每次凭借若干惊人的论据和夸张的言辞坚持某一个无人赞同的论点，他似乎都处在兴致极佳的状态。面临极其糟糕的形势，校长急于发现感到满足或是希望的充足理由，他却准备开始向他这代人发出悲恸的哀号。尽管艾略特一般能够看出这些都是亚当斯的个性特征，但他在任何场合当然都会相当客观地看待对方。从亚当斯对此前一封信的复信可以看出，他对自己的观点受到如此解读感到惊讶。然而，不容忽视的是，在生命的最后几年里，他像自己的两个兄弟亨利和布拉克一样时常流露出悲观情绪，这让艾略特特别伤感。

致杰罗姆·D. 格林

1900 年 7 月 2 日

……你寄给我的《思考型的人总是信奉唯一神论吗？》一文，不知是从哪份期刊还是报纸上剪下的，在我看来，文中提出的批评意见是合理的。我知道自己总是本能地认为，其他基督教派的教徒不能对他们信奉的教义做出过多思考或是分析。每次见到他们为自己辩护时发表的那些观点，都觉得未免过于牵强和守旧。我手头没有登在《基督教通讯》上的那篇文章，但是我在文中表达的思想是发自内心的，难免招致你寄给我的这篇文章的批评。可以说，批评主要针对我的这样一种观点：唯一神派教徒是唯一兼具思想、理性和独立意志的宗教信仰者。我那两篇分别以《未来的宗教》和《二十世纪的基督教》为题的文章，想必主要基于我对唯一神论的这种认识。

你挚爱的……

致杰罗姆·D. 格林

阿斯蒂蔻，1914 年 10 月 3 日

这里天气很好，所有的户外活动都令人愉悦。昨天下午，我和夫人沿着港口旁边的布鲁克小径散步。走到通往约旦池塘的小路转向西行，越过阿斯蒂蔻山返回住处。路两旁枝繁叶茂，色彩斑斓，行走其间，更觉心旷神怡。由于出门时天色已晚，我们在归途中登上阿斯蒂蔻山顶时，夕阳已经落山。我们走了近一个钟头才安全抵达住处，因为尽管夜空高悬着一轮皎洁的明月，小路在树荫的遮蔽下漆黑难辨。9 月中旬开始一直如此惬意的天气，我们整个夏天都未曾有过。我们打算本月 10 号周六傍晚返回剑桥——假如天气允许的话。我们在此后 8 个月将

很少关注气象状况。我们在这段时间里提出的唯一一个有关气象的问题是，我是否该带一把雨伞或穿胶鞋，或是否该坐在封闭式而非敞篷式马车里。提出这样的问题真是扰人兴致。其实，当代都市生活根本不能称之为生活。在城市里，人们不仅身体得不到足够的调养，精神世界也常常显得粗鄙或空虚。所幸这种状况下也有很多令人欣慰的例外，通过城市生活和乡村生活的完美结合，足以让我们希望未来将产生一些最优秀的人士，如同以前经常出现的那样。

你挚爱的……

以上信中提到的散步，路程约 4.5 英里，其中包括爬上阿斯蒂蔻山坡的一段路。另一封去年秋天寄自剑桥的信，提到艾略特和夫人某日早餐前骑着自行车行驶了 6 英里。[1]

致欧文·维斯特

1914 年 12 月 10 日

我现在对自己为音乐馆的题词感到很有把握。如果连你都无法对它加以改进，我完全有理由相信其他人更是无法做到。你认为理查德·施特劳斯不会取代贝多芬或莫扎特，我对此深有同感。依我看，贝多芬一定会比其他任何一位艺术家在更广泛的范围内拥有不朽的声誉。

我想跟各位监事谈谈奖学金和运动员的荣誉（帽圈、列队受阅、田径场和球场上的阵阵欢呼）之间的几个外在区别。一

1　查尔斯·艾略特致弗朗西斯·罗尔，1913 年 10 月 31 日。

名高年级学生，如果船划得很好，足球踢得好，棒球打得好，就此类比赛而言，已经达到了人生的巅峰。此后，无论他怎样努力，也永远不可能有如此杰出、如此令人称羡的表现。怀着骄傲而又谨慎的心情，他会立刻开始炫耀自己得到的帽圈和纽扣。甚至在体弱多病的暮年，碰到适当的场合，他照样会将它们展示一番，以此公开证明他曾经在人生的某个适当时机达到体能竞技的最高水准。去年6月，我看到一位博学的马萨诸塞法官，满脸皱纹身子干瘪，还有一位白胡须牧师，步行的速度甚至达不到2.5公里每小时，两人都在把自己哈佛棒球帽上的丝带拿给别人看。认出这种丝带的朋友们跟他俩一起笑起来，但没有一丝嘲笑的意味。这圈丝带彰显并记录了他在一生中的某个阶段获得的卓越成就和最高荣誉。

一个聪明勤奋的大学生在一场或是多场考试中取得优异成绩，从而获得一份奖学金或是若干荣誉，但他并没有因此登上智力的巅峰。仅凭这点是不可能的。因为一个人的智力不同于运动员所需的体力，而是应该随着时间的推移不断增加。而且智力的完全成熟必须等到四五十岁甚至60岁，而不是22岁。22岁的年轻人会立志在自己的盛年达到智力超群的程度。在他看来，佩戴徽章，或是身着奇特的服装，未免显得轻率而招摇。一个真正有志于提高智力水平的年轻人，绝不会在学习期间展示自己所取得的一点学术成就，他和朋友们会为此感到欣慰，却无意当众炫耀。

将所有奖学金和各项奖励的荣获者逐年录入学校年鉴，英国这一沿袭多年的惯例颇有裨益，因为它不断证明大学教育自身的价值，也能够让后辈看出有多少人在多大程度上实现了自己年轻时立下的誓言，多少人没有实现当初的誓言。总体而言，这些统计数据能够激发一个年轻人的远大抱负，促使其追求才智卓绝的境界。我很高兴这一英国的做法将被我们仿效，经过若干调整后，用于即将出版五年一辑的哈佛毕业生名录。

你挚爱的，

查尔斯·W. 艾略特

16

1914—1920 年书信

一扎书信，多为第一次世界大战期间写给布莱斯子爵艾略特和詹姆斯·布莱斯（1914 年成为布莱斯子爵）的交往始于 1870 年，此后，他们迅速建立起彼此信任和理解的牢固友谊。长期以来，两人都对这份友谊倍加珍惜。虽然互有书信往来，但他们十分忙碌，因而更加看重书信以外的那种默契。艾略特在 1914 年之前写的信，至少是我设法搜集到的那些信，其中只有很少一部分已经陆续有偿提供给外界引用。但是,第一次世界大战爆发后，艾略特的信反倒写得多了起来。这场灾难以及它从一开始给中立国造成的影响，使他前几年一直关注的劳资关系问题变得空前尖锐。布莱特在半个世纪里一直悉心研究、艾略特怀着日益浓厚的兴趣持续认真观察的民主政府的成就和弱点，被战争赋予了深远的意义。远在英国的布莱斯处于战争环境之中，艾略特显然乐于跟他交流思想，同时向他报告美国国内的各种动态。因此，我们才能通过摘录艾略特自 1914 年以来写给布莱斯子爵的信，构成篇幅较短的一章，同时帮助读者了解艾略特在当时一些问题上所持的立场。如果其中一些信仅仅谈及个人情况，读者也不至于感到遗憾。

以下引用的第一封信，涉及查尔斯·弗朗西斯·亚当斯对自由和进步悲观失望的问题，继而提及艾略特清晨骑车外出。此时他已年届 81 岁高龄，通常在早餐前陪着他一起骑车或散步的夫人，已经有 76 岁，布莱斯子爵也接近 76 岁。亚当斯确实经常处理一些重大的金融事务，眼看就要 76 岁了，除赚钱以外还参与其他很多工作。第二封信中提到的“伙伴”号,即多年前提到的“阳光”号。

致布莱斯子爵

1914 年 4 月 29 日

……可怜的老查尔斯·弗朗西斯·亚当斯！他说我和他涉世之初，彼此的观念和期许非常相似，但是他已看出我们年轻时对自由和进步的见解全都荒诞不稽，现在觉得有必要收回当年的想法，并为此表达歉意。如今他对这个世界只有一个要求——但愿能够免受打扰，就此摆脱这些无聊的喧嚷和纷争。我完全没有他的这种思想状态，大概是因为我的消化系统比他好一些，也可能是因为我毕生从事的工作大多与盈利无关，而他所做的大部分工作得和那些只顾赚钱却经营不善的公司发生联系。

格蕾丝嘱笔问候你和尊夫人。我俩整个冬天身体尚健，现在反倒受不了这阴冷潮湿的春天。郁金香还只是含苞待放，由于雨雪频繁、道路泥泞的缘故，我们也很少骑车出行。今天，这样的早晨，我们也只能以散步代替骑车。但愿你从巴勒斯坦安全返回之时看到这封信。你在那里想必会对耶稣极端的激进主义思想产生新奇的感受。他使祭司和利未人“袖手旁观”，认为撒玛利亚人——犹太人与撒玛利亚人素无往来——是理想的邻居。

你挚爱的……

阿斯蒂蔻，1914 年 7 月 28 日

尊敬的布莱斯，昨晚收到你 7 月 14 日喜人的来信。格蕾丝非常高兴地读给我听。

能够当选英国科学院的通信院士，我为此深感荣幸。衷心感谢你帮助我获此殊荣。美国目前出现了一种非常有趣、依我

看也是十分有利的政治气候。威尔逊总统拒绝以保护美国民众的生命及其投资为由出兵干涉墨西哥内政，在我看来，这是古往今来任何一个政府出于保护世界和平目的而做出的一件最好的事。我刚写了一篇文章论述这一成就，兼及威尔逊政府其他一些有关人士的行动，只是不知何时发表[1]。一经发表当即奉寄一份。共和党人正在公布他们11月大选的方案，[塞缪尔·S.]麦考尔上周发布了他竞选马萨诸塞州州长的宣言。他建议竞选方案应当紧扣国内面临的一些重大问题,其中最主要的就是“保护”。他们将争辩说，消费者并没有从关税削减中得到任何实际利益，他们的生活成本高于以往任何时候。罗斯福陷入不利的境地，进步党将不再控制共和党的许多选民，他们早在两年前便脱离了该党。民主党因而可能失去对众议院或参议院的控制，抑或同时失去对参众两院的控制。政府对工商界采取的行动总体上有失公允，致使大量的商人心生不满。昨天，我给平素与我私交甚好的农业部长哈斯顿写了封信，信中列举了政府的几项法案。依我看，这些法案已经激起工商界人士的普遍不满，而且对政府反垄断思想的实施也实无必要——我觉得这些思想是可取的。选举之前的公开讨论一定十分活跃和有趣，我希望这种讨论能使广大民众从中获得教益，正如我们的总统选举和国会选举往往能够使民众获益一样……

荒山岛上树木葱茏，流水潺潺，令人陶醉，我们散步、骑车，感到无比惬意，但愿你们能和我们一起享受这里的美好时光。上周五，我们15个人一起乘“伙伴”号去贝克岛，在该岛

1 “Some Contributions of President Wilson’s Administration to International Policies and Conduct.” *Harper’s Weekly*, Aug. 22, 1914.

的边缘地带用了午餐。昨天，我们10个人一起在船港吃午餐，此地风景怡人，紧邻巴斯港头。7月，我们的房子里一直住满了人，8月也将是如此，不过到了9月就会给你俩腾出宽敞的住处。既然你俩都喜欢航海，何不来此度假呢？

你挚爱的……

现在艾略特越来越频繁地论及世界大战。从1914年8月到12月，他通过十余次撰文和接受媒体采访，表达了自己对这个问题的看法[1]。

通过对奥地利的最后通牒这样一些直接借口进行思考，他认为这场战争应当归咎于以同盟国[2]为其典范的专制政体；归咎于他认为是由这种政体自然培育和纵容的种种弊端：强权即公理，一个国家是否强大最终取决于其军事实力；归咎于人们照此逻辑贬低条约及履约义务本身的思想价值；归咎于不断发展的军国主义思潮，日益壮大的常规军、官僚队伍，以及秘密为独裁者效劳的外交使团。

除了这些原因，他还发现欧洲人普遍害怕自己的领土突然遭到侵犯，害怕基础贸易受到充满敌意的干预。他在寻找一条尽早结束这场战争的途径，一种减少未来战争危险的方法。他坦率地承认，一场局部战争能够使交战一方或双方实际得到的利益多于其付出的代价。他进而指出，在某些国家，相较于不抵抗政策，战争或许是更好的选择。由此看来，他既不是不抵抗主义者，也不是彻底的和平主义者。他认为，同盟国遭受一次重创，对于建立一个更好的国际秩序是绝对必要的。

---

1 See “Bibliography, 1914-1924,” in *A Late Harvest*.

2 指一战期间德意志帝国和奥匈帝国等“中部”欧洲国家组成的联盟。——译注他希望这场战争在结束之前将有力地证明，各个民主社会已经通过战争提高了自己的声望，独裁政府随着战争的结束变得声名狼藉；他希望这场战争能使全世界达成若干项国际协议，以减少突然侵占和掠夺海上中立及私有财产的危险；他希望国际法庭能够有一支受其支配的国际警察部队，希望能够用那种按照瑞士体系训练出的军队取代职业化的常规军队。

尽管他坚持认为，一支国际警察队伍将从根本上有助于国际法庭真正发挥作用，但他从没有为这样的警察队伍起草过一份可称之为具体实施方案的东西，国际联盟创立之时，他也没有提出有关武装警察部队的规定，但他认为《国际联盟盟约》是朝正确方向迈出的正确一步，因而拥护美国加入该同盟。

下列信中首句提及的文章，一定是发表于1914年11月17日《纽约时报》的那篇[1]，后又作为《通往和平之路》的第十一章出版。艾略特相信并论证说，自由或是善于自治的民众，必将受到一些有益的引导，较之那些生活在多少有些暴虐的政府统治下的民众，他们更加看重契约的神圣性，不仅为了商业目的，同时也为了政治目的[2]。

致布莱斯子爵

剑桥，1914年12月17日

随信附上一份我最近发表的关于这场战争的公开信，我以为此信已经清晰表达了我本人对战争起因的全部看法。真正的

---

1 "The Sources and the Outcome of the European War."

2 See C. W. Eliot, "National Efficiency Best Developed Under Free Government"; Neilson, pp.388, 394。

原因当然不是英国出于商业目的对德国的嫉妒，尽管两年半以前我在远东期间经常有机会看见，英国商人们对那些闯入远东海域的一艘艘壮观的德国货轮表现出了强烈的不满情绪。

英国的托利党人和好战分子相信德国把英国当作它真正的敌人——德国在成为向往已久的世界帝国之前必须首先制服的主要对手，过去5个月发生的一系列事件，难道还没有证明他们这样看很有道理吗？我个人觉得，德国由军政两界组成的整个领导阶层目前所处的思想状态证明，英国自由党人那种“德国皇帝和德意志民族总体上倾向于和平”的看法是错误的。正如我在这封公开信中指出的那样，比利时违背其中立立场，为英国参战提供了可乘之机，而不是促使它参战的真正原因。按照我的观点，德国迫使比利时违背其中立立场，对于自由民主事业可谓一件幸事，因为它坚定了主张英国立即参战的民意。然而，它并不是导致战争爆发的真正原因。它确实异乎寻常地表现出德国的鲁莽、傲慢和不智。德意志似乎是在表明，一个性情和他们一样，又没有经历过自由的民族，一旦在欧洲确立了主导和强权的地位，便会觉得和平与文明都是靠不住的。战争对我而言就是一场较量，专制政府和自由政府之间、民主与专制之间的较量，遵守与违反协议或契约的人们之间的较量。

你从这封公开信中可以看出，我不得不认为，英国只有改变它的某些看法及行为，世界才有望获得和平的保障。英国的帝国主义观亟须改变。我担心它今后将很难停止发表有关统治海洋的言论。其实，英国早已结束了它对世界上所有海洋的控制，只是现在它应该签订一项条约，确定它和其他任何国家都将无权垄断近海或远洋。

我一直怀疑，我国政府是否有责任反对任何违反第二次海牙会议缔结的消除战争恐惧条约的行为。我们昨天听到的德国战舰轰炸英国东海岸未设防区域的消息，恰好证明我们或是任何一个中立国的抗议，对劝阻德国违反《海牙公约》丝毫不起任何作用。德国从一开始便以一种堪称残忍的姿态投入战争。较之它现在能对发生抗议的中立国代表所做出的任何妥协让步，它在战争中表现出的这种心理和道德素质，岂不是更有益于最终和平的事业？

终有一天，利用格莱斯顿自由党党员（Gladstone Liberal）的身份，你能够对欧洲的和平事业颇有助益，只要你不为“和平主义者”的声名所累。因此我希望你已经或者即将在公众面前，说出你基于早期错误判断对德国皇帝及德国人民的一些认识，也就是你在12月1日给我的信中的那些话。否则，一旦人们有意让你成为一个有影响力的大人物，帮助他们脱离可怕的战争，最终实现和平，而不是签订停战协定，只怕你还没有这种英国公众舆论所需的地位。

我很理解你提到的一个事实，一个曾经在军界效力多年、退役后又在某领域工作数年的老人，能够对该领域的民意产生影响，这是一般年轻人不能企及的。难道这还不足以说明，人们普遍认为他不仅经验丰富，而且为人无私吗？他脱离了每天追逐金钱权势的生活，正因如此，他身边的人及其朋友全都认为他是一个善良的人，比大多数人都更加公正。

我和夫人近来身体尚好，运动和睡眠均属正常。但愿你和尊夫人也是如此。

你挚爱的……

艾略特表示自己一直怀疑，美国政府是否有义务反对任何违反第二次海牙会议缔结的消除战争恐惧条约的行为，他说这话时，非常恰当地避而不提他此前已就此问题致信威尔逊总统。首先，他曾于8月8日致信总统，建议美国应该提议与英、法、俄、日结成同盟，终止它与同盟国的一切往来。这一点也符合经他签署送交卡内基和平基金会的报告中关于遏制侵略战争若干途径的某一设想[1]。该建议要求动用美国陆军和海军，组建一支维护和平的武装力量，而且，正如他提出的那样，作为一个前提条件，同盟国必须宣布停止不论出于何种意图的领土扩张。该建议不必全文照录于此，它当时是附在以下这封短笺之后的。

致威尔逊总统

1914年8月8日

尊敬的威尔逊总统，我犹豫了三天才终于寄出此信及另附的一函。您眼下正陷于悲痛之中[2]，我本来大概还会继续踌躇不定，只是想到在目前的情形之下，您尽管遭遇不幸，但只要决心今后竭力帮助其他正在遭受苦难或丧亲之痛的人们，定将从中得到慰藉和解脱。此时，成千上万的男人开始担心自己遭遇死亡或各种折磨，担心自己的家庭会一贫如洗，流离失所；成千上万的女人开始害怕失去爱人、朋友和赡养者。或许您有能力阻止这些悲惨的情景，防止它们重演。

您能从这种努力中获得真正的安慰。

对您个人的不幸谨表最深切的同情。

您诚挚的……

1 Pages 16-17. Also in Neilson, pp.359-61.

2 指总统夫人不久前因病去世。——译注

总统 14 日回复艾略特，说明已经收到他的短信及随信附上的建议，并表示自己将考虑该建议的可行性。艾略特在 20 日再次致信总统。

致威尔逊总统

1914 年 8 月 20 日

尊敬的威尔逊总统，我对本人 8 月 17 日写给您的信做了一些修改，进一步扩充了附在我 8 月 6 日去信中的建议的具体内容，进而得出结论：在目前情况下，“用电报就这一问题开展非正式磋商”甚为不妥，即便是可行的。这一结论主要出于两方面的考虑：1. 我们显然没有充分掌握有关俄国或是德国的真正目标和意图的消息，至少爱思考的美国公众没有获悉这类消息，因而无法公正地确认德国应为目前的这场灾难承担主要责任。德国极其鲁莽的军事行动只能表明，目前尚不为世界上其他国家所知的各种局势动态，它已了如指掌。我现在已经不像 8 月 6 日给您写信时那样相信到手的情报了。2. 我国政府与法英两国政府之间有必要秘密进行的联系，在目前军事冲突的这一阶段是不可取的。的确，秘密外交总是令人鄙夷，无论它被开明政府还是专制政府使用。这些就是我反对开展非正式磋商的充分理由。

我愿重申我们在与其他国家发生冲突时恪守传统的中立政策的两点理由：1. 俄、英、法三国联盟有可能最终击败德国和奥匈帝国——这是这场狂暴的战争唯一说得过去的结局；2. 七个参战国似乎能够提供目前急需的证据，证明 19 世纪后半叶欧洲普遍生产的军用机械一旦投入广泛使用，势必使军火生产发展到非常危险的程度，造成无法容忍的大量灾难和痛苦。战争自7月31日以来对工商业的干扰之大在世界上是绝无仅有的，不过它对生命财产的毁灭几乎尚未开始。如果七个参战国能够证明这一点，那么其他国家最好远离这场军事冲突。

经过再三思考，我也开始认为，在美国公众舆论倾向于强烈反对欧洲的军事君主国对那些比较弱小和自由的邻国犯下种种暴行之前，有必要公开讨论在这些军事君主国重组过程之中各自由政府的切身利益。

我仍然坚持认为，为了维护文明与和平，无论是德国还是奥匈帝国，都不能听任其在目前的军事行动中取胜。

您对美国国民发表的关于真正中立的先决条件的演说，无论形式和内容都十分精彩。

您诚挚的……

总统在标明19日的回信中解释说，他已经得出结论，艾略特此前第一次建议的这种干预，在当时不可能实施[1]。

致布莱斯勋爵

1915年6月16日

德国全然不顾现有的全部海战规则，从而使其他国家得以了解潜水艇可以用于攻击和防御。所有参战国都没有严格遵守已有的陆战规则，因此整个世界也正在知道，可以利用飞机和大功率的巨型气球屠杀非参战人员，通过飞机投掷炸弹摧毁陆

1 雷·斯坦纳德·贝克先生告诉我，他可能在即将出版的《伍德罗·威尔逊》（*Life of Woodrow Wilson*）书中收录总统的这两封书信。

地上的敌军物资。这些新的战争手段在这场战争中无法得到遏制，因为它们对于那些愿意使用的战斗人员来说很有价值。所有的反战者眼下能够做的，是意识到并承认这样一个事实：现代战争将对毫无约束力的国际法律或协定不屑一顾。因此，无论现在抑或今后拥护那些毫无约束力的国际协定，在我看来都是徒劳和极不明智的。仅仅坚持中立国的权利于事无补，除非这种坚持包括使用武力保护中立国的权利。有鉴于此，我发现所有旨在制定战后国际协定的方案，全都没有建设一支确保协定得以实施的军队这一先决条件，因而特别令人沮丧和失望……

我所说的“门户开放”，意为所有生产国在世界上所有地区都有使自己的产品进入当地市场的同等权利；每一个国家的重要港口都应以同等条件向其他所有国家的贸易开放；任何一个诸如中国或日本的特定国家的运输设施，也应以类似的方式向其他所有国家开放。这不是“自由贸易”——世界上的不同国家，如同现在一样，对进口商品任意增收他们认为合适的关税。但是，英国这样的国家，将不会比德国或美国拥有更好的机会在中国销售自己的产品。这一政策既有利于英国，同样也有利于各“保护国”……你的两个观点——其一，欧洲根本没有保持一支维护和平的国际海军和陆军部队；其二，国际联邦制度不属于实用政治的范畴——是否意味着你看不出有什么方法，能够使欧洲摆脱目前可怕的动荡，并确保它未来的安全？我无论如何都不会接受这种结论，因为它实在太令人绝望了。我认为法国的僵局有力地证明，防御战争今后将比侵略战争更有优势。同样，难道不是所有的国家都已看出，未来战争的最终结局，可能在一定程度上取决于一个国家的工业和财政资源，而不是其人口数量和国民的战斗力？显然，一个六千万人口的国家，能够对付一个一亿八千万人口的国家，一个一千万人口的国家，能够进行一场大规模的战争，只要它能讨到或是借到足够的经费和物资。目前战争的各种军事结果应该有利于将来的和平，因为军事结果往往使战争旷日持久……

1915 年 7 月 14 日

这封信是对你 6 月 25 日和 7 月 1 日两封来信的回复。

我首先注意到你的一个外甥在达达尼尔战役中阵亡的消息，你说眼下没有哪一个家庭不是在吃苦遭罪。这和美国内战期间新英格兰的情形完全一样，当时我们经历了持续四年的战乱。值得注意的是，如今公众早已无法清晰地回想起当年苦难的情景，亲历那场灾难的人们年事已高，况且自那以来发生了太多的事。他们之后的两代人目前正值盛年，只是他们对于战争造成的牺牲没有任何感受，而这种感受能够有效阻止他们再次投入战争。相反，我们慷慨地赋予内战英雄的各种赞誉，往往会激励新一代人像他们那样创建功绩。一大批年轻的哈佛学子——少数未婚，但大多数已婚——此时志愿进入军营接受为期六周关于如何履行军官职责的培训，他们觉得美国与德国的战争已有一触即发之势。

你担心战争会给部分作战人员和许多非作战人员的道德品行造成不利的影响，这种顾虑是合乎情理的。内战期间，我们在参与制造和销售军需物资的人当中见识了大量贪婪自私的行径。我们也目睹了民众如何因被迫使用纸币而在心灵上受到伤害[1]。在我们的独立战争期间，令人气馁的类似事件大量出现，没有人比华盛顿更干脆地揭露，或是更多地了解这类事件。的确，华盛顿兼有军队统帅和普通公民的双重身份，因而更是从中感到了切肤之痛。

在这依山傍海的地方，我们照常过着舒心惬意的日子，只是每封邮件都带来了个人和公众在战争中遭灾罹祸的噩耗。它使明净的天空、蔚蓝的大海和远处的青山蒙上一层浓重的阴影。

你挚爱的……

1915 年 8 月 26 日

你在 8 月 8 日的信中提出了一个根本的问题——英国是否会同意由国际社会确保海洋自由，而不是试图凭借其一己之力维护海洋自由，以符合自身防务和工商业的利益？你说英国应该感到完全满意，因为它可以依赖国际性的保障。你说英国应该免遭任何侵略的危险，依我看，考虑到通信手段和水陆交通大力发展的现状，完全满意和免遭任何危险在当今世界绝无可能，英国和其他所有热爱自由渴望和平的国家，应当考虑哪些国际政策和方法，能够为海洋自由和世界和平提供最好的机会。唯一的明智之举，是实施某种政策或方法，以便提供最好的机会——现有或想象中的任何一种方法都不能提供的积极保障。

我们美国人隔着一定距离观察过去一年和近期发生的一些事件，从而能够进行理性的思考，摆脱极度的忧虑和暂时的恐惧，享受相对的平静和自由。因此在我们看来，如果没有英国

1　指美国内战期间发行的大量纸币极易贬值。——译注

或其他国家的地面部队，单靠英国海军显然不能确保英国及其盟友获得充分的海上自由或免遭侵犯，无论英国和它的盟友愿意额外承受多大的负担。单靠海军无法阻止侵略战争在欧洲和亚洲爆发。德国、奥匈帝国和土耳其联军，能够从一条陆路直达比利时、荷兰和法国，从另一条陆路直达巴尔干半岛诸国、近东和远东地区。上述三国联军能够在无需利用海洋的情况下成功袭击俄罗斯。1898 年，美国和日趋衰弱的西班牙交战之初并没有占多少优势，直到它后来在古巴投入地面部队。美国海军无法对付菲律宾人，因而需要派出地面部队。英、法、德、美、日部署的海军全都不能有效镇压义和团运动，直到这些国家向中国派遣陆军。英国海军中将西摩率军队从天津进犯北京，遭到惨败后退回到天津，只好重新部署一支八国联军的地面部队。日俄战争期间，日本在日本海的重大胜利并未彻底扭转战局，只是能够自此确保本国陆军被安全运抵大陆。在鱼雷和潜水艇效力极佳的今天，一支无论多么强大的海军，都不可能仅凭一己之力攻占由一支劲敌守卫的重要港口或海峡，它必须得到陆军作战部队的配合。德国海军此时安全驻守在自己的各个港口，单靠海军力量无法打通达尼尔海峡，都证明这是一个普遍的真理。

如果这些前提正确无误，英国依赖海军“两强标准”[1]的政策便没有可靠的基础。英国和近年来一直依托英国保障海上自由的其他一些热爱自由的国家，应该寻求更可靠的保障。哪里才能得到这些保障呢？只有在一个牢固的联盟里可以找到，这

---

1 1889 年英国政府通过《海军防御法案》，正式确立海军“两强标准”，即英国海军不弱于其他两个最强国家的海军加起来的规模。——译注

个联盟由若干热爱自由的国家组成，旨在保障海上自由，并阻止敌国从陆地到海上对其任何一个成员国的袭击……

从以下这封信以及之后几封信的片段可以看出，布莱斯当时正忙于他《当代民主》一书的收尾工作，美国读者想必都知道，总统大选即将于1916年10月开始举行，共和党已经提名查尔斯·E.休斯法官为总统候选人。艾略特连续撰文，阐述他认为罗斯福总统应该连任的几点原因，文章分别刊登于《大西洋月刊》10月号(《民主党的成就》)，以及10月22日《纽约时报》《波士顿先驱报》和《费城》的增刊。

1916年10月4日

我从未过多谈论“民主已经开始朝美国民众直接的行动摇摆不定”。美国的几个原油州已就这一问题开展了一些实验，但迄今并没有造成什么危害。受到罗斯福青睐的罢免法官的提案，因其荒唐而不得人心。毫无疑问，政治家们越来越害怕那些组织有序的大规模选民团体，比如劳工联合会。此时，共和党或民主党竞选委员会发布的任何一份文件都贴上了联合的标签，这是工会力挺劳工垄断的一种特别有效的手段。两大党派在对工会一味逢迎的态度上并无区别——同样懦弱，同样缺乏理性。休斯在眼下发表的演说中暗示，如果四个铁路工会率先向自己发难，他一定会表现出比威尔逊更加强硬的姿态。但是，我们并没有理由相信他会比威尔逊做得更好。罗斯福和塔夫脱在处理劳工问题上的表现全都差强人意，只是塔夫脱的措施比罗斯福更加合理，更有力度，而罗斯福比塔夫脱更擅长使用激烈的言辞。

休斯和威尔逊都不反对妇女享有选举权，但是休斯似乎在这方面处于劣势，因为他为自己的不反对提出了两点难以成立的理由——命运和一股狂热的激情。他俩都需要密西西比除外已经赋予妇女选举权的那些州的妇女选票。妇女选举权是罗斯福在 1912 年竞选纲领[1]中的一个主要问题。

威尔逊认为统一的八小时工作制总体上有利于美国社会，这种看法是没有任何根据的。美国人再愚蠢也不会相信，所有企业的工时长短能够统一。八小时对有些工厂太长，对有些工厂又太短。一切取决于工作的性质，以及它需要工人投入的注意力和精力。然而，铁路公司的经理们在被迫应对四个铁路工会的威胁时，将所有的纠纷一概付诸仲裁，因而犯下了同样糟糕的错误。在劳资战争中，仲裁对于解决此类争端不起任何作用。在国际争端中，仲裁能够提供公正、适用和最终的解决方案，因此很有作用。但仲裁在劳资争端初期只能达到某种妥协，资方一般会答应工会在组织罢工时向它提出的所有条件。妥协之后是一阵短暂的休战，它随着另一场毫无征兆的罢工的到来突然终止。我不指望民主能够妥善处理劳资冲突，无论是通过立法还是司法手段。在这方面，英国民主不如美国民主，换句话说，英国民主更不健全。一个明显的事实是，大部分没有加入工会的产业工人，至少十有八九同情罢工者，他们理所当然地希望，只要加入工会的工人罢工取得胜利，非工会成员的工人同样也会涨工资，或者得到产业工人本应享受的其他一些福利。许多老实本分的工人不会主动谴责工会违反它们自己签订的合

1　1912 年美国总统大选期间，卸任总统西奥多·罗斯福以“新国家主义”为旗帜，提出了进步党的竞选纲领。——译注

同。我从未听到有谁当众谴责工会一直在做一件不公平的事：在工人仍在从事他已经承担的一项工作，或履行一份他已经签订并承诺按时完成的合同时，向老板或是订约人提出增加工资缩短工时的要求。此种行径无耻之极，简直是大逆不道。大多数工人更倾向于赞同统一最低工资，殊不知统一工资对于老弱病残者是何等不利。大众的同情在任何一场较量中都处于劣势，况且，在一般人眼里，在劳资冲突中，冷酷无情的资方通常总是占上风。这难道不是民主社会一贯的情形吗？怀有民主信念的立法者们必将通过劳工希望通过的法律，必将否决劳工反对的法律。还是看看澳大利亚和新西兰吧，见识一下民主国家如何处理永不停息的劳资冲突。你不禁要问，如果立法和司法机构全都不能指望，那它们还有什么作用呢？没有，它们只能时刻提醒广大消费者，把自己的利益托付给任何一个贪婪、自私、一味攫取的阶级——无论资本家还是工人，都是很危险的。第二，实业家们管理大型工商企业，一定要采取有效的措施，以确保任何一家工厂、商店或是矿井的员工，都能与经营该工厂、商店或矿井的业主同心同德，创造尽可能高的利润。在合作经营和分红制的名义下，美国目前正在这方面进行很多有益的尝试。不过，我不得不遗憾地指出，同时进行的还有大量前景不妙的试验，它们注定失败，并将致使合作经营和分红制背负恶名。有些试验甚至采用了欺骗手段，受害者能够轻易看出其中有诈。有些试验非常成功，可是成功者不想介绍其中的过程以使别人获益，因为在他们看来，通过及早采用这些确保雇主和雇员合作的新方法，他们已经在和自己的对手竞争中获得了合法优势。

这封长信意在说明，威尔逊处理劳工问题的方式在目前的总统竞选纲领中并没有什么分量。共和党将竭力使它成为一项重要议题，只是他们在这方面努力的结果如何，却非常值得怀疑……

我们不难理解，以上所说的合作经营和分红制的试验，正是艾略特耗费大量心血亲自调查的对象。几年来，他一直注意搜集他了解的每一个分红制和合作经营方面真实试验的有关情况。关于米滕管理公司和费城捷运公司合作试验的一扎信函，总共涉及50多项内容，其中还不包括附加的一些印刷物。他还与许多公司的人员有通信往来。

致布莱斯勋爵

1916年11月13日

你在最近写给我的一封信中暗示，由普利茅斯清教徒创立的选举行政官员的制度[1]，大概终究不可能持久，或是成为一种最有益于自由和民主的制度。美国选举一位任期数年的总统的成功做法，是否能够回答这一疑问？我遍观全世界，也没有看到比选举总统更好的办法。这场战争似乎证明，通过世袭或教会挑选国家领袖的办法已经失败。民主国家的现任总统，普遍比专制君主国或帝国的国王皇帝能干而公正。再者，民主国家选举总统的做法自你我出生以来已大有改进。这种进步在美国尤为明显。人们在这方面发表了比以前更加理性的观点。近期的总统竞选运动更加有序，而且显然没有舞弊行径。这些进步在很大程度上应当归功于蒸汽交通工具、电报、电话，以及澳

1 清教徒们乘船抵达北美殖民地后通过选举产生了自己的总督。——译注

大利亚式投票[1]。伴随着这些物质上的优势，人们的道德水准也有明显的提高。这里的总统选举对于所有人都是一次很好的教育。通过确定事实，选择前提，得出可靠结论，他们经受了无数次训练。接着，每个选民投票之后，少数人以令人钦佩的姿态遵从大多数人的意愿，这一点就将美国和英国的民主与中美洲和南美洲的民主区分开来。我已经参加了15届总统选举（错过了林肯的总统连任选举），对选举工作越发尊重和赞赏。诚然，在这15次选举中我有13次将选票投给了最终获胜的一方，但我从1884年以来始终是一个无党派人士……

1888年，艾略特将选票投给了克利夫兰，那一年是哈里森获胜。他另一次将选票投给失败方是在1856年，布坎南在这一年的总统大选中一举击败菲尔莫尔和弗利蒙特。他当时支持“正直的辉格党[2]的纲领”，尽管他将显然包括菲尔莫尔在内的他们的候选人“视为小人物”。1916年以后，他支持的候选人全都运气不佳。1920年他支持的是科克斯而不是哈定，1924年他把票投给了戴维斯。

致布莱斯勋爵

1917年1月11日

你在11月30日发表评论称，我们通常能够确保至少是受人尊敬的人士出任总统，此话在我看来，似乎特别没有分量，

1　选票上列全部候选人姓名，在投票处分发，由投票人秘密圈选。该制度始创于澳大利亚，故名。——译注

2　美国共和党的前身。——译注

且明显欠妥。我认为在迄今23位当过总统的人中，有12位堪称才智卓绝，其余11位亦是能力出众之辈。对于那些把他们推上权力巅峰的选民而言，他们当中没有谁有理由被说成是声名欠佳或信誉缺失。你知道还有哪些国家的接连多任首脑有如此之高的评价吗？我在其他任何国家都没有看到过这样的情况。如你所言，我们曾经有不少次侥幸避免了错误，而且其中几次的确很险。这种自由正是民主政府的主要优势所在。然而，国家和个人一样，如果它想增长智慧，提高道德水准，就必须有出错乃至犯罪的自由。

我们当中的一些人希望通过一项宪法修正案改善美国总统的处境，将其任期改为6年，而在任期结束时他将没有资格参加连任选举。眼下国会和其他有关部门正在讨论这一修正案……

1917年2月16日

……我不像你那样清楚地看出，过去40年间许多代表性团体的智力水准呈下降之势。我确实看到的情形是，现代工商业，包括各种行业，为聪明而有学识的，或常常是学识不足但能力出众的人，提供了实用而体面的职业，这些职业在两代人之前仅仅存在于公用事业。美国之所以会出现这种现象，概因那些承担生产、运输和财务代理职责的大型有限公司的尊严和影响力日益增加。公司的发展为美国的学术和科学性职业及普通工商职业产生了巨大的作用。近50年来，我一直看到哈佛大学的毕业生往往情愿供职于实用而重要的公司，而不是公用事业部门，因此我开始把包括教育和慈善公司在内的公司服务业，看作一个巨大的民主堡垒。我可以断言，这些公司作为一个整体，包括公共出版公司，较之美国参众两院开展的所有辩论，与美国公众舆论的形成更有直接关系……

以上摘录的这封信，简略表达了艾略特在其他一些场合详细阐述过的一种观点。鉴于作者此前一直没有机会吸引读者对它多加关注，因此有必要在这里多说一句。这一观点在一篇题为《美国民主的实行》[1]的文章中得到了表述，其论证之充分，大概不亚于其他任何一篇文章。现摘录其中部分内容如下：

美国高等教育体系的建立和发展表现出一种普遍的精神和道德力量，这一体系没有继承修道院的捐款，没有得到王公贵族或是教会人士利用国家的巨大财政资源所给予的任何赏赐，只有公众提供的有限资助……私人捐助那些包括图书馆和博物馆在内的教育机构，是美国的一种史无前例的独特现象，也是民主制度理应发挥的一种作用……还有另一个方面，美国人民已经或者正在其中投入大量的精神和道德力量——这一方面不像刚刚提到的三种情况那样，绝对为美利坚合众国所独有，但仍然具有高度民主典型特征。我指的是公司的事业。许多公司的事业甚至已经比美国几个州的事业更加重要。各大公司的经理们获得的信任之多，只有国家最高级的行政官员才能与之媲美。他们比较自由，无须接受国家最高级别的官员必须永远接受的许多检查和限制。大大小小的各种公司的活动，渗透到工商界和社会其他各界的每一个角落，他们的日常经营激发的精

1 发表于1888年，收录于 *American Contributions to Civilization*。

神和道德力量之大，为这个大陆上加在一起的所有政府所不及……在美国民主社会，各个公司作为对国家行政机关的补充，在确定劳工处境、使千百万人享受舒适和福利、利用无数大小不等的资金源等方面，发挥了极其重要的作用，致使它们的服务达到很高的层次，贯穿于契约所规定的整个期限之中，表现出理想的业绩和效率，得到很高的回报，受到极大的重视和尊重。关于美国公司原则的扩展所带来的巨大物质利益，无须我再说什么。我只想指出，公司的自由，尽管永远不再为一个民主机构所独享，已经给予民主制度很大的支持，经理和主管们将大量的智慧、精力和忠诚奉献给公司的事业。

致布莱斯勋爵

1917 年 6 月 12 日

……你没有完全理解我就普遍义务兵役制表达的观点。瑞士以及目前所有协约国的经历，使我相信在每个国家保持一支准备就绪、装备精良的武装力量是多么合法和正当。这支武装力量首先是国家的，第二不领报酬，第三随时处于应召临战的状态，无论国内还是国外。瑞士已经显示如何能够做到这一切，而又不会对国家的工业或全民教育事业造成严重的干扰，并使民众具有若干精神和物质上的重要优势。但在他们当中不会形成任何职业军人阶层，除了一批持续培训每年应征入伍的新兵的教官，也不会在他们当中培养任何尚武好战的精神。当然，每个国家都应有一个小规模的技术团体，专门寻找和采用海陆作战所需的各项新发明的实用技术。这样的军队在这场战争停止之后仍需保存多年，以遏制德国及其盟友的势力。唯有一个道德水准完全令人满意的自由的民族，方能维持这样的一支军队。一个真正的民主国家，怎能维持类似于英国传统正规军或者美国当代正规军的一支部队？它们都是高度贵族化的军队，担任军官的，都是些除了投身军界别无他业的人。那个阶层应该从整个文明世界中彻底废除。我们国家迫切需要瑞士军事制度额外具有的那些优势。我们需要一个能够覆盖所有学校的全民体质训练体系，而且可以像瑞士一样建立该体系——达到全国规模，但所耗资金有限。如果我们能够选择激烈的足球运动，和嗒嗒声响不断、特别需要技巧的棒球比赛，作为我们的全民健身运动，取代射靶这样的瑞士全民健身运动，将对我国极为有益。这样一支国家武装力量的存在，将为英国或美国有效制止工会的暴力及不法行为提供最可靠的保障……

我们家往南略微下倾的坡地上有一小片草坪。现在草坪上种满了蔬菜，主要是马铃薯，可是人工和牲畜的成本实在太高。事实已经表明，我从一小块地的农作物中得到的收益，远远不足以补偿我在耕作、耙地、施肥、种植等方面投入的成本。按照经济学的观点，目前在马萨诸塞受到不少人支持的此类开销，其作用如何似乎令人怀疑。好在它们毕竟有利于缓解紧张情绪……

中学开展体育教学，公民年满 20 周岁时普遍接受 2 到 3 个月的军事训练，公民每年接受 10 天到 2 周甚至更长的军事训练直到中年，建立在这些做法基础之上的瑞士军事体系，在艾略特看来足以确保几个大国做好军事准备，只要能够说服它们采用这样的体系。一个为服兵役做好充分准备的成年男子，似乎更愿意加入一种职业化的军事机构，这在政治上应该也没有多少危险。就这一问题的若干军事和政治因素，他在《全国经济联盟》季刊 1917

年5月号上发表《瑞士军事训练体系的若干优势》一文，并且通过与报刊的几次通信，做了比以上这封信更加充分的阐述。[1]他如此看重瑞士体系，也有学校教育方面的一些原因。读者想必记得，他一贯相信世界上应该有，而且也终将有一支能够维护国际法庭的国际武装力量。[2]他也一贯认为学校应该开展体育训练，并且经常主张，体育训练在学校里应该被赋予和手工训练及更多的智力训练同样体面的地位。美国在1917和1918年经历的征兵工作显示，应征人员中身体不合格者，令人可悲地占有相当大的比重，艾略特从而确信，全国所有学校都应该将体育训练作为必修课。因为国家推行统一教育体系的主要目的，在于为该国的年轻人提供必要的预备教育，促使他们今后能够过上健康幸福而又充实的生活。[3]

致布莱斯勋爵

1918年3月6日

……你问"这个世界趋势如何？"照我看，这个世界正逐渐分裂成三个主要阵营——民主阵营，独裁阵营，无政府阵营。第一阵营希望能够控制第二阵营，而第三阵营将在未来许多年毫无作为。民主阵营终将成为对抗独裁阵营的强大力量，我的这一信念不会动摇，因为我相信，自由对于塑造强大的人格来说是至关重要的……

1 See *A Late Harvest*, "Bibliography, 1914-1924" .

2 "An International Force must support an International Tribunal," Neilson, 383.（初版是一本关于美国社会司法解决国际纠纷的19页小册子。）

3 See "Protection against Ignorance," in *A Late Harvest*, p.112. (First published in *The Nation's Business*, Feb., 1921.)

1919 年 4 月 10 日

……我正在推掉各种新的事务，原有的工作也不能及时完成。有待回复的信函越积越多，令人沮丧。近来发现，我的左眼也不能阅读，因而觉得必须善待右眼。尽管如此，我一天完成的工作量还是相当可观，大约相当于我四五十岁时全天完成的一半……

1919 年 9 月 8 日

……我非常同情你，因为明明是你刚刚想出来的词句，却还得花时间斟酌一番。但是我目前的经历表明，我现在动笔之时常常颇费踌躇，是理所当然的事。如今我会时不时地看看自己若干年前写的一个句子，或是一页文字，自言自语，“这样的文字我现在写不出来了，这比我现在写的要好多了”。但愿你也有类似的经历……

以上这段话之后，还应再加上作者从艾略特给戴西的信（1915 年 1 月 25 日）中摘录的一段。因为两段文字合在一处，提供了一个令人愉悦的范例，它表明艾略特在被迫面临选择时，无论做出怎样的取舍，都能设法使自己感到“满意”。作为艾略特一本新版书的责任编辑，戴西显然对书中存在许多瑕疵感到不满，艾略特在给他的回信中写道：“你是不是一心指望它能让你满意？你可曾对自己做过的任何一项工作感到满意？每次重读自己几年前，甚至几周前写的作品，我一般都会对自己说——‘不算差，不过还可以更好些！’并且总的说来，我个人认为，只要我们觉得，同样一件事，自己现在能比 10 年前或 10 周前做得更好，就能从中得到最大的满足。最大的满足在于一种获取力量的感觉。不在于工作的速度，而在于工作本身给你带来的美妙感受，但愿你也有这样的感觉。”

致布莱斯勋爵

1920 年 1 月 6 日

……我为你深感遗憾，因为你发现自己青壮年时期的许多希望和憧憬，在你现在这个年纪或是难以实现，或是已然忘却。你是真正的自由主义者，你只能看着自由党分裂，甚至逐渐消亡。你推崇德国哲学，推崇严谨和能力，无论是在各种研究工作中，还是在运用其他国家发现的方法时。你在有生之年看到，那套向整个民族灌输了 50 年之久的残忍的普鲁士哲学，如何造成了一场惨绝人寰的灾难。40 年前你就特别关注如何保护亚美尼亚和其他近东地区的人民，将他们从土耳其的暴政下解救出来。你在有生之年看到，一半的亚美尼亚人惨遭有德国人撑腰的同一个土耳其政府的屠戮。同样，你还得眼睁睁地看着他们得不到任何援助和补救，除了来自海外的一点可怜的施舍。面对如此之多的痛苦和考验，唯一可以告慰自己的，便是积极参与未来的斗争。这正是我想终生从事的工作，我眼下仍然正在某几个方面竭尽绵薄之力……

1920 年 2 月 17 日

……随信附上我为促成《国际联盟盟约》[1] 和《凡尔赛条约》得到批准而写的大概最后一篇文章，这种努力几乎没有成功的

1 指 1919 年 4 月各国在巴黎和会上通过的《国际联盟盟约》，被列入同年 6 月 26 日通过的《凡尔赛条约》的第一部分，《凡尔赛条约》未获美国政府批准。——译注

希望。[1]过去几个月，我一直为少数参议员阻挠条约获得批准致使美国民众陷入困境感到羞辱，因而不愿撰文论述或公开讨论这个话题。甚至现在，我认为我的主要目标，是如实记录我在1920年对美国人民的看法，一个寿命够长的老人的看法，此人一直热衷于研究美国民众的思想和精神，无论是在内战之前的十年，四年内战期间，还是战后二十年工商业变革时期。后来这个国家的财富飞速增长，西班牙战争在古巴造成了有利于美国的结果，在菲律宾造成了不利于美国的结果，美国民意逐渐支持美国介入欧洲的战争，美国终于不可避免地卷入这场战争。此外，这位老人主动关注美国各级教育达65年之久，这项工作向他提供了许多非常好的机会，得以了解理性的美国人对他们的国家和人类怀有哪些基本的希望和理想……

你在信中的话让我稍觉意外，你确信自己知道威尔逊总统在巴黎和会上做了什么没做什么。我们这里谁都不敢如此确信。我们也在《凡尔赛条约》中发现了许多毛病，但是我们认为它总比没有条约好。我认为《国际联盟盟约》是迄今最理想的一份国际协议……

1920年3月9日

……出于一种不可思议的疏忽，我一直没有寄还你第12章和第21章的校样。下面这些看法，至少与我阅读两章校样时想到的问题有关。我不能断定自己是否理解你写这两章的真正用意。你是否打算将它们作为纯粹的描述，留待读者从中得出自

1 "The Senate Obstructionists' Estimate of the American People." *New York Times*, Feb. 15,1920. *U.S. Cong. Rec.*, Feb. 17, 1920.

己的结论，抑或它们本身就是一幅幅生动的画面，你准备利用它们在本书的其他什么地方得出自己的结论，建立一套关于民主和共产主义的道德学说？例如，你在第20章详细描述了官僚体制的普遍存在已是大势所趋，它必然伴随着私有财产制的废除和所有国营生产企业的出现……自从我开始用我自己具有的能量和精力稍稍推动这个世界上的某些事物发展以来，我从未尝试过一味陈述种种弊端，而没有同时竭力陈述消除这些弊端的具体措施。总之，我认为这是一个很好的办法……

……也许，美国对民主社会中的公平的认识，一直不可避免地迥异于法英两国。我们始终与生来应有的荣誉或任何一种世袭的特权无缘。统统取消这些，正是法国大革命的一个重要目标。英国民众从未真正愿意取消世袭的特权，或是取消那些凭借显赫爵位拥有的庞大产业。因此，英国民主从不寻求财产和能力上的平等。它已经再清楚不过地知道天下不存在这样的公平。但是在另一方面，它又充分意识到由教育、能力及地位造成的个人和家庭之间的差异。你在什么地方说过，英国人似乎将那些新出现的富人，与已有一两代继承了祖辈部分财产的家庭视为同类。美国完全不是这种情况，至少就我所知，美国没有哪一位新出现的有钱人，待在一个城市或规模较大的乡镇，无须持续数年勤勉服务公众，也能赢得他们的尊重。两周前，我听说波士顿有一位在制造业、金融等领域颇有影响力的富豪，被人提议任波士顿美术博物馆董事会成员，但该提议被受理它的小组一致否决，理由是像他这样骤然暴富的人，不知道应该如何支配自己的财产。简言之，在美国，自由的意义和以前完全相同——伤害别人的自由应该除外。兄弟关系的意义也和以前一样，而且逐渐拓宽了它的使用范围，但是平等在社会、工业和金融领域却几乎没有什么实际意义……

1920年6月3日

我依然认为，你在你那本关于民主的书中对自己探讨的话题进行了简洁清晰的论述，这些论述的影响将与日俱增，无论现在还是将来。但是毫无疑问，我在倡导教育改革方面的个人经历影响了，或许是决定了我在这个问题上的看法。我一直尝试着鼓励人们多迈出一步——可能是很小的一步——朝着我认为正确的方向，因而时常卷入各种争论中，而且还得表明自己的立场。我赞成立即采取改革的行动，而不仅仅是反思或耐心历数现行体制的种种弊端。为了说明我想表达的意思，试以两本经久不衰的书为例——亚当·斯密的《国富论》和约翰·穆勒的《政治经济学原理》。两本书中详细描述了当时的许多状况和各种实际存在的弊端，但也不乏直接的建议和规劝。你说眼下普遍需要的，是帮助民众思考现实。促使民众参与争论，难道这不正是帮助他们思考的最有效的途径吗？明明存心回应你的观点或建议，却不能激发本人的注意力，这样的听众实属罕见。目前，美国荣誉需要美国选民思考如何站在我们最近的战友一边，促使他们思考的最佳途径，是让他们参与有关威尔逊总统和其他总统候选人的优点的热烈讨论。停战以后，数以百万的美国人不再考虑战争和战争本身的目的，只想取消这个话题。由于对政治、工业以及金融话题的浓厚兴趣，他们又逐渐开始重新讨论1917年4月美国向德国宣战的正当目的。我们谁都无法预见这个过程将会持续多久。我发现道德目标和理想的衰退令人无比羞愧；但是我依然希望，通过政治和工业领域的争论，我们能够重新达到1917年的高度……

1921年9月20日

……关于人类本性和人类的进步，我希望你现在能够允许自己充分保持乐观的心理状态，将“尽管账面收支平衡显然达到规定的信用等级”这句话隐含的所有寓意，全部体现在你未来的作品中。我们所有人要对上帝和他主宰的宇宙保持灵魂圣洁，需要的不正是这种信仰吗?

你能肯定欧洲各国彼此怀着深仇大恨吗? 比如法国，法国人恨德国人吗? 照我看，法国人主要受到恐惧和担忧而非愤怒的驱使。波兰和希腊又何尝不是如此? 两国的民众似乎都是忧心忡忡，唯恐失去依靠国际联盟的行动和《凡尔赛条约》刚刚获得的独立，这样的担忧似乎不可避免，只要美国拒不介入那些为在欧洲恢复稳定体制与持久和平所需的行动……

17

落　幕

最后的岁月和信件——九十寿辰庆典——艾略特夫人的去世——沃尔考特博士记述的一次拜访——结束

这个世界刚刚摆脱了战争，开始审视自身的创伤和目前尚存的希望，这时它发现自己已经成为一个全新的，尽管令人厌烦的世界。其中存在各种分离、变化和差异的这一事实很容易被人察觉——尤其对于年长者更是如此。我们都知道，有些人自 1914 年以来已经干脆“完全放弃”，转而从个人隐秘的内心世界中得到些许慰藉。其他依旧不太幸运的人则无法获得任何慰藉。只有那些精神并未颓丧、内心没有沮丧的年轻人，接受了新时代令人迷茫而又尖锐的挑战。倘若艾略特双手合拢，声称自己辛苦劳作的日子已经结束，并且说后生晚辈必须撇下他继续前进，这对于一位已年届 85 岁高龄的老人，是再自然不过的事。的确，他几乎辞去了每一个持续供职至今的董事会和委员会的职务。他这样做，不是因为他对那些工作的兴趣日趋淡薄，而是因为他觉得主动让位于一个年轻人是明智之举；再者，拖着衰弱的身体一次次地赴会真是苦不堪言。他依然忙于一些社会事务，继续为了“事业”和其他一些人竭尽自身尚存的全部精力，我们可以将这些视为他思想乐观豁达、内在动力持久不衰的最新证据。

如果他在这样做的同时对别人感到的种种疑惑显得无动于衷，这也许是一种迹象，表明他已经丧失了感知陌生事物的能力。然而上一章末尾他写给布莱斯的几封信表明事实并非如此。他在接下来几年发表的文章和演说仍像以往一样不厌其烦地概述一个又一个事实。他几次表达了他可能不会“坚持自己的民主信仰”的愿望。他竟然承认自己想到了这种可能性，这确实很有意义。他生出这样的念头，也许是因为他目睹了查尔斯·弗朗西斯·亚当斯和亨利·亚当斯亲身经历的事，抑或是他看到了他的朋友、夏季邻居詹姆斯·福特·罗德斯心事重重的模样，或是由于某种确定但又无可名状的因素所致。不过，他对当代的各种思潮始终有一种敏锐的洞察力。尽管种种迹象表明，东方乃至西方世界都在以前所未有的坚定态度推崇民主，他仍能看到一股股独裁专制的逆流正在涌动。他将这些一概视为邪恶势力。如果他有时候感到心神不宁，那恰恰表明他仍然受到了什么的触动。“山姆，”有一天他朝自己的儿子大声说道，“我好像对天堂没有兴趣，我只想知道人间的法庭会怎样。”斯托里同样也是一位不知疲倦的斗士，所以，尽管有不少差别，两人却称得上志同道合。他在给穆尔菲尔德·斯托里的信中写道：“你和我需要做的，难道不正是利用我们的大部分时间同附近各种切实存在的邪恶势力进行斗争，并且在胜负未分之际试图确立人类唯一赖以进步的道德准则和道德动机吗？就我本人来说，我在同许多公认恶行的斗争中得到莫大的快慰，诸如工业战争、酗酒、性病、民族歧视。”另一次的议论针对哈定的当选和美国脱离国际联盟：“当一项正义的事业遭到挫败之后，它的倡导者需要提出的问题是我们何时再战。”

他继续为报纸杂志撰稿，继续公开发表演讲，只是演讲的次数逐年减少。霍伊先生的参考书目[1]列出了他在1914至1923年发表的83篇文章和演讲稿。但是这份书目并不完整，因为它没有收入许多影响有限的演讲，以及他写给一些报刊的公开信。除了他通常无须刻意准备便能直抒己见的某些教育问题，除了缅怀同龄人及以往共事者的短篇忆文，这些文章和演讲的主题涉及诸多问题，包括国际联盟、瑞士军事训练制度、劳资关系、犹太复国主义、

1　In *A Late Harvest*.

公共卫生、教会合一、禁酒、1920年的总统选举、英美两国关系、公务员体制改革，以及美国在近东扮演的角色。

总之，实际情形是，艾略特在他本人与公众的关系中，已经成为一种人们熟悉的惯例，而且人所共知的是，他们仍在沿袭类似的惯例。人们对他做出各种回应，像是齐声宣读一份枯燥乏味的颂词。许多报纸的编辑能够准确判断读者兴趣之所在，因此这些报纸继续将他不得不发表的言论刊登在醒目位置。当然，读者们对他的观点并不总是心悦诚服——他好像并不总是能像以往那样熟练抓住新问题的实质。但是他的言论中一如既往地含有那种稳妥而成熟的道德智慧。这些品质，加上勇气，正是他倍受尊崇的原因。

同样，人们提到他时使用的一些词语，也表现了他令人崇敬的一面。他被称为“最后一位清教徒”。形容词“最后”非常重要，因为它表达了人们对珍贵的幸存者的认同。无论他是一位怎样的民主主义者，显然他同时也是一个老派的新英格兰贵族。他曾经是一名典型的功利主义者，被人称为“边沁主义者”。他如今继续生活在一个摆脱了清教主义的时代，这个时代已经对那些趋于理性、否定自我、被功利主义者视为正常人的人们不再抱有信念。但是新的一代，尽管本身接受了一些新的理论和思维模式，还是认识到艾略特本人和他的若干原则具有的一些不容忽视的价值。他犹如逐渐消失的地平线上一座巍然矗立的丰碑。

本章主要表现社会各界除了聆听他的心声，还将继续授予他各种荣誉。

本章的第一封信，与此信之前寄出的那两封一样，将经过大幅度的重新整理，是对卡内基基金会会长来信的一封复函，这位会长在信中对艾略特退出基金董事会表示遗憾。

致亨利·S. 普利切特博士

1919 年 4 月 24 日

你 4 月 21 日的来信令我由衷地感到欣慰。我最近已经相继退出几个我曾经供职的董事会，他们全都对我的辞职表示遗憾，但显然，主要还是因为我表达了许多与董事会不一致的观点，从而促使他们的会议取得实效。他们似乎认为，正是由于我的缘故，才给他们的会议增添了一些生动活泼的气氛。至于卡内基和平基金董事会，我知道自己喜欢一年两度与董事会的大多数成员见面，我也愿意相信他们至少是喜欢见到我的。至于罗特先生，他上次在布鲁克林的新英格兰协会晚宴上（我们两人都发了言，但观点有些不一致）对我解释说，他的主要麻烦在于，无论天生还是后天，在他的职业领域，他都是一个虔诚的信徒。从那以来我一直对他怀有一种由衷的敬意。我在健康方面并没有感到“糟糕”，虽说由于年老体衰，日常活动受到一些限制。但是我时常为夫人担心，她卧病在床已一年有余，只得放弃直到两年前还是充满热情与活力的正常生活。现在我俩无论是谁都不可能重游加利福尼亚海滩了；但是我们渴望能够再次登上荒山岛，用接近于以往的方式度过这个即将到来的夏天。如你得便前来波士顿，务请提前告知，我有很多事情想要告诉你……

我前几天听说你准备让卡内基公司从事预防医学工作。没有哪个领域能比它更好地发挥慈善捐资的作用，从而促进公共福利事业。的确，在我看来，预防医学将是一种最佳方式，它能够有效攻击、抵御和压制那些令高度文明的人类深受其害的大敌：流行疾病、早逝、酗酒、卖淫，以及它们造成的浪费和奢侈。有效抵御和压制这些大敌，从长远的观点看来，有赖于对社会所有阶层的更好的教育；在教育领域，那些受到资助的院校理应承担所有开拓性的工作。

你挚爱的……

致尼古拉斯·默里·勃特勒博士

1919 年 4 月 26 日

我最近一直在饶有兴趣地读你的《美国值得拯救吗？》的演讲稿。它通篇言之成理，令人信服。唯一让我感到不满的是它的标题。该标题隐含着对美利坚合众国的未来的疑虑。我认为引导美国舆论的正确方式，是永远不要对美国的未来提出问题或是表示怀疑。在你的演讲稿正文中，我认为只有一句话暗示了这种怀疑。这个句子在第七页末，开头是“民主在它到来之时已经开始腐朽”似可改为“如果民主到来，它可能开始腐朽”。

1919 年 10 月 5 号，艾略特赴华盛顿出席由威尔逊总统召集的工业会议。当时他可能对工业关系感兴趣，孰料这次会议竟然是“所有 [他] 参加过的由美国人主办的活动中最令人失望的一次——令人失望是因为缺乏知识、智慧和公众精神”。劳工团体带来一份争议太大的方案，他们拒不参加 10 月 23 日的大会，听任所谓雇主组和艾略特为其成员的公共组自行其是。24 日，艾略特发现在自己所在的组中，只有他一人对莱恩部长继续与会的请求投了赞成票。但是，“当两小时的辩论结束之后，我对我们组的现状感到非常满意，因为它无法继续履职，昨天已有 7 位组员离开了华盛顿，另外 7 位在会上声称他们要回家，然后径直走出会场，剩下 11 人中有 10 个看上去疲惫不堪，神情紧张，或者特别想家”。第 11 位显然是艾略特本人。到家后他写信给顿哈姆博士，说他这个月瘦了 3.5 磅，大部分时间待在剑桥的艾略特夫人也瘦了 2.75 磅。“无论是吃饭，还是其他任何时候，我们都非常惦念对方，因为自从结婚以来，我们从没有分开过这么久。”

1920 年，一位罗马天主教徒被选为哈佛大学董事会成员，许多人闻讯后摇头叹息，说倘若艾略特依然在位，绝不可能做出这样的决定。读者将会发现，这样的推测是站不住脚的。

致杰罗姆·D. 格林

1920 年 4 月 5 日

……在我看来，对詹姆斯·拜恩的任命是一个非常有趣的尝试。他是我认识的若干永葆哈佛本色的人士中的一位——他自从哈佛毕业以来，一直保持了哈佛本色。董事会迎来一位深明事理的天主教徒，有可能产生各种有益的影响。它深刻诠释了典型的哈佛精神中真正开明包容的实质。你将发现，未来几年持续关注此次当选对我国教育界以外天主教人士的影响，会是一件很有意思的事。当然，针对此项任命有两个需要认真考虑的反对意见。第一是他的年龄。他现在刚刚开始供职于董事会，年龄显然偏大。第二，我担心他的身子骨不再那么结实，经不起一年四季几次必需的往返于纽约和波士顿的旅行。他的优点是他完全理解哈佛目前为数众多且将来仍有望增加的各专业系部的价值。校长和各位董事在这个问题上固然远比 1869 年的董事会通达开明，但我仍然倾向于认为，布莱恩在这方面对他们很有帮助……

读者们已经看出罗斯福的种种做派常常激起艾略特的反感。但是正如下一封信所示，他对罗斯福的优点照样赞赏有加。如果信里提到的白宫晚宴给艾略特留下了深刻的印象，那也是一个让其他人充分感受他个人魅力的重要时机。当时在场的一位客人曾对我说过，这场宴会如何从餐桌转移到罗斯福总统当时用作书房的一个房间。罗斯福总统和艾略特落座之后，在场的所有人，包括性格活泼的主人，都在这位老人两旁围成一圈，如同磁铁的铁屑全都聚拢在磁极周围一般自然。

致克里斯蒂安·F. 莱斯纳博士

1921 年 1 月 25 日

尊敬的莱斯纳博士，……他 [罗斯福] 在自己的第一届总统任期内设宴款待我，此次宴会在我心中留下了非常深刻的印象。出席宴会的全是男士。我坐在总统右侧，霍尔姆斯大法官坐在他的左侧。餐桌的其余座位，坐着 10 或 12 位总统向我介绍时所说的“他的年轻人”。他的内阁成员没有一位在场。这些年轻人都是一些部委不同机构的领导或高级官员，全都从事责任重大的工作……

你要我评价西奥多·罗斯福的生活给这个国家带来的影响。我个人认为，总体而言，他的生活给国家带来的影响是健康而积极的，令人振奋的，尽管这因为两个严重的缺陷有所减弱。第一是他性耽冒险，这经常使他本人及其同僚的行为超越理智所允许的限度；第二是他在现行法律妨碍他实现自己的目标时会有违法之举，他认为这些目标不仅是正当的，而且对于他的国家和文明事业的进步是不可或缺的。他的文稿和演讲种类之多、容量之大，以及其中透出的那股气势，全都达到了非同寻常的程度；他追求耸人听闻的效果，对人好下断语，所有这些全都可能令后人惊讶不已。但他依然将是未来几代人心目中的英雄，志向远大的年轻人心目中的榜样……

读者应该明显感到，艾略特的宗教与性情和态度有关，而不是与经过详细论证的学说有关。的确，他认为真正的宗教应当如此。有鉴于此，他自己的陈述应被视为他感情的表达，而不是借以探究一套合理的哲学体系的线索。既然他已经到了想象中来世倏忽将至的年龄，人们有时候尝试着宣扬他的信仰，有些人还向他如实坦承自己的种种困难。下面这封信，即是对其中某人来信的答复。

致某牧师

1921 年 3 月 7 日

……我从未听说哪位牧师像你上星期六来信中那样坦率地承认，他对上帝与人的关系的看法发生了彻底的改变。起初，我以为你在谈到自己的思想变化如何深刻广泛时，一定是在夸大其词，及至你向我详细叙述了你的个人经历……向我说明你何以成为一名人道主义者而不是牧师，进而声称再也不能主持公众祈祷，我才觉得你对自己目前思想状况的描述真实而准确。

我先天和后天都是唯一神派教徒，从不接受任何通常的教义、教理和《教理问答》中的答案，从不信奉它们所描述的那个上帝。但是如果我不再相信耶稣在福音书前三章中描述的上帝，不再信仰创造有序而美丽的浩瀚宇宙的上帝，生活对于我来说是难以忍受的。你似乎已经从耶稣热爱邻居的祝福和慈善的撒玛利亚人的寓言中，发现了有益而快乐的人生的稳固基础……我注意到很多年轻人，他们的宗教信仰的实质，似乎在于为他们所爱的人以及他们自身所在的群体效劳的强烈愿望。但是我情不自禁地想到，“存谦卑的心，与你的神同行”[1]仍是宗教的精髓……

此信之后不妨摘录另外一封与它密切相关的信，而两信间隔时间之长似可忽略不计。1923年，查尔斯·萨姆纳·伯德夫人致信艾略特，请他为妇女俱乐部联盟国际关系委员会撰写一篇祷辞。他答复道：

1923年7月19日

尊敬的伯德夫人，我已慎重考虑了你在7月10日来函中提到的建议，但是我深知自己无法满足你的愿望。我从未主持过祈祷，只是念过几百年间这个国家的英裔儿童一直学习的那种浅显的祷辞，还有耶稣在吩咐他的使徒进入密室向上帝秘密祈祷时念的那种祷辞。当众祈祷，无论口念还是手书，都非我力所能及。

幸好我有很多牧师朋友，能够当众照本宣读或即兴口诵祷辞，我也乐于聆听他们吟诵。菲利普斯·布鲁克斯便是这样一位朋友……

伯德夫人在回信中表示，她们需要的是一篇不可能与任何教会或宗教组织发生联系的祷辞，请他考虑一下再作定夺。艾略特随即寄出如下祷辞（需要宣读这篇祷辞的活动一直没有举行）：

1　语出《弥迦书》第6章第8节。——译注全能的上帝，是您将尘世意志薄弱的子民从罪恶中解放出来。我们衷心感谢您，感谢您正在帮助我们摆脱那些令您的子民长期饱受折磨的灾难，帮助我们克服对这些灾难的恐惧，使我们意志坚强，勇于同未被战胜的各种罪恶和未被纠正的各种错误进行斗争；帮助我们抵制自己和他人内心的私欲、奢望和邪念；帮助我们追求和平，追求国与国之间的和平、社会和家庭之间的和平；帮助我们处事公正，常怀怜悯，存谦卑的心，与你的神同行；教我们认识世间无限的美和博大的爱，满怀敬慕和爱意仰望您，回报您的大爱和善行。阿门。

致某夫人

1924 年 5 月 26 日

依我看，我们似乎全然不知何为灵魂不灭。然而我情愿相信，一个人既有身体，又有灵魂，身体的死亡并不一定导致灵魂的毁灭或完结。的确，几乎每个人都认为，在良好性格的形成过程中，灵魂起到了比身体更加重要的作用。就我个人的见识而言，任何经历过尘世幸福生活的人，都无法勉强自己接受任何一部宗教或世俗文学作品中描绘的乐园或天堂。永远安歇的想法，绝对为任何热衷于工作的人所不齿，无论此人是尚未开化、缺乏教养还是举止文明。

40 年前，我曾出席某个俱乐部的晚宴，发现坐在自己身旁的是詹姆斯·弗雷曼·克拉克博士。他是波士顿一位任职多年的著名的唯一神派牧师，兼任哈佛神学院自然宗教和基督教教义教授已有 4 年，供职于哈佛大学第二届校董事会已达 20 年之久。克拉克博士曾突发肺炎，为此差点丧命，不久前又旧病复发。

我问他面对即将到来的死亡是什么感觉。他答道："我对自己的将来并不感到恐惧或担忧。上帝在这个世上一向对我优待有加，我干脆把自己的来世托付给他。"我劝你把你母亲和你自己的将来托付给仁慈的上帝。

记不清什么地方的公共图书馆或大学图书馆，你在那里可以借到由其女婿所著的《路易斯·巴斯德生平与著述》一书。巴斯德[1]是世界上用现代科学方法增进人类知识的最成功的实践者，但他同时也是一位虔诚的天主教徒。找到书中的那段描写——他坐在弥留之际的女儿身旁，握着她的手认真地说，他相信自己一定会在另一个世界跟她重逢。巴斯德正确区分了知识和信仰。他认定自己对灵魂不灭一无所知，但他同样认定自己愿意相信其中应有他的幸福所必需的成分。人们相信来世，相信自己能在那里与去世多年的朋友重逢，现代科学并不排斥这种信念。然而，现代科学坚决抵制那些教会或国家强加于人们的观点或行为。

我同样觉得，读罢《园林建筑师查尔斯·艾略特》的最后两页，你能感到些许安慰。我的长子的英年早逝，对于他的事业、他所在的地区和他的亲友，都是一个无法弥补的损失，尤其对于已经开始特别需要他的关心和建议的父亲。

如果你说："有些人一直受到他们的'上帝的关照'，他们的心理状态没有给我任何安慰或者希望——没有哪个上帝曾经或者正在关照我——我母亲去世时，我悲痛欲绝，想知道她将继续活着，我将重新与她生活在一起。"——我只能说，首先，

1　路易斯·巴斯德（Louis Pasteur，1822—1895），法国化学家、微生物学家，首创用疫苗接种预防狂犬病、炭疽和鸡霍乱，发明巴式消毒法。——译注

上帝一直很关照你，因为他给了你这样一位母亲；其次，你母亲相信上帝；最后，你本人将有很多年的时间用心体会爱德华·埃弗雷特·黑尔的忠告——“向上而不是向下看；向前而不是向后看；向外而不是向内看；主动施以援手”。如果你说，“没有上帝”——我只能问，一个渺小卑微的人物，栖居于大千世界的一隅，面对如此美丽、奇妙而有序的浩瀚宇宙，何以能够坚持这种不可思议的观点？

你诚挚的……

“照我看，”艾略特在另一封信中写道，“无论谁都不需要找到上帝，因为我们生活、活动、存在于他的心里，真实而完全，而且是在当前。”

本书自此可以恢复按时间排列的叙述顺序。

致杰罗姆·D. 格林

1922 年 7 月 19 日

……刚刚读完你 7 月 17 日的来信，你要求我对自己的作品提供一点个人资料。起初我茫然无绪，真不知道该怎么写一篇带有自传性质的文章、概述或是情况说明。我从没有写过日记，或是任何能够符合你目前这一需要的文字，这样的工作的确非我所愿。最近以来有几次——我是说自从我的抵触情绪逐渐减弱以来——我写了几篇文章，记叙了童年和青年时代的一些往事，以及我担任哈佛大学校长初期个人经历的一些事件。只是我宁愿自己没有写过这些。我相信自己不管在什么情况下，都不可能像查尔斯·弗朗西斯·亚当斯和亨利·亚当斯那样纯属敷衍似的写点自传材料，甚或像乔治·F. 霍尔那样写出一本谬误百出的书。我的基本想法是，我的传记作者能够从我的许多信函和报告中，发现有关我本人性情禀赋的大量佐证，这些佐证也将有益于《我的生平与信件》的读者，并且为他们所需。我心目中理想的传记，应当是从我的报告和其他官方文件中撷取的许多片段，它们如实记录了我为哈佛大学的建设增添了多少砖瓦，这些砖瓦的质量如何。优秀的社会公共机构经久长存，至于其中的一些人，"时光犹如奔流不息的长河，卷走了它所有的子孙"。此外，詹姆斯·布莱斯认为，仅仅因为其中一人已故便轻易泄露他与另一人之间的秘密，这种做法极为不妥，对此我亦有同感。一朝成为秘密，永不对外泄露，除非你确实不相信什么信义永恒……

他在另一个场合发表看法："说到自己的作品从今往后流传一百年，我一点都不希望或愿意未来几代人为此浪费任何时间。我曾为一所必将经久长存的教育机构的建设添砖加瓦，因而产生的个人影响虽然短暂，却足以让我欣然知足。"

致布莱斯女勋爵

1923 年 2 月 24 日

……我发现它 [布莱斯的《旅途琐忆》] 是一本令人愉悦的读物，富有教益，妙趣横生。以《巴勒斯坦印象，1914 年》这一章为例，它为我描绘了一幅圣地的画面，其逼真传神的程度，超出了我以前通过阅读或是与人交谈形成的印象。我曾在一个月之内与两位学识渊博的美裔犹太人数次长谈，一位是犹太复国主义者，另一位是反犹太复国主义者。两人以前去过巴勒斯坦，都是在英国人为了估量巴勒斯坦作为犹太人殖民地的各种现实需求将它占领之后。他们对自己各种见闻的描述显然远比布莱斯的描述逊色。这本书中有太多页文笔优美传神，堪称绝妙！例如，从 170 页末的“连绵的群山形成了一片顶端平坦的狭长高地”到接近 171 页末的“绿色的枝条在风中摇曳”。这段描写，朗朗上口，引人入胜，用词经过精心斟酌，多为单音节词。他的耳朵多么善于辨析词语啊！例如，他在“to which mountains are dear, because rills make music”（高山显得如此多情，因为小溪潺潺流淌）中用的是 mountains 而不是 hills。再以《冰岛印象，1872 年》的最后两页为例。这两页显示，他在余下的人生旅途中将秉持严谨客观、处事公正的原则。这一章的最后两句在内容和形式上都堪称完美。[1]

由于我每天只能用一小时读消遣的书，《旅途琐忆》够我读上整整一周……

1923 年 5 月 7 日，纽约公民论坛向艾略特颁发公共服务特殊贡献奖。此前，他自知体弱，不能前往纽约出席接受仪式，便向论坛寄了一则简短的答谢辞。仪式当天，在以利卢·鲁特先生、亨利·凡·戴克牧师、詹姆斯·布莱斯先生、约翰·芬利博士和罗伯特·E. 伊利先生相继发言后，由他的孙子查尔斯·W. 艾略特二世代为宣读答谢辞。这一场合，以及格林先生声称这一奖章将受到艾略特校长及其子孙后代的“珍藏”，在下面一封信中均有提及。信中提到的 1915 年授予他的那枚“金牌”，是美国艺术科学学会颁发的

1 “冰岛有过一个辉煌的黎明，自此她一直笼罩在苍茫暮色里；她应邀在欧洲历史舞台上扮演一个角色的希望已十分渺茫。但是那个黎明的灿烂朝霞永远不会从她的群山之巅完全消失，或者不再给她民众卑微的生命添上一抹荣光。”

第一枚特殊荣誉奖章。翌年，即1924年，他荣获罗斯福特殊贡献奖。

致杰罗姆·D. 格林

1923年5月11日

你在代表我领奖时发表的演说颇中肯綮，而且长短适宜。你能否慷慨赐教，使我知道你的最后一句话怎样才能成为现实？在这个世界上，我和我的子孙后代应该怎样珍藏这枚金牌？我以前获得的那枚大号金牌不可能放在家里供人观瞻，因此它被珍藏于剑桥信托公司和保险库里达数年之久。后来我对这种保管方式感到不满，遂将金牌捐赠给美术馆，但我发现美术馆只是将其存放在一只保险柜里。一枚铜牌能被它的主人及其子孙后代"珍藏"，一枚金牌却不能……我拒绝了伊利在书房放置一台收音机的提议，没有在剑桥收听当晚活动的实况。正如你所说，我应该发现这种做法"的确够呛"，尽管有一位热情的哈佛人，住在剑桥，使用收音机，且相当肯定地对我说，他每个字都听得清清楚楚。"广播"是多么令人生畏的一项发明！利用一种途径将许多考虑欠周的言论传遍全国。它会不会成为汽车带给城市和乡村生活的那种无处不在的噪音，抑或像是头顶上飞机那种令人烦躁的轰鸣？

你挚爱的……

致布莱斯女勋爵

1924年3月19日

……由某个哈佛校友会主办的我的九十寿辰庆典将于明日举行。参加者将有数千人之多，代表各种各样的观点、职业以及宗教和政治团体。过去一个月，大量赞美和祝贺的电报信函源源不断地涌进我家。其中有许多来自陌生人，他们声称自己长期受益于我公开的讲话或发表的作品。这是因为我的大部分工作都与教育紧密相连，或者在某种程度上关乎公众利益。布莱斯其实也应活到别人为他庆祝九十寿辰的那一天。只是他并不需要这种庆祝，因为他将活在世界各地的朋友的记忆里，活在他那些历久永存的优秀作品里……

翌日举行的九十寿辰庆典，有关方面专门出版了一本纪念文集，其中包括一份庆典所有程序的完整记录[1]。庆典由哈佛校友会和哈佛俱乐部协会主办，并且得到一个公民荣誉委员会的协助，该委员会是在美国总统、美国大法官、马萨诸塞州州长以及加拿大总理的资助下建立起来的。哈佛本校的师生在纪念馆列队，然后前往桑德斯剧院，庆祝大会于下午 3 点半在这里开幕。首先是哈佛合唱团在波士顿交响乐团的伴奏下演唱歌曲，接着由弗朗西斯 · G. 皮博迪博士诵读祷文，由校友会主席和联邦最高法院的 E. T. 桑福德先生分别致欢迎辞，之后由洛威尔校长、乔治 · 威格尔斯沃斯先生、监事会主席、文理系布雷格斯主任、四年级学生代表查尔顿 · 麦克维以及哈佛俱乐部联合会的 C. T. 格雷夫相继简短致辞表达敬意。耶鲁大学校长安吉尔代表其他院校和学术团体发言，科克斯州长代表马萨诸塞州发言，塔夫特首席法官代表美国公众发言。劳伦斯主教宣布向哈佛大学捐赠 125 万美元，以纪念这一重要的日子。之前未被告知接下来该做什么的艾略特校长，此时起身发表了如

1 *The Ninetieth Birthday of Charles William Eliot, Proceedings in Sanders Theatre and the Yard*, March 20, 1924. (Harvard University Press, 1925, 8 vol, p.260.) 除了活动方案和所有程序的记录，该文集还包括从世界各地 99 个哈佛俱乐部、148 所院校、14 个学术团体以及参众两院马萨诸塞州的代表发来的贺函。

下简短的答谢辞：

亲爱的朋友们：刚才这些饱含真情的贺词打动了我的心弦。我听了既惊讶，但也深受感动。今天将成为我记忆中最幸福、最愉快的一天。我在接受各位发言人赞美的同时，又觉得他们对我并不是完全了解。其中一位说我有非凡的勇气；我可从来没有这样认为。我承认我有洛威尔校长提到的另一个特质——随时准备战斗。想当年我还是个毛孩子，有时像其他孩子一样，在波士顿公园跟一帮小伙伴混战一场。我承认我在小小年纪就确已对战斗表现出一种极大的爱好。但说到成年以后的生活，我发现别人把这种特质称为勇气的原因是，我从未因遭遇阻碍便停止自己的任何一种尝试。我对种种风险和阻碍一概无所畏惧。我很想在未来能有一番作为。正是因为生性如此，我才能向前看而不是向后看，向外看而不是向内看。

此时，在我人生的最后阶段，或者临近结束的阶段，我想不出什么更好的忠告赠予哈佛的毕业生和在校生，且用爱德华·埃弗雷特·黑尔的话与各位共勉："向前看而不是向后看；向外看而不是向内看。"

我承认，刚才听校长说扩大哈佛在当今世界的影响时，我心里甚感欣慰。但是我们作为哈佛大家庭的成员，类似的话不宜多说。

我承认，我以前精力特别充沛，身体一向特别健康，我造成的许多影响——被人称为我的个性——源于精力和健康这两个因素。这两个优势使我在工作中得到极大的乐趣——正是在工作中。我不愿停下来好好想一想，我何以有如此之多的工作乐趣。我从来没有在心里认真思考过这个问题。不过工作乐趣一直是我生活中各种快乐的主要源泉。说白了，这只不过是一份自然的馈赠——从祖父母和父母身上相继遗传给我。这些得自遗传的禀性多方面决定了我的人生。它们决定了我对工作、研究和持久探索本能地表现出什么态度。这种对研究的爱好，是我当年在哈佛学院约西亚·P. 库克教授的关照下逐渐养成的。他是我的化学老师，破例允许我进入他的私人实验室。他还给我机会（1850—1853 年）了解科学实验室和探寻真相的过程。各位朋友，我是 1849 至 1853 年间唯一有此福分的本科生。正是这种倍受眷顾的感觉，在我成为哈佛学院的教师以后，第一次促使我极力推行自由选课制，第一次促使我从自己讲授数学必修课的班上招募志愿者，以便从事一项艰巨的调查工作——这是哈佛首次从一个班级招募志愿者，以从事某一学科领域额外的工作。

再来看看另一位发言人对我任职校长期间所作所为的一番描述。可以说，我承认他描述得很准确，尤其是他所说的我参加系教授会的情形。我在倾听与会者激烈辩论以及诚邀我的那些对手发言之时，大概也在费尽心思琢磨这些人——我在判断这些热衷于跟我唱反调的人是否适合当哈佛大学的教授。我当时的确是这样做的。

再想一想我为何从事教师这一职业。主要的原因在于时代，在于人类历史的一个绝佳时期，我的整个教育职业生涯所处的这一时期。仔细想一想！我刚刚开始成为哈佛的一名教师时，欧洲和美国一些实验科学的倡导者正在占领这一领域。想想当时世界上的哲学家们正在怎样提倡重视个人，同时展示纷繁多样的人性。想想詹姆斯·拉塞尔·洛威尔在 1886 年怎样告诉我们说，民主不仅应该提高普通民众的地位，而且应该让人性中所有最优秀的品质都有自由发展的空间，因为这是拯救民主的唯一途径。想想爱默生是怎样在我的青年时代产生巨大影响力的。想想奥利佛·温德尔·霍尔姆斯作为解剖学、心理学和传染病教师，怎样丰富了我们对人类的智慧和洞察辨析能力的认识，怎样在教书之余，又特别擅长于赋诗著文，表达思想。想想阿萨·格雷、约瑟夫·亨利、杰弗里斯·怀曼、本杰明、皮尔斯，路易斯·阿加西，他们怎样成为美国科学界的领头人和理科教学方法研究的倡导者，所有这些都发生在我是哈佛一名年轻教师的年代。那个非凡的阶段产生的理想和经验，我在整个积极有为的职业生涯中一直谨遵不渝。后来，随着岁月的流逝，纷争不断和坚持不懈地对付反对势力的阶段终于结束，哈佛大学的新机制开始实行，学校各个部门和全体教职员工让我有机会见识现代教育正往何处去，应当走向何方。我有时能帮帮他们，尤其是在医学系；但正是哈佛教职员工自身的力量，使我充满力量，使我具有所谓领导能力。我表达了他们的希望、抱负和献身精神，并且为之提供机会——有权这样做真是太好了。因此，你们应该将我凭借特权取得的成就归功于我有幸生活的环境，归功于我所处的时代，归功于那些非凡的哲学家和科学家的引领。

此时，我想对齐聚于此的哈佛毕业生们说一段话。我想不出还有什么话，比我在1869年就职演讲中的一段更好。这番话照样适用于今天：

“就在最近一段时期，有些人怀疑文化是否是自私的，那些举止端庄、品味高雅的人士是否真正热爱自由，并且准备为了自由忍受艰难困苦……就在不远处的古老操场上，在那个缅怀哈佛培养的勇敢精神的绝佳场所，不久将竖起一座丰碑，世

艾略特在九十岁生日宴会上

世代代对那些浅薄的疑问做出令人信服的回答，因为它的门上将写上：‘纪念那些为国捐躯的哈佛学子。’这所大学的未来定将不负它的历史。”

年轻的哈佛人已经在这场世界战争中表明，上面最后一句话是何等正确——“这所大学的未来定将不负它的历史。”但是请让我最后强调，战争时期与和平时期同样为国效劳，此乃哈佛人与所有受过良好教育的人职责所在。我呼吁年轻的哈佛毕业生们，不久也将呼吁本科生们，怀着竭诚奉献的精神为国效劳，无论是战争时期还是和平年代。

庆祝大会于下午 5 点休会。艾略特和其他各界人士随后来到哈佛庭院，许多学生等候在这里。大学馆前搭起了一座低矮的讲台。艾略特登上讲台后，先是由四年级主任对几个系的学生作简短致辞，接着他开始向学生们发表演讲。他嘱咐学生，无论战争时期还是和平年代都要为国效劳，务必牢记巴斯德为民主所下的定义：“一种能使每一位公民自由献身于公益事业的政体”，要争取在大学期间发现自己整个一生能从什么工作中找到乐趣，不要一味闭门反思，不要把婚期推得太迟，不要舍不得放弃一个选错了的职业。庆祝活动在欢呼声和《美丽哈佛》的歌声中结束。

主要负责各项安排的 J. D. 格林先生，和没有参与安排的艾略特的家人，心里全都愁得不轻，唯恐如此令人兴奋而紧张的一天会有什么不测，好在艾略特始终都很愉快，几乎没有感到它带来的疲劳。当晚他在跟夫人玩多米诺骨牌的当儿，突然抬起头得意地说：“今天我什么都听见了，除了弗兰克·皮博迪的祈祷词。”“这个嘛，”夫人顺着他的话说道，“又不是念给你听的，亲爱的。”他心里乐开了花，一边重复这句略带讥诮的话，仿佛觉得它是幸福的一天中最令人愉快的事情。

下一封信回顾了1870年代初期医学院围绕改革开展的斗争。收信人是艾略特以前的劲敌亨利·J.比奇洛博士的儿子。

致威廉·斯特吉斯·比奇洛博士

1924年3月28日

你作为生日礼物送给我的那盒兰花非常漂亮。它给我和夫人带来极大的欢乐，并将成为我们弥足珍贵的一段记忆。

我一向对你和你父亲之间的关系很感兴趣，尤其是在你们行医之前很想学习一些自然历史知识的时期。而且我同样发现，你父亲和我之间的关系也能带给我一些愉快的回忆。

他竭力挫败我重组医学系和医学院的各项计划，而我竭力让他在这方面的各种努力无法奏效。但他一直对我个人表现出一种明显的喜爱，这种喜爱无疑始于1851到1852年。

大约就在那时，他想对我脸上的疤痕实施一项试验性手术，因为他此前读到一位维也纳外科医生针对类似面部缺陷手术成功的案例。我很乐意让他做这种尝试，却惊讶地发现，你父亲居然不知道如何制作手术所需的制冷剂。他不知道怎样区分漂白粉和氯化钙。试验失败了，尽管已推进到你父亲说他不敢再往前走的关键一步。我认为你父亲那时已经剖析了我的性格特征和综合素质，多年后他在与我正面交锋时候也没忘记这些……

我很喜欢回忆你和我生活中的另一件事，希望你也是这样——你在1908—1909学年曾被聘为佛学讲师。此刻，你卧病在床，等待世俗生命的结束，佛教教义对你还有帮助吗？耶稣基督的教义对我颇有助益，因为我也在等待逃离黑暗的时刻。

你诚挚的……

1918 年，艾略特夫人开始出现动脉硬化和心绞痛的症状。起初她行走有些不便，两年后，日常行动严重受阻。再往下，大部分时间她的活动范围仅限于自己的卧室和那张躺椅。她的病情偶有短暂的好转。每年秋天，她都能顺利完成从东北港到剑桥的旅行，来年初夏，健康已有起色的她再次搬到她那位于缅因海岸的家。但是她在 1924 年到达那里以后，精力之衰开始日甚一日，及至当年 8 月，眼看最后的时刻就要到了。

尽管艾略特笃信，今生的人与爱将以某种方式在来世得以延续，他单凭想象无法具体描述天堂秩序，但他期待这种秩序能成为自己精神的一种简单的寄托。在这个物质世界的壮观景象中，在无私而热烈的生活的美丽情怀里，他总是感到上帝无处不在。他通过对生命和青春的感触获得了力量，正如古老传说中的安泰[1]从大地母亲（即生命）的抚摸中获得力量一样。他对力量的渴望始终未曾稍减。力量来自青春，永远美好、充满生机、在他身上永驻的青春。对弥留之际的妻子的守护眼看结束在即，他开始向这些力量寻求慰藉。8 月 15 日，他来到弗朗西斯 · G. 皮博迪家，答复了主人出于关心的一番询问之后，他请皮博迪先生让人把他一个襁褓之中的孙子抱到楼下的客厅。婴儿的母亲把他递给艾略特，他接过来抱了一会儿。起身离开时，皮博迪先生把他送到门口，两人沉默片刻之后，艾略特简单地说：“我想拥抱一个刚刚开始的生

1　即安泰俄斯，希腊神话中的巨人，是大地女神盖亚和海神波塞冬的儿子。——编者注

命。”

翌日，艾略特夫人溘然长逝。

艾略特竭力排遣心中强烈的孤独感，如同他每次面临巨大考验时一样，迫使自己做好当时的事，迫使自己投入到工作中。在家中举行的葬礼上，他站起来唱了五节《所有人的主即位远方》[1]，歌声十分响亮，只有那些看到他脸的人，才能猜测他此时的心情。然后，他连续数小时埋首书信，就像他在夫人去世前连续数日所做的那样。查尔斯·艾略特夫人搬进这座房子，自此她或她的女儿格莱斯每天早晨和晚上陪他一起用餐。下面这封葬礼十日后由艾略特口授的信，答复了“一位笃信个人自由的人士”为何赞同沃尔斯特德法案[2]。

致亨利·S. 普利切特博士

1924 年 8 月 29 日

……现在谈谈禁酒修正案和沃尔斯特德法案。你想得很对，我过去一向、现在依然笃信个人自由，男人、妇女和儿童的个人自由。最近有些人提出了几份议案，建议将迄今由州市两级政府所有的实际监管教育及其他事物的权利，统一收归华盛顿一位拥有众多下属和手握财政拨款实权的内阁官员所有，对这些议案我从一开始至今一概持反对态度。既然如此，我为什么支持禁酒修正案和沃尔斯特德法案呢？

我认为其中最根本的原因在于，自从新英格兰朗姆酒和威

1　此歌由奥利佛·温德尔·福尔摩斯所作。——译注

2　即禁酒法案。由美国共和党参议员 A. J. 沃尔斯特德提出，故名。该法案于 1919 年由国会批准，1933 年废止。——译注

士忌相继降价以来，我已经对此事持续关注多年，看出将酒作为普通饮料饮用，正在严重威胁白色人种的生存。我深知它怎样毁了一家人的生活，怎样致使儿童先天不足或畸形。据我所知，类似的情形在我父系和母系五代以内的家族中已有好几起。我也知道，在我熟悉的哈佛大学教工家庭中，同样的情况也时有发生。无论是在我的家族还是哈佛大学，我都目睹了单是酗酒以及卖淫更兼酗酒所造成的种种危害——源于妓院或比较新式的电话预约手段，二者的结合已是极为普遍。通过亲眼观察和阅读有关资料，我深信廉价酒威胁了白种人的生存，但是直到禁酒令在全国范围内实施，我才开始知道如何有效制止这种罪恶——通过对过去40多年缅因州禁酒令实施情况的观察，我确信一州范围内的禁酒是不切实际的。马萨诸塞州在这方面实施了多年的公民自决，据此我已看出，简便易行的烈酒贸易不可能用这种方式得到有效遏制。另一方面，目前有数百万年轻人在多处兵营集中受训，准备远赴法国，美国政府针对这些兵营附近酗酒和卖淫行为采取的行动已经收到明显效果，因此我相信，全国范围的大规模禁酒有望成功。

在我的童年和青年时代，波士顿和剑桥的公共场所都不提供饮用水，人们完全有理由饮用必须由煮沸的水酿造或泡制的饮料，诸如啤酒、茶和咖啡，现在这个理由已经不再能够成立了。

逐渐认识到一个巨大的祸害正在威胁美国之后，我本能地想用一切有望奏效的手段跟它进行斗争，尽管若是利用目前现成的手段，可能需要我对自己长期持有的政治或社会理论做出一些暂时的修正。现附上本人论述这一问题的两篇文章，它们很好地解释了我为何赞成减少一些个人自由，以换取较多的公众利益。但愿它们将向你解释清楚，我愿意将个人自由限制到人们能在自己家里喝法律明文许可的饮料的程度。那种个人自由在我看来并不是很重要，我不希望干涉那种个人自由的法律出台之后，又通过另外一些干涉另一种个人自由的法律。然而，能真正让我满意的，是国会和政府一致同意：第一，禁酒法案必须得到认真执行；第二，该法案应该试行五到七年……

“我本人，”艾略特在另一封信中写道，“在聚会时喝啤酒和葡萄酒，但并不嗜饮贪杯，这两种酒都没有使我产生任何可以察觉的醉意。”

作为一个头脑清醒、饮食有度的男人，他大概从未体验过即便是微醺的感觉。几个真实可信的故事都提到，他能喝下足以让其他人当众失态的大量香槟，自己却不露半点醉意，他有时在公共场合就是这样。事实上，他对咖啡因的敏感程度似乎超出了酒精。相较于酒，他更多谈到自己对咖啡和茶如何反感，而且好发惊人之语，比如：“我昨晚的演讲很糟糕，冗长、啰唆、不着边际。其实我有点兴奋过度——事先我喝了一杯咖啡。”大约早在1870年的一天晚上，他的内弟弗朗西斯·G. 皮博迪不经意间说出的一番话，使他深受触动。当时皮博迪对饭后前来看他的艾略特说：“查尔斯，你刚才在做什么？我从没见过你如此健谈。你是不是喝酒了？”他刚才只喝了一杯咖啡。从那以后他再也不喝咖啡与茶，除了极少数的场合，而且他再也没有忘记此事。住在东北港他家里的客人，时常在早餐桌上遇见他，听到他用艾略特式的独特语调说道：“我们这里有咖啡。我们也有波斯敦燕麦片，味道挺好。来碗燕麦片粥吧？”大多数客人会顺着他的心意喝燕麦片粥。

1925年4月，艾略特在波士顿拉丁学校的一场庆祝会上发表演说之后，身上感到一种他所说的震颤性麻痹，致使他四肢疼痛。

幸好到了6月1日，上述症状已经消失。6月中旬他动身赴东北港度夏，途中也没有什么不适。有一阵，一切都颇如人意。他虽然身体虚弱，但照样能乘坐舒适的汽车，并且能乘船出行。[1]那艘游船现在由别人驾驶，艾略特登上船后，总是强忍着才没有像老水手那样议论一番。查尔斯·霍普金森先生描述了他身为船长时的一段航行，当时在船上的还有富兰克林·G.费森登法官（一位对航海一无所知的老先生）和查尔斯·艾略特夫人，艾略特被人搀扶着坐在驾驶舱的长椅上后，就一直没有挪动身子。这艘30英尺长的单桅帆船遇到了一股风，风势渐渐增强，直到下风舷上的缘盖木被海水淹没。艾略特坐在背风的一侧。霍普金森觉得自己对这艘船和船上几个无助的同伴负有责任。眼瞅着狂风掀起越来越高的白浪，甲板变得越来越低，而艾略特依然坐着不动。最后他实在忍不住了，便吩咐艾略特的孙女握住舵柄，自己降下主帆，操纵着船离开风口，驶进比较平静的水域，最后安全靠岸。艾略特在别人的搀扶下走上岸后，转过身子，第一次开口发表意见："我觉得，查尔斯，我刚才真该降下那面顶帆。"

8月，一阵急性发作的带状疱症使他元气大伤，这场病持续了3个多月，给他带来的痛苦和持续时间之长，远远超过了以往任何一场病，他起初感到左眼球疼痛，继而这种疼痛又扩散到全身，实在难以忍受。后来医生向他坦承，医学界目前对带状疱症尚无有

---

1 该车系查尔斯·R.克莱恩先生所赠，取代了原先不太舒适的那辆。礼物通常使艾略特焦急不安，担心送礼者是否头脑清醒。看到他所说的"克莱恩的车"开到家门口时，他向来人打听克莱恩先生是否正在开始失去自己的理智。李和希金森公司银行的F.W.艾伦先生负责清算科利尔出版公司的财务，他函告艾略特，除了原先答应的"五英尺书架的书"的稿酬，他们还将付给他一笔版税。艾略特随即致信艾伦公司的一位合伙人，询问艾伦先生是否出了什么问题。

效的治疗手段。他气愤地对医生说，这是“医学界的耻辱”。3个月过后，疼痛感骤然消失，但是他的右手落下了残疾，从此再也不能提笔写字。在他生病期间，所有来信全都搁在一边，口授回信几乎无法继续，直到圣诞节后才恢复。当时他断然宣称：“我全身的力气正在逐渐恢复，因此目前的病残有望很快离我而去。”然而，他那病残的右手又开始受到风湿性病痛的折磨。一天，艾略特一位老朋友的儿子小西奥多·莱曼问他，这种风湿性疼痛对他的睡眠是否有什么影响。他答道：“没有，我上床时，总是忍着病痛把右手尽量放在最舒适的位置，然后赶紧入睡。”他仍然能把自己的身体活动控制到如此奇妙的地步。

亨利·D. 沃尔考特博士曾经叙述过他最后一次的东北港之行，那是在1925年。这段旅程被人用速记方式记录如下：

> 我没有指望在当年夏天（1925）见到他，不料却收到他的一封信，信中他愉快地叮嘱我务必去那里，于是我就去了那里——从我长期居住的黑暗港启程。他在信中说：“你会发现这一路不太好走——我觉得你不宜先到罗克兰，然后在船上过夜。你最好让沙特克先生用船接你，或者干脆乘坐早班船去蓝山，我会让马丁开车接你。”
>
> 唔，如此说来真是一次愉快的旅行，于是我动身前往蓝山。马丁把车开到那里等我，见面时他说：“艾略特先生觉得让乔安娜——他的一位贴身女仆——出来散散心，应该是一件好事，于是他吩咐我把乔安娜带上。”接着他又说：“你早上6点钟就从黑暗港动身，他担心你饿肚子，所以为你准备了午餐。”——午餐我是既没料到也不想吃。
>
> 我们一行抵达荒山岛，午餐过后艾略特说：“我们出去乘船

兜兜风吧，最近我还没有出过门呢。我已经让人修了一条简易小路直达岸边，这样我们就用不着翻山了。”于是我们沿着小路来到岸边，登上汽船，开始在海港附近兜风，像往常那样愉快地打量周围的景物。他对一切都饶有兴致，不停地问奥林这些人在做什么，那些人又在做什么。我们回到家里，我以为一天就这么结束了。但是根本没有。这是一个令人无比惬意的夏日，他说：“我们马上去哈德洛克。”

于是他开出自己的汽车，我们乘车前往哈德洛克湖，这里的风景他特别喜欢，前面是布朗峰——但愿它们能将此山命名为艾略特山。他把车开到岸边，然后我们回到家里。

每天都有愉快的短途旅行或其他活动。在我待在那里的最后一个礼拜日，我听从他的安排和他一起去教堂；我一般是不去教堂的。下午他说：

“下午的时光令人愉快，我们马上去索姆斯·桑德湾的小岛西边去看看。”

于是我们去了那里。他又说：

“今天时间充裕，我带你开开眼。”

于是我们上了岸，来到埃尔斯沃斯路，又拐上一条叫作老埃尔斯沃斯的路，到达海岸边的一个地方，这里几乎正对着西山，可以远眺西山的雄伟身姿。

我说：“你以前可是从没带我来过这里。”他说：“是的，我自己也是三周前才看到的。”脸上露出意犹未尽的神情。

最后一天是荒山岛上那种天气特别恶劣的日子，温度计从未接近 60 华氏度[1]。大雾弥漫，冷得出奇，此刻最愉快的事，就是坐在他的柴火旁取暖。可是我得赶罗克兰的航班。眼看时间已到，我准备出门，却发现他正在穿外套。我说："你究竟要做什么？"

他说："我要去汽船码头。"

我说："我不想让你去，如果你跟我一起去，那将是我俩首次一起经历一段很不舒服的行程。"

"哦，"他说，"我去。"

于是他上了车，如我所说，一路上很不舒服，因为天气湿冷。我们来到阴暗的候船棚下，站在那儿。我看到他四下张望，周围没有一个人。我听见不远处响起轮船的汽笛声。接着他陡然转过身子——有人走近候船棚，他一把攥住来人的胳膊，把他带到我跟前说：

"这位先生，我的朋友沃尔考特博士跟你同乘这趟航班，拜托你照看一下他，因为我不像他那样认为，我们这种年纪的人还能平平安安地独自出门旅行。"

嗯，当然，那就是他到汽船码头的所有目的——找到某个人，请他照顾我一下。这可太有个性了。多数人在类似情况下会把我托付给一个临时雇来的人。不管是谁，他都会像这样委托别人照顾，只要他觉得此人需要照顾。

艾略特不像多数年长者那样愿意沉浸于往事的回忆中，这可能是因为他一贯牢牢地把握住现在，对其他人的各种行为始终充满

1 相当于摄氏 15 度。——译注

好奇，真正喜欢从事自己仍然力所能及的各种活动和娱乐。但是，尤其是在夫人去世以后，家里几个跟他比较亲近的人发现，他时常回想起他过去喜爱的一些人物和情景。他比以往任何时候都更加频繁地提起艾伦·皮博迪·艾略特。每当他看到什么东西，想起自己当年曾因此激起怎样的情感，看到那些证明自己曾产生过有益影响的些微迹象，通过一件件小事见证人们如何敬重他的公正、智慧和社会公德，他都从中得到了安慰。[1]听着别人聊起能够证实这些的话语，比看见那些不知该如何处理的奖章和奖状更让他感到亲切，因为他能将这些话珍藏在心里。有时他在谈话的过程中会提到奖章和奖状，就像某位运动员会将一只实至名归的银杯放在餐柜上一样简单。既然他再也体会不到自己充沛的能量泉水般喷涌而出的感觉，他只能欣赏这些小小的奖品。它们使他确信自己过去是对的，它们程度不等地坚定了他人生的真谛在于奉献社会的信念，使他更加重视个人的潜能，重视真诚、劳动和耐心，它们向他显示他长期努力宽容别人造成了怎样的影响，同时保证他在这个世俗领域享有虽非显赫但真实的不朽地位。这些沉思的迹象偶然会出现在急剧减少的通信中。读到他最后几封信的人都会明显感到，他当时仍然提出并回答的几个问题，本身对他的意义已经渐渐不及那些他依稀想起的往事。最后几封信的字里行间，流露出老人内心的平静和对昔日情怀深深的眷恋，本书对他书信的引用应该

1 罗洛·W. 布朗先生说，曾有一位来访者告诉艾略特，当年他还是一个本科生时，是多么喜欢看到他在学院里处理各种事务，也很想表达自己心里对他的仰慕，却从没这样做过。艾略特愉快地笑着说："你知道吗，这正是活到高寿的老人的极大乐趣。最近几年有不少哈佛人跟我说过类似的话。倘若我只活到七八十岁，这些话就一点都听不到了。"（Rollo Walter Brown, *Lonely Americans*, pp.43-44）布朗先生的文章辑录了若干有趣的逸闻或回忆，但他过分强调艾略特的"孤独"，依笔者之见似乎不太恰当。

自此渐趋结束。

致亚瑟·莱曼夫人

1924年10月4日

亲爱的苏茜，衷心感谢你送来的那盘美丽的葡萄，我从荒山岛到家的第二天就收到了。这些葡萄，如同以往一样，使我想起我儿时住在灯塔街31号期间，南茜姨妈送给我妈妈的那些礼物。它们也让我想起你这么多年对我和爱妻表现出的体贴和关爱。但愿你永远不知我此时生活在一片空虚之中。

你挚爱的……

1924年10月21日

我在上次写给你的信中表达了一个希望，但愿你永远不要感到我最近一直在独自忍受的空虚。我本来不该用“空虚”这个词，因为我有这么多儿孙正在试图填补这种空虚，用他们关怀备至的服侍和新鲜而超前的趣味。

多谢你上周六留在我家门口的美味可口的食物……

你挚爱的……

1925年2月10日

你能回想起这么多久远的往事！这些我刚刚仔细打量过的山茶花，酷似她哥哥乔治·莱曼每年这时候从沃尔瑟姆带给我妈妈的山茶花。我发现自己动辄怀旧，因为工作能力日益衰退，越来越记不住近事。如今最让我感到温暖的莫过于发生在沃尔瑟姆的那些往事，当事人有我妈妈、南茜姨妈、奥瑟·T.表弟，还有你和亚瑟。

你挚爱的……

致杰罗姆·D. 格林

1925 年 3 月 20 日

尊敬的杰罗姆，格兰金特教授和西莫先生刚给我送来一本装帧精美的书，其中收入了我九十寿辰庆祝会的所有活动——该书昨天由哈佛大学出版社出版。它使我第一次切实感受到当时寄给我的贺函数量和种类之多。我当然聆听了有关人士在桑德斯剧院为我致的生日祝词，但是那些贺信和贺电我看得很少——不超过 10 或 12 封，我认为它们全都得到了麦克康尔小姐和皮尔斯的确认；不过这是记在一页信纸上的正式确认，我从未见到过。我从没认真看过那四卷由你精心编辑的现存于怀德纳馆的书信。所以你不难看出，我一定能从这本书中读到许多有趣的内容……

致布莱斯女勋爵

1926 年 1 月 14 日

……我非常希望你在自己的脑海里，能够清晰地浮现出你和布莱斯来荒山岛看我们期间，他最后一天的活动情形。当时他告诉我说，他虽然多次来荒山岛度夏，却始终没有人带他去过外鸭岛，而他一直很想去那里看看。那天他要我带他去。我们在路上只带了奥林·唐奈尔作为助手。我们艰难地登上该岛北侧一个岩石嶙峋的地方，接着爬上几块可以权充舒适座椅的巨石。午餐过后，布莱斯声称他要绕着岛走一圈，再仔细瞧瞧位于该岛西南端的灯塔和雾号[1]。一个半小时后他回到原处，对

1　一种向雾中行驶的船只发送警报的装置。——译注

遍地被风刮倒的树、灯塔和雾号，全都惊叹不已。

接下来就该回家了。奥林虽然身手敏捷，但他把我们安全地护送到船上，可着实费了不少劲。天空澄碧，阳光灿烂，我们的船依然是顺风行驶。远处的群山清晰可见，背衬着西天的艳阳，山峦西侧的斜坡浸浴在明亮的光辉里，东侧的斜坡笼罩在阴影中。海面上矗立着几座突兀的险峰。布莱斯声称这是他迄今为止见过的最美妙迷人的景色，而且为此列举了几个理由。风一直轻轻地吹，而且是有利于行船的顺风。整整一小时，布莱斯都在阐述他刚才提出的观点，即此时眼前所见，是他至今见过的最美的景色。此人见过世界上美妙壮观的景色之多，实非其他任何一位当下健在的人可比。他曾独自站立在阿勒山[1]之巅，而他雇来领着他登顶的当地向导却在离山顶很远的地方驻足不前，拒绝再走一步，理由是山顶上住着一些魔鬼和妖精，只要他们继续往前走，就会被立刻杀死。对于瑞士和南美那些雄伟壮观的景色，对于北美的落基山脉和塞拉斯山，他都非常熟悉。

下午晚些时候我们一行人到家后，我发现你和布莱斯从这时起直到黄昏，乃至整个晚上，几乎都待在自己屋里。我从此一直希望他或是你日后写篇文章，记叙我们那天一起出游的经历。我后来再没见过布莱斯……

1926 年春季的几个月里，艾略特一直热切地盼望着自己能有足够的体力重返缅因海岸。幸运的是，这一愿望总算没有落空，只

1　位于土耳其东部，一译“亚拉腊山”，据基督教《圣经》载，大洪水后挪亚方舟即停于此。——译注

是他那本已十分不济的体力持续衰退。在夏季的头一段时间，他始终希望自己的体力恢复到能乘坐“伙伴”号出海的程度。“再过几天，我们就要乘船出去兜兜风了。”与此同时，他坐在窗口，瞅着几个孙子或舵手奥林·唐奈尔把船驶出小小的海湾，或者把它驶回泊船处。但是他连坐在轮椅上由人推到码头都吃不消，到了8月，他再也不念叨着要坐船出海了。他在自家的房子里和和阳台上度过每一天。

夏季甜润的空气飘进敞开的门窗，使他嗅到冷杉和退潮时海滩上的气味。碰到雾气缭绕的日子，炉中便会燃起柴火。查尔斯·艾略特夫人住在家里。他的儿子塞缪尔和几个孙女或其他几个子女一直待在附近。无论何时需要人陪伴，他们当中至少会有一人和他在一起。只是他的思维，虽然还算清晰，却已经不再敏捷了。接下来的日子，他只愿意躺在床上。

8月15日或是16日，他突然而简单地告诉自己的儿子塞缪尔，他将于本周六去世。此前他已表达了自己的意愿，希望在东北港的联合教堂举行一个简单的仪式，在剑桥的学院教堂举行葬礼，然后将他安葬在奥伯恩山。他现在进一步解释说他最好死于星期六，因为家人和其他人可能必须去剑桥，他们会发现星期日的火车比平时舒服。星期四和星期五的大部分时间，他都是神志不清；星期六一天仍是不见起色。8月22日星期日早晨，他认出了家人，还跟他们说了话，吐字发音很是清晰，旋又陷入昏睡之中。午餐后，一位护士单独跟他待在一起，只见他躺在床上，倚着枕头，忽然失声叫道：“我看见父亲了！”护士闻言吃了一惊，赶紧过来问他是不是需要什么。一片阴影遮住他的面庞，这时他努力集中注意力，口中喃喃地说“不，不需要”，少顷又说“我看见圣母了”。片刻之后，他的脑袋蓦地耷拉在胸口——

停泊的“阳光”号

这个必然的归宿来临时没有任何痛苦，他死在自己中意的地方。他在一次出海航行时感慨道：“我们身后留下的事物是何等美妙！”——现在这些留给了其他人的心灵、其他人的眼睛和未来的岁月。

8月末的剑桥，是一座人迹稀少的小城，但是人们纷纷从远近各地返回，赶到阿普尔顿教堂，不是为了吊唁，而是为了在一个难以忘怀的仪式上共同表达自己诚挚的感激和爱戴。一位英雄为社会公益事业奋斗了半个世纪，他的悄然离世引起人们深深的思考。那天下午，分散于北美大陆各地的许多人，包括哈佛往届的学生和无数哈佛以往的教师，以及艾略特著述的忠实读者，都在心里默默地说：“他曾经塑造了我们的人格。他为我们的子孙开辟了一条前进的道路。他的精神将永远与我们同在。”

附录A

哈佛学院 1868—1869 学年秋季学期课程

课 程 表

一年级

第一学期

1. 希腊语。色诺芬《回忆苏格拉底》——荷马《奥德赛》——古德温《希腊语的情态与时态》——希腊语写作练习。
2. 拉丁语。李维《罗马史》（林肯选辑）——西塞罗《书信集》——拉姆齐《罗马史基本手册》——詹姆特《语法》——拉丁语写作练习。
3. 数学。皮尔斯《几何》——皮尔斯《代数》。
4. 法语。奥托《语法》——现代法国戏剧——经典法国戏剧——练习。
5. 演说术。
6. 伦理学。钱普林《伦理学原理》——布尔芬奇《基督教的证据》。
7. 基础教育。讲座。

第二学期

1. 希腊语。吕西亚斯——荷马《奥德赛》——菲尔顿《希腊史学家》——希腊古代史——古德温《希腊语的情态与时态》——希腊语写作练习。
2. 拉丁语。贺拉斯的颂诗及抒情诗——西塞罗《图斯库兰论辩集》——詹姆特《语法》——拉姆齐《罗马史基本手册》——拉丁语写作练习。
3. 数学。皮尔斯《代数》（包括对数）——皮尔斯《平面三角》。
4. 历史（法语讲授）。《迪吕伊希腊史》。

5. 演说术。

二年级

第一学期

1. 修辞学。专题。

2. 历史。《吉本[1]》(学生版)。

3. 化学。库克《物理化学》。

4. 演说术。

5. 德语。魏西《德语语法》——练习——罗尔克《德语读本》。

选修课程

1. 数学，普通课程。古德温《基础统计学》——普克尔《圆锥曲线》。

2. 应用数学。克尔《理性力学原理》。

3. 纯粹数学。普克尔《圆锥曲线》。

4. 高等数学。函数基础理论导论。

5. 希腊语。埃斯库罗斯《普罗米修斯》——欧里庇得斯《阿尔刻提斯》——柏拉图《申辩篇》和《克利托篇》——希腊语写作练习。

6. 拉丁语。西塞罗的演讲——昆体良[2]——詹姆特《语法》——拉丁语写作练习。

7. 意大利语。库雷《语法》——小米开朗琪罗《集市》——《阿尔卑斯山的玫瑰》。

8. 英语。弗农《盎格鲁-撒克逊语入门》——莫里斯《早期英语文萃》——乔叟。

第二学期

1. 修辞学。专题。

---

1 爱德华·吉本(Edward Gibbon,1737—1794),近代英国杰出的历史学家,其史学名著《罗马帝国衰亡史》影响深远，是18世纪欧洲启蒙时代史学的卓越代表。——译注

2 昆体良(Marcus Fabius Quintilianus，约35—约95)，古罗马著名教育家，在雄辩术及办学上有卓越成就，代表作为《演说术原理》。

2. 哲学。 斯图亚特《思维的哲学》——里德《论文集》。

3. 化学。 库克《化学基础原理》——讲座。

4. 德语。 语法和练习——罗尔克《德语读本》。

5. 演说术。

选修课程

1. 数学，普通课程。普克尔《圆锥曲线》——古德温《基础力学》——引力定律讲座。

2. 应用数学。克尔《理性力学原理》。

3. 纯粹数学。球面三角学——普克尔《圆锥曲线》。

4. 高等数学。函数基础理论导论——分析性立体几何。

5. 希腊语。狄摩西尼——格罗特《希腊史》第 11 卷（86—90 页）—— 阿里斯托芬《鸟》——希腊语作文。

6. 拉丁语。 泰伦斯——西塞罗——贺拉斯——拉丁语写作练习。

7. 意大利语。库雷《语法》——《弗兰切斯卡・达・里米尼》——塔索《被解放的耶路撒冷》。

8. 英语。 继续第一学期的学习。

三年级

第一学期

1. 物理。 赫歇尔《天文学纲要》（最新版）。

2. 哲学。 鲍温《逻辑学》。

3. 修辞学。有关专题。

4. 化学。讲座。

选修课程

1. 数学。 皮尔斯《代数》第 8 章——皮尔斯《曲线与函数》第 1、2 册。

2. 应用数学。克尔《理性力学原理》——微积分基础。

3. 古代史。波利比奥斯[1]——希腊语作文。

4. 希腊语。《埃斯基涅斯与狄摩西尼》——希腊语作文。

5. 拉丁语。普林尼信札——马尔提阿利斯[2]诗选——拉丁语练习与即席发言。

6. 化学。盖勒韦《定性分析》以及实验课。

7. 自然史。

8. 英语。弗农《盎格鲁-撒克逊语入门》——莫里斯《早期英语文萃》

9. 德语。魏西《德语语法》——练习——席勒的悲剧。

10. 西班牙语。《吉尔·布拉斯》——乔西《语法和练习》(塞尔斯编)。

11. 意大利语。库德《语法和练习》——小米开朗琪罗《集市》——《阿尔卑斯山的玫瑰》。

第二学期

1. 哲学。汉密尔顿《形而上学》——辩论学。

2. 物理。拉德纳《自然哲学教程》(光学)——流体静力学、气体力学等讲座。

选修课程

1. 数学。皮尔斯《曲线与函数》第1、2册。

2. 应用数学。克尔《理性力学原理》——微积分基础。

3. 古代史。波利比奥斯——希腊语作文。

4. 希腊语。索福克勒斯的《厄勒克特拉》——柏拉图——希腊语作文。

5. 拉丁语。普劳图斯——拉丁语练习及即席发言。

6. 化学。盖勒韦《定性分析》以及实验课。

7. 自然史。

8. 英语。继续第一学期的课程。

---

1 波利比奥斯(Polybius,前200—前118),古希腊政治家和历史学家,代表作《历史》(原书40卷,仅5卷传世)。其在密码学上亦有建树,“波利比奥斯方表”即以他命名。

2 马尔提阿利斯(Marcus Valerius Martialis,约40—约104),古罗马诗人,以铭辞著称。

9. 德语。 语法——练习——歌德的悲剧——海涅。

10. 西班牙语。 乔西《语法》(塞尔斯编)——《吉尔·布拉斯》。

11. 意大利语。 库德《语法》——《弗兰切斯卡·达·里米尼》——塔索《被解放的耶路撒冷》。

四年级

第一学期

1. 逻辑与哲学。 鲍温《伦理学与形而上学》——鲍温《政治经济学》——论辩学。
2. 物理。 光学与声学讲座。
3. 历史。 现代史。

选修和辅修课程

1. 哲学。 米尔《汉密尔顿哲学研究》。
2. 数学。 皮尔斯《曲线与函数》。
3. 历史。 英格兰宪政史。
4. 化学。 水晶体的晶体学和物理学。
5. 希腊语。 修昔底德——希腊语作文。
6. 拉丁语。 昆体良——西塞罗与维尔斯的论辩——拉丁语练习及即席发言。
7. 德语。 席勒《威廉·退尔》——歌德《浮士德》——德语语法讲座——主题讨论。
8. 法语。 法语语法讲座——《拉·封丹寓言》——博须埃。
9. 西班牙语。 乔西《语法》(塞勒斯版)——德莫拉庭《少女的同意》。
10. 意大利语。库德《语法与练习》——塔索《被解放的耶路撒冷》——但丁。
11. 英语。索普《盎格鲁 - 撒克逊文选》——马兹纳《古英语》
12. 现代文学。讲座。
13. 早期与现代希腊语。
14. 地质学。讲座。
15. 解剖学。讲座。

第二学期

1. 历史。现代史。

2. 宗教教育。

3. 修辞学。专题。

选修和辅修课程

1. 哲学。 哲学史。

2. 数学。 皮尔斯《分析型力学》。

3. 希腊语。 修昔底德——希腊语作文。

4. 拉丁语。 卢克莱修——拉丁语练习及即席发言。

5. 历史。 美国正史。

6. 化学。 矿物学与矿物的分类。

7. 德语。《尼伯龙根之歌》——德国文学讲座。

8. 法语。《法国文学史》——莫里哀。

9. 西班牙语。《堂吉诃德》——卡尔德隆。

10. 意大利语。 但丁。

11. 英语。 继续第一学期的学习。

12. 动物学。 讲座。

13. 现代文学。 讲座。

14. 早期与现代希腊语。

希伯来语面向有意学习该语言的学生。

作文与演讲课的练习

一年级和二年级学生每周各有一次演说术课程的练习。

二年级学生每三周有一次主题演讲练习，三年级每五周一次练习。

四年级在第一学期有四次辩论练习，第二学期有四次专题练习，二年级在第二学期有四次辩论练习。

各年级均有希腊语和拉丁语写作练习。

选修和辅修课程

1. 一年级所有课程均为必修课。
2. 二年级的必修课为化学和德语（整学年每门每周两学时），历史和哲学（一学期每周两学时）。选修课为希腊语、拉丁语、纯粹数学、应用数学、英语及拉丁语。每个学生选修的课程必须达到每周八学时。参见附表。
3. 三年级的必修课为哲学（每周两学时）和物理（每周三学时）。选修课程为希腊语、拉丁语和古代史（用希腊语教材）；数学、应用数学、化学及自然史；英语和德语。每个学生可以在上述选修课程中选择两到三门（任意），并得到相应的成绩。每门选修课每周有三次练习。西班牙语和意大利语可作为辅修课（不评分），每周各有两次练习，凡是申请在第四学年选修这两种语言的学生，均应在第三学年将其作为必修课。
4. 四年级的必修课程为历史、哲学及伦理学（每周总共五学时）。选修课为希腊语、拉丁语、数学、物理、物理化学、历史、哲学和现代语（法语、德语、意大利语和西班牙语）。每门选修课每周有三次练习。每个学生可选修两到三门（任意），并得到相应的成绩。在现有条件下，允许成绩优异的特殊学生将九课时用于两门选修课。四年级的现代语言，只有优等生能获得分数。

选修课成绩优异者，将在毕业时受到专门表彰（通过证书或其他适当方式）。

专题讨论、辩论、朗诵以及讲座出勤均算入必修课程。

考　试

各班每年参加该学年几门课程的书面考试，主考者为监事会任命的考试委员会成员；这些考试的结果对于确定学生的等级有重要作用，在有些情况下将决定学生是否能继续就读于哈佛学院。

音　乐

音乐课的授课对象，须是学习音乐并基本熟悉乐理的学生。

课程包括和声练习以及和声学与复调。

1868—1869学年第一学期练习一览表

	课程	8:00—9:00	9:00—10:00	10:00—11:00	11:00—12:00	12:00—13:00	16:00—17:00	17:00—18:00
周一	一年级	1. 法语 Ⅱ. 希腊语	2. 法语 Ⅳ. 希腊语		Ⅰ. Ⅱ. 伦理学	Ⅲ. Ⅳ. 伦理学	Ⅰ. 希腊语 3. 法语	Ⅲ. 希腊语
	二年级	Ⅰ. *希腊语* Ⅱ. *拉丁语*	Ⅲ. *希腊语* Ⅳ. *拉丁语*	专题	*高等数学* 2. *英语* 2. *意大利语*	*应用数学* 2. *英语* 2. *意大利语*	Ⅰ. *拉丁语* Ⅱ. *希腊语*	Ⅲ. *拉丁语* Ⅳ. *希腊语*
	三年级	Ⅰ. 哲学 Ⅲ. 物理	Ⅱ. 哲学 *西班牙语*	*希腊语* 1. *数学*	*希腊语* 1. *英语* 1. *拉丁语* 2. *数学*	*应用数学* 1. *意大利语* 2. *英语*	Ⅰ. 物理	Ⅱ. 物理 Ⅲ. 哲学
	四年级	哲学	*拉丁语* *西班牙语* *意大利语*	2. *德语*	*数学* 1. *德语*	*物理化学*	2. *法语*	*希腊语* Ⅰ. *法语*
周二	一年级	Ⅰ. 数学 Ⅱ. 拉丁语	Ⅲ. 数学 Ⅳ. 拉丁语		Ⅰ. Ⅱ. 希腊语	Ⅲ. Ⅳ. 希腊语	Ⅰ. 拉丁语 Ⅱ. 数学	Ⅲ. 拉丁语 Ⅳ. 数学
	二年级	1. *数学* Ⅳ. 化学	2. *数学* Ⅱ. 化学	*纯粹数学*	2. 法语	3. 法语	Ⅰ. 化学 Ⅱ. 演讲术	1. 法语 Ⅲ. 化学 Ⅳ. 演讲术
	三年级	1. *德语* 2. *自然史*	1. *自然史* 3. *德语*	2. *德语*	(*罗马史*)	化学*	Ⅰ. *拉丁语* *古代史*	2. *拉丁语*
	四年级	Ⅱ. 哲学 Ⅰ. 历史	Ⅲ. 哲学	1. *历史*	*英语* (2 *历史*) (*罗马史*)	*解剖学**	Ⅱ. 希腊语	Ⅰ 哲学 Ⅲ. 历史

课程		8:00—9:00	9:00—10:00	10:00—11:00	11:00—12:00	12:00—13:00	16:00—17:00	17:00—18:00
周三	一年级	Ⅰ. 数学 Ⅱ. 希腊语	Ⅲ. 数学 Ⅳ. 希腊语		Ⅰ. Ⅱ. 伦理学	Ⅲ. Ⅳ. 伦理学	Ⅰ. 希腊语 Ⅱ. 数学	Ⅲ. 希腊语 Ⅳ. 数学
	二年级	Ⅰ. *希腊语* Ⅱ. *拉丁语*	Ⅲ. *希腊语* Ⅳ. *拉丁语*		*高等数学* 1. *英语* 1. *意大利语*	高等数学 2. 英语 2. 意大利语	Ⅰ. *拉丁语* Ⅱ. *希腊语*	Ⅲ. *拉丁语* Ⅳ. *希腊语*
	三年级	Ⅰ. 哲学 Ⅲ. 物理	Ⅱ. 哲学 *西班牙语*	*希腊语* 1. *数学*	*化学* 1. *英语* 2. *意大利语* 2. *数学*	*高等数学* 1. *意大利语* 2. *英语*	Ⅰ. 物理	Ⅱ. 物理 Ⅲ. 哲学
	四年级	Ⅰ. 历史 哲学	*拉丁语* *西班牙语* *意大利语*	1. *历史*	数学 （2. *历史*）	*物理化学*	Ⅱ. 历史	Ⅲ. 历史
周四	一年级	1. 法语 Ⅱ. 拉丁语	2. 法语 Ⅳ. 拉丁语		Ⅰ. Ⅲ. 数学 Ⅳ. 英语	Ⅱ. Ⅳ. 数学 Ⅰ. 演讲术	Ⅰ. 拉丁语 3. 法语	Ⅲ. 拉丁语
	二年级	Ⅰ. 历史 Ⅳ. 化学	Ⅱ. 化学 Ⅲ. 历史		高级希腊语 1. 高级拉丁语	2. *高级拉丁语*	Ⅰ. 化学 Ⅱ. 历史	Ⅲ. 化学 Ⅳ. 历史
	三年级	1. 德语 2. 自然史	1. *自然史* Ⅲ. *德语*	2. 德语	（*罗马史*）	*化学**	1. *拉丁语古代史*	2. *拉丁语*
	四年级	哲学	*拉丁语* *西班牙语* *意大利语*	2. 德语	*英语* （1 *希腊语*）（*罗马史*）	*解剖学**	2. *法语*	*希腊语* 1. *法语*

<table>
<tr><th colspan="2">课程</th><th>8:00—9:00</th><th>9:00—10:00</th><th>10:00—11:00</th><th>11:00—12:00</th><th>12:00—13:00</th><th>16:00—17:00</th><th>17:00—18:00</th></tr>
<tr><td rowspan="4">周五</td><td>一年级</td><td>Ⅰ. 数学
Ⅱ. 希腊语</td><td>Ⅲ. 数学
Ⅳ. 希腊语</td><td>Ⅲ. 演讲术</td><td>Ⅱ. 演讲术</td><td>讲座</td><td>Ⅰ. 希腊语
Ⅱ. 拉丁语</td><td>Ⅲ. 希腊语
Ⅳ. 拉丁语</td></tr>
<tr><td>二年级</td><td>1. *数学*</td><td>2. *数学*</td><td>*纯粹数学*</td><td>*高等希腊语*
1. *高级拉丁语*</td><td>2. 高级拉丁语</td><td>Ⅰ. 演讲术
Ⅱ. 历史</td><td>1. 法语
Ⅲ. 演讲术
Ⅳ. 历史</td></tr>
<tr><td>三年级</td><td>Ⅲ. 物理
1. *德语*</td><td>3. *德语*</td><td>*希腊语*
2. *数学*
2. *德语*</td><td>*化学*</td><td>*英语*
应用数学
1. *数学*</td><td>Ⅰ. 物理
古代史</td><td>Ⅱ. 物理</td></tr>
<tr><td>四年级</td><td>Ⅱ. 哲学</td><td>Ⅲ. 哲学</td><td>Ⅰ. *历史*
Ⅱ. *德语*</td><td>*自然史*
英语
1. *希腊语*（2. *历史*）</td><td>*物理化学*</td><td>Ⅰ. 哲学
2. *法语*</td><td>*希腊语*
1. *法语*</td></tr>
<tr><td rowspan="4">周六</td><td>一年级</td><td>Ⅰ. 拉丁语
Ⅱ. 数学</td><td>Ⅲ. 拉丁语
Ⅳ. 数学</td><td rowspan="3"></td><td colspan="4" rowspan="4">四年级——*现代文学**(周一)，*地质学**(周期三)，论辩学(周五，15:00)。
三年级——演讲术（周一、周三），专题（周五，15:00）。
二年级——高级法语（周二、周五，15:00）。
一年级——高级法语（周一、周四，15:00）。</td></tr>
<tr><td>二年级</td><td>Ⅰ. 历史
2. 法语</td><td>Ⅲ. 历史
3. 法语</td></tr>
<tr><td>三年级</td><td>1. 拉丁语
2. 自然史</td><td>1. 自然史
2. 拉丁语</td></tr>
<tr><td>四年级</td><td>Ⅱ. 哲学</td><td>Ⅰ. 哲学</td><td>*地质学**</td></tr>
</table>

斜体表示选修或辅修课。

带*号表示讲座。

注：从第一学期开始至感恩节假期，晨祷始于每天早晨 6 点 45 分，午餐时间为中午 1 点，感恩节假期后，晨祷始于 7 点 45 分；所有的早晨练习将比此表所示的时间推迟一小时，午餐时间为下午 2 点。

附录 B

对 8 所学院的分析（1868—1870）

注：下列表中的数据摘自各学院概览，这些学院的情况有很大差异，数据也无法逐一核实，但没有多大出入。学院院长总是被当作一名教师看待。任何一名教师的实际教学工作量都无法确定。此表不包括学院概览中被列为“讲师”的人员。总体上看，这些学院当时尚未实施讲座式教学。

	学术或艺术系教师人数（学院）	选修课	大学招生人数	
哈佛 1868—1869	27	最后三年有一定程度的自由。已在正文部分讨论。	学术（学院） 住校研究生 劳伦斯理学院 其他专业学院	520 5 75 441
				1050
耶鲁 1869—1870	18	第三学年 2/3 的时间可在微积分、希腊语、拉丁语之间选修两到三门。第三学年 1/3 的时间可用天文学或拉丁语替代德语。	学术 谢菲尔德学院及其他专业学院	518 218
				736
哥伦比亚 1869—1870	14	无。	学术 矿学院 法学及医学院	129 79 568
				776
普林斯顿 1869—1870	17	校方宣布将于明年向三年级和四年级学生开设一定学时的选修课。	学术	280

普林斯顿大学 1869—1870	16	近两年选修课数量和范围都很有限。	学术 理科、法学及医学	124 525（约） 649（约）
威廉姆斯 1869—1870	11	无。	学术	159
阿默斯特 1869—1870	16	几乎没有。	学术	255
达特茅斯 1869—1870	16	几乎没有。	学术 医学、理科及农学系	261 109 370

附录 C

哈佛大学与约翰·霍普金斯大学的研究生院比较

表 I

以下是一份表格的第一部分，显示了卡特尔教授的1000名科学研究骨干在何处获得学位，在何处继续研究生学业。虽说不应片面夸大这些统计数据的意义，但它们本身很有趣，尤其是第二、第三栏的数据。“研究生学习”一栏的数据只包括那些从事研究生学习而没有在该校获得博士学位的学生。卡特尔教授称，此表列出的1000人“基本上是在15至20年前从事研究生学习”[1]，即1886—1890年间。

大学	学士学位	研究生学习	博士学位	合计
哈佛	106	74	57	237
约翰·霍普金斯	27	42	102	171
耶鲁	52	13	28	93
哥伦比亚	28	12	38	78
康奈尔	31	17	26	74
密歇根	35	8	10	53

（合计数低于50的院校从略）

在这1000名科研骨干中，在欧洲大学从事研究生学习的人数似乎较多。例如：柏林，117人；莱比锡，84人；哥廷根，69人；海德堡，56人。

1　Cattell, “Statistical Study of American Men of Science”; *Science*, N.S.(1906), xxiv, 740.

表 II

每年招收及授予学位的人数[1]

年份	哈佛研究生系招生人数（至 1890）及哈佛研究生院招生人数（1890 年后）		约翰·霍普金斯招收研究生总数（包括研究员）	哈佛授予的博士学位人数	约翰·霍普金斯授予的博士学位人数
	住校生总数	注册生总数			
1876—1877	42	61	54	4	…
1877—1878	38	67	58	7	4
1878—1879	31	50	63	3	6
1879—1880	38	52	79	5	5
1880—1881	30	43	102	3	9
1881—1882	37	50	99	1	2
1882—1883	36	56	125	5	6
1883—1884	46	80	159	6	15
1884—1885	53	72	174	4	13
1885—1886	50	71	184	6	17
1886—1887	64	78	228	2	20
1887—1888	84	97	220	7	27
1888—1889	89	99	202	6	20
1889—1890	96	111	209	8	33
1890—1891	117	132	233	8	28
1891—1892	187	200	298	6	37
1892—1893	200	216	297	13	28
1893—1894	248	259	261	18	34
1894—1895	255	272	284	18	47
1895—1896	280	299	253	18	36
1896—1897	290	306	210	26	42
1897—1898	278	293	215	26	36
1898—1899	321	336	210	24	42
1899—1900	326	341	185	36	35
1900—1901	339	353	168	29	30
1901—1902	304	315	172	31	17
1902—1903	310	325	187	29	27
1903—1904	412	427	202	47	35
1904—1905	378	395	195	39	31
1905—1906	393	409	162	46	32
1906—1907	386	407	158	34	35
1907—1908	406	424	171	43	28
1908—1909	413	429	187	38	27

1　哈佛的招生数源自 1886—1887 年度报告第 82 页，1892—1893 年度报告第 110 页，1908—1909 年度报告第 126 页。哈佛研究生系和文理研究生院博士学位授予的记录，源自年度报告中陆续收入的有关说明。约翰·霍普金斯的数据源自约翰·霍普金斯 1909—1910 学年概览。

附录 D

艾略特任期内哈佛大学发展比较示意图

哈佛大学在艾略特任校长期间的发展经常被人提及——在本书及其他与艾略特有关的书和文章中——因此需要提供一些具体的数据。

表Ⅰ摘自 S.E. 莫里斯《哈佛大学的发展》的序言，表Ⅲ同样摘自该书（第 89 页）。表Ⅱ的三部分，连同其后的曲线图，基于由“考虑数量限制的专门委员会”向哈佛监事会提交的一份未公布的报告中的有关数据。这些数据能使人初步认识哈佛与其他院校的经历之间的关系。读者在审视这些数据时应牢记几个事实。首先，在头 20 年里，只有哈佛提供了大量自由选修的课程，同时又坚持入学高标准。（由表Ⅱ-B 的数据可以推断，大多数人或者仍然愿意将自己的子女送进老牌院校，或者无法让自己的子女达到哈佛的入学要求。）第二，在 40 年间，一般学生被哈佛任何一个系录取的难度，始终高于其他院校类似的系部。（这可能鼓励较多的学生选择其他院校。）这些数据和曲线图表明，在艾略特校长任职期间，哈佛董事会和监事会在尽量提高学校学业水平的同时，又设法使招生数不低于平均增长率。

表 I

1868—1909 年行政人员及学生数[1]

	1868—1869	1878—1879	1888—1889	1898—1899	1908—1909
专业等级的教师	45	70	90	134	194
其他教师及研究员	14	65	108	277	416
其他行政人员	5	28	47	55	96
（本科生） 哈佛学院 理学院	 529 41	 834 17	 1 180 35	 1 851 415	 2 238 39
其他系部的学生	480	475	684	1 646	1 605

表 II

（A）东北部（新英格兰、纽约及新泽西）的人口数

年份	人口	增长率
1870	8 776 779	0
1880	10 224 516	16.5%
1890	12 143 531	18.8%
1900	14 744 580	21.4%
1910	18 203 462	23.4%

1 不包括董事会、监事会或暑期学校的学生。

(B) 所有系部的注册总人数

数量				增长率		
年份	哈佛	耶鲁	哥伦比亚	哈佛	耶鲁	哥伦比亚
1870	1 316	755	776			
1880	1 365	1 307	1 532	3.7%	37.3%	97.4%
1890	2 271	1 645	1 671	66.4%	58.6%	9.1%
1900	4 288	2 542	3 176	88.8%	54.5%	90.1%
1910	4 123	3 282	5 117	-3.8%	29.1%	61.1%
数量				增长率		
年份	普林斯顿	布朗	阿默斯特	普林斯顿	布朗	阿默斯特
1870	364	220	261			
1880	488	247	339	34.0%	12.3%	29.9%
1890	850	352	352	74.2%	42.5%	3.8%
1900	1 277	1 026	400	50.2%	191.5%	13.6%
1910	1 450	935	502	13.5%	-8.9%	25.5%
数量				增长率		
年份	达特茅斯	威廉姆斯	鲍登	达特茅斯	威廉姆斯	鲍登
1870	436	141	121			
1880	429	227	157	-1.6%	61.0%	29.7%
1890	462	311	185	7.7%	37.0%	17.8%
1900	741	375	252	60.4%	20.6%	36.2%
1910	1 229	543	338	65.8%	44.8%	34.1%
数量				增长率		
年份	塔夫斯	康奈尔	合计	塔夫斯	康奈尔	合计
1870	74	609	5 073			
1880	84	399	6 304	13.5%	-34.5%	24.3%
1890	145	1 390	9 634	72.6%	292.3%	52.8%
1900	802	2 521	17 400	453.1%	81.4%	80.6%
1910	1 142	4 412	23 073	42.4%	75.0%	32.6%

(C) 一年级——哈佛学院

注册总数			东北州		
年份	数量	增长率	年份	数量	增长率
1870—1879	189		1970—1879	159	
1880—1889	243	28.6%	1880—1889	191	20.1%
1890—1899	366	50.6%	1890—1899	301	57.6%
1900—1909	537	46.7%	1900—1909	421	36.5%
1910—1919	671	24.9%	1910—1919	538	27.8%

(D) 美国人口数（不包括边界以外的领地）与大学、学院及专业学院的招生数（男女生）之比。（哈佛一年级学生注册总数以百为单位。）

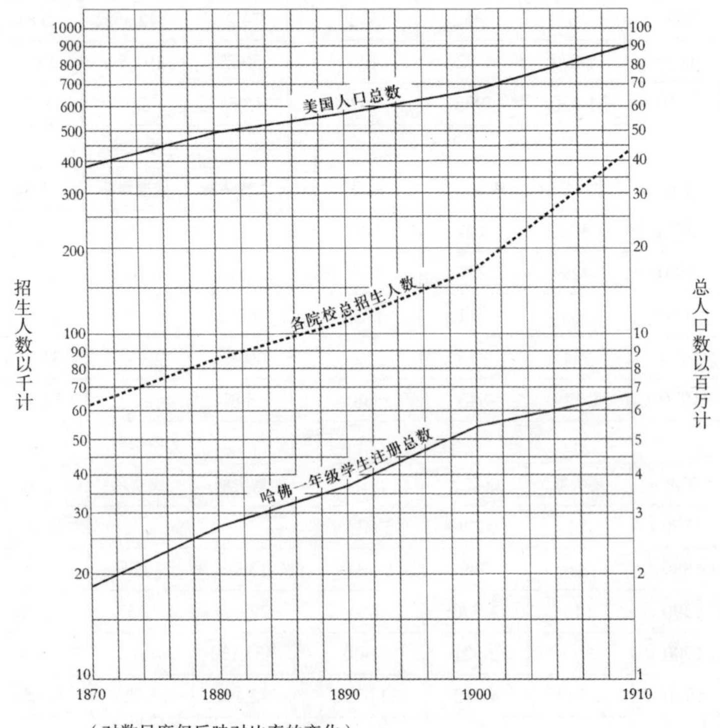

（对数尺度仅反映对比率的变化）

表Ⅲ

哈佛大学（1869—1909）财务总表

截至 1869 年 8 月 31 日

捐款 $2 387 232.77			
收入		支出	
投资	200 499.72	工资	122 597.49
学费	67 051.13	学生奖金	12 694.22
学期拨款	78 928.74	年金	10 390.78
杂项	1 163.78	杂项	124 722.12
礼品变现	529.19		

截至 1889 年 7 月 31 日

捐款 $6 761 943.23			
收入		支出	
投资	713 883.05	工资	430 773.57
学费	350 139.46	学生奖金	73 656.27
学期拨款	91 090.78	年金	11 053.44
杂项	22 403.91	杂项	433 572.92
礼品变现	124 226.75		

截至 1909 年 7 月 31 日

捐款 $22 716 759.24			
收入		支出	
投资	966 113.55	工资	944 649.02
学费	650 729.84	学生奖金	137 902.68
学期拨款	160 687.94	年金	34 185.12
杂项	75 524.90	杂项	1 562 199.19
礼品变现	282 290.44		

附录 E

艾略特撰写的题词

关于以下题词，艾略特曾做出这样一段解释："下列题词，是我应伯恩汉姆主任之请，为 1893 年芝加哥世界博览会的水门上的铭牌设计的。所用铭牌的形状和大小，以及上面可以容纳的字母数量，都已事先确定。我当时拟定的计划，是将水门朝向安大略湖的一面，用于纪念那些实际意义上的探险者和开拓者，将水门朝向荣誉陈列区的一面，用于纪念那些公民和宗教自由事业的先驱。水门临湖一面的开头为'献给勇者'的一段题词，作为水门上朝向荣誉陈列区一面洛威尔'真正的勇者当属……'等绝妙好诗的铺垫，这首诗和两段《圣经》语录，连同这一面左下方洛威尔的诗句，以及右下方林肯的语句，全由我本人选择，其余皆系我本人所撰。"

芝加哥世界博览会水门临湖一面的题词

少数人
勇于吃苦
历经磨难
万人坐享
胜利果实

献给勇者
他们的英名被世人铭记或遗忘
他们历经无数艰难
首次辛勤探索这个新世界的
江河山峰峡谷平原

世上民族众多
语言各异
目标不一
唯有探险勇士
永留英名

蛮荒之地将因他们而妩媚多情

献给
勇敢的开拓者
他们砍伐树林
开垦良田
地边河畔
修筑道路
开创幸福乐园

献给
勇敢的女人
她们忍受孤独
冒着罕见的危险
承担繁重的劳役
抚养子女
建设家园

芝加哥世界博览会水门朝向荣誉陈列区一面的题词

公民自由
乃是塑造
个人与民族
性格的工具

献给公民与宗教自由事业的先驱
真正的勇敢者当属那些
首先摆脱传统习惯的束缚
敢于在茫茫大海上
搏击风浪的人士

宗教中
的宽容
乃是近
四世纪的
最佳成果

你们必晓得真理，真理叫你们得以自由

我们在此
庄严宣誓
一定不让
民有民治民享的政府
从地球上毁灭

自由我
与知识共处：
我用我
成熟而强大的理性
宽容人们。
道德是我的权杖
法律是我的利器

罗伯特·古尔德·肖纪念碑

波士顿公园

马萨诸塞 波士顿

1897

献给马萨诸塞　　第五十四

步兵　　兵团

白人指挥官

对士兵的生死荣辱负有责任

与那些遭到鄙视的民族的士兵休戚与共

士兵们一旦被俘将背负煽动

奴隶叛乱的罪名面临死亡

同时遭遇战地行军作战所有通常的危险

黑人普通士兵

联邦事业受挫之时应征入伍

迟迟领不到军饷，18个月后才与白人士兵同等待遇

一旦被俘便有沦为奴隶的危险

作战勇敢，默然承受繁重危险的苦役

艰难困顿中依然乐观开朗

他们

共同向美国和世界有力地证明

非裔美籍士兵勇敢自豪而忠诚爱国

一八六三至一八六五年

十八万这样的美国士兵

受联邦旗帜征召，加入联邦军

撤退纪念碑

马萨诸塞州，波士顿

1902

在这些高地上

1779年3月4日夜间

围困波士顿的美军士兵

构筑了两座堡垒

使英国舰队及驻军

无法防守该市和海港

3月17日英国舰队

载着11 000名战斗人员

和1 000个难民

撤到南卡斯克特的公路上

自此

波士顿获得解放

一支强大的英国军队

被逐出

美利坚的殖民地

为华盛顿邮局的题词

众所周知，艾略特为华盛顿邮局东西侧塔楼的题词，曾由时任美国总统伍德罗·威尔逊修改。爱德华·H. 考顿先生提供的艾略特题词的初稿如下：

传播消息和知识

服务于工商业

促进民众与国家

之间的理解

实现和平与善良的意愿。

表达爱心和善意
担任友谊的使者
安慰孤独的人们
为分离的家人报信
充实公众生活。

经过修改的题词：

传播消息和知识
服务于工商业
促进民众与国家
和平友好的
意愿与相互理解

表达爱心和善意
为分离的友人报信
安慰孤独的人们
联系出门在外的家人
充实公众生活。

附录 F

五英尺书架

"五英尺书架"丛书各卷的主要内容

第一卷

《本杰明·富兰克林自传》,《乔治·沃尔曼日记》,《痛思录》(威廉·潘恩著)

第二卷

《柏拉图对话录》,《爱比克泰德金言录》,《沉思录》(马库思·奥勒留著)

第三卷

《培根论说文集》,《弥尔顿论出版自由与教育》,《虔诚的医生》(托马斯·布朗爵士著)

第四卷

《约翰·弥尔顿英文诗全集》

第五卷

《爱默生文集》

第六卷

《罗伯特·彭斯诗歌集》

第七卷

《忏悔录》(圣·奥古斯丁著),《效法基督》(托马斯·坎皮斯著)

第八卷

《希腊戏剧》(共九部)

第九卷

《西塞罗论友谊、论老年及书信集》,《小普林尼书信集》

第十卷

《国富论》(亚当·斯密著)

第十一卷

《物种起源》(达尔文著)

第十二卷

《比较列传》(普卢塔克著)

第十三卷

《伊尼亚德》(维吉尔著)

第十四卷

《堂吉诃德》(上册)(塞万提斯著)

第十五卷

《天路历程》(班扬著),《多恩与赫伯特生平》(艾萨克·沃顿著)

第十六卷

《天方夜谭》

第十七卷

《民间传说与寓言》(伊索、格林、安徒生著)

第十八卷

《英国现代戏剧》

第十九卷

《浮士德(第一幕)》(歌德著),《浮士德博士》(克里斯托弗·马洛著)

第二十卷

《神曲》(但丁著)

第二十一卷

《许婚的爱人》(曼佐尼著)

第二十二卷

《奥德赛》(荷马著)

第二十三卷

《两年水手生涯》(达纳著)

第二十四卷

《埃德蒙·伯克文集》

第二十五卷

《穆勒文集》,《卡莱尔文集》

第二十六卷

《欧洲大陆戏剧》

第二十七卷

《英国名家随笔》

第二十八卷

《英国与美国名家随笔》

第二十九卷

《比格尔号上的旅行》(达尔文著)

第三十卷

《科学论文集(物理学·医学·外科学)》

第三十一卷

《契里尼自传》

第三十二卷

《文学和哲学名家随笔》

第三十三卷

《古代和现代著名航海与旅行记》

第三十四卷

《法国和英国著名哲学家》

第三十五卷

《见闻与传奇》(傅华萨、马洛尼、哈里森等著)

第三十六卷

《君主论》(马基雅维利著),《乌托邦》(托马斯·莫尔著),《马丁·路德论文和演说集》

第三十七卷

《17、18世纪英国著名哲学家》

第三十八卷

《科学论文集》(哈维、詹纳、利斯特、巴斯德著)

第三十九卷

《名著之前言与序言》

第四十至四十二卷

《英文诗集》

第四十三卷

《美国历史文件：1000—1904》

第四十四至四十五卷

圣书

第四十六至四十七卷

《伊丽莎白时期戏剧》

第四十八卷

《帕斯卡文集》

第四十九卷

《史诗与传说》

第五十卷

序言、阅读指南、附录

附录 G

艾略特获得的荣誉称号

1857 年　美国艺术和科学研究院研究员
1869 年　威廉姆斯学院法学博士
1869 年　普林斯顿大学法学博士
1870 年　耶鲁大学法学博士
1871 年　美国哲学学会会员
1873 年　马萨诸塞历史学会会员
1902 年　约翰·霍普金斯大学法学博士
1903 年　荣誉军团军官勋章（法国）
1904 年　法国科学院道德与政治学院通讯院士
1908 年　意大利特级大骑士勋章
1909 年　杜兰大学法学博士
1909 年　密苏里大学法学博士
1909 年　达特茅斯学院法学博士
1909 年　哈佛大学法学博士
1909 年　哈佛大学荣誉医学博士
1909 年　日本帝国一等旭日勋章
1909 年　皇家普鲁士一等王冠勋章
1909 年　皇家文学学会会员（英国）
1911 年　布雷斯芬大学[1]荣誉哲学博士
1914 年　布朗大学法学博士
1914 年　英国社会科学院通讯院士
1919 年　比利时王冠勋章

1　即今波兰弗罗茨瓦夫大学。——编者注

1923 年　塞尔维亚萨瓦特级绶带勋章
1923 年　纽约公民论坛荣誉勋章
1923 年　波士顿大学法学博士
1924 年　罗斯福卓越服务勋章
1924 年　荣誉军团大司令官勋章（法国）
1924 年　纽约州立大学法学博士

附录 H

资料来源

哈佛大学校长的年度报告，以及其中所附的许多文献，是我们了解艾略特任职表现的不可或缺的资料。

校长办公室（1969—1909 年）的信函档案现存于大学图书馆。艾略特的遗嘱执行人已将他 1909—1926 年的信函档案存放于该馆。直至 19 世纪 90 年代，官方档案里除几封艾略特本人写的信外，全是别人写给他的信。90 年代之后，档案里艾略特写的信逐年增加，但他似乎习惯于仅仅保留很少一部分他从校长办公室发出的致其他人的信函。

哈佛图书馆还收集了许多艾略特的文章和评语，其中有的发表在杂志上，有的是报纸的剪报，有的单独成册出版，有的则是最初的手稿。

一些人士或是与哈佛有许多联系，或是从 1854 年直至艾略特逝世时长期住在波士顿，他们的传记通常论及艾略特本人或与他密切相关的哈佛事物。一些传记还收入了传主与艾略特来往的信函。

S. E. 莫里森先生的《哈佛大学 1869—1929 年的发展》（哈佛大学出版社，1930），尤其值得重视。

定期存档的《哈佛毕业生杂志》（始于 1892 年）登载新闻与当时谈论的热点问题。其中 1894 年 6 月、1909 年 3 月和 1926 年 12 月三期，登载了一些关于艾略特本人以及他身为哈佛校长所做工作的颇有价值的文章。

作者无意逐一列出所有论及艾略特的出版物，现择其要者列举如下。

两部自传。（参见附录 I 第二部分，1911-1 及 1913-1 条目。）

关于家族谱系信息，参见 *Eliot Genealogy* by Walter G. Eliot (New York,1887), *Samuel Eliot*, by Anna Eliot Ticknor (Boston,1869); Samuel A. Eliot, in A. P. Peabody's *Harvard Graduates I Have Known* (Houghton Mifflin Company, 1890); "C. W. Eliot," by Alfred Johnson, *New Eng. Hist, and Geneal. Reg.* lxxxi, 3 (1927); and correction in ibid., lxxxii, 354, footnote。

1. Babbitt, Irving, "President Eliot and American Education," *Forum* lxxxi (i929),i.

2. Briggs, LeB. R., "As Seen by a Disciple," *Atlantic Monthly*, Nov., 1929.

3. Chapman, J. J., "A Happy Warrior," review of Neilson's *Charles W. Eliot, the Man, and his Beliefs,* in *The Tale Review*, Vol. XVI, July, 1927, pp. 783-786; and "President Eliot" in *Memories and Milestones*, Moffatt Yard, 1915.

4. Cotton, Edward H., *Life of Charles W. Eliot* (Small, Maynard, 1926).

5. Emerton, Ephraim, "Personal Recollections of Charles William Eliot," *Harv.Grad. Mag.*,xxxii (1024),342.

6. Grandgent, G. H., *The New Word*, last chapter. (Harvard University Press, 1929.)

7. Hart, A. B.,"Charles William Eliot, Educator of the Community," *Massachusetts Commonwealth History*, v, chap, x (1930).

8. Howe, M. A. DeW., "The Harvard Figure of Charles William Eliot," in *Classic Shades*. (Little, Brown, 1928.)

9. Hyde, W. DeW., "President Eliot as an Educational Reformer" (1899),*Atlantic Monthly*, March,1899; and "A Great College President," in *The College Man and the College Woman*. (Houghton Mifflin Company, 1906.)

10. Kuehnemann, Eugen, *Charles W. Eliot*. (Houghton Mifflin Company,1909.)

11. Neilson, W. A., Introduction to *Charles W. Eliot, The Man and his Beliefs*. (Harper, 1926.)（此书收集的一系列随笔及演讲稿对艾略特的思想有较为完善、实用的记录。具体内容参见附录 I 第一部分 M 条目。）

12. Peabody, F. G., Chapter on Eliot, in *Reminiscences of Present Day Saints*. (Houghton Mifflin Company, 1927.)

13. Perry, Ralph Barton, Article on C. W. Eliot in the *Dictionary of American Biography*. 我曾获准查看此手稿。

14. Richards, Theodore,"Charles William Eliot," in *Later Years of the Saturday Club*. (Houghton Mifflin Company,i927)

15. Saunderson, Henry Hallam, *Charles W. Eliot, Puritan Liberal*. (Harper, 1928.)

16. Sullivan, Mark, "Personality of President Eliot." *Outlook,* August 6,1904.

17. Thwing, C. F., *Guides, Philosophers and Friends*, chap.1 (Macmillan,1927); and "President Eliot's Twenty-Five Years of Service," in *Forum*, xvii (1894), 255.

18. Wendell, Barrett, "De Praesede Magnifico," in *Mystery of Education*.(Scribner's, 1909.)

19. *The Ninetieth Birthday of Charles William Eliot.* Proceedings in Sanders Theatre and the Yard, March 20, 1924. Harvard University Press, 1925.

附录 I

艾略特主要著述文献索引

第一部分

此部分所列书目，区别于第二部分所列的单篇文章。

A Manual of Inorganic Chemistry, Arranged to Facilitate the Experimental Demonstration of the Facts and Principles of the Science. By C. W.

Eliot and F. H. Storer. Printed for the authors by Rockwell and Rollins; Boston, 1867.

A Compendious Manual of Qualitative Chemical Analysis. By C. W.Eliot and F. H. Storer. Van Nostrand; 1869.

A. *American Contributions to Civilization.* The Century Co., 1897.(1896-4; 1894-1; 1888-3;1890-3;1890-2;1896-3;1891-2; 1892-3; 1877-1;1895-1;1888-1;1896-1;893-1;1874-1;1880-1;1886-1; 1896-6; 1896-7.)

B. *Educational Reform.* The Century Co., 1898. (1869-2; 1876-1; 1879-1; 1883-1; 1884-1; 1885-1; 1888-2; 1890-1; 1890-4; 1891-1; 1892-1; 1892-2; 1893-2; 1894-2; 1896-8; 1896-2; 1896-3; 1897-1.)

Charles Eliot, Landscape Architect, Houghton Mifflin Company,1902. (The last pages are reprinted in M.)

C. *Four American Leaders.* American Unitarian Association, 1906. (1906-1; 1903-1; 1903-2; 1903-6.)

D. *University Administration.* Houghton Mifflin Company, 1908.(A Series of Lectures delivered at Northwestern University.)

E. *Education for Efficiency.* Houghton Mifflin Company,1909. (1904-3;1915-6.)

F. *The Conflict Between Individualism and Collectivism In a Democracy.* (Barbour Page Lectures delivered at the University of Virginia, 1909.) Scribner's,1910. (1909-4;1909-2;1909-3.)

G. *The Durable Satisfactions of Life.* Thomas Y. Crowell&Co.,1910.(1905-3;1895-1;1899-1;1906-2;1909-8.)

H. *The Future of Trades-Unionism and Capitalism in a Democracy*, Putnam's,1910. (1909-2; 1909-3.)

The Harvard Classics, edited by C.W. Eliot. (" The Five-Foot Book-Shelf ",vol.51 P. F. Collier & Sons, 1910. *Some Roads Toward Peace*; A Report on Observations Made in China and Japan in 1912. Carnegie Endowment for International Peace; Washington, 1913.

I. *The Road Toward Peace*. Houghton Mifflin Company, 1915. New and enlarged edition. (1907-4;1907-5; 1910-2; 1914-4; 1915-4; 1915-7; 1915-8; 1902-2; 1902-1.) Contains also twelve chapters made up of extracts from *Some Roads Toward Peace* (the Report to the Carnegie Endowment); and from letters about the war written to the *New York Times* during 1914 and 1915; a correspondence with Jacob Schiff; and a Speech on America's Duty Respecting the War.

J. *The Training For An Effective Life*.Houghton Mifflin Company,1915.(1905-6; 1912-1; 1904-4; 1906-4; 1907-2; 1909-1; 1903-5.)

K. *Harvard Memories*. Harvard University Press,1923.(1922-4; 1922-1; 1922-2.)

L. *A Late Harvest*.The Atlantic Monthly Press,1924.(1914-2; 1917-3; 1919-1; 1920-2; 1920-1; 1917-5; 1914-5; 1917-2; 1915-7; 1921-3; 1921-1; 1917-7; 1917-6; 1921-2; 1914-7; 1917-1； 1921-4; 1916-1; 1919-2; 1923-2; 1922-3.) Also a letter to the Boston Herald on "Public Opinion about Strikes." M . *Charles W. Eliot, The Man and His Beliefs.* Harper, 1926. 2 vols. A collection of essays and addresses edited with an introduction by William Allan Neilson. (1869-2; 1884-1; 1891-1; 1897-1; 1905-4; 1906-3; 1908-4; 1908-1; 1904-3; 1903-4; 1911-4; 1911-5; 1904-2; 1909-3; 1909-2; 1913-4; 1923-1; 1913-2; 1915-8; 1915-1; 1915-4; 1915-2; 1895-1; 1899-1;1906-1;1903-6; 1903-1; 1903-2; 1904-4; 1906-4; 1905-3; 1905-2; 1908-2;1909-4;1906-2; 1911-3;

1913-3; 1874-1; 1896-5;1896-4; 1907-1;1911-2.) And the last pages of volume called *Charles Eliot*, under the title "The character of Charles Eliot."

第二部分

此部分所列篇目为散文及发表于期刊、学报及小册子上的文章。其中一些篇目以多种形式再版。有些篇目见于上述第一部分，于条目后附索引字母，以便读者搜索。

1860

1. The Impurities of Commercial Zinc. Communicated by C.W. Eliot and F. H. Storer to *Memoirs of Am. Acad, of Arts and Sci. N.S.*, viii, 57-96. (May, i860.) (See also footnote to page103, vol.1.)

1869

1. The New Education. Its Organization. *Atlantic Monthly*, February and March, 1869.
2. Inaugural address of Dr. Eliot. At Cambridge, October 19,1869. (B; M.)

1873

1. A National University. Report made by Charles W.Eliot to the National Education Association,Aug.5,1873. *Addresses and Proceedings, Nat.Educ.Ass'n.*(1873),107.

1874

2. The Exemption from Taxation of Church Property,and the Property of Educational, Literary, and Charitable Institutions. Address to the Commissioners of the Commonwealth of Massachusetts.Dee.12,1874.(A;M.)

1876

1. Address at the Inauguration of Daniel. Gilman as President of Johns Hopkins University. At Baltimore, Feb. 22, 1876. (E.)

1877

1. Three Results of the Scientific Study of Nature. Address at the opening o f the New Building of the American Museum of Natural History New York, Dee. 22, 1877. (A.)

1879

1. 1. Teachers' Tenure of Office. At Massachusetts Teachers' Association, Dee. 30, 1879. (B.)

1880

1. The Future of The New England Churches. Address delivered at the 250th Anniversary of the First Church. At Boston, 1880.(A.)

1883

1. On The Education of Ministers. *Princeton Review*, May, 1883.(B.)

1884

1. What Is a Liberal Education? At Johns Hopkins University, Baltimore, Feb. 22, 1884. *Century Magazine*, June,1884. (B;M.)

1885

1. Liberty in Education. Address Before the Nineteenth Century Club, New York, 1885. (B.)

1886

1. Why We Honor the Puritans. Address at the Celebration of the 250th Anniversary of the First Parish Church in Cambridge, Feb. 12, 1886. (A.)

1888

1. A Happy Life: A Tribute to Asa Gray. American Academy of Arts & Sciences, June 13,

1888. (A.)

2. Can School Programmes Be Shortened and Enriched? At Meeting of the Department of Superintendence of the Nation, Educational Association,Washington,Feb.16, 1888. (B.)
3. The Working o f the American Democracy.Phi Beta Kappa Oration,Cambridge,June 28,1888.(A.)

1890

1. An Average Massachusetts Grammar School. Address at The Massachusetts Teachers' Association, Nov.28,1890.(B.)
2. Family Sticks in a Democracy. Forum, December,1890.(A.)
3. The Forgotten Millions. Century Magazine, August,1890.(A.)
4. The Gap Between Common Schools and Colleges. Arena,June,1890.(B.)

1891

1. The Aim of the Higher Education. At Chicago,1891.(B;M.)
2. One Remedy For Municipal Misgovernment. *Forum*, October,1891.(A.)

1892

1. Shortening and Enriching the Grammar-School Course. Paper read before the National Educational Association, Brooklyn,Feb.16, 1892. (B.)
2. Undesirable and Desirable Uniformity in Schools. National Educational Association, Saratoga, July 12, 1892. (B.)
3. Wherein Popular Education Has Failed. *Forum*, December, 1892. (A.)

1893

1. Present Disadvantages of Rich Men. Speech at the Unitarian Club, Boston, January,1893. (A.)
2. The Grammar School of The Future. Massachusetts state Teachers' Association, December, 1893. (B.)

1894

1. Some Reasons Why the American Republic May Endure. *Forum*,October,1894.(A.)
2. The Unity of Educational Reform. Paper read before the American Institute of Instruction at Bethlehem,New Hampshire, July 11,1894. *Educational Review*, October, 1894. (B.)

1895

1. The Happy Life. Address at the Woman's College of Baltimore,Nov.7,1895.(A;G;M.)

1896

1. A Republican Gentleman; A Tribute to Martin Brimmer. Read at the Massachusetts Historical Society,Feb.13,1896.
2. A Wider Range of Electives In College Admission Requirements. Harvard Teachers' Association, Mar.7,1896. *Educational Review*, May,1896.(B.)
3. An Urban University.Dedication of the New Grounds of Columbia University, New York, May,1896.(E.)
4. Equality in A Republic.*Cambridge Magazine*, May,1896.(A;M.)
5. Five American Contributions to Civilization. At Chautauqua,Aug.,1896.*Atlantic Monthly*, October,1896.(A;M.)
6. Heroes of the Civil War. Address in Memorial Hall,Harvard University, May 30,1896. (A.)
7. International Arbitration.Speech at the American Conference on International Arbitration,Washington,April,1896.(A.)
8. Medical Education of the Future. Address before the Medical Society of the State of New York,Jan.28,1896.American *Medico-Surgical Bulletin*, Feb.1,1896.

1897

1. The Function of Education in Democratic Society. Brooklyn Institute, Oct.2,1897.*Outlook*,Nov.6,1897.(B;M.).

1898

1. The Liquor Problem in its Legislative Aspects.By Frederic H.Wines and John Koren. An investigation made under the direction of C.W.Eliot, Seth Low, and James C.Carter. (Contains an introduction entitled "Liquor Problem" written by C.W.Eliot,Seth Low, and James C.Carter.) Houghton, Mifflin & Company,1898.

1899

1. John Gilley: Maine Farmer and Fisherman. American Unitarian Association, 1904. *Century Magazine*, November, 1899. (The Forgotten Millions, II. John Gilley). (M; G.)

1902

1. Address At a Banquet Given By the City of Boston to Prince Henry of Prussia. March 6, 1902. (I)
2. Address Made On the Occasion of the Conferring of The Degree OF Doctor of Laws on Prince Henry of Prussia, March 6, 1902, in Sanders Theatre. *Harvard Graduates' Magazine*, June, 1902. (I.)

1903

1. Charming. Address made at the unveiling of the Channing statue on the occasion of the one hundredth anniversary of the birth of William Ellery Channing, Boston, June 1, 1903. (C; M.)
2. Emerson. An address delivered on the commemoration of the centenary of the birth of Ralph Waldo Emerson, Boston, May, 1903. *Atlantic Monthly,* 1903. (C; M.)
3. More Money for the Public Schools. Doubleday, Page Co. , 1903.
4. The New Definition of the Cultivated Man. Address delivered before the National Educational Association, Boston, July 6, 1903. (D; M.)
5. The Service of Universities to a Democracy. At the Dinner of the Associated Harvard Clubs at St. Louis, Dec. 5, 1903. (J.)
6. Washington. An address given before the Union League Club of Chicago at the exercis-

es in commemoration of the birth of Washington, Feb. 23, 1903. (G; M.)

1904

1. A Good Urban School Organization. Address before the Association, Jan. 16, 1904. *Independent*, Feb. 25, 1904. Teacher, March, 1904.
2. Content in *Work. World's Work*, July, 1904. (M.)
3. Education for Efficiency. Houghton Mifflin Company, 1909. An address before the Harvard Summer School, Aug. 8, 1904. *Journal of Pedagogy*, December, 1904. (E; M.)
4. The Character of a Gentleman. Address at The Harvard Union, Oct. 12, 1904. (J; M.)

1905

1. Massachusetts:An Old and Prosperous Democracy and a Safe Social Order. Hingham, Mass. :The Village Press, 1905.
2. The Appreciation of Beauty. Delivered at the opening of the Albright Gallery, Buffalo, N. Y. , May 31, 1905. *Critic*, August, 1905. (M.)
3. The Durable Satisfactions of Life. Address given to new students, Harvard University, Oct. 3, 1905. (G; M. —And under the title"The Solid Satisfactions of Life"in *Harvard Graduates' Magazine*, December, 1905； and in J; N.)
4. The Evils o f College Football. From President's Annual Report for 1903-04. *Woman's Home Companion*, November, 1905. (M.)
5. The Liquor Problem:A Summary of Investigations Conducted by The Committee of Fifty, 1893-1903. Prepared for the Committee by John S. Billings, Charles W. Eliot, Henry W. Farnham, Jacob L. Greene, and Francis G. Peabody. Houghton, Mifflin & Company, 1905.

1906

1. Franklin as Printer and Philosopher. Address delivered before a meeting of the American Philosophical Society to commemorate the two hundredth anniversary of the birth of Benjamin Franklin, Philadelphia, April 20, 1906. Lancaster, Pa:The New Era Print-

ing Co. , 1906. *Science*, June 1, 1906. (C; M.)

2. Great Riches. Address at Bridgeport, Connecticut, Nov. 14, 1906. Thomas P. Crowell & Go. , 1906. *World's Work,* April, 1906. (G; M.)

3. The Character of the Scientific Investigator. Address delivered at the formal opening of the Laboratories of the Rockefeller Institute for Medical Research, New York, May 11, 1906. *Educational Review*, September, 1906. (M.)

4. The Freedom to Choose. Address given to new students at the Harvard Union, Oct. 1, 1906. (J; M.)

1907

1. City Government by Fewer Men. *World's Work*, October, 1907. (M.)

2. Foresight and Capacity for Strenuous Effort. Address to new students at the Harvard Union, Oct. 9, 1907. (J.)

3. Rational College Sports. *Harvard Graduates' Magazine*, March, 1907.

4. The Competitive Arming of the Nations—A Way of Escape. Address before the Canadian Club of Ottawa, Feb. 23, 1907. (I.)

5. Is Force the Rightful Ruler?At Lake Mohonk Conference on International Arbitration, May, 1907. (I.)

6. Untimely Peace Proposals. At Lake Mohonk Conference on International Arbitration, May, 1907. (I.)

1908

1. The Higher Education for Women. 1908. *Harper's Bazaar,* June, 1908. (M; N.)

2. The Intellectual Life of Women. *Ladies' Home Journal.* January, 1908. (M.)

3. The Part of the Man in the Family. *Ladies' Home Journal*. March, 1908.

1909

1. Preparation for an Effective Life. Address at Hotchkiss School, Lakeville, Conn. Jan. 16, 1909. (J.)

2. The contemporary American Conception of Equality Among Men as a Social and Political Ideal. Phi Beta Kappa oration at the University of Missouri, June 2, 1909. Columbia:The University, 1909.
3. The Future of Capitalism in a Democracy. Lecture at Kenyon College, Gambier, Ohio, October, 1909. (H; M.)
4. The Future of Trades-Unionism in a Democracy. Lecture at Kenyon College, Gambier, Ohio, October, 1909. (H; M.)
5. The Religion of the Future. Address July 22, 1909, before the Harvard Summer School of Theology. *Harvard Theological Review,* October, 1909, New York, F. A. Stokes, 1909; Boston, J. W. Luce&Go. , 1909. (G; M.)

1910

1. Introduction to Herbert Spencer's *Essays on Education and Kindred Subjects*, in Everyman's Library. Dutton, 1911.
2. The Fears Which Cause the Increasing Armaments. At Lake Mohonk Conference, May, 1910. (I.)

1911

1. Contributions to the History of American Teaching, vii. (Consists largely of Eliot's account of his own education.) *Educational Review,* xlii(1911), 346.
2. Civil Service Reform, and Popular Government. New York: National Civil Service Reform League, 1912. Address delivered at 31st annual meeting of the Nat. Civ. Ref. League, Philadelphia, 1911. (M.)
3. Democracy and Manners. *Century Magazine,* December, 1911. (M.)
4. The Religious Ideal in Education. At the Old South Church, Boston, April 2, 1911. *Outlook*, October 21, 19 11. (M.)
5. The University President in the American Commonwealth. *Educational Review*, December, 1911. (M.)

1912

1. Looking A head in Life. Address to the Class o f 1916. Harvard Union, September 26, 1912. *Harvard Graduates' Magazine*.December, 1912. (J; N.)
2. William Watson Goodwin. At meeting of the Massachusetts Historical Society, October, 1912. Boston, 1913. (Reprinted from the *Proceedings*, October, 1912, pp. 15-22.)

1913

1. Autobiographical Sketch. In *Report of the Harvard Class of 1849-1913. Issued on the Sixtieth Anniversary for the Use of the Land Its Friends*, Cambridge:University Press, 1913. Reprinted in *Harvard Graduates' Magazine*, xxxv, 224 (December, 1926).
2. Present and Future Causes of War, Especially in the Orient. Report to the Trustees of the Carnegie Endowment for national Peace in 1913. (I; M.)
3. Public Opinion and Sex Hygiene. In: International Congress on School Hygiene, 4. Buffalo, 1913. *Transactions.* Buffalo, 1914. Vol. 5, pp. 400-408. (M.)
4. Successful Profit-Sharing. *System*, August, 1913. (M.)
5. The Tendency to the Concrete and Practical in Modem Education. At Massachusetts Teachers, Association, 1913. Houghton Mifflin Company, 1913.

1914

1. Bringing Up A Boy. *Delineator*, October,1914. (L; N.)
2. How I Have Kept My Health and Working Power Till Eighty. *The Ladies' Home Journal,* April, (L.)
3. The Crying Need of a Renewed Christianity. Address delivered under the auspices of the Unitarian churches of Philadelphia, Dec. 29, 1914. Boston: American Unitarian Association, 1914.
4. The Pilgrims' Ideals—A Free Church In a Free State in 1620. Address on Forefathers' Day, 19141, before the New England Society of New York. (I.)
5. The Woman That Will Survive. *Delineator*, July, 1914. (L; N.)

1915

1. An International Force Must Support an International Tribunal. American Society for Judicial Settlement of International Disputes; No.19(1915). (M.)
2. How Can American Best Contribute Toward Constructive and Durable Peace? *Annals* of the American Academy for Social and Political Science, September,1915. (M.)
3. Husbands and Fathers.*Delineator*, January, 1914.
4. National Efficiency Best Developed Under Free Government. Address at Harvard Club of Boston Jan. 15, 1915. (I； M.)
5. The Changes Needed in American Secondary Education. Paper read in the conference on education o f the Second Pan-American Scientific Congress, at Washington, Dec. 27, 1915. New York:General Education Board, 1916.
6. The Cultivated Man. Houghton Mifflin Company, 1915. (E.)
7. The Hopes for the Future of Europe. 1915. Speech at Lake Mohonk Conference, May 20, 1915. (I.)
8. The Moral Effects of War. Memorial Day address delivered in Sanders Theatre, Harvard University, May 31, 1915. *Harvard Alumni Bulletin*, June 2, 1915. (I； M.)

1916

1. What Is An American? *Colliers Weekly*, Aug. 12, 1916. (L.)

1917

1. A Free and Open Christian Church. Address at Symphony Hall, Boston, Feb. 4, 1917. *Christian Register*, Feb. 15, 1927. (L.)
2. Advantages of Poor Men's Sons. *Delineato*r, January, 1917. (L; N.)
3. Epes Sargent Dixwell. Boston Latin School *Register*, February, 1917. (L.)
4. Latin and the A. B. Degree. General Education Board, 1917(Occasional papers No. 5). See also *Atlantic Monthly,* March, 1917:"The Case Against Compulsory Latin."
5. The Agassiz House on Quincy Street. *Harvard Alumni Bulletin*, March 29, 1917. (L.)
6. The Future of Medicine. Speech at Harvard Medical Alumni Dinner, May 12, 1917.

Harvard Alumni Bulletin, October 25, 1917. (L.)

7. The Road to Industrial Peace. *Nation's Business*, August, 1917. (L.)
8. The Small Family. *Delineator*, March, 1917.

1918

1. Certain Defects in American Education and the Remedies for Them. Washington: u.s. Bureau of Education,1918. (Teacher's Leaflet No.5)
2. The Most Promising Student Seen in Fifty Years of Teaching. *American Boy,* December, 1918. (Under title of "The Most Interesting Boy I Ever Knew.")

1919

1. James Russell Lowell as a Professor. Address delivered at a celebration of the one-hundredth anniversary of the birth of Lowell, by the Cambridge Historical Society, Cambridge, Feb. 19, 1919. *Harvard Graduates' Magazine,* June, (L.)
2. Zionism. *Maccabean*, August, 1919. (L.)

1920

1. Langdell and the Law School. *Harvard Law Review*, February, 1920. (L.)
2. Oliver Wendell Holmes. Address to the Harvard Medical Society, Nov. 1920. *Harvard Graduates' Magazine,* June, 1923. (L.)

1921

1. American Education Since the Civil War. Address prepared for the sixth commencement at Houston, Texas, June 6, 1921. *Rice Institute Pamphlet*, Vol. IX, No. 1. (L.)
2. Present and Future Social Hygiene in America. *International Journal of Public Health*, January and February 1921. (L.)
3. Protection Against Ignorance. *Nation's Business,* February 1921. (L.)
4. The Joyful Duty of the Layman to the Modern Church in the Worship of God and the Service of Man. Sermon delivered on Laymen's Sunday, in the First Parish in Cam-

bridge. *Christian Register,* December, 1921. (L.)

1922

1. The Function of a University. *Harvard Alumni Bulletin*, June 22, 1922. (K.)
2. The Harvard Yard and Buildings. Remarks before the Schools of Architecture and of Landscape Architecture, Harvard University, Dec.14, 1922. (K.)
3. The Next American Contribution to Civilization. *Foreign Affairs*, September 1922. (L.)
4. The Traditions of Harvard College. Remarks to a meeting of foreign students. *Harvard Alumni Bulletin,* March 16, 1922. (K.)
5. Thomas Hopkinson: New Englander(1804-1856). A memoir by Leslie W. Hopkinson with an Introduction by C. W. E. Privately printed, 1922, by the Rufus H. Darby Printing Co. , Washington, D. C.

1923

1. Closed Shop or Open. Address before the Society of Harvard Dames in Phillips Brooks House, Cambridge, Oct. 25, 1923. *Harvard Alumni Bulletin,* Dec. 13, 1923.
2. Prohibition. Address before the Economic Club of Boston, Boston March 6, 1923. *Consensus*, April, 1923

1925

1. Benjamin Peirce, 1809-1880. Reminiscences by President-Emeritus Eliot. *American Mathematical Monthly*, January 1925.